縄文社会論（上）

安斎正人編

同成社

目次

縄文社会論（下）　目次

序論　縄紋社会論へのアプローチ

安斎　正人

一　新しい狩漁採集民観

狩漁採集民の社会は平等社会であり、農耕民の社会は不平等社会であるという単系進化論的な図式、すなわち、農耕の起源と国家の形成によって社会が階層化し、階級社会が出現したというモデルは、人類学においても考古学においても現在では見直されており、地域によっては放棄されている。平等な社会と考えられてきた社会においても、性差・年齢差・技能の差異に基づく権威や威信の存在が注目されてきている。北太平洋沿岸の狩漁採集民〈略して「北方狩漁採集民」〉社会の民族誌から集められた貯蔵・定住・社会的不平等・交換手段などについての情報は、そうした社会のなかにも社会経済的に非常に複雑な社会があることを示唆している。〈緊急時の指導者〉、〈蓄財者〉、〈権力志向者〉などと呼ばれる、野心やカリスマ性や卓越した技能を有する個人の存在が知られており、そうした個人を取り巻くエリート層も存在する。また、彼らの権威や威信や資財を維持する戦略も、外界との交換網（the network mode）あるいは血縁を基盤とする党派（the corporate mode）など多様な社会装置が創り出されている（Feinman

1995)。

バンド社会から部族社会と首長制社会を経て国家、という新進化主義者による社会進化論に替わって、近年では、平等社会(egalitarian)から脱平等社会(transegalitarian)、そして地位社会(ranked)を経て階層社会(stratified)へ、という図式が用いられることがある(Paynter 1989)。とりわけ縄紋社会を考える私たちの関心を惹くのは、個人の資質や能力に応じた身分格差が存在する脱平等社会や地位社会など、非階層社会における社会的不平等の実態である。そうした不平等社会ではリーダーは権力を持たないし、社会の構成員全員が社会生活の維持に必要な資源を利用することができる。これに対して、次の二点において階層社会は変質を遂げている。①基礎的資源を利用できる個人(集団)とできない個人(集団)に分層化している。②特定の個人(集団)が権力を掌握している。北米北西海岸の先住民社会は自由民と奴隷の二つの階層からなる階層社会である。前者は、首長・エリート・「平民」の三つの身分で構成されている(Ames and Naschner 1999)。

近年の先史考古学においては、こうした人類学・民族学の諸概念に照らして、先史時代の猟漁採集民社会に不平等化、階層化の兆候を探り、不平等化、階層化を促した内的な(社会的な)あるいは外的な(生態的な)要因を究めようとする、民族考古学研究に照明が当てられてきている。欧米の考古学においても、北米北西海岸の先住民文化、パレスチナのナトゥフ文化と並んで、わが国の縄紋文化にも注目が集まっているのは、そうした背景があるからである。

猟漁採集民社会における不平等化は、その典型的社会として知られる北方猟漁採集民社会だけに限られたことではない。ウイリアム・マルカートは、漁撈/採集/狩猟民(FGH)として知られる合衆国東部古典期の貝塚人(the Shell Mound Archaic people, 2500–1000 b.c.)が発達させた地域間の交換システムが、戦略的資源(遠隔地産物質)およびそれに関する情報にアクセスできる人びととできない人びととの間に不平等を促進させたと言っている。そうした身分格差は必ずしも明確な階層化(社会的不平等)に帰結したわけではなかったが、アクセスできる人びとが他の人びとの行動を制御し得る可能性が生じていたようである（Marquardt 1985）。

進化論的視点から縄紋社会の長期的な変化過程を研究することが、縄紋考古学における今日的課題である。すでに今までにも、縄紋人によるもっとも早い時期（草創期・早期）の定住化や、彼らの地域的分布および経済活動に関する研究、縄紋人の社会が成熟した時期（前期・中期・後期）の階層化社会を証明する考古学的資料の提示、縄紋人が弥生人と接触した時期（晩期）の彼らの対応や文化変容に関する研究で、新しい研究方向を示唆する著書・論文がいくつも発表されている。なかでも縄紋社会の複雑さを示唆するものとして、思いつくままに挙げても、①広域にわたる資材調達活動、②物質文化にみられる高度な洗練性、③植物栽培?を含めた生業の集約化、④貯蔵経済、⑤技術・工芸の専門化、⑥竪穴住居の形態・大きさ・施設の多様性、⑦精神文化あるいはコスモロジーの水準、⑧威信財を含む地域的交換網の整備、⑨集落規模の大型化と空間的布置の企画化、など近年の発掘調査で明らかにされつつあることも少なくない。

二　縄紋社会観の変遷

⑴ 高級狩猟民と堅果・サケ・マス社会

本書の編集視点からまず取り上げるべきは、山内清男の「縄紋人＝高級狩猟民」観である。八幡一郎の『北佐久郡の考古学的調査』に対する書評において、「氏の独断、用語に関する不注意、奔放なる想像は甚だ奇怪であると云う印象を与えるにすぎない」と断じる山内の縄紋人観は、「定住し、計画的狩猟又は漁撈を事とした高級狩猟民」というものであった（山内　一九三五）。この見解のおそらく直接的な源泉はドイツ民族学にあったと考えられる。そのように推測できる根拠が近年翻訳が出たアラン・テスタール著『新不平等起源論』に見いだせる。重要な記述であるので、該当箇所の全文を引用しておく。

いちばん精緻な区別をたてたのは、ドイツ民族学だろう。一九世紀末から、グローセはその著作のなかで《低級な狩猟民》と《高級な狩猟民》を対立させるという突出した仕方で、この区別をうちたてていた。最初のカテゴリーには、ブッシュマン、ピグミー、ヴェッダなどが入り、第二のカテゴリーには、何よりもまず「カリフォルニア南部からアラスカまでの長い西海岸」の原住民、イテリメンのようなアジア東部の民族――つまり、のちになって他の学者がとくに例外的とみなした狩猟＝採集民――がふくまれていた。《低級な狩猟民》とは反対に、彼らは定住民、とりわけ漁撈民であって、その人口水準はかなり高く、ある種の分業、社会的不平等、真の《金権政治》などがみられる、とされた。このようにグローセは、狩猟民の二つのタイプ間の相違を見事に表現し、おあつらえ向きにこの相違の重要性を強調してくれたのだが、その理由の説明には、生態学論拠――アメリカ人類学者より数十年も先走ってのことだが――に訴えただけだった。すなわち、彼によると、《高級な狩猟民》が他の狩猟民より高い文化水準をうちたてることができたのは、「何よりもまず有利な自然条件のお陰で」、豊かで確実な生産をおこなえたからだ、とされたのである。（テスタール 一九九五、二四頁）

一八九六年のグローセの『家族形態と経済形態』を山内が読んでいたかどうかは明らかでないが、よく知られているように、M・エーベルト編『先史学事典』(Die Reallexikon Vorgeschighite, 1924–32) に親しんでいたことから推して、早い時期の山内のこの用語法はグローセの著作を源泉にしていたと考えられる。

山内は一九三七年の論考「日本に於ける農業の起源」を、「考古学的事実によって各時代と、現在の原始民族の経済形態との同定を行い、当時の生活の全面的考察の根拠をえたい」と、将来の研究展望を述べて締めくくった（佐藤〔編〕一九七四）。しかし時局がそれを許さず、山内が戦中・戦後のこの方面での沈黙を破り、「縄紋人＝高級狩猟民」の生業基盤である「堅果・サケ・マス」論を、戦後の新しい考古学的成果を俟って提示したのが、一九六九年の論考「縄文文化の社会」であった（山内 一九六九）。山内は、縄紋人の主要食料はドングリ・トチの実・クリ・クルミなどの堅果類で、本州中部以北ではこれにサケ・マスが重要食料資源として加わっていたと考えた。そして「カリフォルニア・インディアン」と対比して、サンフランシスコ以北がドングリとサケの二本立ての「サケ地帯」、南がサケがない「ドングリ地帯」であることを興味深く指摘したのであるが、その後の縄紋時代の生業研究およびそれに基づく社会研究において、カリフォルニア先住民の民族誌的情報の援用を試みる者は出なかった。

(2)呪術社会

上記の山内の見解は発表前にすでに多くの人が聞いて知っていた。しかしその方面の追究はなかった。坪井清足は、中期に見られる人口増加と定着性を、藤森栄一の説を肯定的に受け入れて何らかの農業生産と関連づけた。そして、そこから土偶を地母神信仰に関係する遺物とみなした。「縄文中期に中部山地において農業生産によって栄えた大集落が、外的な環境の変化によって急激に凋落し、これに次いで栄えたのが漁撈生活に依存度の高い千葉市周辺の後期文化であった」（坪井　一九六二）。坪井によれば、そうした後期以降の縄紋文化は、それ自身の生産力の限界によって発展性を失い、停滞的な社会を営んでいた。停滞的な社会を律したものはタブーであり、それはますます繁縟になった土器ばかりでなくて、非実用的な石器や骨角器に表れている、と坪井はみなした。そして、埋葬骨中には異形角器を副葬されたり、特殊な耳飾りを着装したり、叉状研歯を有するなど、きわめて特殊な身分の者すなわち呪術者のいたことを想定したのである。

坪井の文章は『岩波講座　日本歴史1』に発表されたのであるが、その一三年後に出版された新版の『岩波講座　日本歴史1』に掲載された岡本勇の論考は、戦後に台頭した進歩史観を代表する一文である（岡本　一九七五）。すなわち、縄紋文化の進歩は、旧石器時代のそれに比べてよりテンポが早かったとしても、水田耕作の開始と鉄器の使用によって特色づけられる弥生時代と比較した時、その差は質的に異なっており、縄紋文化のいわば停滞的な性格は、採集経済のもつ歴史的法則に根ざしていることは明らかである、というものであった。岡本は、緩やかな発展の累積の中にも、歴史的な時期区分の指標としてふさわしい意味を担った段階が認められるとして、①成立段階（草創期および早期）、②発展段階（前期および中期）、③成熟段階（中期末から晩期前半）、④終末段階（晩期後半）の四段階を設定し、それぞれの上昇を導いたものは、基本的には、労働用具とその技術の進歩、単位集団の増大による共同労働の発展など、生産力の着実な発達によるものである、と考えた。

　岡本の視点からみれば、藤森栄一の「中期農耕論」は、「もし、焼畑をも含めて農耕という生産性の高い生業が確立していたら、それは必ず発展性と持続性を備えていたに違いない」という理由で、受け入れ難いものであった。岡本にとっては、むしろ「凸帯文土器文化農耕論」の可能性の方が高いわけである。縄紋文化を支えた採集経済が大きな矛盾に逢着した終末期の段階に、東日本では、「採集経済を営む上で有利な自然環境と、相対的にすぐれた各種の労働用具、並びに労働技術を土台として、多彩な文化を作り上げた。それは成熟期から爛熟期への高まりとみてとることもできよう。しかし、そこでの労働生産性の向上は、原始社会を克服する方向にではなく、あくまでもその枠内で、マジカルな色彩の濃い、煩瑣な亀ケ岡文化となって結晶するのである」。一方、西日本では、食料資源の枯渇、土地環境の変化などにより採集経済が破綻をきたし、それを原始農耕という新しい生産手段によって克服しようとしたのではないだろうか、その結果、弥生文化が西日本一帯に急速に普及し得た基盤とそれを受け入れる前提が準備された、というのが岡本の考え方であった。

　縄紋時代後・晩期には、墳墓や葬制が多様で複雑になっていた。岡本にとってはそれも、「一定の枠内での現象であり、共同体的な関係を越える特別の個人や階級の存在を示すものではない」。岡本の見方はこうである。埋葬人骨に伴って発見される装飾品は生前身につけていた一種のアクセサリーで、呪術的な意味を多分にもつものであり、こうした装飾品の有無や多寡も、身分差や地位差よりも、むしろ性別や年齢に深い関係がある。認められるのは巫女的な存在だけである。抜歯は、もちろん、儀礼的なマジカルな意味が込められて行われたのであろうし、土偶、土版・岩版、石棒・石剣・石刀、土製仮面などはみな呪術的な遺物である。「縄文社会の成熟段階には、我々が考える以上に呪術の力が強く支配したのである。この段階には、基本的な労働用具は多様化し、一層の発展を遂げた。また、単位集団の人口増加は、集団労働による協業を一段と促進させた。こうした生産力の高まりが、文化の成熟を支えるのであるが、しかしその中にも採集経済の掟は、厳しく貫かれる。集団が生きていくためには、厳格な社会的規制が要求される。また、縄文人の弱さ、自然との闘いにおける無力感あるいは逃避は、必然的に原始宗教をはぐくみ、呪術によってそれがカバーされる。多彩な呪術的遺物は、いみじくもそのことを物語っている。生産と呪術は、いわば盾の両面として、生活の場で離れがたく結び付き、縄文社会を根底から支えていたのである」、と結論づけている。

⑶マツリ社会

最近出版された林謙作の論集（二〇〇一）から、林の論点を窺ってみよう。一九七六年の「亀ヶ岡文化論」で、上記のような「呪術の支配する世界」という視点を、「これらの表現を安易に理解すれば、亀ヶ岡文化の担い手たちは、呪縛にかかりなんらの合理的思考をはたらかせる余地もなく袋小路に踏みこみ、水稲稲作を中心とする生産経済の波及により、いわば弥生文化もしくは弥生化した隣人によって救済されたかのような印象がうえつけられよう。『亀ヶ岡文化』の担い手たちは、それなりの主体的判断にもとづいた労働形態の転換をはかったにちがいないし、それがまさに生産様式の転換となって結実したと考えるほかはない」（四五〇頁）と批判した。「あとがき」で自ら記しているように、当時の有力な概念であり、岡本勇と共有する「生産力の発展」史観からの批判であって、方法論的には今では取り立てて批評するようなことではないが、学史的には大きな意味がある。

林の独自性は、「葬制を主要な手がかりとして、縄文社会のなかでの世帯の独立化の過程という問題を追及してきた」ことにある。それでは、そうした林の縄紋社会観は何と呼べばよいであろうか。林自身は明言していないが、近年の論考にたびたび出てくる「マツリ」という言葉を生かして、「マツリ社会論」と呼んでおこう。このように概念化すると、一見奇異に思われる次のような記述も、理解の道が開かれてくる。つまり、「副葬品が生活の中での役割、ましてや貧富の差などを表しているのではないとすれば、ムラとしてのマツリを主催するときに果たしていた役割、いわば世話役としての経歴を表していると考えるのが妥当であろう。石棒はマツリを開催するまでの進行管理と当日の司会、石斧はマツリの時に必要となる施設の造営、狩猟具はマツリの時にふるまう食料の調達を担当したこと、そしてその数は、それらの役割をつとめた回数を示している、と考えることもできる」（五四七頁）。こういった類の言説には、個別・具体的な箇所でまだ引っかかりを感じるが、次のようなより一般的説明はどうであろうか。「各種の副葬品は、マツリのなかの役割分担や組織のシンボルだ、と考えてはどうだろうか。マツリのための組織・役割分担ならば、かなり広い範囲（たとえば美沢川流域）のあちこちに分散している集団をひとつの組織にまとめ、ひとつの集団がひとつの役割を受け持ったとしても、不自然ではない。JX－3・JX－4をはじめ、ひとつの周堤墓で副葬品の顔ぶれが一通り違う場合があっても、いっこうに差支えない。マツリの規模・種類によっては、いくつもの集団を一つにまとめる必要がない場合もあるだろう。ひとつの地域の住民全員が、ひとつの周堤墓を利用している場合もあるかもしれない。有力な集団は、マツリを主催する機会も多いだろう。そのような集団のメンバーは、マツリを開くときに役割を分担する機会も多くなり、副葬品の種類・量も多くなるだろう。副葬品をマツリのための組織・役割分担のシンボルと解釈すれば、そのほかの解釈では説明のつかぬいくつかの事柄が、説明つくようになる」（三九七～八頁）。

「そのほかの解釈では説明のつかぬいくつかの事柄が、説明つくようになる」ということは、まさに複数の考古学的経験則あるいは低位の法則あるいはパターンを整合的に説明するモデル（安斎 一九九九）の提示ではないか。モデルとしての「マツリ社会論」の提案であると捉えられる。林はいまだマツリの具体的内容、およびマツリを中心とする生活構造を提示していないが、たとえば、渡辺仁の「クマ祭文化複合体」（渡辺 一九七二）を下敷きとした宇田川洋の「アイヌ文化複合体」の構造（図1）（宇田川 二〇〇一）は、ひとつの見本となろう。その構図はイオマンテを中核にして考古学的に確認できる要素で構成されている。

なお、林は当初、渡辺仁の「縄文式階層化社会論」を激しく批判していたが、最近では縄紋社会が階層化していた

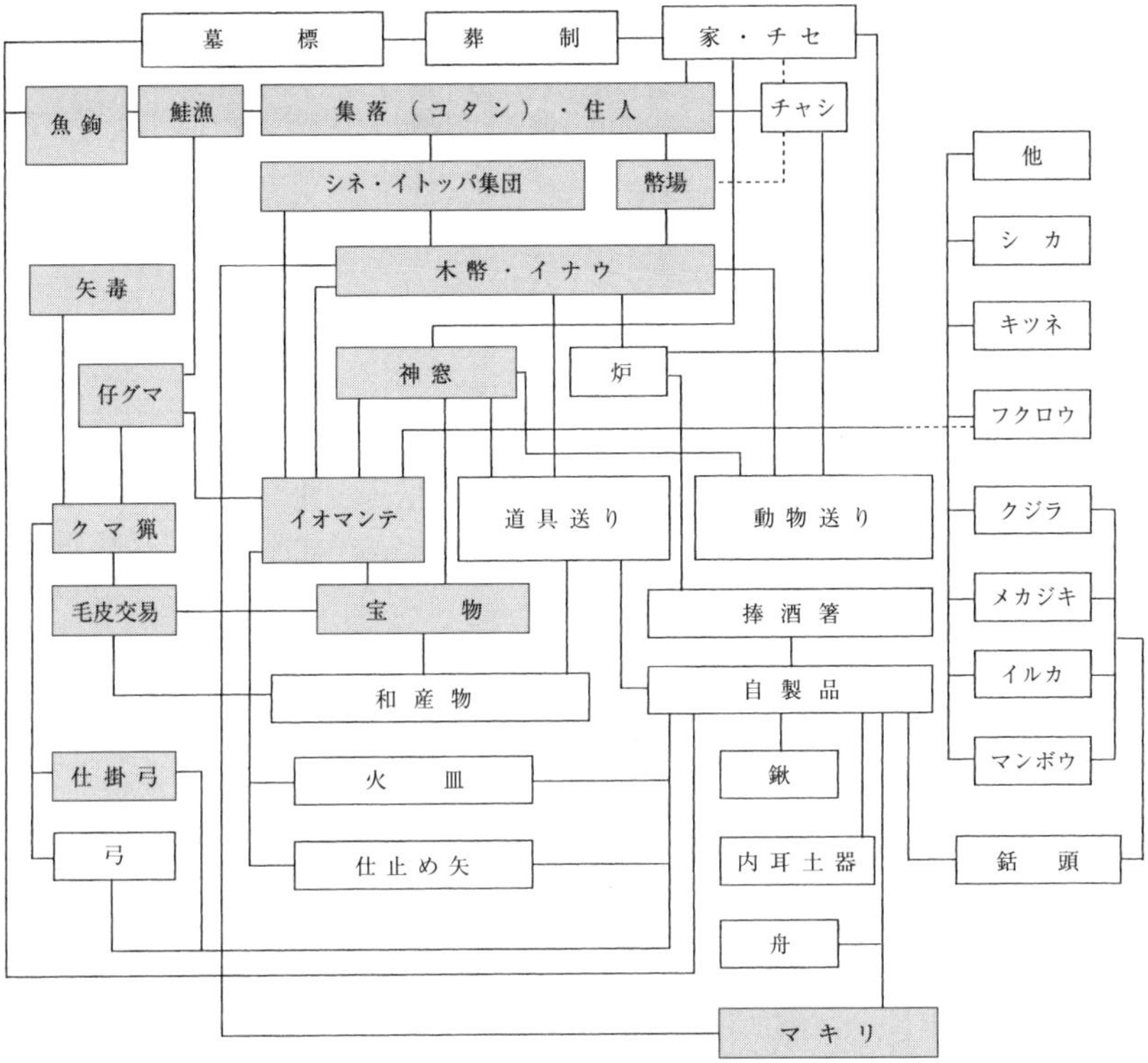

図1　「考古学から見たアイヌ文化複合体」（宇田川　2001から転載）

ことは認めているようである。

⑷ 土器社会

縄紋社会を考えるさいに、よく引き合いに出されるのは北米北西海岸の先住民社会の無土器社会である。一方、縄紋社会は狩猟採集民社会に類を見ないほど多量の土器を生産していた。小林達雄はそこに縄紋社会の特徴を見いだしている（小林　一九九四）。

もっぱら食物の煮炊き用として作り出された土器の普及によって、縄紋人の食生活がしだいに煮炊き料理中心に組み立てられていった。この「土器料理」が、「もはや動物の群れだけを追い、数少ない食用植物を探し求めては日ごとに移動せねばならないという厳しさから解放され、ついに一か所に定着する生活を保障してくれたのである」（一六頁）。このように、小林は縄紋土器が引き金となって定住生活が始まったと見ているのである。これは、特殊な生態条件に定住の要因を見る渡辺仁の見解とも、貯蔵経済に定住の要因を見るアラン・テスタールの見解とも異なる、小林に独特の見解である。

小林はまた、縄紋文化の本体にかかわるとみる縄紋土器自体の性質の内容から、縄紋時代を四つの時期、すなわち、「イメージの時代」（草創期）、「主体性確立の時代」（早期）、「発展の時代」（前期）、「応用の時代」（中期・後期・晩期）に分けている。小林は縄紋社会を階層化されたものとみなしているが、主要な文化要素である土器から見た以上の歴史観が、社会の階層化過程とどのようにリンクするかは、いまだ言及していないのである。

(5) 階層化社会

渡辺仁はある意味で山内清男の批判的継承者である（渡辺 一九六三）。その種子はすでに一九六〇年代に蒔かれていた（渡辺 一九六四、一九六六）。一九七九年にミシガン大学の日本研究センターの主催で開かれた「日本の考古学・先史学」に関するシンポジウムでの発表では、①土器の製作と使用、②石棒や石皿など重量のある石器、敷石住居や環状列石や配石遺構など手間暇のかかる石造構築物、③墓地の形成、④耐用年限の長い比較的大型の竪穴住居およびその建て替え、といった考古記録から、世界の民族誌資料を援用して、縄紋人の定住性を論じ、アイヌの居住形態・生業形態に対比した。また、アイヌの事例を参考にして、縄紋時代から弥生時代への変化基盤であった農耕開始を二段階に分けて説明しようとした（Watanabe 1986）。縄紋人とアイヌとの一般的対比であったため、生業ではサケとシカに比重がかかりすぎて、植物性食料が軽視されている。農耕化過程の第一段階、つまり退役狩猟者と女性の役割の重要性は、縄紋／弥生の転換期よりも、続縄紋社会や、近年取り沙汰されている西日本の縄紋後期の社会で検証すべき仮説かもしれない。

渡辺が、豊富で時空的に多様な地域的食料源、とくに大型獣や遡河産卵性魚類の効果的開発への適応行動として発達した家族間生業分化――狩猟志向型家族と漁撈志向型家族――により、猟漁採集民社会にあっても社会的階層化は可能であると明確に論じたのは、一九八三年の『現代人類学』(Current Anthropology)誌上においてであった(渡辺 一九九〇b)。

翌年の一九八四年に、国立民族学博物館「ユーラシアと北アメリカにおける北方狩猟採集民文化の比較研究」班研究会において、概要を発表して、その後一九八六年に網走市立郷土博物館創立五〇周年記念「北方民族文化シンポジウム」基調講演として公表された論文で、「北太平洋沿岸文化圏」(略して「北洋沿岸文化圏」)の概念が提示された(渡辺 一九八八)。ここでは、日本沿岸区、オホーツク海沿岸区、ベーリング海沿岸区、北西海岸区の四つの地区ないし地方圏が区分されるが、北洋沿岸先住民の文化を理解するには、それがどの地域の文化であっても、北洋沿岸文化圏ともいうべき大きい枠を意識して、その中の一部として取り扱うことが必要である、と主張した。この北洋沿岸文化圏は、各群の要素間に強い関連性があり、その意味で一種の複合体を形成するとみることができ、また一方で各群の間にも多少とも何らかの機能的な関連性が認められる、四群の文化要素群で特徴づけられる。

すなわち、

1　住生活関係要素群――①定住性、②線型集落、③竪穴住居、④棟持柱、⑤家(homebase)の空間構造、⑥木器の発達。

2　食生活関係要素群――①鮭鱒漁、②漁具と漁法、③海船、④魚食性、⑤干魚、⑥魚卵食、⑦貝食、⑧ウニ食、⑨海草食。

3　社会生活要素群――①文身、②笠、③鮭儀礼、④禊、⑤特殊化狩猟、⑥階層化社会。

4　戦争関連要素群――①戦争、②鎧、③首級、④仇討ち、⑤防御施設。

一九八八年の論文では1と2の要素群が取り扱われて、3と4は別稿扱いとなっていたが、その後もまとめて発表されることはなかった(渡辺は、『縄文式階層化社会』の改訂版でその責を果たすつもりでいたが、『縄文土偶と女神信仰』に晩年のすべてを費やしたため、実現しなかった)。

一九九〇年の渡辺仁の著作『縄文式階層化社会』は、まず、北太平洋沿岸文化圏の先住民（定住型猟漁採集民）に関する民族誌的データから、階層化した彼らの社会に共通する事例（パターン）をつかみ出し、そこから構造的な「階層化モデル」を構築し、その上で、このモデルを縄紋時代の考古学的事例とつき合わせることによって、縄紋社会も階層化されていたことを主張する、といった基本構成になっている。しかしながら、そうした土俗考古学的方法論がもつパースペクティヴは、今なお、縄紋時代研究者に十分に理解されているとは言いがたい。

そもそも、縄紋時代を研究する考古学者側が、近年の発掘調査によって出土した遺物や遺構、とりわけ従来の縄紋観を変えると報じられた新しい考古学的情報を分析し、その事例中に特定のパターン（考古学的経験則ないし低位の理論）を見いだし、そうして見いだした複数のパターン間の関連を、矛盾なく整合的に説明づけるための「モデル」を構築・提示して、さらにその後に、今までに蓄積されてきた諸データと照合して、提示したモデル（作業仮説）を検証する、といったこの学問の方法論的巡回手続き（安斎　一九九九）をとってこなかった。そのために、民族誌資料に基礎を置いた渡辺の「階層化モデル」に虚（あるいは考古学的欠陥）をつかれたという側面があった。

渡辺の「階層化モデル」は、権力現象である「階級」の存在を、あるいは、命令と服従の高度に組織化されたシステムとしての「ヒエラルキー」の存在を、意味するものではない。「階層」という多義的な語の用法および叙述に問題を残すとしても、「縄文式」という限定的な形容付きなのであるから、そこにいかなる場合にも強制的な行為にかかわることはない、人格的な、個人的な、そしてしばしば短期的な身分格差の存在を渡辺が示唆していた、ということは汲み取れたはずである。私がここで強調したいことは、性差、年齢差、技能の差異などに基づく初期の社会に存在する社会関係が、地位体系へと再編成される契機を、渡辺の諸業績がどれだけ明瞭に提示していたか、という点である。

批判者（小杉　一九九一）たちに欠落していたのは、このモデルの長所を継承しようとする姿勢である。そのため、微にいり細を穿った批判（林　一九九五）の割りには、結果的には批判のための批判で終わってしまっている。

その後、林謙作は縄紋社会が階層社会であることは否定できないとした上で、「それは一種の集団指導制とでもうべきもので、渡辺仁さん（一九九〇）が主張するような、特定の家族が指導制を継承していくといった状況を考えることはできません」（林　一九九七、四九頁）とも述べている。しかしここは林の誤解であって、渡辺がアイヌなどの民族誌を援用して想定した社会は、「例えば父親がその息子に狩猟をする能力がないと判断した場合、息子は父親の職を継がず、漁撈者階層へと転落する。一方、漁撈系家族の子供でも、猟者の指導に対し適性を示せば狩猟者となることができた」（渡辺　一九九〇b）、そのような固定的・世襲的でない、オープン・システムの不平等社会であった。

三　考古学的アプローチ

縄紋社会観の形成と変遷の過程を概観した。この過程は、「考古学的現象は、考古学者の問題意識とは独立に客観的に実在しており、その実在を科学的に把握するのが考古学の役割である」、という類の実在主義、客観主義が、考古学においても不動のものではなくて、むしろパラダイムであるとか、構成主義・構築主義といわれている発想や視点が有効であることを示している。

縄紋社会は一般に「定住型不平等社会」として類型化されてきている。しかし、縄紋時代を通して列島各地に形成された多数の地域社会のなかには、いまだ推定の域を出ないが、遊動的平等社会もあれば遊動的不平等社会もあったし、また、不平等社会といっても、年齢やジェンダーによる多少の身分差を有する社会から、個人の資質や能力に応じた複数の身分で構成された地位社会など多様な形態を取っており、一律に「縄紋社会」と括るわけにはいかない。渡辺の謂う「縄文式階層化社会」は、厳密には「地位社会」の一類型として捉えるべきであろう。そこで問題になるのは、縄紋時代に一時的にせよ階層社会が出現していたかどうかである。本書はその解明への第一歩でもある。

先にも記したように、地位社会の指導者たちは威信や権威を有するが、他人に権力を振るう存在ではない。一方、階層社会の貴人たちは権力を行使する。そこでここから、威信や権威や権力、また生産の統制といった概念をどう考古資料で表現するかが問題になる。基本的には、入手・達成にコスト——労働・時間・技術——のかかる遺物・遺構が注目される。貧富にかかわる「財産」と身分にかかわる「威信財」、住居の大きさと配置、埋葬と葬送儀礼、構築に強制力を要する構築物、地位・身分を表象する装身具などのデータ収集とその社会論的解釈を促していきたい。

引用文献

安斎正人　一九九七「回転式銛頭の系統分類—佐藤達夫の業績に基づいて—」『東京大学考古学研究室研究紀要』第一五号、三九〜八〇頁。

安斎正人　一九九八「縄紋時代後期の「猟漁民」—道具・活動・生態—」『縄文式生活構造—土俗考古学からのアプローチ—』二二二〜二七四頁、同成社。

安斎正人　一九九九「理論考古学」『用語解説　現代考古学の方法と理論Ⅰ』一九三〜二〇〇頁、同成社。

宇田川　洋　二〇〇一『アイヌ考古学研究・序論』北海道出版企画センター。

岡本　勇　一九七五「縄文社会の生産と呪術」『岩波講座　日本歴史』一、七五〜一一二頁。（『縄文と弥生』未来社に再録）

小杉　康　一九九一「縄文時代に階級社会は存在したのか」『考古学研究』第三七巻第四号、九七〜一二一頁。

小林達雄　一九九四『縄文土器の研究』小学館。

佐藤達夫編　一九七四『日本考古学選集21山内清男集』一四〜二四頁、築地書館。

坪井清足　一九六二「縄文文化論」『岩波講座　日本歴史』一、一〇九〜一三八頁。（『埋蔵文化財と考古学』平凡社に再録）

テスタール　A著、山内　昶訳　一九九五『新不平等起源論』法政大学出版局。

林　謙作　一九九五「階層とは何だろうか」『展望　考古学』五六〜六六頁、考古学研究会。（『縄文社会の考古学』に再録）

林　謙作　一九九七「縄紋社会の資源利用・土地利用—「縄文都市論」批判—」『考古学研究』第四四巻第三号、三五〜五〇頁。（『縄文社会の考古学』に再録）

林　謙作　二〇〇一『縄文社会の考古学』同成社。

山内清男　一九三五「八幡一郎北佐久郡の考古学的調査」『人類学雑誌』第五〇巻第二号、七四〜七六頁。（『日本考古学選集21山

内清男集』に再録）
山内清男 一九六九「縄文文化の社会—縄文時代研究の現段階—」『日本と世界の歴史』第一巻、八六～九七頁、学習研究社。
渡辺 仁 一九六三「アイヌの生態と本邦先史学の問題」『日本考古学協会第29回総会研究発表要旨』二九～三〇頁。
渡辺 仁 一九六四「アイヌの生態と本邦先史学の問題」『人類学雑誌』第七二巻第一号、九～一三頁。
渡辺 仁 一九六六「縄文時代人の生態—住居の安定性とその生物学的民族史的意義—」『人類学雑誌』第七四巻第二号、七三～八四頁。
渡辺 仁 一九七二「アイヌ文化の成立」『考古学雑誌』第五八巻第三号、四七～六四頁。
渡辺 仁 一九八八「北太平洋沿岸文化圏—狩猟採集民からの視点 1—」『国立民族学博物館研究報告』一三巻二号、二九七～三五六頁。
渡辺 仁 一九九〇 a『縄文式階層化社会』六興出版。
渡辺 仁著、梅 正行訳 一九九〇 b 「生業分化と社会階層化—北太平洋沿岸採集民における事例—」『現代思想』一二月号、一六九～一七六頁。
Ames, K. M. and H. D. G. Maschner 1999 *Peoples of the Northwest Coast: their archaeology and prehistory*. Thames and Hudson: London.
Feinman, G. M. 1995 The emergence of inequality: a forcus on strategies and processes. In *Foundations of social inequality*, edited by T. D. Price and G. M. Feinman, pp.255–279. Plennum: New York.
Marquardt, W. H. 1985 Complexity and scale in the study of fisher-gatherer-hunters: an example from the Eastern United States. In *Prehistoric hunter-gatheres: the emergence of cultural complexity*, edited by T. D. Price and J. M. Brown, pp.59–98. Academic Press: New York.
Paynter, R. 1989 The archaeology of equality and inequality. *Annual Reviw of Anthropology* 18: 369–399.
Watanabe, H. 1986 Community habitation and food gathering in prehistoric Japan: an ethnographic interpretation of archaeological evidence. In *Windows on the Japanese past: studies in archaeology and prehistory*, edited by R. Pearson, pp. 229–254. Center for Japanese Studies: The University of Michigan.

参考文献

上野千鶴子編　二〇〇一『構築主義とは何か』勁草書房。

環状集落と部族社会
——前・中期の列島中央部——

谷口　康浩

一　序　論

1　環状集落の成立

早期末から前期初頭のころ、縄文時代集落の様相に一つの大きな変化が顕現する。「環状集落」という新たな集落形態が中部・関東地方を核とする列島中央部に出現する現象がそれである。埼玉県富士見市打越遺跡（荒井・小出ほか 一九七八・八三）、長野県塩尻市矢口遺跡（小松編 一九九四）、群馬県赤城村三原田城遺跡（小野編 一九八七）、千葉県沼南町石揚遺跡（太田・安井編 一九九四）などは環状集落の成立を例示する初期の集落遺跡として注目される。

環状集落は広場を中心として各種の建物や施設を所定の圏内に同心円状に配置した計画的な空間構成をもつ。とくに中央広場に墓域を有するのが環状集落のいちじるしい特徴となっている。墓域の周囲に掘立柱建物を配列し、その外側に竪穴住居を配置した形がもっとも典型的であり、ほかに貯蔵穴や廃棄帯などが加わる。建物・施設を配置する場所が強く規制されているために、長年の間に竪穴住居跡などの新旧の遺構が重複する特徴が生じる。これを「重帯構造」と称している。

また、環状集落はその規模の大きさにおいてもそれ以前の集落とは異なり、集落空間が径一〇〇m前後に及ぶ例もしばしばある。前期中葉の環状集落として早くから著明な埼玉県富士見市水子貝塚の場合では、直径約一五〇mもの規模を有していて、その広さは現代の野球場にも匹敵するほどである。集落空間の大きさとともに、地域の人口の多くが集合していたこともうかがえる。南関東における中期集落の分析では、一地域の全住居の約八割は数の限られた拠点的な環状集落に集中していることが指摘されている（谷口 一九九八a・b）。このように環状集落は早期までの初期集落とは構成も規模もまったく異なっている。

環状集落のいちじるしい発達が見られるのは、中部・関東地方から東北地方南部にかけての前・中・後期である。時期によって分布範囲は多少伸縮するが、巨視的にいえば、環状集落が発達したのは縄文時代を通じて遺跡分布密度がもっとも高い時期および地域であったことを指摘しうる。この事実にまず注目する必要がある。それに対して縄文時代集落の分布が相対的に稀薄な近畿地方以西の西日本では、環状集落はほとんど確認されず、東日本とは対照的な様相が浮き彫りとなっている。この地域差は環状集落が遺跡分布密度と強く相関していることを表しており、人口密度や社会構造の相異がその根底にあったことをも示唆している。

一方、地域によって多少の時期差はあるものの、おおむね後期中葉から後葉になると環状集落は姿を消し、集落構成が明らかに変質する時期を迎える。環状集落の成立・発達から消失にいたるこのような過程には、縄文社会の動態と進化が反映されている、と筆者は予測している。

2　集落内墓と分節構造

環状集落の分析から縄文社会への接近を試みた研究はこれまでにも少なくないが、本論で筆者がとくに注目する特徴は次の二点、すなわち「集落内墓」と「分節構造」である。

「集落内墓」は環状集落に表れた注目すべき特徴である。すべての環状集落に必ず墓地がともなうと考えるのは誤解だが、規模の大きな拠点的な環状集落は中央に集団墓地を備えているのが通例である（鈴木 一九八八、山本 一九九一）。住居に囲まれた集落の中心に墓地が置かれているのは、集落で生活するメンバーと死んだメンバーとの関係の強さを表すものであろう。おそらく祖先と系譜がよく記憶されていて、死者との関係がたいせつに取り扱われていたものと思われる。いわば死者は生者とともにムラのなかに安置されているのであり、死後もあたかも集団の一部として祭られているところに環状集落の重要な性格が認められる。

「分節構造」とは、環状集落において墓群・住居群・廃棄帯などを空間的に区分する構造を指す。縄文集落の全体が初めて明かされた長野県茅野市尖石遺跡の記念すべき発掘調査で、宮坂英弌（一九四六）は住居群が大きく南北二群に分かれることを初めて指摘したが、じつはこうした二大群は多くの環状集落に共通する特徴であった。集落跡やその上に形成された貝塚の形態が環状あるいは馬蹄形の相似形になるのは、二大群が広場を囲んで向き合う構造に根源がある。また大群内部にさらに分節的な小群が内在する場合も多い。環状集落はこうした分節単位を一つの環に統一する環節的な構造になっている。このような分節構造に縄文社会の構造が反映されていることを見抜いたのは大林太良（一九七一）と水野正好（一九六八、六九、七四）が最初であり、とくに双分制との関連性が説かれてきた。環状集落を社会構成の縮図として理解しようとする視角は、その後丹羽佑一（一九七八、八二、九四）、小林達雄（一九九三）、櫛原功一（一九九四）らの研究に継承されてきた。

墓群や住居群の分節構造には環状集落を構成した集団の社会構成が表示されている可能性が高い。本論ではこれを手掛かりに、環状集落の背後に存在した縄文社会の姿を追求してみたい[1]。

二　分節構造の分析

はじめに分節構造を発現する注目すべき実例を挙げて、その構造がいかなるものかをまず検討することにする。

1　二大群の構造

多くの環状集落に共通するもっとも明瞭な分節構造として全体を大きく二分する構造がある。これを「二大群の構造」と呼ぶ。二大群の構造は長野県尖石遺跡の発掘調査で宮坂英弌（一九四六）がつとに注意しており、岡本勇・戸沢充則（一九六五）も向かい合う二つの貝塚ないし住居群が同時に平行して形成をはじめ、しかも全体として馬蹄形になるような規制があることを予測するなど、縄文集落研究の初期から注目されてきた。まずこのもっとも顕著な構造を分析する必要がある。

(1)　墓群における二大群

神奈川県横浜市三の丸遺跡は中期初頭五領ヶ台式期から後期中葉加曽利B式期にかけて営まれた長期継続的な拠点的集落である。この遺跡がある港北ニュータウン地域には、前期中葉の南堀貝塚・西ノ谷貝塚をはじめ数多くの著明な環状集落が知られるが、三の丸遺跡はそのなかでも突出して規模が大きく、竪穴住居跡三三一軒（うち中期二八六軒）、掘立柱建物跡五九棟などの遺構が密集して残されている（港北ニュータウン埋蔵文化財調査団編　一九八五）。中期の住居群は主要な三群に空間的に分かれており、中心部と目される部分（報告書による中・南グループ）では馬蹄形と「い」の字状の二つの環状集落が連接して8字状を呈している。その両方の中央広場に造営された墓群はいずれも明確に二群に分かれて対向している。北環状集落の墓群では西群二三基、東群三〇基が約一〇m間隔をおいて相対している。南環状集落の墓群でも北群二三基、南群二五基が直径約二五mの円周上に弧状に相対している（図

1）。

墓群における二大群は数多くの類例を見出せる。三の丸遺跡の近隣に位置する二の丸遺跡では、加曽利E3・E4式期を中心とする中期後葉〜末葉の墓坑四四基が径約二〇mの円周上に南北二群に分かれて弧状に対向し、三の丸遺跡南環状集落の状況と酷似している（小宮　一九九〇）。青森県八戸市風張⑴遺跡における後期後半の環状集落の場合は、東群六五基と西群五五基が中央広場内に二つの集塊状の墓群を構成している（図2）。東群の一〇基と西群の八基から硬玉製品が出土しており、玉を保有した者の比率や保有量に東西の明白な格差が認められないという指摘も興味深い（坂川　一九九四）。神奈川県伊勢原市下北原遺跡（後期前葉〜中葉）でも、環状集落の中心部に東西二群の配石群があり、配石の下部からそれぞれ一一基と一四基の墓坑が検出されている（鈴木　一九七七）。墓の型式は異なるが、やはり風張⑴遺跡例に酷似した二大群が明瞭な形で区分されている。

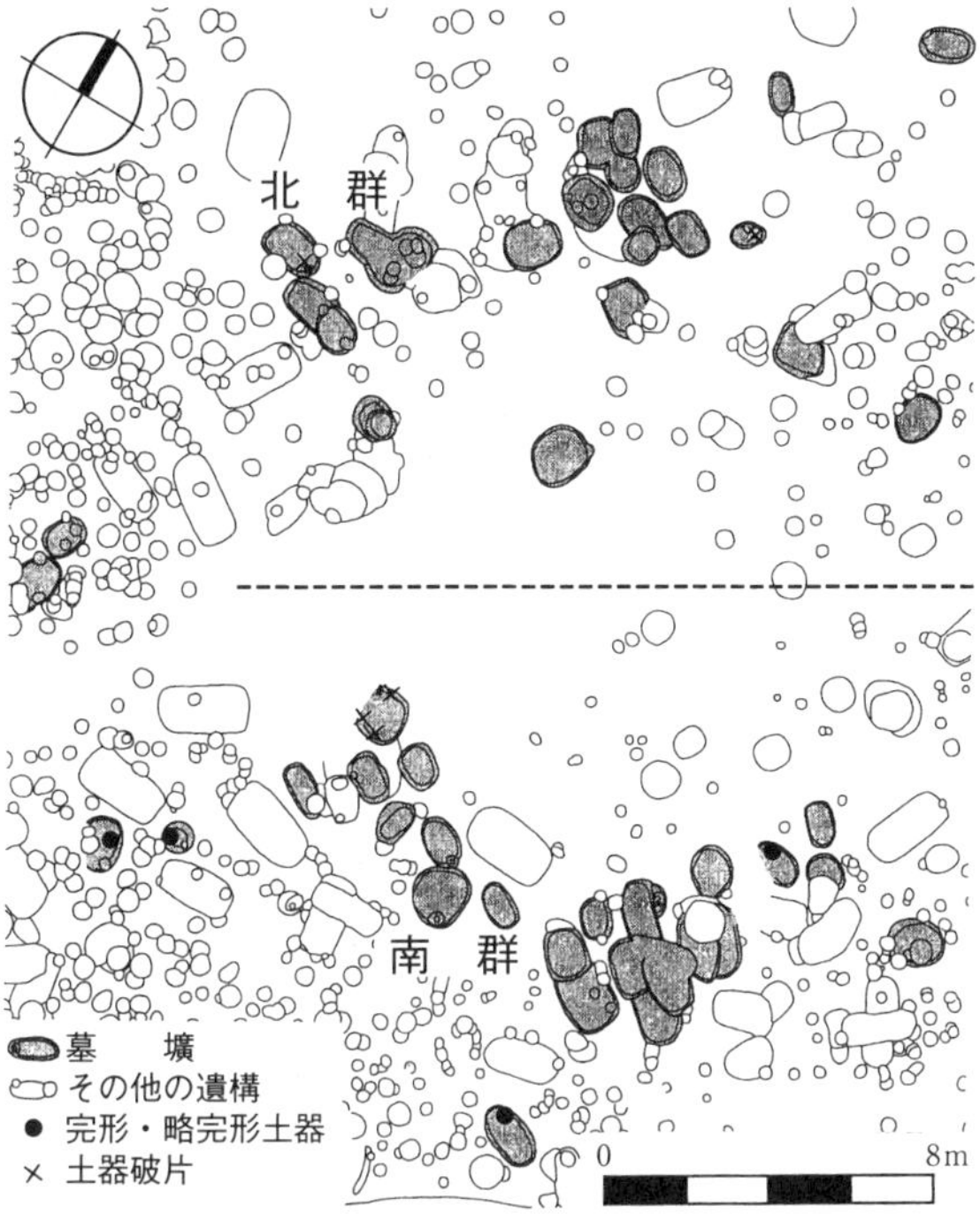

図1　三の丸遺跡南集落における墓群の二大群。中期。
（港北ニュータウン埋蔵文化財調査団編 1985による）

いずれの場合も二群の墓は中央広場の中で東西または南北に対向するように位置し、それぞれほぼ拮抗した数の墓から成り立っている。周囲に広いスペースがあるにもかかわらず、墓は定められた二つの場所

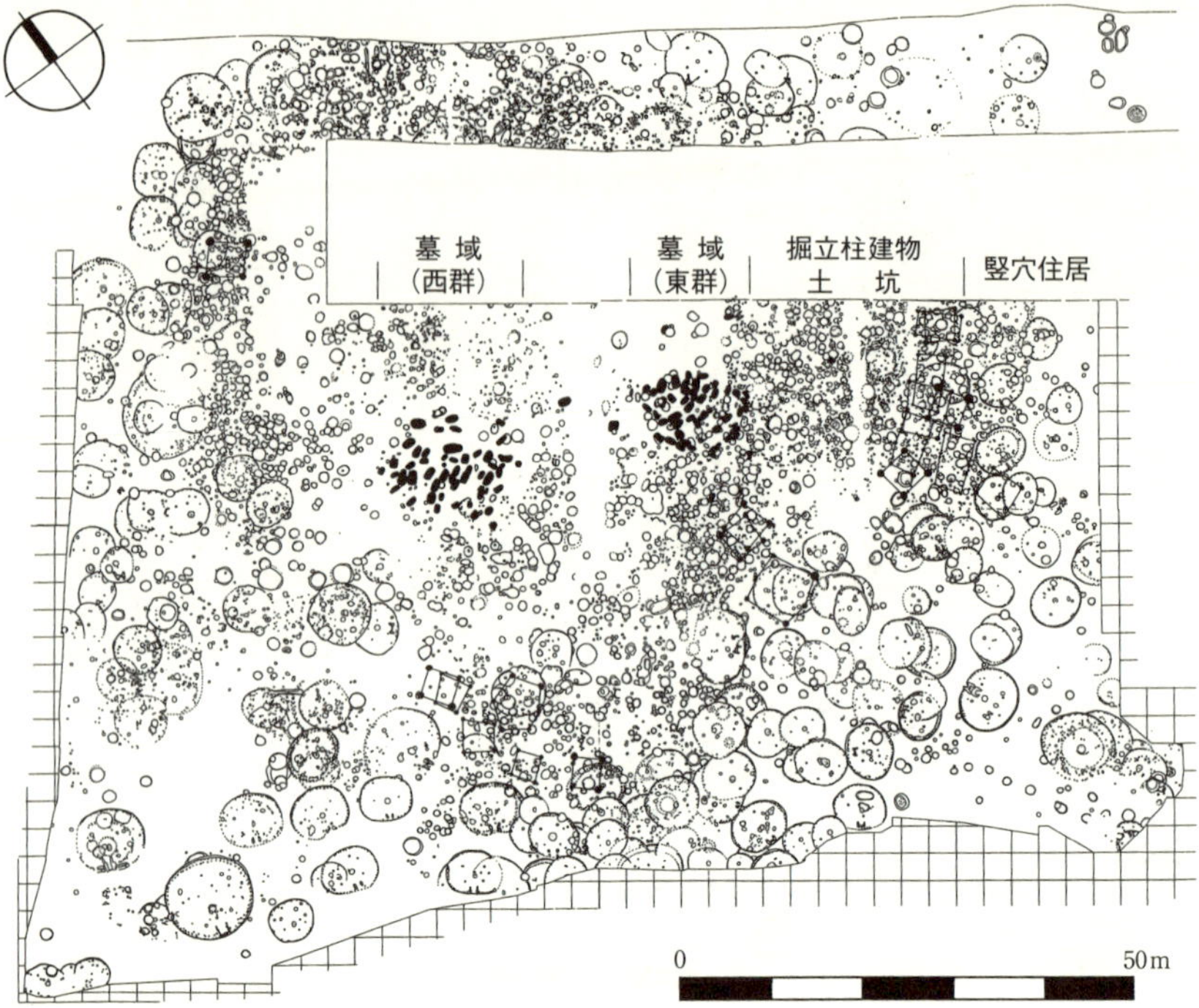

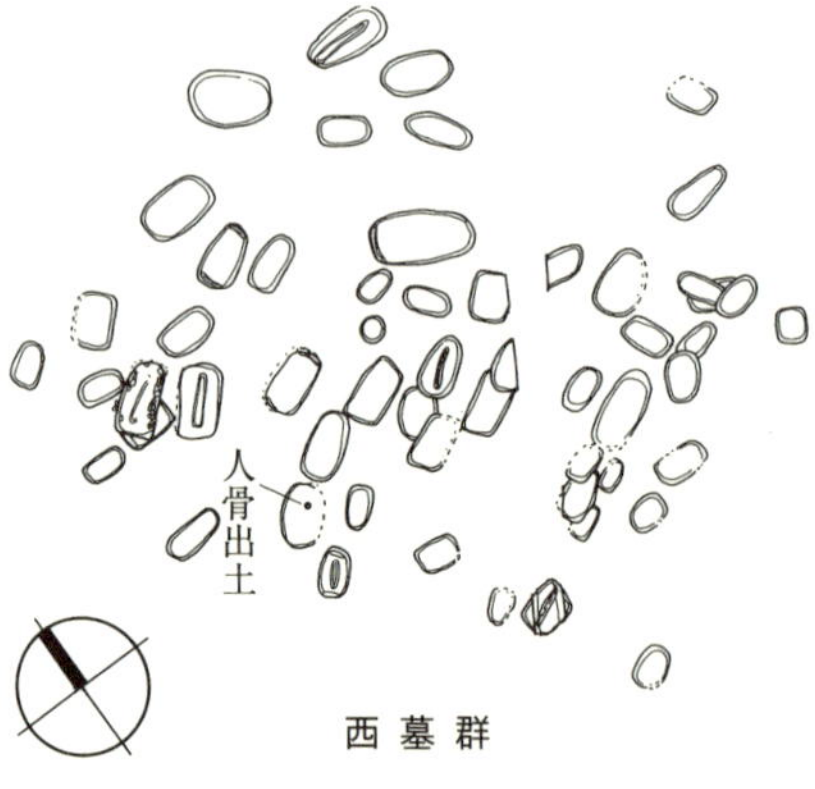

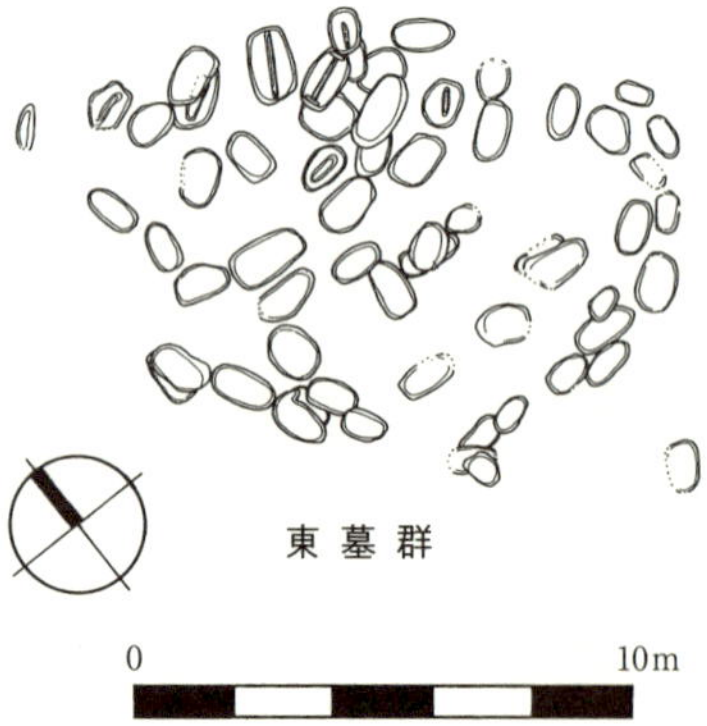

図２　風張（１）遺跡の環状集落と二群に分節化した墓群。65基と55基の墓坑が東西に二大別された例。東群10基と西群８基から硬玉製品が出土，保有比率や保有量に明白な格差は認められない。後期。（坂川 1994による）

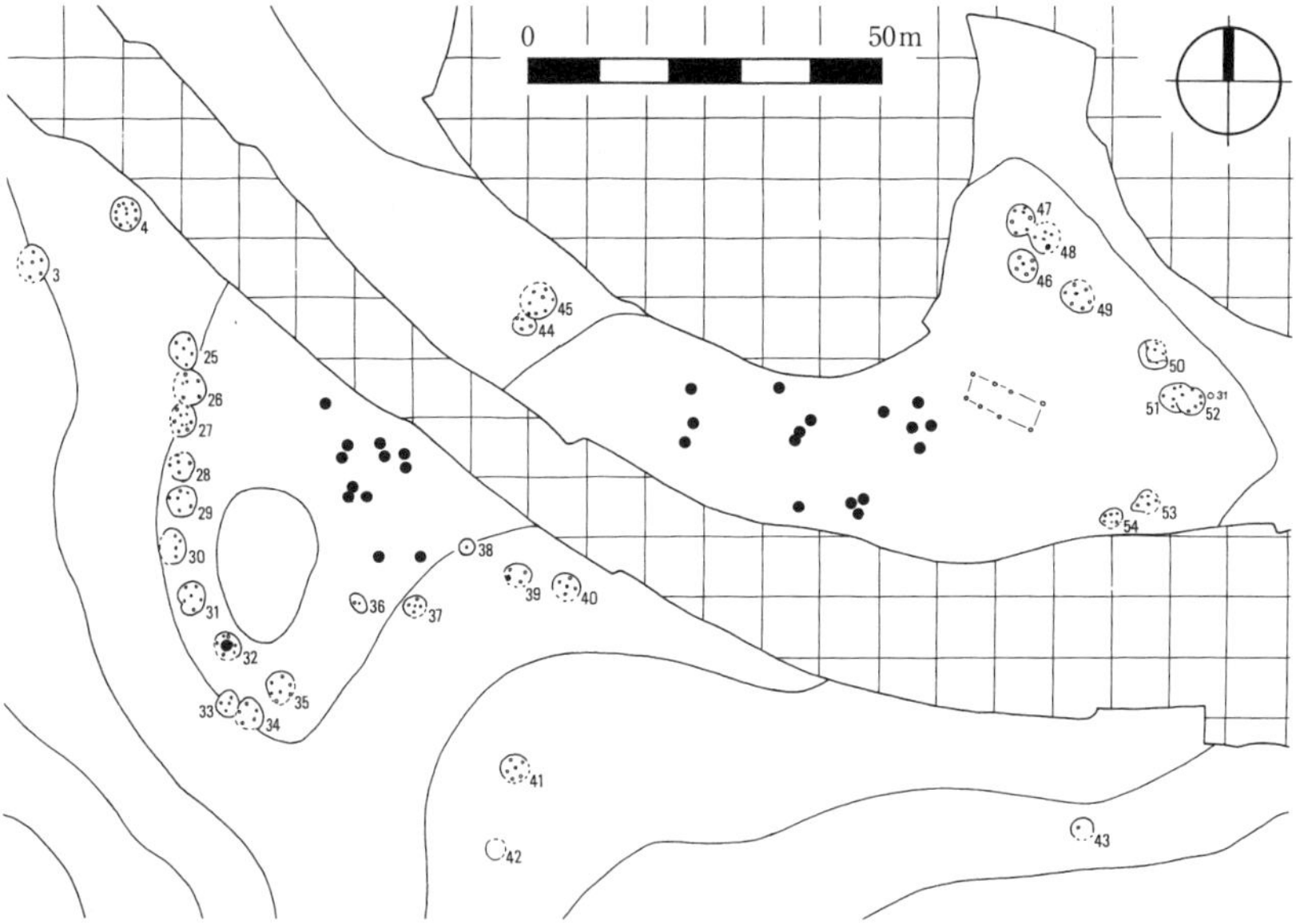

図3　多摩ニュータウン№471遺跡北集落における二大群。住居と墓群（●記号）の二大群が明瞭な事例。中期。（小薬編 1993による）

だけにつぎつぎと掘られるので、長年の間に多数の墓坑が重複して切り合う結果となっているのである。墓坑が特定の二カ所に分かれて群集しているのは、埋葬すべき場所がいずれかに決定されていて、その規制が何世代にもわたり踏襲されていたからであろう。墓群の二大群は死者の埋葬場所を区分するものであり、埋葬の取り扱いが区別されるような二派が存在したことを推定させる。

(2) 住居群における二大群

二大群の分節構造は墓群だけでなく生きた成員たちの住居群にも認められる。

東京都稲城市にある多摩ニュータウン№471遺跡は、中期の勝坂1式期と次の勝坂2式期にわずかに離れた二ヵ所に環状集落が営まれており、環状集落の短時間の姿態を見ることのできる貴重な例として知られる（小薬編　一九九三）。このうち勝坂2式期に形成された北側の集落では、一部が破壊されて不明になっているが、懸け離れた住居や主柱のない小形建物などを除くと、三二軒が「い」の字状の環状集落を構成している様子がとらえられる（図3）。

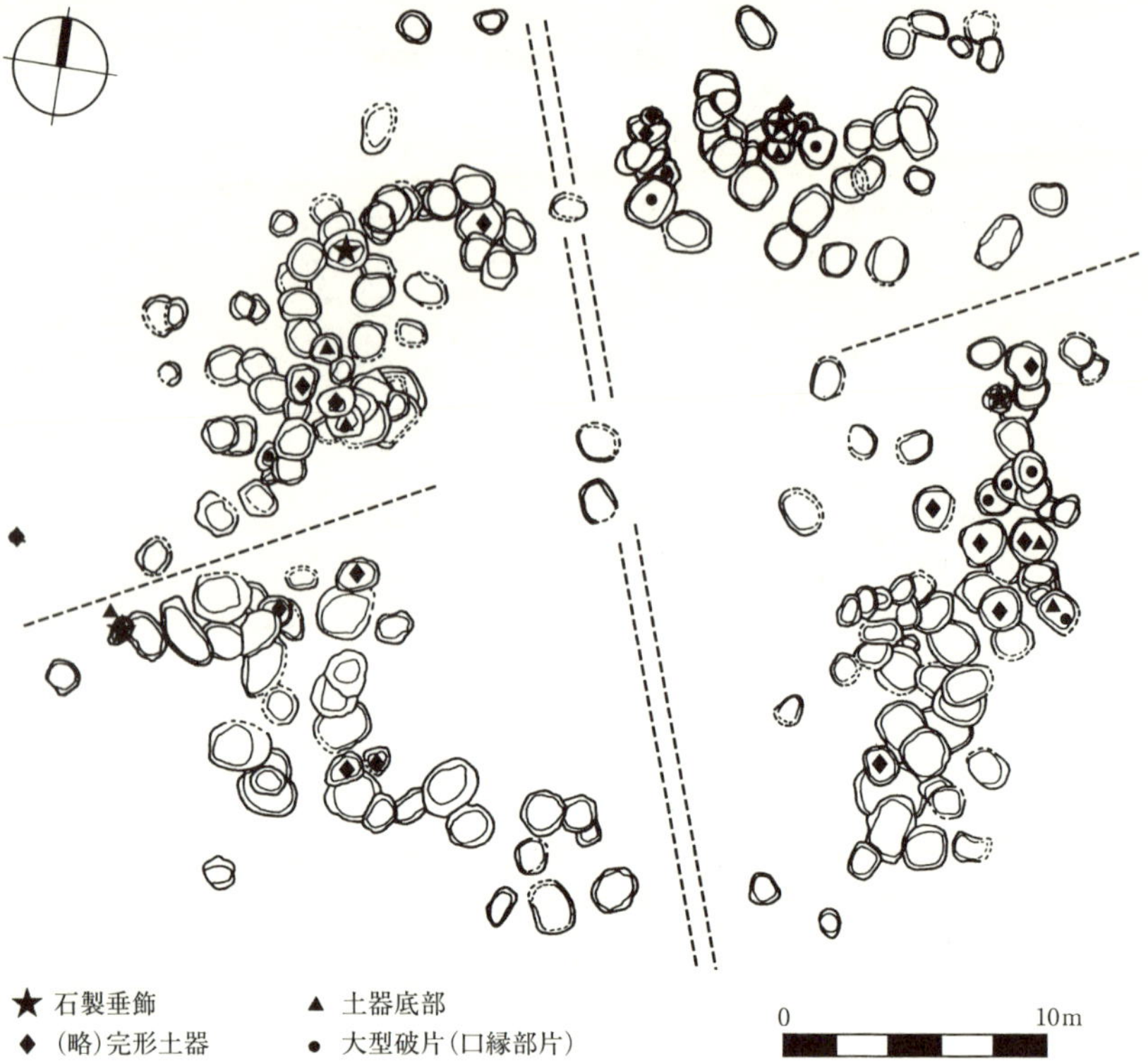

図4　多摩ニュータウンNo.107遺跡における墓群の二大群二小群。二大群が各々二小群に分節化した好例。中期。（佐藤 1999原図に加筆）

それらの住居群は東西に分かれて対向しており、西群の一一軒と東群の九軒が直列して平行しているのがとくに目を引く。すべての住居が同時に存在したのでないことは近接する竪穴の位置関係から明らかだが、しかし東西二群に相対的な新旧はなく、二群が併存していたことは確かである。二群の住居群に囲まれた中央の墓群も二大群を構成している。近隣に位置する多摩ニュータウンNo.46遺跡でも、勝坂式期の住居跡三一軒が東西二群に分かれて列状に対向している（高林編 一九七九）。

住居建築の可能な広いスペースが周囲に存在するにもかかわらず、一定の圏内もしくは帯状部分だけに竪穴住居がつぎつぎと重複して造営されるのが環状集落に特有の現象である。この二例でも、もっとも平坦で広い場所は墓域を含む広場となっていて、竪穴住居はむしろ台地縁辺の肩部に造られたものが多い。集落の空間構成にそれだけ強い規制が働いていたのであろう。「い」の字状のよく似た集落形態がしばしば現れるのは、このような住居群の二大群に起因したものである。生きた集落成員のなかにも二派があり、それぞれ居住区域が区別されていた可能性が強い。

(3)　大群と小群

二大群の内部にさらに細かい分節単位を区別できる場合がある。大群内部の各分節を小群と呼ぶ。これらの小群は二派の集団内部がさらに分節化していた様子を映し出している。

図4は東京都八王子市多摩ニュータウン№107遺跡（中期後葉～後期初頭）の環状集落中央部に造営された、墓坑一九八基から構成される環状墓群である（佐藤　一九九九）。これは二大群のおのおのに二小群が含まれ、二大群×二小群の構成を示す好例である。三の丸遺跡や二の丸遺跡の場合に想定された二派の集団の内部に、さらに二つの分節が分岐している姿を反映したものと思われる。墓坑内から出土した土器の型式からみると、墓群の造営時期は中期後葉の加曽利E3式期から後期初頭にわたっている。これほど長い年代にわたって断続的に行われた埋葬の結果にもかかわらず、一九八基もの墓坑がそれぞれ埋葬区分から逸脱することなく、全体として直径約三二メートルの整然とした環に統一されているのは驚くべきことである。集団構成員の内部にあった区分がいかに厳格で規制力のあるものであったかをうかがわせる。墓群の形成過程を分析した佐藤宏之は、分節単位間に時期差が認められず四群併存の形で墓群造営が進行したことを明らかにしている。また、装身具類が四群にほぼ均等に保有されている点も、風張(1)遺跡における墓群の状況と共通している。環状墓群の環の中心付近に位置する二基は、特定の死者への特別な取り扱いを示すものであろうか。

岩手県紫波町西田遺跡（中期中葉）では環状集落の中央から楕円形をした墓坑が一九二基発見されている。それらは二列に並列した内帯の一四基を囲み、一定の圏内に放射状に規則正しく配置され、全体が統一的な環の構造を形

図５　西田遺跡における墓群と掘立柱建物群の小群
内帯の墓群は二群に対列。放射状に配列された外帯の墓群には８小群が分節化。中期。（相原 1985 原図に加筆）

作っている（佐々木 一九八〇）。相原康二（一九八五）、丹羽佑一（一九九四）はともに外帯の墓群を八単位の小群に区分し、各小群内にさらに二つの小区分があることを見出している（図５）。外帯では一部の墓坑に重複が見られるものの、前述の多摩ニュータウンNo.107遺跡例と比べると重複箇所は明らかに少なく、むしろ各小群のなかで規則的に並列、直列した所が多い。これはなんらかの墓標が地上にあったか、または墓群の形成が比較的短期間に完結したことを示すあり方であろう。全体が二派に分かたれるものであったことは中央の二列が明示しており、周囲の墓群がその二列を中心に扇形に展開していることからみても首肯されるところである。墓群を取り囲む位置には長方形ないし亀甲形の掘立柱建物跡が配置されている。約一四五〇ものピットが複雑に重複しているため正確な復元は難しいが、それにも墓群に対応する分節構造があるらしい。

東京都立川市向郷遺跡（中期中葉～後葉）では、勝坂３式～加曽利Ｅ４式期にわたる拠点的な環状集落の中央に墓坑二九三基からなる環状墓群が造営されている（佐々木ほか 一九九二）。墓域の周囲には約二五〇〇口ものピットが

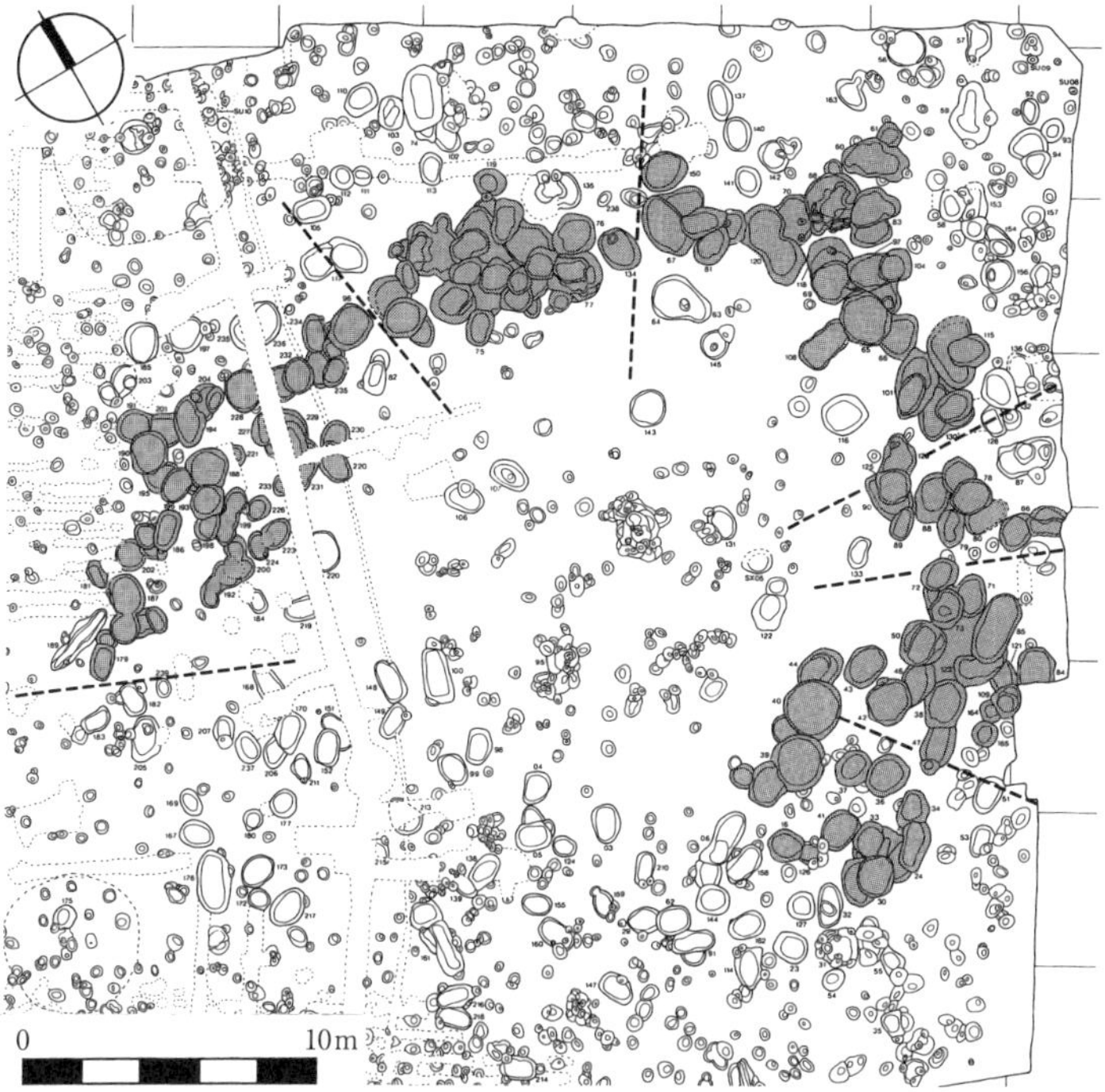

図6　向郷遺跡における墓群の小群。重複・近接する墓坑群の単位を網点で表示。6単位以上の小群からなることが明瞭。中期。（佐々木ほか1992原図に加筆）

めぐり、西田遺跡と同様になんらかの建物または柱列が存在したものと思われる。二九三基の墓坑群は全体として直径約三一mの整然とした環を描き出しているが、墓坑の重複関係を調べてみると重複・近接が激しい部分が少なくとも六単位以上あり、それらの間は比較的稀薄となっていて切れ目があることがわかる（図6）。やはり分節的な小群が内在し、それらが一つの環に統一されているのである。

住居群にも大群と小群がある。櫛原功一（一九九四）は、環状集落が複数の異なる住居型式から成り立ち、特定の住居型式またはその組合わせからなる小群が二大群の内部に存在することを論じている。分節構造を解析するすぐれた視点を導入した先駆的な研究であった。ここでは前述の多摩ニュータウン№107遺跡の墓群と相同の分節構造として、住居群が二大群×二小群と見られる四群に区分される事例に注目しておきたい。後述する長野県原村大石遺跡の狢沢式～新道式期（樋口編　一九七六）や多摩ニュータウン№471遺跡南集落の新道式期（小薬編　一九九

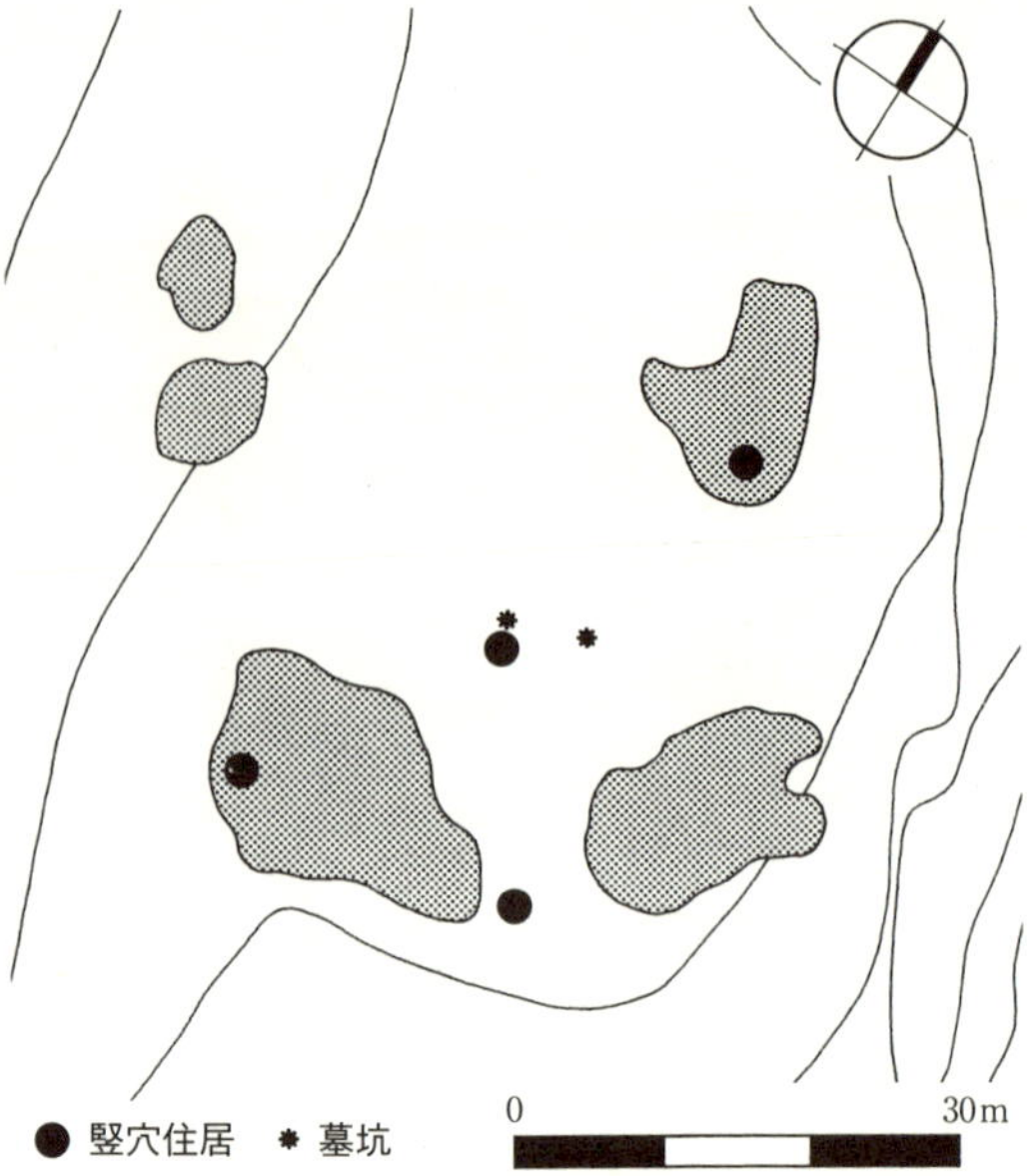

図7　池辺第4遺跡における廃棄帯の分節。前期末〜中期初頭の集落遺跡。4軒の住居の配置は一見不規則だが，4群の廃棄帯が墓坑のある中央広場を環状に囲む状況は環状集落の空間構成と同一。（港北ニュータウン埋蔵文化財調査団編 1974より作図）

三）、神奈川県横浜市神隠丸山遺跡の勝坂式期（坂本 一九八二）などがその例である。

(4) 廃棄帯における分節構造

環状集落では土器、貝殻、土、焼土・灰などの廃棄物を特定の場所に継続的に集積していくような特殊な廃棄行為の痕跡がしばしば認められる。筆者はこうした行為によって形成された、環状集落に特有の廃棄物の分布を「廃棄帯」と呼んで概念化した（谷口 一九九八a）。廃棄帯は不要物・ゴミを廃棄する現代感覚の廃棄の場を意味するものではなく、むしろ遺物などが継続的に集積される場所と定義すべき性質のものである。

この廃棄帯にも分節構造が認められる。神奈川県横浜市池辺第4遺跡は中期初頭の五領ヶ台式期の住居が四軒残されただけの小規模な集落跡で、一時期の住居は二軒と推定されている。住居の分布だけを一見するとまったく環状集落の態をなしていないが、図7に示したように土器群の分布は明瞭な四群にわかれており、それらは墓坑のある中央広場を囲むように環状に配置されていることがわかる（港北ニュータウン埋蔵文化財調査団編 一九七四）。廃棄帯からみた集落の空間構成は、環状集落の二大群×二小群の分節構造とまさに相同なのである。

中期初頭～前葉を中心に貝塚が形成された千葉県小見川町白井大宮台貝塚（図8上）の場合も、貝層の分布状態に明瞭な四小群が認められ、それらが広場状の平坦部を囲むように全体として約一四五×一九〇mの大規模な環状を構成している（四柳　一九九二）。規模は異なるものの池辺第4遺跡の廃棄帯の様相と酷似している。

東京都八王子市宇津木台遺跡D地区では勝坂3式終末頃から加曽利E2式期にかけて環状集落が形成されているが（藤野・黒尾・金子編　一九九一）、該期の土器の分布状態をグリッドごとの出土量から調べてみると、この遺跡の場

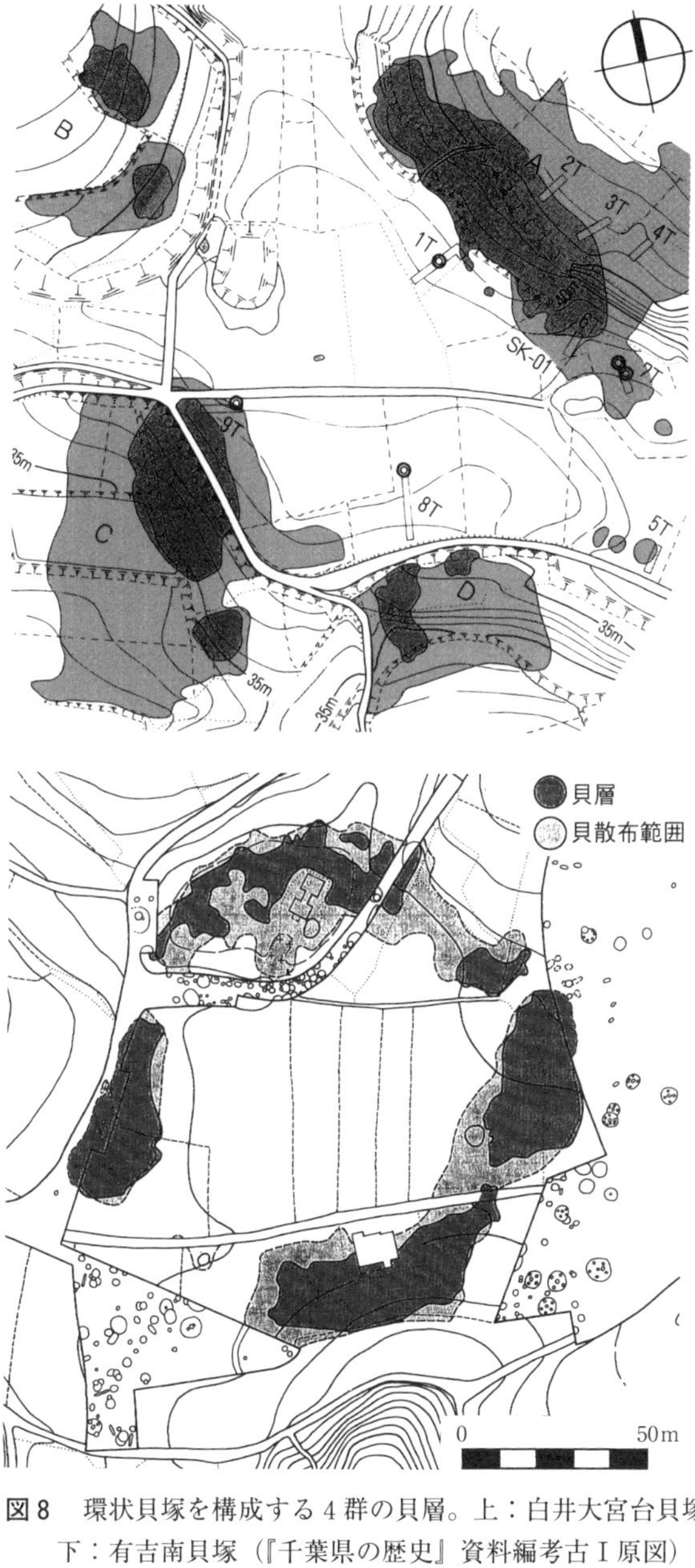

図8　環状貝塚を構成する4群の貝層。上：白井大宮台貝塚
下：有吉南貝塚（『千葉県の歴史』資料編考古Ⅰ原図）

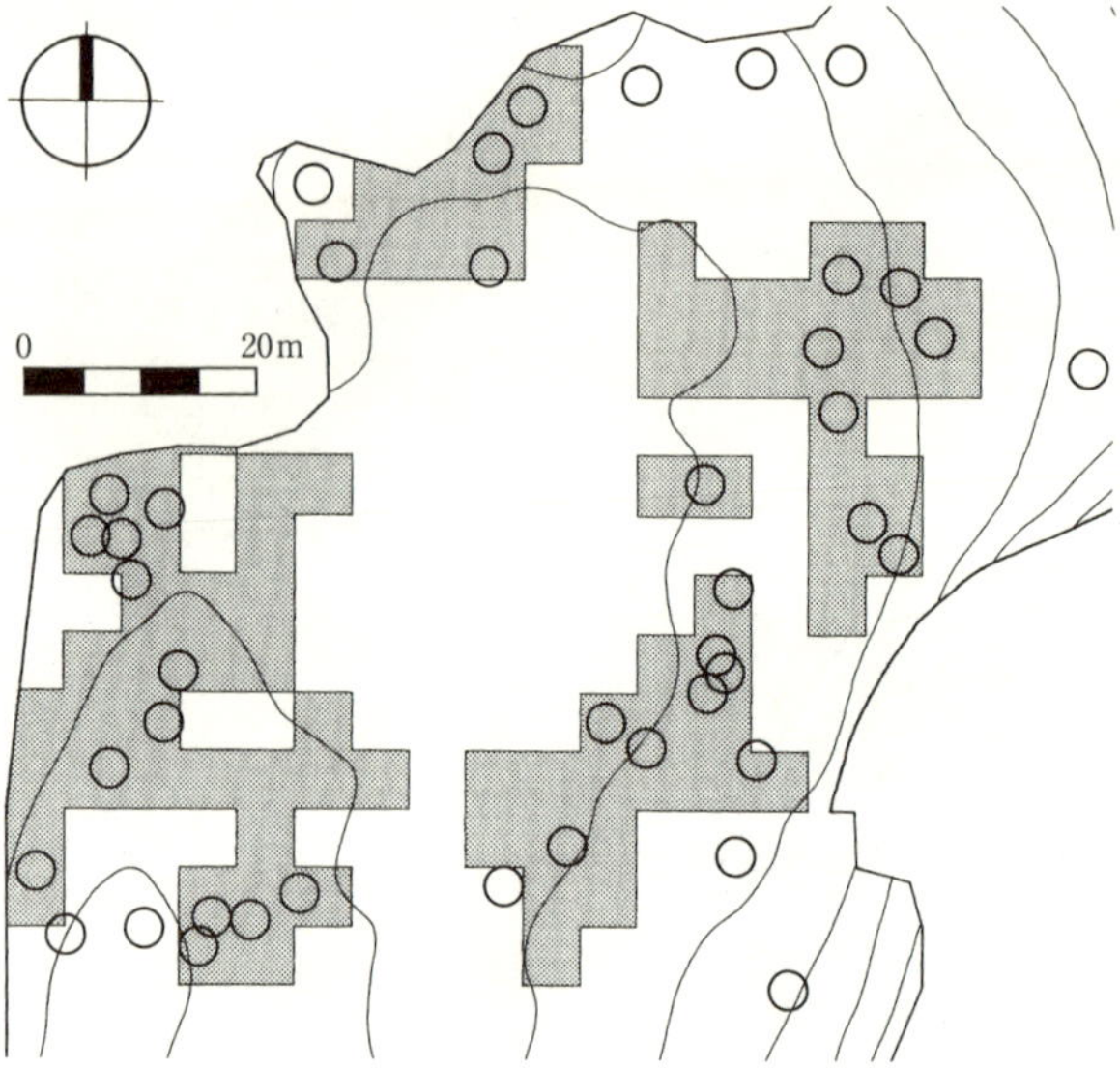

図9　宇津木台遺跡Ｄ地区における環状集落と廃棄帯の４小群。網点は中期後半の土器の集中範囲をグリッド単位で表示。範囲外は１グリッドあたり20点未満で稀薄。○記号は勝坂式終末期～加曽利Ｅ２式期の竪穴住居の位置を示す。４小群に分節化した集落と廃棄帯が明瞭。（藤野・黒尾・金子編 1991より作図）

合も環状集落に重複する形で四群の廃棄帯が形成されていることが明瞭である（図9）。住居群は二大群のなかに二小群が内在する構成のようにも見えるが、視覚的にはそれほど明確ではない。その区分が妥当なものであることはむしろ廃棄帯の分節構造によって裏づけられると思われる。四群に分かれる廃棄帯のこのあり方は、土器と貝という媒体となる遺物の違いを別にすれば、千葉県千葉市有吉南貝塚（図8下）（四柳 二〇〇〇）などに見られる貝層の四群と共通するものである。

住居や墓群だけでなく廃棄帯にまで規制的な区分が存在したとすると、分節構造は集落空間そのものを象徴的に区分するものであったと理解した方がよいかもしれない。しかも、そうした空間のシンボリズムが時として非常に長期間踏襲されていたことに驚かされるのである。

廃絶された住居跡の凹地に貝殻などを廃棄する行為が繰り返されると、しだいに連続した廃棄帯が形成されてくる。千葉県千葉市加曽利貝塚や市川市姥山貝塚に代表される巨大な環状・馬蹄形貝塚も、そうした行為が非常に長期間継続された結果と理解できる。また、栃木県小山市寺野東遺跡の発見を機にその存在が注意されるようになった後・晩期の環状盛土遺構（江原 一九九九）も、環状集落の廃棄帯に起源をもつ構造物として出現したものと筆者は予察している。

2　二大群の対照性

注目すべきことに、二大群は空間的に区分されているだけでなく、量的・質的な対照性を垣間見せる場合がある。二大群の区分原理を紐解く手掛かりがそこに示唆されているように思われる。

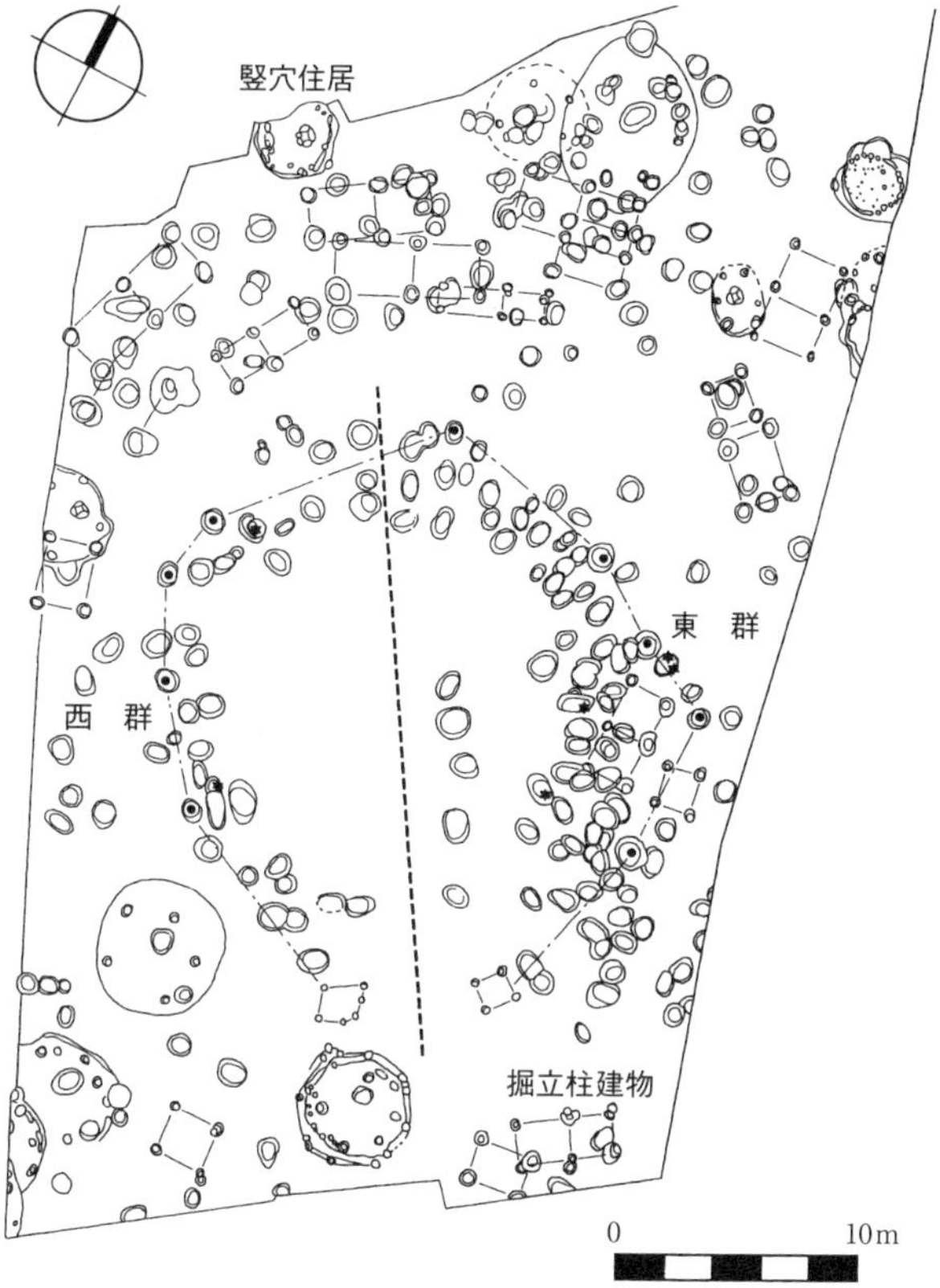

図10　数量的に不均衡な二大群の墓群（居平遺跡；中期）。東西二大群は数量的に釣り合わず，配置方向や内帯の有無でも非対称。（井戸尻考古館原図，勅使河原 1992に加筆）

(1)　二大群の数量的な不均衡

長野県富士見町居平遺跡（中期）の墓群の構成は、分節構造の性格を考察する上で非常に興味深い（勅使河原 一九九二）。この例では、内径約一六mの環状に整然と規則正しく配置された約九〇基の墓坑が東西二大群を構成しているのであるが、東西の墓坑数は明らかに不均衡である（図10）。東群は墓坑数が多く、放射状の配列が顕著で、墓坑の重複が多い。墓坑長軸の方向と重複関係からみて、少なくとも二小群にさらに区分できることもほぼ瞭然としている。中央部に五基の直列をもつことも西田遺跡例に共通する特徴である。これに対して西群は墓坑が少なく、放射状の配列もない。中央部には直列もみられない。なぜこのような不均衡が生じているのであろうか。

二大群の数量的な不均衡という現象は住居群にもしばしば認められる。神奈川県海老名市杉久保遺跡の場合、中期の勝坂3式から加曽利E式期に形成された南側の環状集落をみると、西側半分に住居がいちじるしく偏在している（大川・河野・河野編　一九九二）。二大群の住居数の不均衡はこの環状集落の形成初期からすでに認められ、時間の経過とともにその不均衡が増幅している事実が注目される。

じつはこのような二大群の数の不均衡は、秋田県鹿角市大湯環状列石（後期）の万座環状墓群（水野　一九六八）や長野県茅野市棚畑遺跡（中期）の南環状集落中央部墓群（鵜飼編　一九九〇）などに顕著な例をみるほか、多くの環状集落に認められる現象である。偶然的なものではなく、二大群の性質から必然的に生じている理由を探らなければならない。集落内に共住する二派は員数的にはかならずしも平均せず、その差が時間的に継続したり増幅する理由が存在する。

(2)　二大群の異質な住居型式

二大群は数量的な不均衡を含むだけでなく、質的な対照性を露呈する場合がある。その一例としてまず二大群のそれぞれに異なる住居型式が排他的に分布する事例に注目する。

群馬県赤城村三原田遺跡は三百数十軒もの住居跡が重複して残された最大級の環状集落として著明である。発掘調査を担当した赤山容造（一九八二）が竪穴住居の型式分類にもとづいて集落の変遷過程を分析しているが、この研究には環状集落の分節構造について示唆に富んだ指摘が少なくない。集落の形成は加曽利E１式古期のころ、A型式から始まり、それに順に続くB・C・D型式の時期に典型的な環状集落が形成される。とくにD型式期はもっとも整然

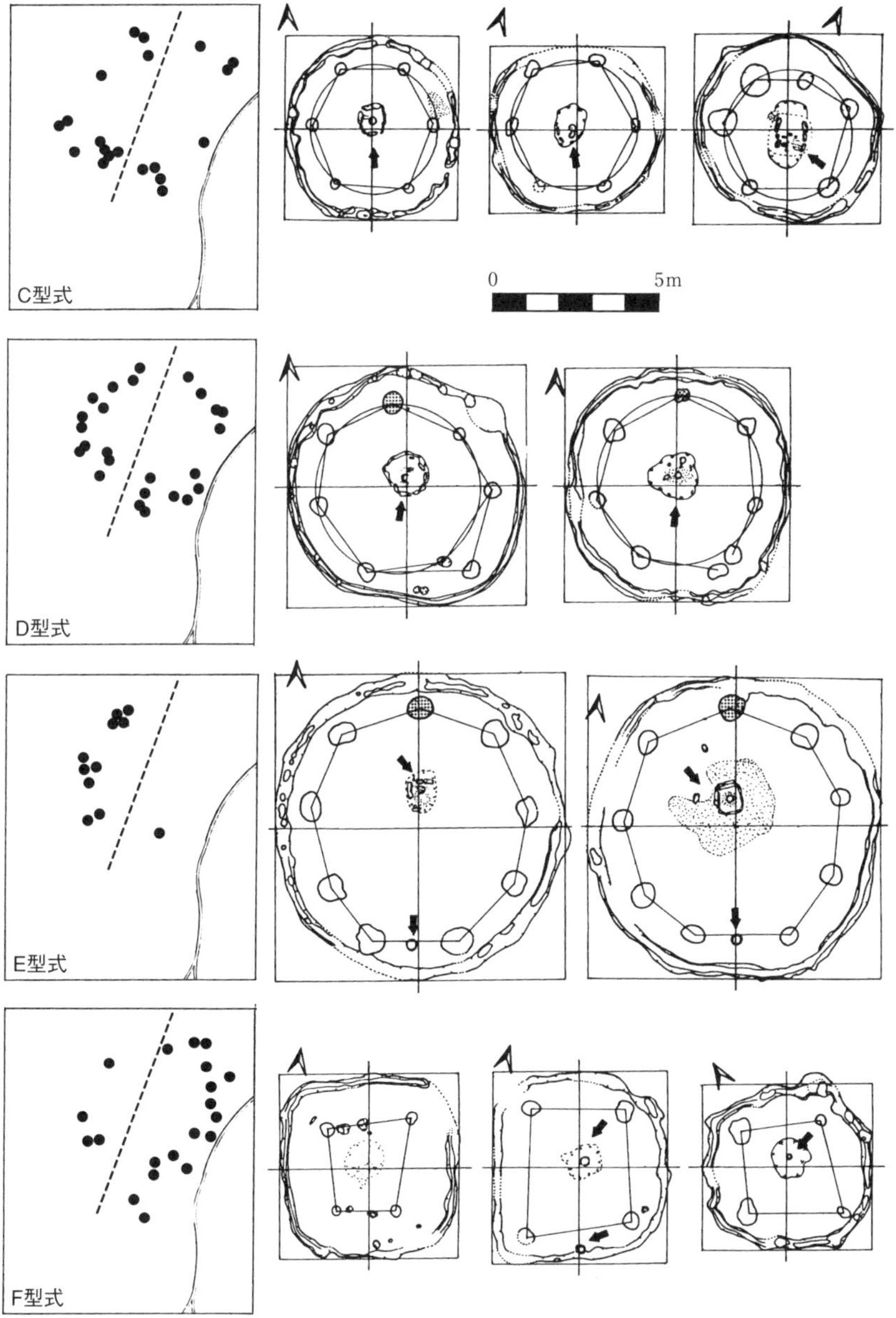

図11　三原田遺跡における環状集落と住居型式の変遷（赤山 1980・82より作図）

としており、同型式の住居同士の重複例が多いことからみても環状集落が継続的に安定して維持されていた様子がうかがえる。

ところが、次の時期に至ると二大群の住居型式は一転して対照的なものに変化する（図11）。西群に偏在するE型式は九～一〇本柱の円形大形住居で、これはしだいに大形化した円形住居C・D型式の延長上に成立した型式とみることができる。埋甕石囲炉や埋甕が多いこともこの型式の特徴である。一方、東群では住居型式がそれまでとはまったく異質なF型式に変化している。これは不整四角形の四本柱の住居で、埋甕や埋甕炉は少ない。小形で戸数が多い点も東群のE型式と異質である。竪穴の重複関係を調べたところではE・F型式に一方的な新旧関係は認められない。また各住居内から出土した土器からみても両型式に明白な時期差はうかがえず、二大群にそれぞれ異質な住居型式が排他的に占地する状況が現れていたらしい。

東京都八王子市神谷原遺跡（新藤編　一九八二）における集落変遷過程の分析からも、二大群の異質性が浮き彫りとなっている（谷口　一九九八ａ）。中期猪沢式期の推定一二軒は、墓群のある広場を中心に北東群四軒と南西群八軒の二大群にわかれて分布し、南西群に約二倍の住居が偏在している。続く新道式期の推定九軒も北東群の11号、66号、181号と、南西群の141号、123号、152号、165号?、151Ａ号、147号に分かれて二大群を継承しているが、この時期にいたると二大群の住居型式の異質性が俄然際立ったものになる（図12）。

前段階から住居数が卓越する南西群では長楕円形・円形四本柱の埋甕炉住居が前時期から継承されるなど、住居型式にそれほど大きな変化は認められない。むしろ連続的な印象を受ける。ところが北東群では、六～七本柱の円形大形で石囲炉を有するそれまでとは異質な住居型式が唐突に出現していて、住居型式が刷新された観が強い。北東群にあらたに登場したこの円形大形住居は、長野県塩尻市俎原遺跡55号、岡谷市梨久保遺跡91号、茅野市棚畑遺跡157号、原村大石遺跡3号・24号など、長野県の八ヶ岳南麓・諏訪湖盆から松本平南部にかけての該期集落に類例が見出され、これらに関係する異系統の住居型式が導入された可能性が強い。住居廃絶時に石囲炉の縁石の一部を抜去する住

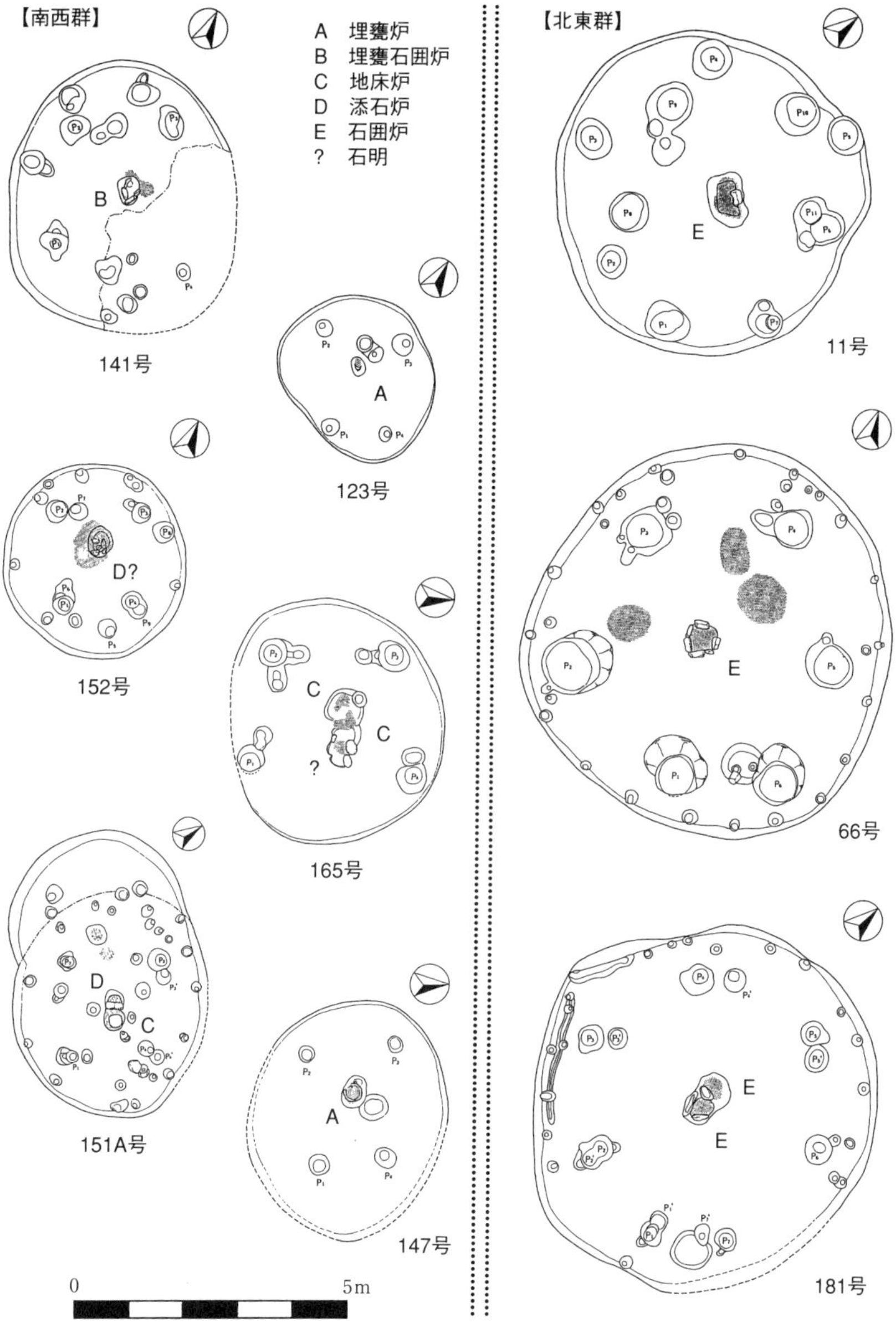

図12　神谷原遺跡の二大群における住居型式の対照性。新道式期：中期。（新藤編 1982原図で構成）

居廃絶作法が共通していることもその証左となる。埋甕炉から石囲炉への切り替えは諏訪地方の集落で先行していた傾向がすでに明らかにされており（小林　一九九〇）、神谷原集落へはそれが新型式の住居とともに招来されていた点が注目される。

住居型式の経時的変化それ自体はとくに珍しいことではない。しかし、この事例は同一集落内部の分節単位によって住居型式の選択に違いが起こり得ることを示唆しており、関東的な伝統を維持するグループと中部高地に連絡する型式を受容するグループとの対照的な差が表出したものと思われる。ここにも二大群の背後にある集団の性格の一端がうかがえる。

(3)　二大群の異質性

長野県原村大石遺跡（中期初頭～前葉）（樋口編　一九七六）における二大群の場合は、住居の型式や炉の形態ばかりでなく、埋甕炉に埋設する土器の型式や、住居面積、戸数、建替え・改修の方法などの諸様相にも異質な特徴が露呈している。環状集落構成が明確な狢沢式～新道式期の住居群に限定して分析すると、住居群は西北側の七軒と東南側の一四軒とに大きく区分され、この二大群で住居の様相が大きく異なっていることがわかる。二大群はそれぞれ二小群に分かれて四ヵ所に集塊状の住居群が形成されている。4号・3号・5号・2号をA1群、17号・13号・19号をA2群、40号・36号・38号・48号・21号・14号・25―15号・16号をB1群、44号・26号・22号・23―20号をB2群と仮称する。A群とB群の住居型式は対照的である。A群では六本柱で比較的大形の定型的住居が多く、石囲炉を積極的に導入している。また、一個の竪穴内に新旧の複数の炉が残されるなど同一竪穴を利用した連続的な建替え・改修の痕跡を顕著に示している。これに対してB群では比較的小形の住居が多く、A群に比べて明らかに戸数が多くなっている。六本柱の住居は含まれず、石囲炉の導入にも消極的である。そして住居の切り合いが多く見られ、竪穴の更新をともなう建替えがA群に比べると頻繁に行われたことがうかがえる。同一竪穴内に複数の炉が切られた住居はB群には含まれない。平出3A系土器の埋甕炉が目立つ点もA群とは異質な特徴として指摘できる。

神奈川県横浜市小丸・小高見遺跡でも、二大群の異質性に関係する興味深い事例が指摘されている（石井 二〇〇一）。勝坂式終末期の住居群が東西二群に分かれ、二大群のそれぞれに付随するかのように掘立柱建物二棟が内側に配置されているが、二群の住居は軒数および同一竪穴での構築回数が明らかに異なっている。西群三軒はほぼ二ヵ所で合計八～一〇回の構築を繰り返しており、同一竪穴を利用した継続的な空間利用に特色をみせている。それに対して東群には構築一回のみの住居五軒が相互に距離を隔てて配列されており、個々の住居は比較的短い単一の居住期間をうかがわせている。二大群の区分に若干の疑問も残るが、この事例も二大群が必ずしも等質でないことを教える一例として注目しておきたい。

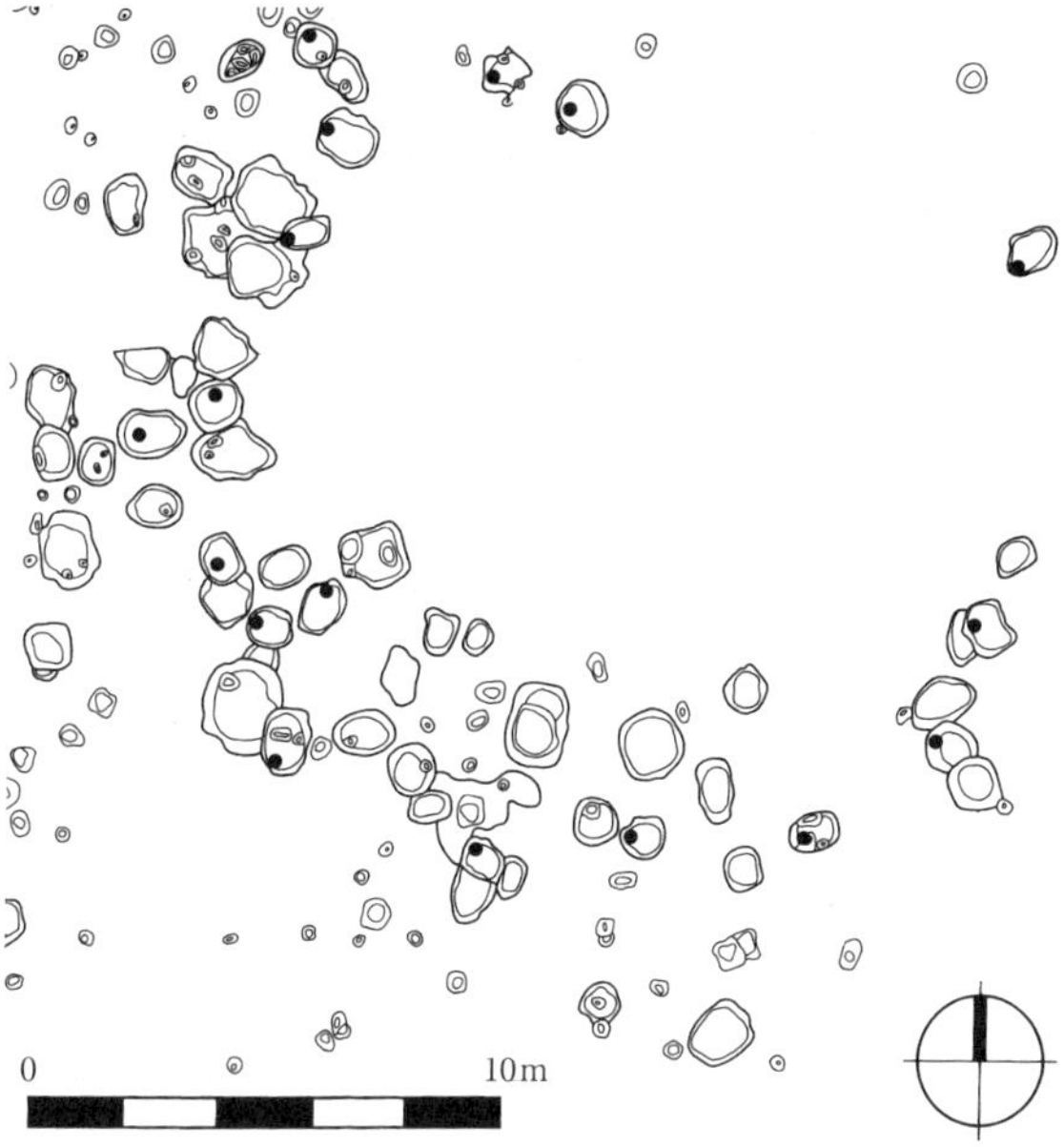

図13　環の片側半分に偏在する墓群。宮添遺跡；中期。（大坪・碓井・杉本編 1997による）

3　半分構造

環状集落は二大群の住居群や墓群が対向して環状に統一されているところに特徴があるが、片方の一大群だけが単独に存在したり独自の運動を見せる場合がある。環状集落を半分に分割したようなこの不思議な構造を「半分構造」と呼ぶ。

(1)　墓群における半分構造

神奈川県川崎市宮添遺跡D地区（中期後葉）では、環状集落の中央部から合計七五基の墓坑が発掘されているが、そのうちの五九基は内径約一四mの環の南西半分だけに偏在している（図13）

（大坪・碓井・杉本編　一九九七）。残りの一六基もその半環の西側だけに位置しており、墓群全体が明らかに半分側に偏在している状態である。墓坑を掘る空間は北東側にも十分空いているにもかかわらず片側にだけ整然と配置されたのは、埋葬場所に画然とした規制があり、残りの半分は不使用のまま保たれていたことを示唆している。前述した横浜市三の丸遺跡南集落や二の丸遺跡では、二つの弧に二分された墓群が一つの環に統一されていたが、宮添遺跡の墓群はちょうどその半分だけが単独で造営された状態を表わしている。対向するグループのメンバーはこの集落には居住していなかったか、あるいはこの墓地に埋葬されることなく、別の集団墓地に埋葬されたのではなかろうか。

環状集落を半分に分割したような同様の半分構造は、神奈川県相模原市橋本遺跡（中期後葉）の場合にも認められる。五三基の墓坑群が半弧状に偏在している点が宮添遺跡例に酷似している。未調査部分も多く集落の全体は明確でないが、ここでは墓群だけでなく発掘された六五軒の住居も半分側に偏在する（橋本遺跡調査団編　一九八六）。

(2) 住居群における半分構造

前述した三の丸遺跡（港北ニュータウン埋蔵文化財調査団編　一九八五）の集落変遷過程にも興味深い半分構造が出没する。三の丸遺跡の中期集落の最終的形態は加曽利貝塚などと相同の8字状の双環状集落となっている。しかし、この構成が終始維持されていた訳ではなく、半分構造が独自の動きをみせていた。北環状集落（報告書による中グループ）の北群をa群、南群をb群、南環状集落（同じく南グループ）の東群をc群、西群をd群と仮称する。勝坂式期に住居が造営されているのは主に北環状集落のa群・b群と南環状集落のd群である。c群にあたる部分には三軒が散在するのみで、南環状集落の住居群は明らかにd群に偏在している。加曽利E1式期の集落構成も勝坂式期のそれを継承するもので、北環状集落のa群・b群と南環状集落のd群からなり、南環状集落は半分構造を示している。加曽利E2式期になるとd群に多数の住居があらたに出現して南環状集落が「い」の字状の二大群構造に変化する。一方、北環状集落ではb群で住居がかなり減少し、a群だけが肥大化して、前段階までとは対照的に北環状集落で逆に半分構造が顕著になる。あたかも北環状集落のb群が南環状集落のd群にそっくり移動したかのように映る。

集落がただ単に住居建築の空間であるならば、このような不自然な変遷は起こり得ないであろう。やはり住居を構える場所には規制が働いており、各大群が単位性を帯びていたことは明確である。

最終形態が環状集落となっていても、すべての場合において常に二大群の分節構造が維持されていたわけではない。たとえば長野県塩尻市俎原遺跡（中期初頭～終末）では、形成過程の初期にあたる新道式期には環状集落の西側だけに一二軒が偏在している（小林・伊東・鳥羽　一九八六）。典型的な馬蹄形貝塚として著明な千葉県松戸市貝の花遺跡（中期後葉～後期前葉）の場合も、集落の形成は加曽利E2式期に西群の七軒から開始し、東群の一角に三軒が位置するものの、中期の住居群は最終的形態としての環状集落の西群側に一八軒が明らかに偏在していて、俎原遺跡の新道式期とよく似た半分構造を示している。後期前葉堀之内1式・2式期の一一軒は、逆に東群だけに偏在している（関根　一九八二）。神奈川県横浜市前高山遺跡の勝坂式期集落の場合も、前半段階には墓域のある広場の片側にしか竪穴住居が造営されていなかったと指摘されている（石井　二〇〇一）。

三　分節構造と出自集団

1　分節構造に関する摘要

環状集落は複数の単位を内部に含み、それらを一つの環に統一する環節的な構造をもつが、分節単位について以上に注意したところを整理するとつぎのような諸特徴を指摘できる。環状集落に表現された分節構造とは以下のようなものであり、図14のようにモデル化できる。

一、環状集落には対向する二大群が存在する。もっとも基本的な分節単位はこの大群である。墓域における埋葬区や住居の配置場所は大群ごとに規制され決定されている。

二、環状墓群の分節構造がしばしば勝坂式期あるいは加曽利E式期を通じて踏襲されていることなどからみると、

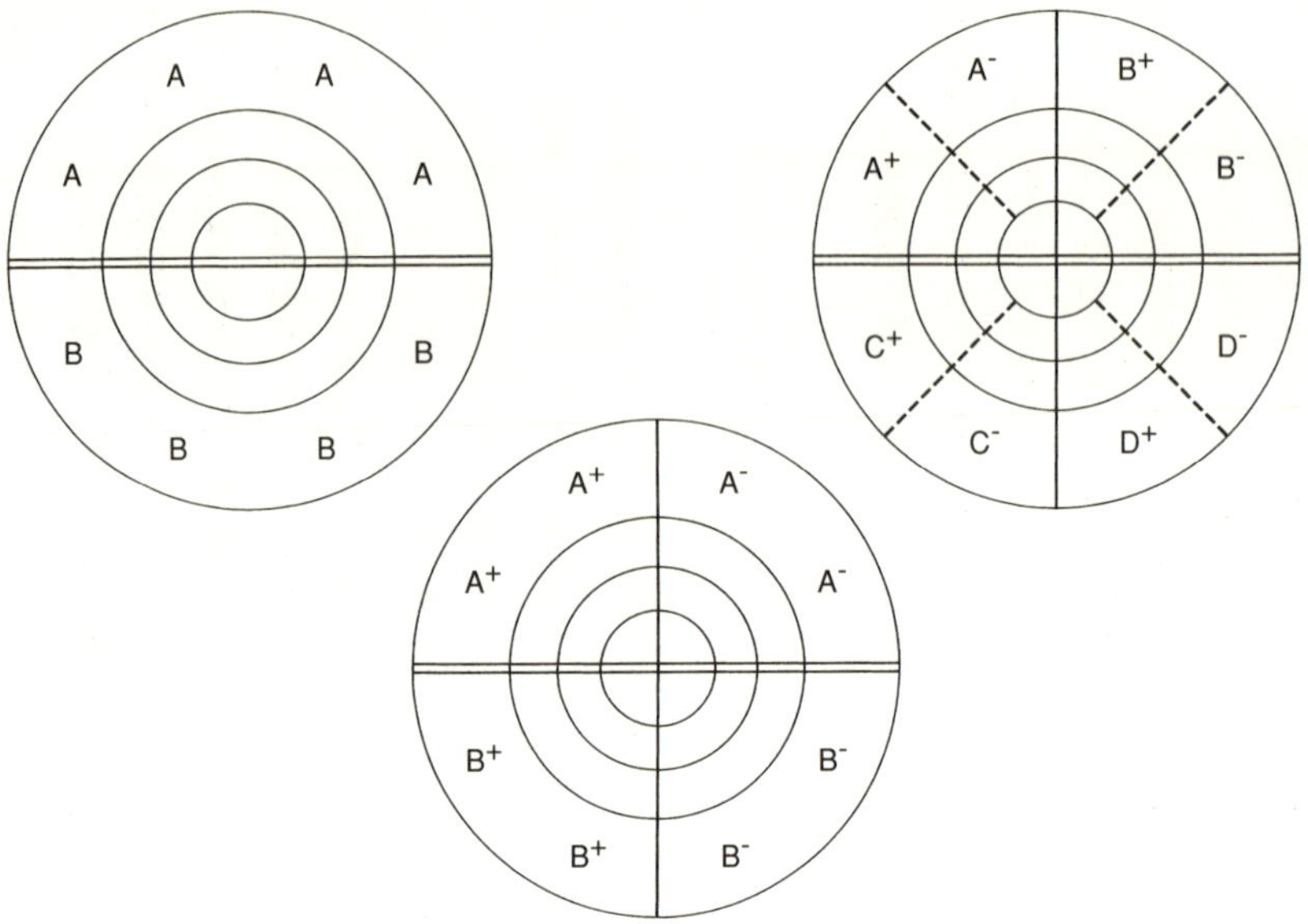

図14　環状集落分節構造のモデル

大群への帰属は世代を超えて継承されていたと推定される。

三、二大群を対比すると相互に異質性を発揮している場合が認められる。それは墓坑数・住居数などの数量的な不均衡や、住居型式・炉形態・埋甕の相異などに顕著に表れる。

四、墓坑に副葬された玉類などの装身具の保有量を比較すると、二大群の間に明確な格差は認められず、むしろ平均的になっている。三で指摘した二大群の異質性は、ただし優劣・主従のような階層的な区分とは考えられない。

五、集落の変遷過程で二大群は足並みを揃えた変化をするとは限らず、片方の一大群のみが住居型式を刷新したり戸数を増加させるケースなど、一大群が独自の動きや変化を見せる場合がある。二大群が必ずしも同質でないことがここにも表れている。

六、二大群の片方が単独に存在する半分構造がある。墓群や住居群が半環状を呈するのは、各大群がもつ独自性の半面を表し、他の半分の使用が留保されている状態を表す。

七、大群内部にさらに複数の分節が入子状に内在する場合がある。とくに二大群のそれぞれに二小群が内在し、全体が四群に分節化している構造が明確である。さらに多数の小群が含まれる場合も見られる。
八、分節構造は墓群や住居群に表れるばかりでなく、廃棄帯にも認められる。分節構造は埋葬区や居住区の区分であるだけでなく、環状集落の空間全体を区分する空間のシンボリズムと見なした方がよい。

2　分節単位と出自集団

二大群は埋葬区分や住居帯区分に顕著に表れる基本的な分節単位である。二大群のそれぞれが独自の住居型式を保有したり、片方が単独に運動する半分構造が注目される。この二大群の背景に存在する社会単位の性格が環状集落の成り立ちを知る重要なポイントになると思われるが、結論的に述べると、筆者は以下のような根拠から二大群の背景にあるのは血縁原理によって組織された出自集団の可能性が強いと推定する。(2)

まず、集落の中央に集団墓地を造営する集落内墓の意義を重視すべきである。集団生活の結集点であるムラの中心部に死者が安置されており、しかもそれらの墓群が住居群と相同の分節構造を備えているのは、明確な系譜観念と出自集団の組織にもとづくものと考えられる。大林太良（一九八七）は、集落の中央に墓地をもつ民族例が単系出自社会のなかに散見されることを指摘して環状集落と単系出自集団との関係を予見した。単系出自集団かどうかはただちに確認できないとしても、環状集落の集落内墓が系譜の認知と出自集団の組織を背景にしたものであったという大林の見通しは支持できる。

その集落内墓に厳格な埋葬区分があり、しかもそれが時として中期後半というような長期間にわたって踏襲され得たのも、帰属が明確で、かつ成員権が世代を越えて継承される出自集団の永続性に由来すればこそと考えられる。

また、二大群に数量的な不均衡がみられ、時間の経過とともにそれが増幅している場合があることも、出自集団を想定すると合理的に説明できる。世代を重ねるにつれて出自集団ごとに成員数や世帯数が異なってくるのはむしろ当然であるから、二大群の分節を出自集団の区別とみる仮説は、その意味でも妥当な解釈だと筆者は思っている。
さらに、大群のなかにしばしば入子状の小群が内在する点も、血縁集団の分節化と派生によって説明することができる。世代を経過するにつれて樹枝状に系譜が分岐する分節的なリネージ体系（エヴァンス＝プリチャード一九七八）のような組織がもっともそれらしい。

二大群の性格を論じるなかで、片方の分節が住居・炉・埋甕などに異系統の型式を独自に採用する場合があることを指摘したが、こうした不等質な現象も集落内の各分節集団が外部の集団と個別の集団関係を有していたとすれば容易に理解できる。佐々木藤雄（一九八一、八三、九七、九八）は縄文時代の通婚関係が土器型式の分布圏を越える広がりをもつことを、埋甕型式の分析にもとづいて論じている。本論で指摘した異系統の住居型式への刷新なども遠隔地との直接的な人的交流を強く示唆しており、佐々木の見解に整合する興味深い現象である。こうした広域の集団関係も、じつは集落を単位としたものではなく、むしろ各大群の背後にある分節集団の主体性に委ねられていた可能性があり、出自集団がもつ外婚制によって維持、助長されていたものではなかろうか。

二大群の背景に存在したのは、世代を超えて明確に系統を受け継ぐ出自集団であったと推定する。メンバーシップの永続性と入子状の分節化という特徴を重視するならば、もっとも蓋然性が高いのは「リネージ」「クラン（シブ）」などの単系出自集団である。リネージは数代～一〇代位の実際の系譜が認知された単系出自集団である（マードック一九七八）。リネージは生きた成員と死んだ成員との一つの共同体ともいわれるように、生者のみならず死者も含めてリネージ成員と考えている社会が少なくないという（キージング一九八二）。一方、「クラン（シブ）」における出自観念はリネージの場合のような実際の系譜とは限らず、神話・伝説上の始祖からの共通の出自を自認する同族意識にもとづいたものといわれる。

環状集落を構成する単位集団としてリネージ・クランなどの単系出自集団が存在し、それらがより大きな二分的組織のなかに統合されていたと考えるのが、環状集落の分節構造の諸特徴を整合的に説明するもっとも妥当な見方のように思われる。前項に要約した一～八の各項をもっとも合理的に説明できる現実的なモデルは、一つの環状集落に二つの単系出自集団が共住しているケースである。たとえば各大群にそれぞれ一つのリネージが対応すると考えると、二大群の数の不均衡や住居型式などの質的な対照性、半分構造の分派などの現象をリネージの相異としてうまく説明できる。また、大群内部に複数の小群が入子状に内在することも、リネージの分節化によって説明できる。残る課題は二つのリネージがどのような原理で一つに統合されているのかを説明することである。

ところで、父系リネージが母系半族によって世代的に二分されているケースのように、単一の出自集団の成員とその配偶者が一つの集落を構成し、出自集団内を区分するなんらかの二分的原理が集落の二大群に反映したことも想定できるが、こうしたモデルでは二大群の数の不均衡や半分構造に見られる単独的な運動を説明することができない。また、集落のメンバーをはっきりと二分できるその他の原理として、男女の性別またはジェンダー、既婚者・未婚者、成人・未成人、在来成員・婚入成員などの区分も一応考えられる。しかし、やはり二大群の数の不均衡や半分構造をうまく説明できない点にどうしても難がある。玉類・装身具・副葬品の保有状況からみるかぎり、身分階層による区分という解釈も難しい。二大群をはじめとする分節構造を血縁的原理にもとづく出自集団の区分とみる推定にやはりもっとも蓋然性がある。(3)

3　環状集落の民族学

周知のように、社会が半族に分かれていて全体を二分するような機能や制度、さらには二元的なシンボリズムやコスモロジーを特徴的にともなう社会組織を双分制という。そこでは半族による外婚が広く行われるほか、男と女、聖と俗、未婚と既婚というような象徴的二元論が発達して現実の社会生活を規制している。双分制をもつ社会の集落の空間構成にしばしば象徴的二元的区分がともなうことに注目したC・レヴィ＝ストロースは、そこに二つの異なる表現型があることを識別して「同心円的構造」と「直径的構造」として概念化した。そして、双分制の区分原理にも直

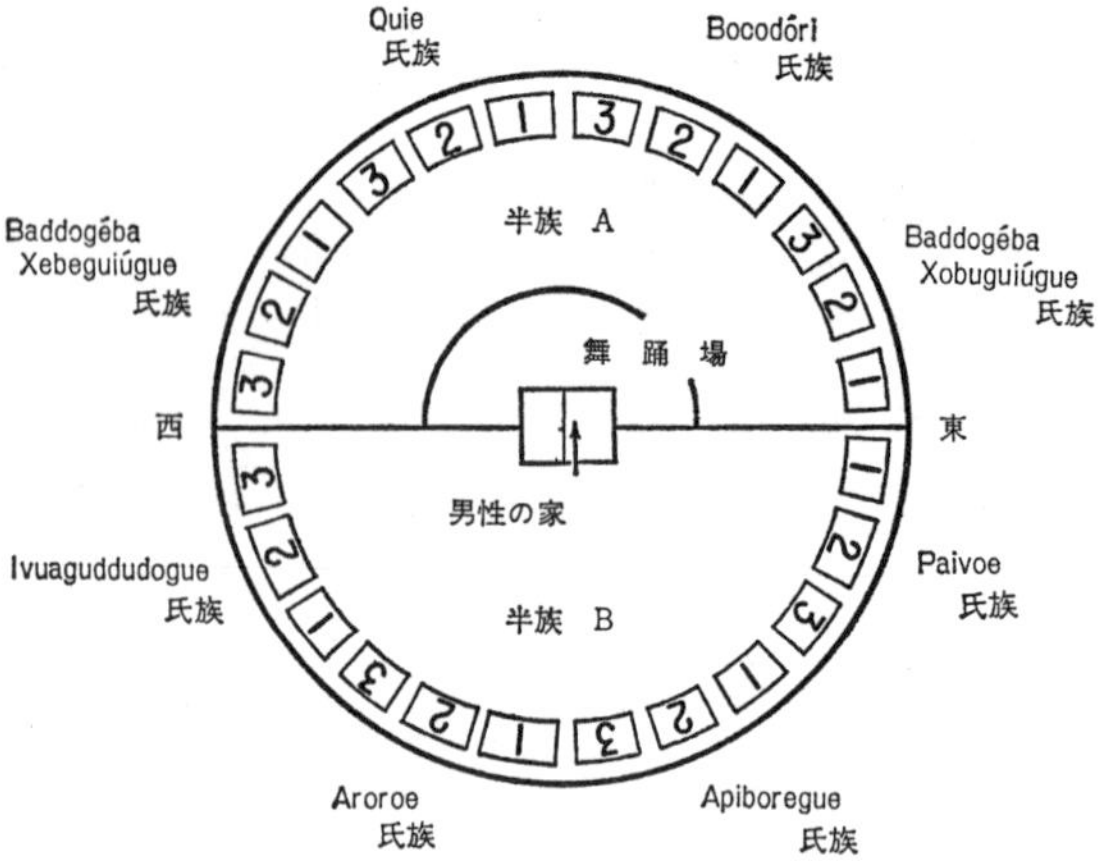

図15 ボロロ族の環状集落。直径的構造により各氏族の住居が南北に二分された例。（レヴィ=ストロース 1972による）

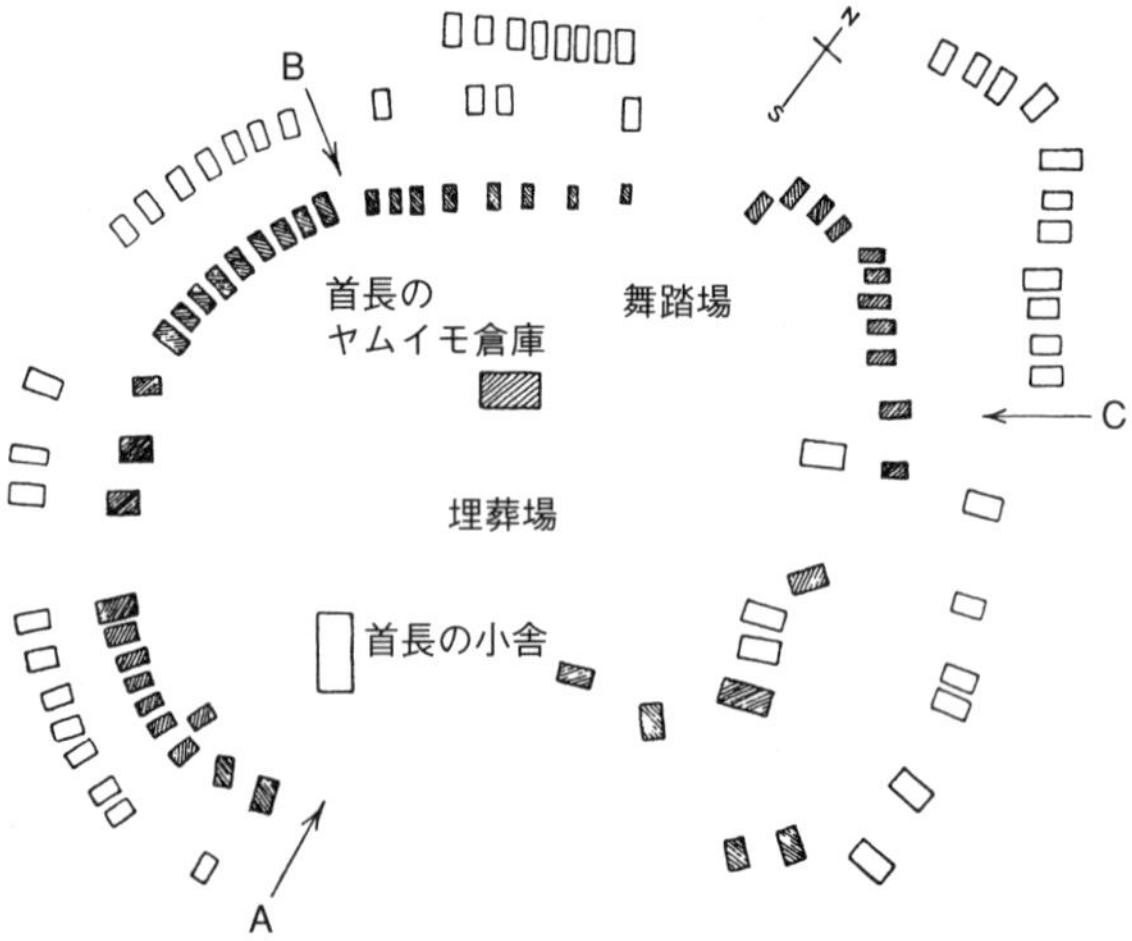

図16 トロブリアンド諸島民の環状集落。A－B 区分は首長の夫人たち，A－C 区分は首長の母方親族，B－C 区分は首長の非親族の家屋が配置されている。（フレイザー 1984による）

径タイプと同心円タイプの違いがあることを見抜き、この二つの原理によって一見複雑な集落空間の区分が合理的に理解しうることを論じた（レヴィ=ストロース 一九七二）。

レヴィ=ストロース自身が調査したブラジル・ボロロ族の環状集落は、同心円的構造と直径的構造を備えた一つの典型な例である（図15）。まず同心円的構造によって中心と周辺が二分されている。中心は独身男性の住居と既婚男性の集合所および舞踏場となっており、周辺は既婚女性と子供達の家が配置されている。レヴィ=ストロースによれば、これは男性と女性、聖と俗との対立を表現したものである。一方、直径的構造によって東西ラインを境界にして母系半族が南北にわかれて配置されている。各半族内にはさらに四つの氏族が含まれていて、住居の位置が区別されている。

B・マリノフスキーの研究で著明なニューギニア・トロブリアンド諸島民の環状集落の場合も、「同心円的構造」と「直径的構造」が顕著に現れている。環状集落の中央は神聖な場とされ、墓地と儀式の場になっている。その周囲には二重の建物群の環が形成されている。内側の環は聖的な部分であり、儀式用のヤムイモを保管する特別な倉庫、および独身男性・首長の身内男性の住居が配置されている。外側の環は世俗的な部分であり、既婚者の住居、普通の倉庫、料理・食事の場となっている。また、住居群には区分があり、首長の家族たちと首長の母方親族の居住区と、首長と血縁関係のない人の居住区が区別されている（図16）。

縄文時代の環状集落を特徴づける重帯構造と分節構造は、レヴィ＝ストロースが指摘したこうした同心円的構造と直径的構造に驚くほど類似している。環状集落と双分組織との関連性を最初に論じたのは大林太良（一九七一）である。大林は与助尾根遺跡の住居群が東群・西群に二分されていることや、同形の二つが隣接する大湯環状列石や加曽利貝塚のあり方に着目し、双分組織を背景とした現象と解釈した。まさに先見の明というべき仮説の提示であった。小林達雄（一九九三）も二群の住居群、貝塚、土器捨て場の存在や二分的な埋葬頭位方向を示す事例が広く存在することに改めて注目し、双分制仮説の蓋然性を補強する考察を行っている。重帯構造と分節構造が同心円的構造と直径的構造と相同であることからみても、大林・小林の仮説はいまなお妥当なものといえる。

4　出自集団による空間と方位の象徴的区分

とくにいま問題にしている二大群の分節構造は、レヴィ＝ストロースが概念化した直径的構造ときわめてよく似ている。

直径的構造は多くの民族に共通性の強い類例を見出せる。レヴィ=ストロースに啓示を与えた北米東部森林インディアンのウィンネバゴ族の例では、一二の父系クランが「天空」と「大地」と名付けられた二つの半族に分かれ、それぞれの居住地において「天空」が円形集落の南西部、「大地」が北東部に配置され、直径的に二分されていた(Callender 1978, Lurie 1978)。「天空」半族に含まれる氏族は四(雷・鷲・鷹・鳩)、「大地」半族は八(熊・狼・水精・野牛・鹿・大鹿・魚・蛇)で不均衡であり、単純な二分割ではないが、血縁集団が直径的構造によって集落内で空間的に二分されている点に注意したい。

環状の居住地内において二つの半族を直径的に区分する類例は、平原インディアンのオマハ・ポンカ・オト・アイオワ・ミズーリ・オセージなどのスー諸族、アルゴンキンのシャイアン族などにも広く見られ、環状のキャンプ地内で外婚的半族が常に向かい合う位置に住居を配置したことが知られている(フレイザー 一九八四)。ポンカ族の場合は四氏族ずつを含む半族によって環状キャンプが左右に二分されると同時に、入口左側が「火」と「風」、右側が「水」と「土地」にさらに二分され、四つの空間が対をなす二氏族ずつに配分されていた(デュルケーム/モース 一九八〇)。ブラジル東ティンビラのラムコカメクラ族は大規模な環状集落を形成したことで知られるが、そこでも外婚的母系半族がそれぞれ東・西という直径的区分で象徴的に二分されている(レヴィ=ストロース 一九七二、北原一九六〇)。ティンビラと類縁のジェ語族のなかには同様の直径的構造をもつ集落が少なくないという。

ここでとくに注目しておきたいのは、直径的構造による空間的区分が多くの場合、外婚的な出自集団の区別になっている点である。トーテミズムの成立過程を論じたデュルケームとモースの古典的論文のなかに、氏族による空間と方位の区分について示唆に富む考察が数多く含まれていたことが想起される。「トーテム的特性により組織化された社会においては、部族の第二次集団である、胞族、氏族、下位氏族は、相互間の関係およびそれらの社会的機能が示す類縁性または相違にしたがって空間的に配置されているのが一般的原則である」(デュルケーム/モース 一九八〇、六九頁、傍点筆者)。デュルケームとモースは、相反的な機能・性格をもつ半族が居住地において南北あるいは左右に二分され、内部の各氏族が特定の方位と厳格に関係づけられているスー諸族やプエブロ・ズニ族の事例に注目し、氏族とトーテムによるもっとも原初的な分類がしだいに人間以外のあらゆる事物の分類にも及んで世界観と不可分に重複し、方位や空間の象徴的な区分に発展したことを論じたのである。

環状集落の分節構造を出自集団の区別とする本論の仮説は、この示唆に富む論考に照らしても十分に蓋然性があるものといえるのではないか。

5　アナロジーの問題

「群別」という分析方法を縄文時代集落研究に導入したのは水野正好（一九六八・六九）による万座環状列石、与助尾根集落論が最初であった。環状集落や環状墓群に大群・小群の単位が内在する事実を指摘し、社会構造や集団関係へ接近する手掛かりをそこに見出した意義は重要である。本論も同じ視点を継承しようとする一つの試論といえる。

群別分析は社会構造の復原という魅力的な目標を縄文集落研究に与え、支持されることとなったが、しかしその反面で「群別」の客観的規準や妥当性への疑問も提出された。なかでも佐々木藤雄（一九九四・九六）は、水野集落論の原点となった与助尾根集落の「二棟単位三小群二大群」の虚構性を徹底的に批判するとともに、追随したその後の諸研究においても群別の方法・規準が不統一で結果的にも矛盾が多いことを枚挙した上で、恣意的な群別から導かれた実証性のないモデルは所詮縄文社会構造の復元や家族論の根拠にはなり得ないと厳しく論断している。佐々木の批判は本論にとっても看過できるものではない。第一に分節単位の区分の妥当性、第二に民族例とのアナロジーの問題が指摘される。

前者について本論がいま問題にしているのは主として二大群、および二大群内部に二小群が含まれる分節構造である。集落や墓群の空間構成に認められる共通性に注目すると、時間や地域をある程度超越して類型化しうる規則性を抽出することができる。多くの事例がそれに従うのは、集落の諸要素を関係づけ空間的に統一しているところの根本原理が共通しているためだと考えられる。個々の現象に統一的な姿態を与えたその規則的原理を「構造」と呼ぶならば、二大群および二大群二小群はまさしくそうした普遍性のある構造であり、有意な類型として概念化することができるというのが私見である。水野が力説する二棟単位三小群二大群について筆者は追認するものではなく、祭式の分掌などの解釈論も本論とは関係がない。水野以後に増加した新資料を分析した結果にもとづいて論じている。

アナロジーの問題（佐々木 二〇〇〇）はたしかに払拭できない。個と個の唐突な比較類推ではなく、多くの事例の共通性から抽象化されたモデル相互の比較には一定の有効性があると思うが、双分制の直径的構造と環状集落の二大群を結びつける類推の妥当性を問えば問題無しとはいえない。ただし、その一つのアナロジーだけで分節単位を出自集団と理解したのではないことを強調しておきたい。分節構造の諸現象をもっとも合理的に説明できる蓋然性の高いモデルが「出自集団」なのであり、本論の主眼はむしろ次章で述べるように分節的な出自集団が前期・中期を中心に発達したことの意味を問うことにある。双分制との類推だけに力点があるのではない。

6 仮説の証明

この仮説を証明するためには、埋葬人骨を遺存する環状墓群を発掘し、遺伝的形質やDNA鑑定によって血縁関係を確認できる人骨群と分節構造に関する考古情報を同時に得る必要がある。

今のところ環状墓群における検証例はまだないが、茨城県取手市中妻貝塚（後期前葉〜中葉）で発見された人骨集積から出土した人骨の歯冠形質による分析の結果、血縁関係が推定される人骨が多い点とともに、二群の血縁者群の存在が推定された事例が注目される（松村・西本 一九九六）。これは直径約二m、深さ約一・二mの円形の土坑内に少なくとも九六体以上の人骨を再集積したもので、集団墓地に埋葬されていた人骨を一斉に改葬した可能性が高い（西本・宮内・松村ほか 一九九五）。したがってそれらが環状集落において分節構造をなした人骨群かどうかを確認することはもはや不可能である。しかし、中妻貝塚が典型的な馬蹄形貝塚であることを考慮すると、改葬前に環状集落中央の墓域に埋葬されていたことはあり得ないことではない。集められた九六体の性別、年齢構成を見ると、幼児・少年期の子供を含んでいることと、成人の男女比に偏りがあり男性が女性の二倍以上であることに注意が向く。集落の全員が無差別に集められたのではなく、婚後居住規則に従って選択的に集落に残された血縁集団成員とその未婚の子供たちが核となっているように思われる。いずれにしても一縄文人集団の人骨の遺伝的形質から二群の血縁集団の存在が実際に推定された点を重視すべきである。この方法を環状墓群の埋葬人骨に応用すれば仮説の当否を検証できるという見通しが与えられた。

四　環状集落と社会進化

1　出自集団の機能

環状集落を構成している分節単位の本質はリネージ・クランのような出自集団であると推定される。環状集落が成立、発達した背景にはおそらく出自集団の広範な組織化がある。また、双分制の同心円的構造・直径的構造と相同の構造を環状集落は備えており、とくに二大群を区分する直径的構造はそれらの出自集団を二つの半族に区分していたものと推定された。こうした理解は大林・水野・丹羽らの研究の延長上にありとくに目新しいものではないが、筆者がいま再度それに傾注するのは、縄文時代の社会進化に関する核心的な問題がそこに内包されていると考えるからである。

出自集団とりわけ単系出自集団は、固有の名称やトーテムをもつだけでなく、領域あるいは資源に対する利権を共有し継承する重要な経済的機能をはたしている。区分されたテリトリーを占有し地縁的にもまとまっているのは多くの場合に最小単位のリネージであることを、サーリンズ（一九七二）、エヴァンズ=プリチャード（一九七八）、サー

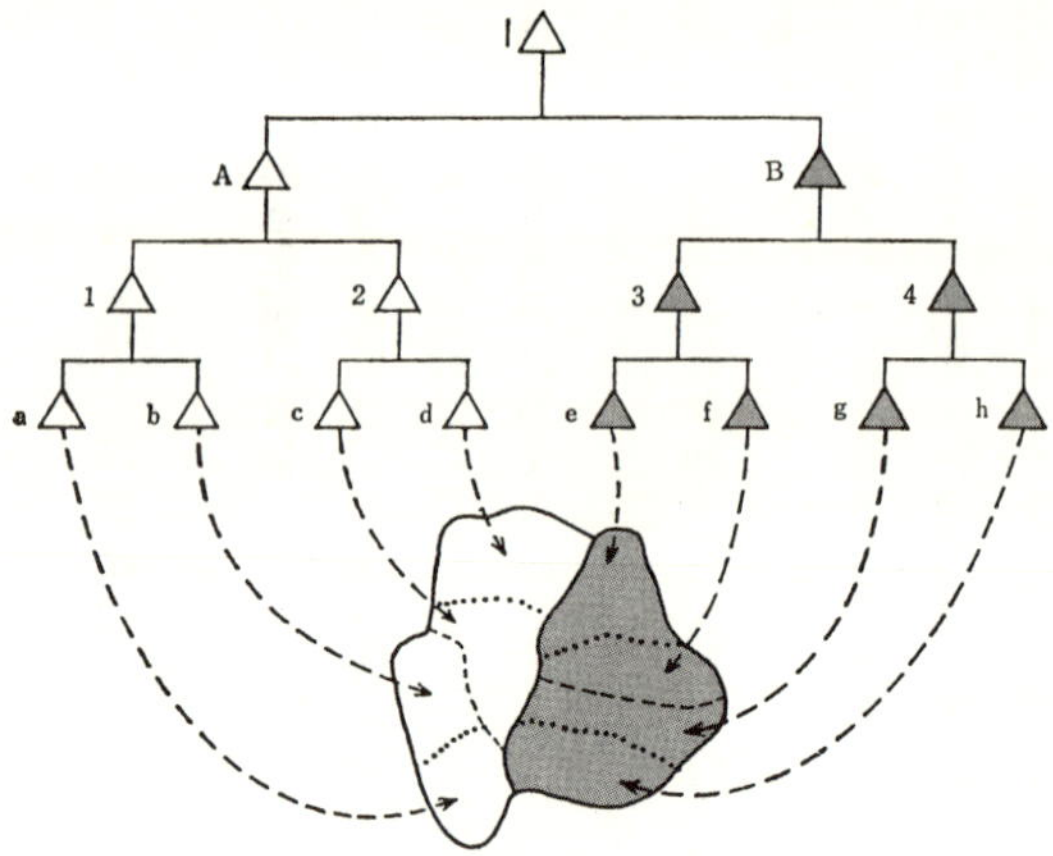

分節化したリネージの組織がテリトリー区分に投影されている例。

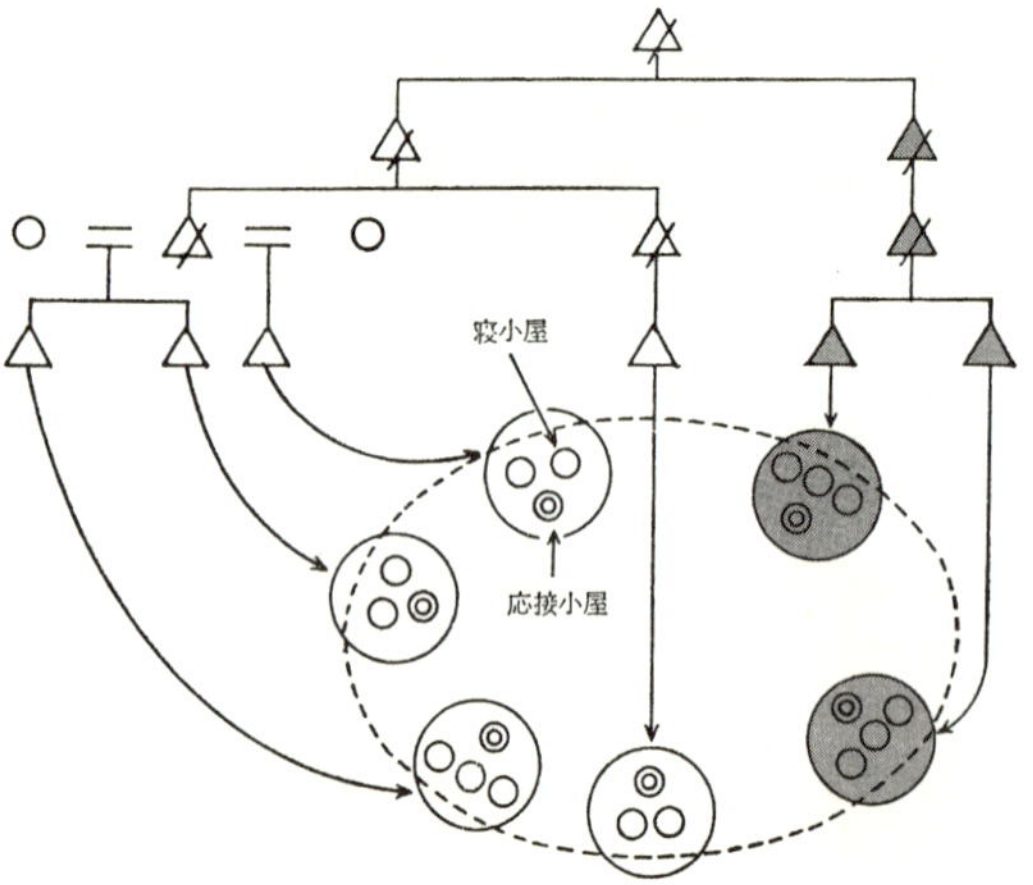

最小リネージの血縁関係が集落における住居の配置を規定している例。

図17　分節リネージ組織によるテリトリーと集落の空間区分。ナイジェリア・ティヴ族。（キージング1982による）

ヴィス（一九七九）、キージング（一九八二）らが共通に指摘している点を見過ごしてはならない。夫方居住制を通じて男性成員を中心に父系のリネージまたはシブが地域化した場合のように、出自集団を核にした地域集団のことをマードックは独自に「クラン」と呼ぶが、動産が家族や個人に所有されるのに対して、土地に関するすべての財産権はこうしたクランに属することが指摘されている（マードック　一九七八）。つまりこれも出自集団と土地・領域との不可分な関係に着目した概念になっている。

図17は典型的な分節リネージ体系で知られるナイジェリア・ティヴ族の例であるが、ある大リネージに属する全体

的なテリトリーの内部が、世代的に分節化したリネージ組織によって入子状に区分されている。また、居住地における住居の配置も最小リネージ内の血縁関係によって規定されていることがわかる。

このようにリネージなどの単系出自集団が領域や土地の主体者としての機能を有するのは、第一に成員権が明確であること、第二にメンバーが世代交代してもその法人的性格が永続していくこと、主にこの二点が領域や利権の継承に有利だからだと考えられる（フォーテス　一九八一、キージング　一九八二）。また、単系出自集団では一般に外婚の制度化がみられる。同族の者同士の結婚を禁じる外婚の制度は、結果的に婚姻関係を通じて集団関係の強化・調整の機能をはたすことになる。土地や資源への権利を定め、世代を超えてその秩序を維持するうえで、出自集団はすぐれた経済的、政治的機能をはたしているのである。

このような出自集団の機能論を前提としてみるとき、環状集落の出現がじつは領域や資源に対する利権の問題と深く関係しているという問題の核心に思い至るのである。

2　社会進化の要因と過程

新進化主義の人類学者Ｅ・Ｒ・サーヴィス（一九七九）は、未開社会の進化をバンド社会―部族社会―首長制社会の三段階に区分する有名な仮説を提唱している。この仮説を日本列島の先史社会にあてはめて理解するならば、旧石器時代は数家族からなる小規模な移動性のバンド社会の時代、弥生時代は首長制社会ないし首長国の段階にあったとみることが許されよう。そして、その間に位置する縄文時代には、バンド社会から部族社会を経て首長制社会へと移行する社会進化の過程が進行したものと予測される。[4]

サーヴィスは文化進化を測定する規準としてつぎのような方向の社会の運動を挙げている（サーヴィス　一九七九、九四頁）。すなわち、①社会体の規模と密度が大きくなること、②集団の数が増えること、③集団の機能の特殊化が深まること、④諸集団を統合する新しい手段が案出されること、この四点である。

バンド社会と部族社会とではこれらの様相が大きく異なっている。バンド社会では居住集団のサイズは数家族が結びついた程度の小さなものであり、その紐帯関係自体も恒久的なものではなく流動する。父系バンドが一般に行う男処婚のバンド外婚にみるように、集団間の関係は限定的で、主に通婚を通じた互酬性を基本としている。ソロレート婚などはその最たるものであり、きわめて限定的で互酬的な集団関係を象徴する制度といえる。

これに対して部族社会にははるかに多数の集団が含まれ、社会体の規模と密度が大きく、また集団関係もより複雑なものになっている。そのため大きな社会の全体をうまく統合する「汎部族的ソダリティー」の存在が不可欠になる。多くの居住集団を統合するもっとも一般的なソダリティーとしてサーヴィスは「クラン」を挙げている。つまり、祖先と出自の観念を心として一種の擬制的な親族ソダリティーが創設されたことによって、はるかに多くの家族と居住集団が大きな社会のなかに組織されることになった。特定の祖先との関係によってメンバーシップが保証され、同族として一定の権利と義務を平等に負う社会構造が、社会秩序の基礎となった。サーヴィスによれば、クランを特徴づけるトーテム神話や儀礼も、こうしたクランの機能を維持し、強化するために発達したのではないかとさえ考えられるという。こうした特徴は父系または母系の単系出自をとる単系部族においてとくに顕著に表れている。バンド社会に比べるとはるかに大勢の人びとがはるかに狭いテリトリーのなかに集合することが可能となったのは、基礎的な生産性の向上もさることながら、このあらたな統合原理の創出によるところが大きいのである。

サーヴィスは新石器時代に農耕が始まったことで人口が周密化し、諸社会の競争が発生する社会状況のなかで、このような統合的な汎部族的ソダリティーが発展し、部族社会が発生したものと推定している（サーヴィス 一九七九、九六頁）。

3　人口密度と環状集落の相関関係

冒頭で指摘したように、環状集落の分布は遺跡分布密度と強い相関関係を有している。遺跡分布密度の高い東日本の前・中・後期に環状集落の発達があったことは明白な事実である。しかも環状集落の時期的な推移をさらに仔細に見てみると、遺跡分布密度の増減にほぼ即応して環状集落が発達したり逆に解消したりする運動が繰り返されていたことがわかる。筆者はこの興味深い現象を環状集落の「点滅」と呼んで注目している（谷口 一九九八ａ）。

関東・中部地方における縄文時代集落の動向に、遺跡数が増加する時期といちじるしく減少する時期が繰り返していたことは周知の事実となっている（鈴木 一九八六、今村 一九九七）。西関東・中部高地における土器型式期ごとの住居数の変化から縄文時代の人口変動を論じた今村啓爾（一九九七）は、住居数と人口が比例すると仮定した場合、住居数が劇的に増加した中期前半には年〇・七三％にも及ぶ驚異的な人口増加率が考えられると指摘する。もっとも低減した前期末に比べれば、数十倍から一〇〇倍以上の大幅な人口増加が起こったことが考えられるわけである。一方、前期末や中期末～後期初頭における激減期は前後の隆盛期とはまったく対照的であり、人口の急激な減少と分散化が起こった可能性がある（今村 一九九二）。

環状集落がこうした遺跡数の増減過程に同調して点滅的に盛衰を繰り返していた事実に注目しなければならない。隆盛期に発達し、激減期に解消・分散する環状集落の点滅は、環状集落という集落構造が遺跡分布密度と強く相関していることを示す証拠である。人口密度が著しく高まる状況の中でこそ環状集落がその存在意義を有していたことは明らかであろう。

人口密度の高さは集落領域の分析からも具体的に裏づけられる。環状集落がもっともいちじるしい発達をみせた中期中葉～後葉の関東南西部には、蜂窩状の狭い密集した領域構造がある。拠点的な環状集落の分布にもとづいて筆者が試みた領域分析によると、集落領域の規模はおよそ三〇～九〇㎢の範囲にあり、平均すると約六三㎢となる。これは半径四・五㎞の円の面積とほぼ等しい（谷口 一九九三）。この領域面積は世界の狩猟採集民の平均的な生活領域とされる半径一〇㎞圏のおよそ五分の一の規模であり、当時の豊かな資源と高い開発技術を基礎にきわめて高い人口密度が実現していたことがうかがえる（藤本 一九九四）。

遺跡の分布状態が広域かつ悉皆的に調査されている神奈川県港北ニュータウン地域と東京都多摩ニュータウン地域の遺跡群の比較からも、遺跡分布密度と環状集落が強く相関している事実を確認できる。内陸丘陵地帯に位置し地勢の単調な多摩ニュータウン地域に比べると、丘陵・台地・沖積低地・内湾域の多様な生態的環境を包含する港北ニュータウン地域では住居の分布密度が高く、両者の地域較差は前期で約五倍以上、中期で約四倍以上に上るが、環状集落は明らかに後者に偏在しており、大規模かつ拠点的な集落が集中していることがわかる（谷口 二〇〇〇）。

4　環状集落に体現された部族社会の成立（早期末〜前期中葉）

完新世の温暖化によってしだいに最適な生活環境が整うにつれて早期に定住化の傾向を強めた縄文社会は、早期末から前期には海進期における一層の環境好転を受けて人口密度がしだいに高まったと考えられる。その傾向は東日本においてとくに顕著である。狩猟採集生活を維持するためには基本的な食料・燃料等を経常的に確保できるだけの一定のテリトリーが必要である。人口密度がいちじるしく高まる状況下では領域と資源の利権問題の発生が避けられず、また一方では自他の領域の区分によって分業化や交換組織の必要性もそれだけ増大することになる。ここに社会進化の契機が内在する。

前述したごとく人口密度が高くなると、領域をめぐる利害関係や領域の円滑な継承が問題化するのは必至であろう。だからこそそれを調整しうる汎部族的ソダリティーとして出自集団の機能が必要とされたのではなかろうか。環状集落成立の背景にはおそらく人口密度の周密化に伴う領域権益の問題が横たわっており、複雑化する社会関係を調整し円滑化する広範な親族ソダリティーとして出自集団の組織化が促進されたことが推察される。それは縄文社会が経験した一つの重要な社会進化であった。換言すれば、海進に象徴される自然環境の変化への適応という側面と、人口密度の増大という社会環境の変化に対する適応が、社会進化を惹起する「生態的外圧と社会的内圧」（安斎 一九九〇）として相互に作用した結果であった。

環状集落の成立は、旧石器時代的なバンド社会から脱却し、出自集団を基礎的なソダリティーとしたより大きな部族社会へと縄文社会が移行したことを象徴しているように思われる。それは遺跡の分布密度が急速な増加をみせた東日本の前期・中期において進行した一つの社会進化であったといえる。一方、遺跡の分布密度が低い西日本一帯で環状集落の発達が見られないのは、バンド社会から部族社会への社会進化が東日本と同じようには進まなかったことを示唆するものではなかろうか。

5　環状集落解体にみる部族社会の変質（後期中葉～後葉）

生業・美術工芸・儀礼の諸側面から縄文社会が階層化した社会であることを論じ、退役狩猟者らを中心とする指導者層の形成こそが農耕社会の成立に主導的役割をはたしたと考える渡辺仁（一九九〇）は、階層化の発生と発展過程の解明を縄文研究の今後の重要課題に掲げた。この見通しを受け継ぐ安斎正人（一九九八）は、中期末～後期の社会変動期に階層化への契機が発生したと予測し、「後期」をターゲットとして道具と生業の遺跡間比較研究に着手している。後期における環状集落の解消も、経済や儀礼・祭祀の不平等化を示唆する集団内部の変質を同時に発現している点で看過できない。環状集落の解体過程は階層化や首長制への移行プロセスという社会進化上の問題とやはり深く関連しているらしく、そうした観点からの分析が必要である。

神奈川県港北ニュータウン地域における後期集落の変遷過程を論じた石井寛（一九九四）は、堀之内2式期以降に集落構成に変化が顕れることを指摘している。すなわち、集落の中心的な位置に大規模で他の一般の住居とは構造が異なる特別な性質の住居が配置されるようになる現象を指摘し、それを「核家屋」と称する。一般の住居が柄鏡形住居でないものに変化するなかでこの種の核家屋だけが柄鏡形住居の系統を受け継ぐことや、しばしば前面に墓群をともなうことから見て、これを集落内で祭祀などの特別な役割を担った「長（おさ）」の家と推定するのである。

神奈川県横浜市小丸遺跡はそのような過程を辿った一つの典型的な事例である（石井 一九九九）。小丸遺跡では環状集落中央部に墓群が形成されているが、中期の環状集落には認められなかったある種の不均質がそこには顕在化している。南北二群に区分された墓群のうち、北群には小形土器などの副葬例が集中しており、墓群の集中度がかなり明確であるのに対して、南群は比較的散漫であり、土器類の副葬が少なくなっている（図18）。火葬または改葬された成人男性一体が北群から見出されている点も注目される。二群の墓域における埋葬の取り扱いには差異が看取され、北群の優越性が示唆されている。しかも「核家屋」が造営されたのはその北群に近接した集落内の高所なのである。墓群全体が集落の中央でなく西側にいちじるしく偏在している点にも違和感を覚える。

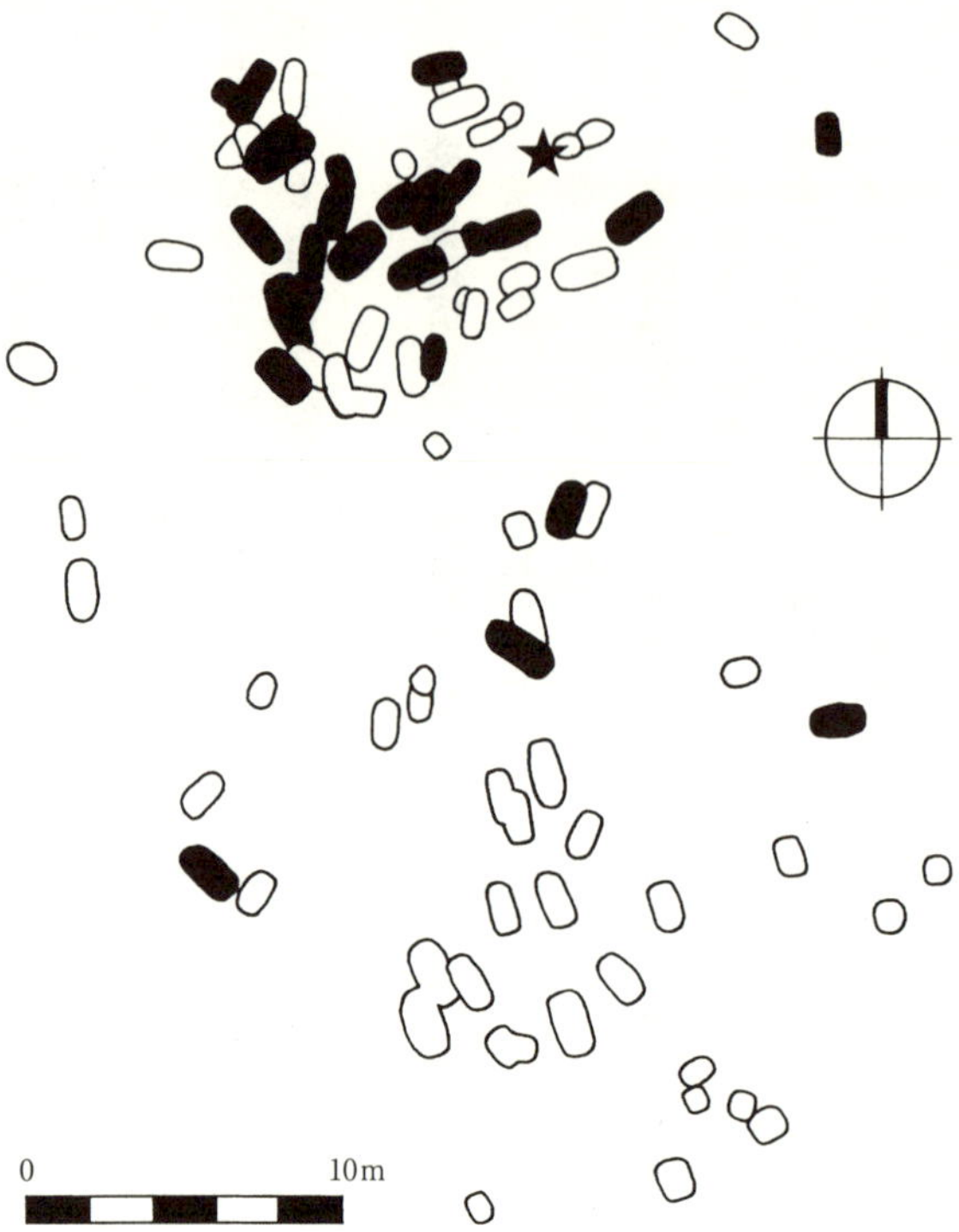

図18　小丸遺跡における後期墓群の空間構成
黒塗りは土器副葬例，密集化した北群に集中する点に注目。★記号は改葬人骨出土。堀之内２式～加曽利B式期の墓群が集中する範囲を表示。（石井　1999より作図）

小丸遺跡例に酷似した後期の墓群は近隣の三の丸遺跡でも確認されている。密集して激しく重複する北群と、比較的散漫に展開する南群が区別されており、小形土器の副葬はやはり前者に集中している（図19）。南群では堀之内１式期から加曽利Ｂ１式期に墓群の形成が継続しているのに対し、北群は加曽利Ｂ１式期にいたってあらたに出現したものと分析されている（港北ニュータウン埋蔵文化財

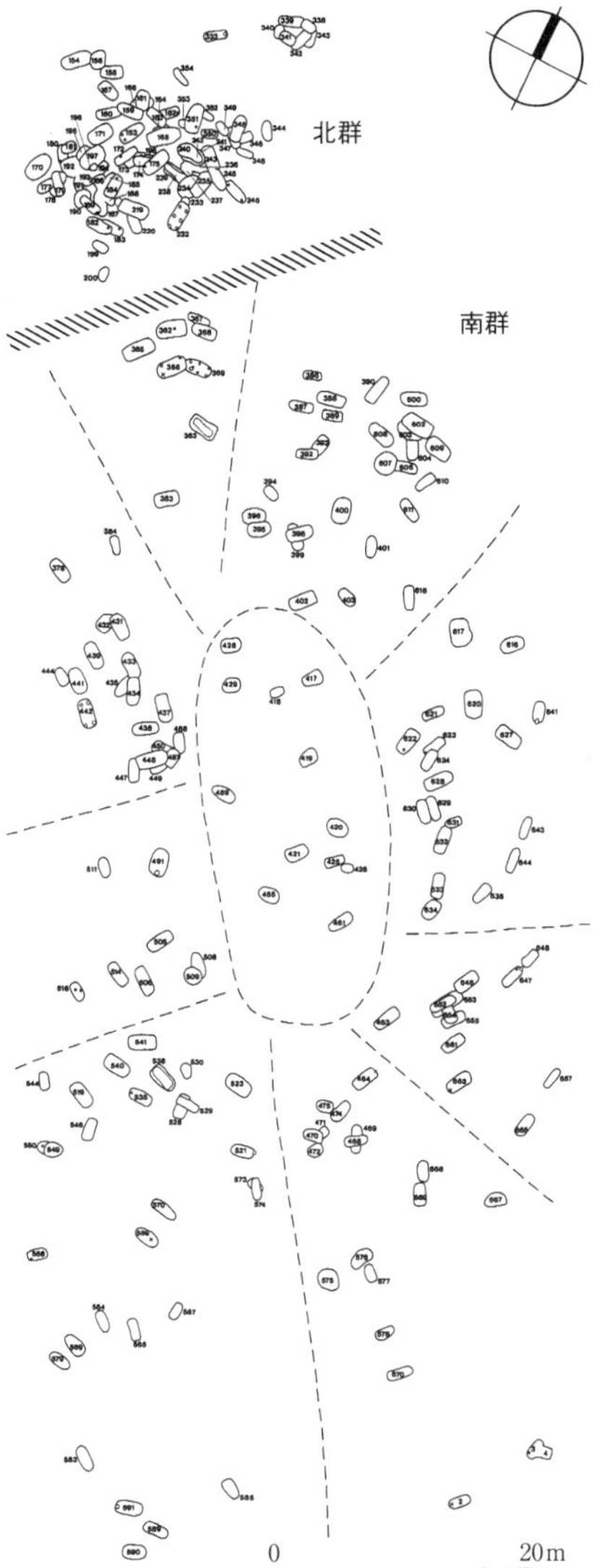

図19　三の丸遺跡における後期墓群の空間構成
密集化した北群と環状に展開する南群が対照的。
（港北ニュータウン埋蔵文化財調査団編 1985原図に加筆）

調査団編　一九八五）。

後期屈指の環状集落として知られる千葉県市原市武士遺跡の場合も、堀之内2式期以後に集落の構成が大きく変化する（加納　二〇〇〇）。二〇五軒以上が累積した堀之内1式期の集落には広場を中央に置く環状集落の空間構成が認められるが、堀之内2式～加曽利B式期になると集落空間は明らかに縮小して環状集落の構成が解消するとともに、一部にそれまでとは明らかに異質な住居が出現して集中化し、それらに亀甲形の掘立柱建物や太い柱の特殊な住居が付随した可能性があるという。

後期における環状集落解体の過程についてはさらに事例分析を重ねて検討する必要を感じるが、関東南部のこの三例から読み取れるのは、分節間あるいは埋葬者間の不均等が拡大する兆候である。環状集落の構造は分節単位を一つの環に統合する環節的なものであった。しかし、後期中葉〜後葉には不平等化の拡大によってそうした基本原理が変化するようであり、部族社会内部に何らかの変質が始まったことが暗示されている。

成立、発達、点滅、解体という変化を辿った環状集落の歴史が、環境変化・人口動向・生産力と領域・社会進化などのダイナミックな文化動態に相関した不断の運動であったことはまちがいない。縄文社会・文化の変化を追求する上で環状集落の研究は依然としてその本質的な意義をいささかも減じてはいないと信じる。

註

（1）本論は一九九八年一〇月、東京大学で行われた公開セミナー「考古学の新たな動向（9）」での発表を下に執筆した。本論の要旨は前稿（谷口 一九九九）でも発表している。

（2）「出自集団」はある祖先を頂点として系譜的に連なる血縁親族集団であり、出自規則によって組織される。新生児は生物としてはもちろん父母双方の遺伝子を受け継いでいるが、出自規則は出自集団の成員権を選択的に付与する文化的規則であり、子の帰属を明確に決める。父系または母系のどちらか一方の系譜を通じて成員権が継承される場合を単系出自集団という。出自集団は血縁原理で組織された親族集団であるが、系譜の認知はさまざまであり、実際の系譜関係が記憶されているリネージ、実際の系譜は必ずしも明確でなく伝説・神話上の名祖を共通にするクラン（シブ）などの諸形態が区別される。単系出自集団に伴う普遍的な特徴としてトーテミズムと外婚制がある。田中良之（二〇〇〇）が注意を喚起しているように、わが国の考古学では「出自」を村出自（村のでどころ）の意味に用いることが多いが、社会人類学における出自（descent）は出生と同時に血縁に基いて制度的に認知される血縁親族集団を指すのが普通である。

（3）丹羽佑一（一九八二）、守茂和（一九八〇）、櫛原功一（一九九四）もそれぞれ本論とは別の視角から環状集落の分節単位を出自集団の区分と推定している。

（4）縄文社会の進化について、先に田中良之（一九九八）が見解を披瀝しているが、時期的な認識が本論と異なっている。田中説では定住化途上の早期段階までがバンド社会であり、首長制移行への画期は弥生時代前期末の青銅器副葬開始時期に置かれている。その間の縄文時代は部族社会とされるが、分節的な出自集団の発達が見られるのは中期末〜後期とされ、この時期に典型的な部族社会となったと説明されている。本論では環状集落が成立する東日本の早期末〜前期初頭に部族社会が発生したと認め、もっともいちじるしい発達が見られる前期中葉と中期には人口密度の増大に即応してすでに分節的な部族社会の発達があったものと理解した。環状集落が解体する後期中葉〜後葉はむしろ部族社会内部の変質が顕わとなる時期であり、不平等化の拡大や複雑な分業化により首長制社会への移行プロセスが開始したものと予測した。ただし以上は東日本を念頭にした説明であり、縄文社会全般については地域毎の歴史的過程を考慮した考察が必要となる。

引用文献

相原康二　一九八五「岩手県西田遺跡」『探訪縄文の遺跡　東日本編』八八〜九四頁、有斐閣。
赤山容造　一九八二「竪穴住居」『縄文文化の研究』第八巻、一一〇〜一二一頁、雄山閣。
荒井幹夫・小出輝雄ほか　一九七八『打越遺跡』富士見市教育委員会。
荒井幹夫・小出輝雄ほか　一九八三『打越遺跡』富士見市教育委員会。
安斎正人　一九九〇『無文字社会の考古学』六興出版。
安斎正人　一九九八「縄紋時代後期の「猟漁民」―道具・生活・生態―」『縄文式生活構造』二二二〜二七四頁、同成社。
石井　寛　一九九四「縄文時代後期集落の構成に関する一試論―関東地方西部域を中心に―」『縄文時代』第五号、七七〜一一〇頁。
石井　寛　一九九九『小丸遺跡』横浜市ふるさと歴史財団。
石井　寛　二〇〇一『前高山遺跡・前高山北遺跡』横浜市ふるさと歴史財団。
今村啓爾　一九九二「縄文前期末の関東における人口減少とそれに関する諸現象」『武蔵野の考古学』八五〜一一六頁、吉田格先生記念論文集刊行会。
今村啓爾　一九九七「縄文時代の住居址数と人口の変動」『住の考古学』四五〜六〇頁、同成社。
鵜飼幸雄編　一九九〇『棚畑』茅野市教育委員会。
江原　英　一九九九「寺野東遺跡環状盛土遺構の類例―縄紋後・晩期の一形態を考える基礎作業」『栃木県文化振興事業団埋蔵文

化財センター研究紀要』第七号、一～五六頁。
エヴァンス=プリチャード　E・E著、向井元子訳　一九七八『ヌアー族』岩波書店。
大川清・河野一也・河野真理子編　一九九二『杉久保遺跡Ⅰ　勝坂期』日本窯業史研究所。
太田文雄・安井健一編　一九九四『石揚遺跡』千葉県文化財センター。
大坪宣雄・碓井三子・杉本靖子編　一九九七『黒川地区遺跡群報告書Ⅷ―宮添遺跡・№10遺跡（縄文編）―』住宅都市整備公団・黒川地区遺跡調査団。
大林太良　一九七一「縄文時代の社会組織」『季刊人類学』第二巻第二号、三～八一頁。
大林太良　一九八七「縄文と弥生の墓―民族学的解釈―」『弥生文化の研究』第七巻、一七一～一八〇頁。雄山閣。
岡本　勇・戸沢充則　一九六五「縄文文化の発展と地域性―関東―」『日本の考古学Ⅱ　縄文時代』九七～一三二頁、河出書房新社。
小野和之編　一九八七『三原田城遺跡　八崎城址・八崎塚　上青梨子古墳』群馬県教育委員会・群馬県埋蔵文化財調査事業団。
加納　実　二〇〇〇「集合的居住の崩壊と再編成―縄文中・後期集落への接近方法―」『先史考古学論集』第九集、六三～一〇四頁。
キージング　R・M著、小川正恭・笠原政治・河合利光訳　一九八二『親族集団と社会構造』未来社。
北原真智子　一九六〇「神話・世界観と社会構造」『現代文化人類学』第四巻、一五六～一八一頁、中山書店。
櫛原功一　一九九四「縄文中期の環状集落と住居形態」『山梨考古学論集Ⅲ』九七～一三〇頁、山梨県考古学協会。
港北ニュータウン埋蔵文化財調査団編　一九七四「池辺第4遺跡」『港北ニュータウン地域内文化財調査報告Ⅳ』一七七～二七二頁、横浜市埋蔵文化財調査委員会。
港北ニュータウン埋蔵文化財調査団編　一九八五『三の丸遺跡調査概報』横浜市埋蔵文化財調査委員会。
小薬一夫編　一九九三「№471遺跡」『多摩ニュータウン遺跡　平成3年度（第3分冊）』東京都埋蔵文化財センター。
小林謙一　一九九〇「縄文時代中期勝坂式・阿玉台式土器成立期における竪穴住居の分析―地域文化成立過程の考古学的研究―」『信濃』第四二巻第一〇号、一九～五六頁。
小林達雄　一九九三「縄文集団における二者の対立と合一性」『論苑考古学』一二一～一四四頁、天山舎。
小林康男・伊東直登・鳥羽嘉彦　一九八六『爼原遺跡』塩尻市教育委員会。

小松　学編　一九九四『矢口・唐沢南遺跡』塩尻市教育委員会。
小宮恒雄　一九九〇「二の丸遺跡」『全遺跡調査概要』二〇〇〜二〇二頁、横浜市埋蔵文化財センター。
坂川　進　一九九四「縄文時代後期の風張⑴遺跡土壙墓群について」『北奥古代文化』第二三号、三二〜四〇頁。
坂本　彰　一九八二「縄文集落の三つの型」『利根川』三、一〜一二頁。
佐々木克典ほか　一九九二『向郷遺跡』立川市向郷遺跡調査会。
佐々木憲一　二〇〇〇「アナロジー」『現代考古学の方法と理論Ⅲ』三〜一二頁、同成社。
佐々木藤雄　一九八一「縄文時代の通婚圏」『信濃』第三三巻第九号、四五〜七四頁。
佐々木藤雄　一九八三「縄文時代の親族構造」『異貌』拾、五六〜八六頁。
佐々木藤雄　一九九四・九六「水野集落論と弥生時代集落論（上）（下）―侵蝕される縄文時代集落論―」『異貌』拾四、五二〜九九頁。『異貌』拾五、五二〜一三三頁。
佐々木藤雄　一九九七・九八「縄文時代の土器分布圏と家族・親族・部族（上）（下）」『先史考古学論集』第六集、三一〜五四頁。『先史考古学論集』第七集、四九〜八八頁。
佐々木勝　一九八〇『東北新幹線関係埋蔵文化財調査報告書Ⅶ　西田遺跡』岩手県教育委員会。
佐藤宏之　一九九九『多摩ニュータウン遺跡―№107遺跡―旧石器・縄文時代編』東京都埋蔵文化財センター。
サーヴィス　E・R著、松園万亀雄訳　一九七九『未開の社会組織』弘文堂。
サーリンズ　M・D著、青木　保訳　一九七二『部族民』鹿島研究所出版会。
新藤康夫編　一九八二『神谷原Ⅱ』八王子市椚田遺跡調査会。
鈴木保彦　一九七七『下北原遺跡』神奈川県教育委員会。
鈴木保彦　一九八六「中部・関東地方における縄文集落の変遷」『考古学雑誌』第七一巻第四号、三〇〜五三頁。
鈴木保彦　一九八八「定形的集落の成立と墓域の確立」『長野県考古学会誌』第五七号、四〜一六頁。
関根孝夫　一九八二「貝の花遺跡」『縄文文化の研究』第八巻、七三〜八三頁、雄山閣。
高林　均編　一九七九「多摩ニュータウン№46遺跡調査概報」『多摩ニュータウン遺跡調査概報―昭和54年度―』六九〜八七頁、多摩ニュータウン遺跡調査会。
田中良之　一九九八「出自表示論批判」『日本考古学』第五号、一〜一七頁。

田中良之　二〇〇〇「出自」『現代考古学の方法と理論Ⅲ』一二三～一三一頁、同成社。
谷口康浩　一九九三「縄文時代集落の領域」『季刊考古学』第四四号、六七～七一頁。
谷口康浩　一九九八ａ「環状集落形成論―縄文時代中期集落の分析を中心として―」『古代文化』第五〇巻第四号、一～一八頁。
谷口康浩　一九九八ｂ「縄文時代集落論の争点」『國學院大學考古学資料館紀要』第一四輯、四三～八八頁。
谷口康浩　一九九九「環状集落から探る縄文社会の構造と進化」『最新縄文学の世界』二〇～三五頁、朝日新聞社。
谷口康浩　二〇〇〇「セトルメントの地理的変異―港北・多摩ニュータウン地域における縄文時代集落の対照―」『遺跡・遺物から何を読み取るか(Ⅳ)　ムラ研究の方法』一～二四頁、帝京大学山梨文化財研究所。
勅使河原彰　一九九二「縄文時代の社会構成（下）―八ヶ岳西南麓の縄文時代中期遺跡群の分析から―」『考古学雑誌』第七八巻第二号、一～二七頁。
デュルケーム　Ｅ／モース　Ｍ著、小関藤一郎訳　一九八〇「分類の若干の未開形態について―集合表象研究のための試論―」『分類の未開形態』一～一一八頁、法政大学出版局。
西本豊弘・宮内良隆・松村博文ほか　一九九五『中妻貝塚発掘調査報告書』二〇六頁、取手市教育委員会。
丹羽佑一　一九七八「縄文時代中期における集落の空間構成と集団の諸関係」『史林』第六一巻第二号、一〇〇～一三八頁。
丹羽佑一　一九八二「縄文時代の集団構造―中期集落に於ける住居址群の分析より―」『考古学論考』四一～七四頁、平凡社。
丹羽佑一　一九九四「縄文集落の基礎単位の構成員」『文化財学論集』一二二一～一二二八頁、文化財学論集刊行会。
橋本遺跡調査団編　一九八六『橋本遺跡　縄文時代編』相模原市橋本遺跡調査会。
樋口昇一編　一九七六『長野県中央道埋蔵文化財包蔵地発掘調査報告書―茅野市・原村その1―昭和50年度』日本道路公団名古屋建設局・長野県教育委員会。
フォーテス　Ｍ著、大塚和夫訳　一九八一「単系出自集団の構造」『家族と親族』六三～一〇〇頁、未来社。
藤野修一・黒尾和久・金子直世編　一九九一『宇津木台遺跡群XIII　1982～84年度（Ｄ地区）発掘調査報告書（4）』(上)(下)　八王子市宇津木台地区遺跡調査会。
藤本　強　一九九四『モノが語る日本列島史―旧石器から江戸時代まで―』同成社。
フレイザー　Ｄ著、渡辺洋子訳　一九八四『未開社会の集落』井上書院。
松村博文・西本豊弘　一九九六「中妻貝塚出土多数合葬人骨の歯冠計測値にもとづく血縁関係」『動物考古学』第六号、一～一七頁。
マードック　G・P著、内藤莞爾監訳　一九七八『社会構造』新泉社。
水野正好　一九六八「環状組石墓群の意味するもの」『信濃』第二〇巻第四号、二三三～三一頁。
水野正好　一九六九「縄文時代集落復原への基礎的操作」『古代文化』第二一巻第三・四号、一～二一頁。
水野正好　一九七四「集落」『考古学ジャーナル』一〇〇号、三五～三九頁。
宮坂英弌　一九四六「尖石先史聚落址の研究（梗概）―日本石器時代中部山岳地帯文化―」『諏訪史談会会報』第三号。
守　茂和　一九八〇「縄文時代集落址の住居廃絶と遺物廃棄の性格」『考古学研究』第二七巻第三号、八六～一〇三頁。
山本暉久　一九九一「環状集落址と墓域」『古代探叢Ⅲ』一三七～一七八頁、早稲田大学出版部。
四柳　隆　一九九二『小見川町白井大宮台貝塚確認調査報告書』千葉県教育委員会。
四柳　隆　二〇〇〇「有吉南貝塚」『千葉県の歴史』資料編考古1、五六四～五六五頁、千葉県。
レヴィ＝ストロース　C著、荒川幾男ほか共訳　一九七二『構造人類学』みすず書房。
渡辺　仁　一九九〇『縄文式階層化社会』六興出版。
Callender, C. 1978 Great Lakes-Riverine Sociopolitical Organization. In *Handbook of North American Indians,* 15 : 610–621. Smithsonian Institution : Washington.
Lurie, N. O. 1978 Winnebago. In *Handbook of North American Indians,* 15 : 690–707. Smithsonian Institution : Washington.

黒曜石の流通をめぐる社会

――前期の北関東・中部地域――

大工原　豊

はじめに

黒曜石の交換・交易を巡る問題は、先史時代の社会を解明するための研究テーマとして、古くから多くの研究者によって扱われてきた。産地を推定するための方法としては、岩石学的方法（晶子形態法）から始まり、しばらくこの方法での産地推定が行われていた（神保 一八八六、篠遠・中山 一九四四、渡辺 一九四八、増田 一九六二等）。

その後、理化学的な測定機器を用いる化学組成分析法が開発され、黒曜石流通の研究は大きく進展することになった。まず、最初に実用化されたのは鈴木正男らによるフィッション・トラック法であった（鈴木 一九六九・一九七〇他）。さらに精度の高い熱中性子放射化分析も実用化された（Suzuki・Tomura 1983他）。この分析方法により、全国の黒曜石産地データが蓄積され、黒曜石の流通実態が予想以上に複雑であることが明らかにされていった。また、東村武信・藁科哲男は、資料を非破壊のまま分析できる蛍光X線を用いた方法で産地推定を実用化した（藁科・東村 一九八三、東村 一九八六）。この方法は、「非破壊」で多くの資料を分析できるため、分析資料数が大幅に増加することになった。それとともに、石器（狭義）の分析が可能になったことで、分析資料の技術形態学的検討も併用できるようになった意義は大きい。

現在では産地分析機関（グループ）は九つに増加し、データは飛躍的に増加しつつある。とくに、後期旧石器時代の集団の行動領域や集団関係に関する研究には、必要不可欠な分析方法とされ、あらたな問題点を提起している（望月・池谷 一九九四）。一方、分析者側からは精度に対する過信を戒める発言もあり、考古学者側が手放しにこうした理化学的方法の分析結果を利用する危険性も孕んでいる。たしかに、分析方法相互の互換性や、産地同定精度など多くの課題を抱えている。しかし、分析データ数が蓄積されてきたことで、おおまかに流通のベクトルを問題にする研究分野では、統計学的方法を併用することで、ほぼ実用可能な状態にいたりつつある。

黒曜石の分析は、当初から旧石器時代の研究を主眼として行われていたため、縄文時代の場合、かならずしもデータの蓄積は十分とは言えない状況にある。しかも、こうしたデータをどのような形で共有するのか、あるいは考古学的に利用するのかについて、具体的な方法論はあまり示されていないのが現状である。

縄文時代において黒曜石分析のデータを用いた研究としては、小田静夫による縄文中期における神津島産黒曜石の流通範囲を示し、伊豆を基地とした黒曜石交易を専業とする集団の存在を考える巨視的な流通論があった（小田 一九九四）。しかし、こうした単純な流通論では、複雑な黒曜石の動きを理解するには限界がある。また、これを発展させたものとして、金山喜昭による縄文前期の黒曜石交易に関するモデルの提示がある（金山 一九九三・一九九八）。ここでは信州系黒曜石の出土量をもとに関東地方にもたらされる交易ルートと、安定的に黒曜石が供給される「黒曜石交易圏」を推定し、黒曜石交易システムの存在を想定する。しかし、この論文では分析した黒曜石に関する具体的なデータが提示されていないため再検証ができないといった問題点を有していた。

また、小杉康は黒曜石採掘址の特徴、「産出地外郭地域」の入手方法、遠隔地における黒曜石利用形態を有機的に結びつけ、黒曜石交換にかんするモデルを提示している（小杉 一九九四）。ここでは原石から製品までの工程配置をもとに黒曜石の流通を理解しようとした。「産出地外郭地域」の原石や石核の大きさに注目した間接的入手であった可能性の指摘や、遠隔地における「遠隔地黒耀石交換センター」の存在の推定は重要である。しかし、このモデルでは遠隔地における遺跡群の様相や黒曜石流通の通時代的な変化を把握しておらず、演繹的すぎて実態にそぐわない部分も含まれていた(1)。

また、統計的手法を用いた研究としては、南関東の中期勝坂期のデータを用いて搬入ルートを推定する試み（古城 一九九五）や、東関東の中期遺跡のデータを用いて入手先を推定しようとするもの（西野他 一九九七）、石鏃の黒曜石占有率により関東における流通経路を想定するもの（柴田・山本 二〇〇〇）などがある。こうした方法では、石器群の属性にかんする考古学的要素が十分検討されていないため、具体的にどのような石器群に対応するものなのか明確でない。柴田・山本の想定結果がそのまま適合できないケースが存在することは、千葉市域の蛍光X線分析の結果から指摘されている（青沼他 二〇〇一）。

群馬県西部に位置する安中市中野谷地区には、縄文時代の各時期の集落遺跡が集中している。この群馬県西部は、①長野県の黒曜石原産地と末端消費地の貝塚地帯と距離的に中間地点に位置することと、②中部高地と関東平野といった大きく異なる地形の境界に相当する、といった地理的条件によるため、黒曜石原石がまとまって検出される遺跡がしばしば認められる。黒曜石流通のあり方を理解するためには、こうした通過点における状況を把握することが、有効な手段であると考えられる。筆者はここをフィールドとして、調査・データの蒐集を行ってきたため、通過点における黒曜石の出土状況を通時代的に知る機会を得た。

これらの黒曜石については、金山喜昭の協力を得て、熱中性子放射化分析法による産地推定と、水和層測定法による年代推定を継続的に行うことができた。分析結果については、すでに報告しているところである（鈴木・金山他 一九八八、金山 一九九八）。

この分析結果と黒曜石原石や黒曜石製石器の出土状況について検討した結果、興味深い事柄が明らかとなってきた。その一部については、すでに述べているが（大工原 一九九八b・二〇〇一a）、本論ではそれをもとに縄文時代の黒曜石交換・交易のあり方と、その背後にある縄文社会の様相について明らかにしたい。

一　群馬県における縄文時代前期の石器群

(1)　石器型式の変化

群馬県における縄文時代前期での石器群のあり方については、これまでにも述べているように、前半と後半では構造的に大きく変化していることが確認されている（大工原 一九九六・一九九七・一九九八a他）。ここでの変化は、打製系列における石器型式の変化を伴う技術的変化が大きい。すなわち、押圧剥離系列（A類）では、石鏃の製作に両極技法が多用されるようになり、「中野谷AZ1式」から「中野谷AZ2式」へと石器型式が変化する（図1・図2）。また、直接打撃系列（B類）でも、石核や素材剥片を水平に回転させながら打撃する、片面加工の「水平回転技法」から、素材剥片の側縁部に対し垂直方向から打撃を加え、両面加工を行う「垂直打撃技法」へと変化する。これが「中野谷BZ1式」から「中野谷BZ2式」への変化であり、この系列での主要な器種として位置付けられる打製石斧がⅠ形態（片刃・撥形）からⅡ形態（両刃・短冊形）へとフルモデルチェンジすることになる。ここで生じた打製系列における変化は、石器型式が変化する現象を引き起こすほど大きなものであったことがわかる。

これに対応する現象は、土器型式、集落構造、住居形態等々、さまざまな面でも確認できるほどの大変化であり、その背景には大きな社会的画期が存在していたと考えられる。そして、このような大きな構造変化は、縄文時代を通してみても特筆するべき現象である。

(2)　押圧剥離系列での石材の変化

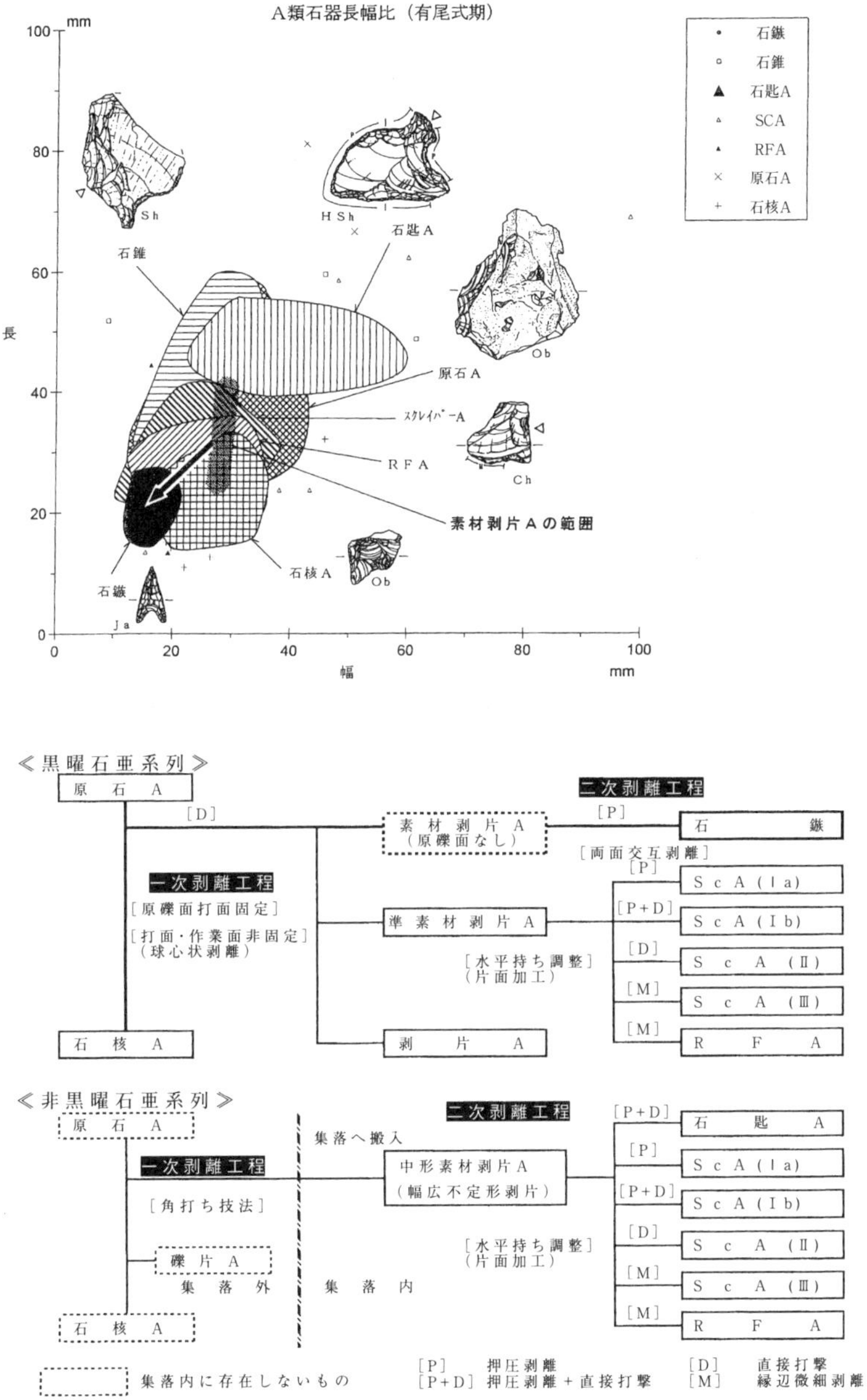
A類石器長幅比（有尾式期）
石鏃
石錐
石匙A
SCA
RFA
原石A
石核A
Sh
HSh
石匙A
石錐
Ob
原石A
スクレイパーA
RFA
Ch
素材剥片Aの範囲
石核A
Ob
石鏃
Ja
長
幅
mm
≪黒曜石亜系列≫
原石A
[D]
二次剥離工程
[P]
素材剥片A（原礫面なし）
石鏃
[両面交互剥離]
一次剥離工程
[原礫面打面固定]
[打面・作業面非固定]（球心状剥離）
準素材剥片A
[水平持ち調整]（片面加工）
石核A
剥片A
[P] ScA（Ⅰa）
[P+D] ScA（Ⅰb）
[D] ScA（Ⅱ）
[M] ScA（Ⅲ）
[M] RFA
≪非黒曜石亜系列≫
原石A
一次剥離工程
[角打ち技法]
礫片A
石核A
集落外
集落へ搬入
集落内
二次剥離工程
中形素材剥片A（幅広不定形剥片）
[P+D] 石匙A
[P] ScA（Ⅰa）
[P+D] ScA（Ⅰb）
[D] ScA（Ⅱ）
[M] ScA（Ⅲ）
[M] RFA
[水平持ち調整]（片面加工）
集落内に存在しないもの
[P] 押圧剥離
[P+D] 押圧剥離＋直接打撃
[D] 直接打撃
[M] 縁辺微細剥離

図1　中野谷 AZ1式（有尾式期）の工程配置

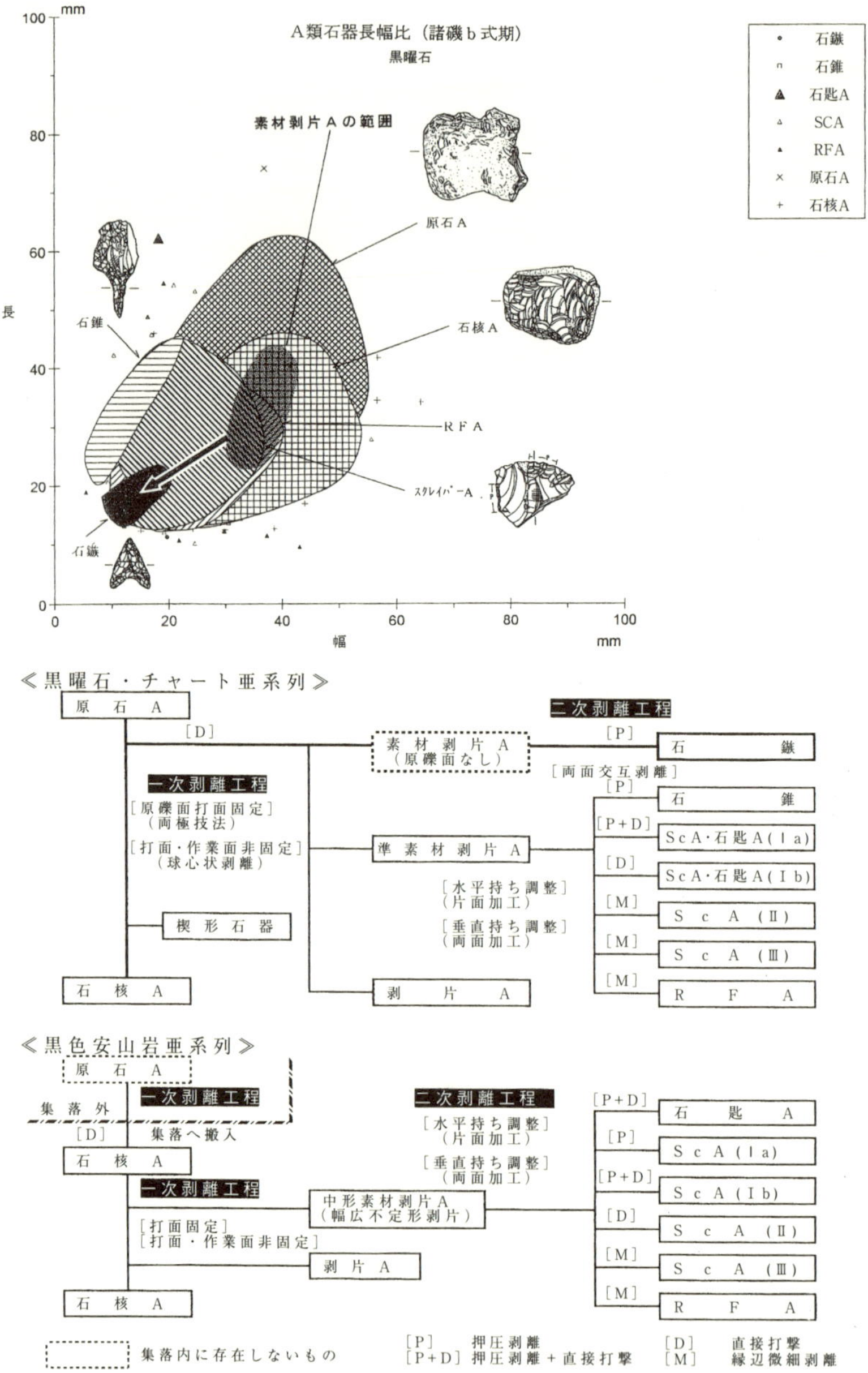

図2　中野谷 AZ2式（諸磯 b 式期）の工程配置

群馬県西部地域では、前期の石器群での押圧剥離系列（A類）の中で黒曜石は主要な石材として位置づけられる。黒曜石の流通量の変化はどうであろうか。表1は安中市域における流通量を時期ごとに示したものである。遺跡ごとでは規模の差もあるので、同時に住居址一軒あたりの出土量も調べてみた。その結果をみると、関山Ⅰ式期がもっとも多く、その後有尾式期までは、じょじょに流通量が減少している。ところが、諸磯b式期になると黒曜石の出土量が大幅に増加している。その後、諸磯c式期にかけて再び緩やかに減少する傾向が認められる。

ここで注目されるのは、諸磯b式期の黒曜石出土量の急激な

表1　前期の黒曜石出土量の推移

遺跡名	時期	個数	重量(g)	住居数	個数/住居数	重量/住居数	原石数	備考
中原	関山Ⅰ	1138	2376	13	87.5	182.8	15	
東畑	関山Ⅱ	83	431	6	13.8	71.8	2	
三本木Ⅱ	関山Ⅱ末	71	158	5	14.2	31.6	1	
吉田原	関山Ⅱ～黒浜	40	−	4	10.0	−	0	
大下原	有尾	65	−	7	9.3	−	−	
中野谷松原	有尾	337	1170	39	8.6	30.0	10	帰属率60%以上の住居
大下原	諸磯 a～b(古)	27	−	2	13.5	−	−	
中野谷松原	諸磯 b	2642	11040	39	67.7	283.1	47	帰属率60%以上の住居
大下原	諸磯 b(中)～c	216	−	5	43.2	−	−	
天神原	諸磯 b(新)～c	1113	4014	2	556.5	2007.0	47	占有空間(帰属率86.5%)
道前久保	諸磯 c	106	−	3	35.3	−	1	大形石匙2点あり
榎木畑	下島・十三菩提	28	−	2	14.0	−	−	

表2　前期の石鏃における黒曜石占有率

遺跡名	時期	石鏃数	黒曜石製	黒曜石占有率	石鏃数／住居数
中原	関山Ⅰ	76	64	84.2	5.8
東畑	関山Ⅱ	5	5	100	0.8
三本木Ⅱ	関山Ⅱ末	6	5	83.3	1.2
吉田原	関山Ⅱ～黒浜	4	4	100	1.0
大下原	有尾	3	1	33.3	0.4
中野谷松原	有尾	19	12	63.2	0.5
大下原	諸磯 a～b（古）	3	3	100	1.5
中野谷松原	諸磯 b	132	99	75.0	3.4
大下原	諸磯 b（中）～c	7	5	71.4	1.4
天神原	諸磯 b（新）～c	41	33	80.5	20.5
道前久保	諸磯 c	3	3	100	1.0

増加である。黒曜石原石の集積例もこの時期と一致しており、流通に大きな変化が生じていた可能性が高い。なお、諸磯b式（新）〜c式（古）段階にあたる天神原遺跡の黒曜石出土量は他に比べいちじるしく多い。ここでは後述の土坑に貯蔵された黒曜石原石（三六点・一五七三g）を含んでいるが、それを差し引いても出土量はやはり突出したものである。ほぼ同時期の大下原遺跡や道前久保遺跡の事例と比較してみても、この遺跡の特殊性を示すものである。

次に、黒曜石と密接な関係のある石鏃について検討してみよう。表2は前期の遺跡における石鏃の黒曜石占有率を示したものである。関山Ⅰ式期から同Ⅱ

表3　群馬地域における早期後葉〜中期初頭の黒曜石原産地

時期	遺跡・遺構名	和田峠	男女倉	星ヶ塔	八ヶ岳	その他	計
早期後半（条痕文系）	横川大林（包含層・土坑）	52	11	36	1		100
花積下層	五目牛清水田（2・4・5住）	1		41			42
二ツ木	暮坪（SI01・SI02）	21	1	1			23
関山Ⅰ	中原（J－3・5住）	13	2	2		1	18
関山Ⅰ〜Ⅱ	八城二本杉（前期）	11		1			12
関山（Ⅱ）	東吹上	10		1			11
関山（Ⅱ）	下箱田向山（5・8住）	4	2	1			7
有尾（古）	大下原（J－12A 住）	6		4			10
有尾（古）	三後沢	2		5		3	10
有尾（中）	松原（J－11・30・34住）	16		3		1	20
有尾（中）	行田大道北（77・80住）	5	1	2			8
有尾（中）	下箱田向山（3住・41土坑）	2		2			4
諸磯 b（古）	松原（J－80住）	9		1			10
諸磯 b（古）	松原（D－1078）	1					1
諸磯 b（古〜中）	榎木畑（J－4住）	4		1	1		6
諸磯 b（中）	松原（J－66住）	9		1			10
諸磯 b（中〜新）	松原（J－78住）	10					10
諸磯 b（中）	行田大道北（83住）	2		3			5
諸磯 b（中〜新）	下牧小竹	4					4
諸磯 b（中〜新）	松原（D－333）			1			1
諸磯 b	北山 B（土坑）			3			3
諸磯 b（新）	榎木畑（J－3住）	2		2			4
諸磯 b〜c	松原（J－110住）	5		5			10
諸磯 b〜c	注連引原（デポ）			1			1
諸磯 b〜c	天神原（D－201）			1			1
諸磯 b〜c	行田大道北（30住）	2		1			3
諸磯 b〜c	糸井宮前	1		40			41
諸磯 b〜c	糸井宮前（デポ？）			1			1
諸磯 b〜c	中高瀬観音山	61	7	53			121
諸磯 c	行田大道北（55・65住・土坑）	1		11			12
諸磯 c	下箱田向山（35土坑）			1			1
五領ヶ台〜阿玉台Ⅰa	八城二本杉（34住・土坑）	1		7			8
五領ヶ台	北山 B（土坑）	1		5			6
	計	256	24	237	2	5	524

＊　東吹上はフィッション・トラック法、暮坪は蛍光 X 線分析法、残りは熱中性子放射化分析法。
＊　熱中性子放射化分析法は下牧小竹のみ分析者二宮修治他

式期にかけては黒曜石の占有率が八〇％以上の高率を示しているが、有尾式期になると占有率が一時的に低下している。この時期には在地石材であるチャートがこれを補うかたちで用いられている。ところが、諸磯ｂ式期以降には再び七〇％以上に回復し、再び低下することはない。

さらに、住居址一軒あたりの石鏃数について調べてみよう。前期を通じて一点前後が標準的な個数である。また、中原遺跡や天神原遺跡のようにいちじるしく多い場合もあるが、遺跡のセトルメントが顕著な狩猟キャンプ的なパターンを示していることに帰因する。

これに対し、有尾式期では〇・四～〇・五点と他の時期の半数程度である。有尾式期では石鏃に限らず石器数が少ないが、これは生業形態に帰因するものであろう。つまり、有尾式期には①黒曜石流通量の減少、②石鏃数の減少、③石鏃の黒曜石占有率の低下があげられる。これらは密接に関連しており、当期の社会的・経済的背景を示すものと言えよう。また、その次の段階の諸磯ｂ式期には占有率が回復しただけではなく、石鏃数も大幅な増加をみせる。この原因を明らかにするために、次に黒曜石の入手方法について検討してみたい。

二　前期における黒曜石産地の推移

(1)　産地分析の結果について

群馬県内の黒曜石の産地分析が行われている遺跡のうち、早期後半から中期初頭の一七遺跡を取りあげる（表3）。東吹上遺跡はフィッション・トラック法、暮坪遺跡は蛍光X線分析法で、残りは熱中性子放射化分析法によって分析が行われている。図3は分析結果のデータをもとに作成したものである。(2)

分析資料数や帰属時期の精度にもばらつきがあるものの、時期ごとの変化を読みとることは可能である。早期後半から有尾式期までの資料では、基本的に和田峠系を主体としており、次いで星ヶ塔系（霧ヶ峰）が多い。また、それ

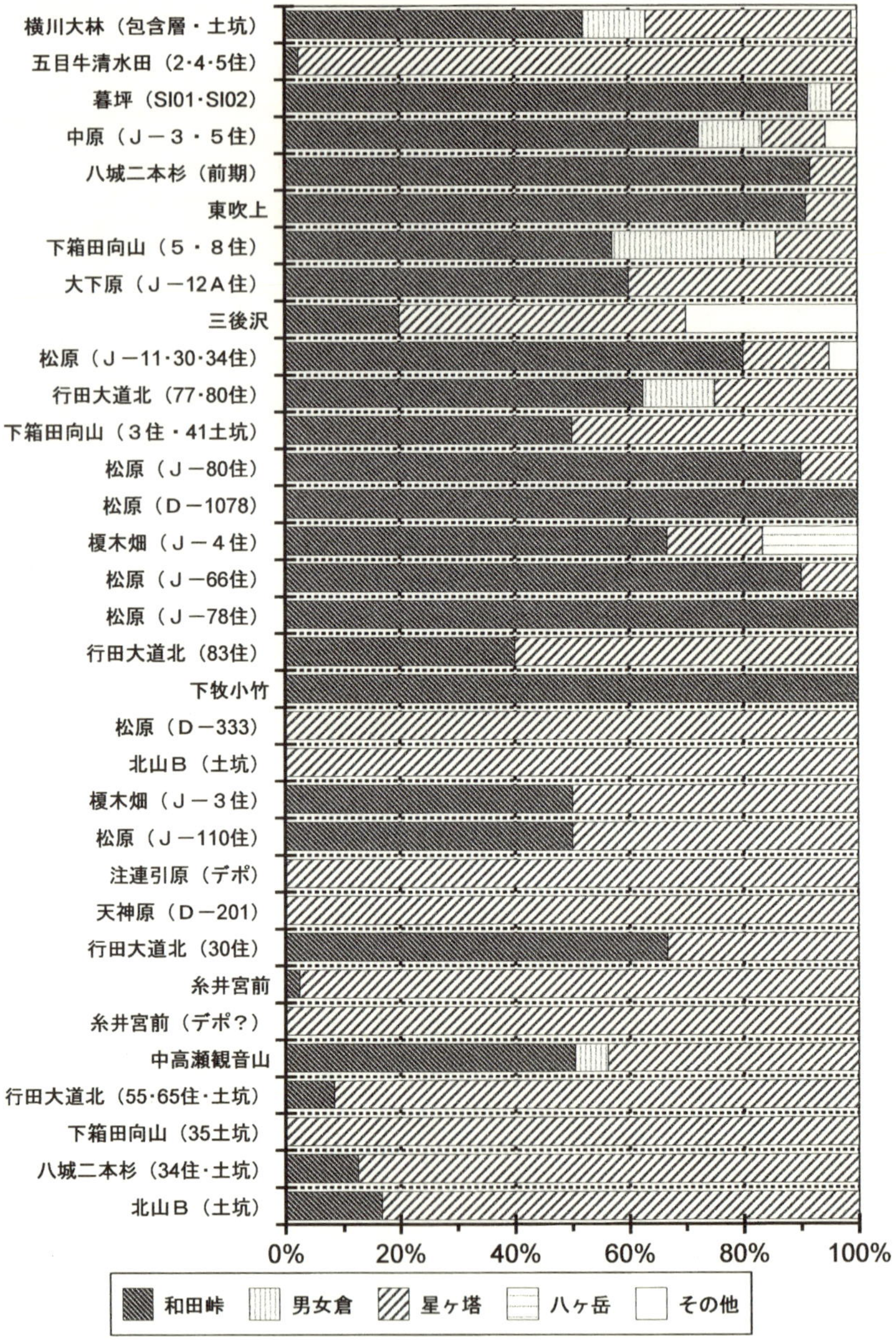

図３　縄文時代早期後葉～中期初頭にかけての黒曜石原産地

以外に男女倉系などが若干含まれている。とくに、男女倉系はこの時期までにほぼ限定されている点は留意される。また、諸磯b式古～中段階の資料では、和田峠系が圧倒的に多くを占めるようになり、星ヶ塔系の比率が低下する。もっとも大きな変化は諸磯b式中段階と新段階のころに生じる。和田峠系の占める割合が大幅に減少し、星ヶ塔系の占める割合が時期が新しくなるにつれて高まる。この傾向は中期初頭の五領ヶ台式期まで継続する。黒曜石の入手場所がこの時期を境に大きく変更されたことがわかる。(3)

また、鷹山遺跡群の黒曜石については、これとは別に蛍光X線分析により産地が推定されている（小林　一九九九）。それによっても、鷹山産の黒曜石は和田峠小深沢産に近いことが明らかにされている。したがって、和田峠系と推定されている資料のなかには、鷹山産のものが含まれている可能性があることになる。こうした分析側の事情を考慮しても、和田峠系と星ヶ塔系の違いは大きく、入手場所が和田峠から星ヶ塔へ変化したことは間違いない。

(2)　産地別にみた原石の形状

黒曜石の産地分析はすべての遺跡で行われているものではない。したがって、未分析の黒曜石については、原石の形状についての肉眼観察により産地を推測する方法も併用しなければならない。理科学的分析のような詳細な産地推定は困難だとしても、大雑把な産地推定はある程度可能である（桝渕　一九八九）。特に、剥片よりも原石の方が特徴が顕著なので、原石の産地の推測には有効である。

まず、産地の確実な原石の形状について検討してみよう。図15—8の超大形原石は和田峠系と推定されている。亜円礫状でざらざらした礫面に覆われている。若干不純物を含んでおり、やや赤味を帯びている。また、前述のように中野谷松原遺跡では有尾式期から諸磯b式中段階まで、和田峠系が大多数を占めている。したがって、この時期の他の原石も統計学的にみて、和田峠系と推定される。図4が中野谷松原遺跡出土の和田峠系と推定される原石である。亜円礫と角礫状のものが存在し、形状はまちまちである。表面はざらついた光沢のない礫面で覆われており、不純物

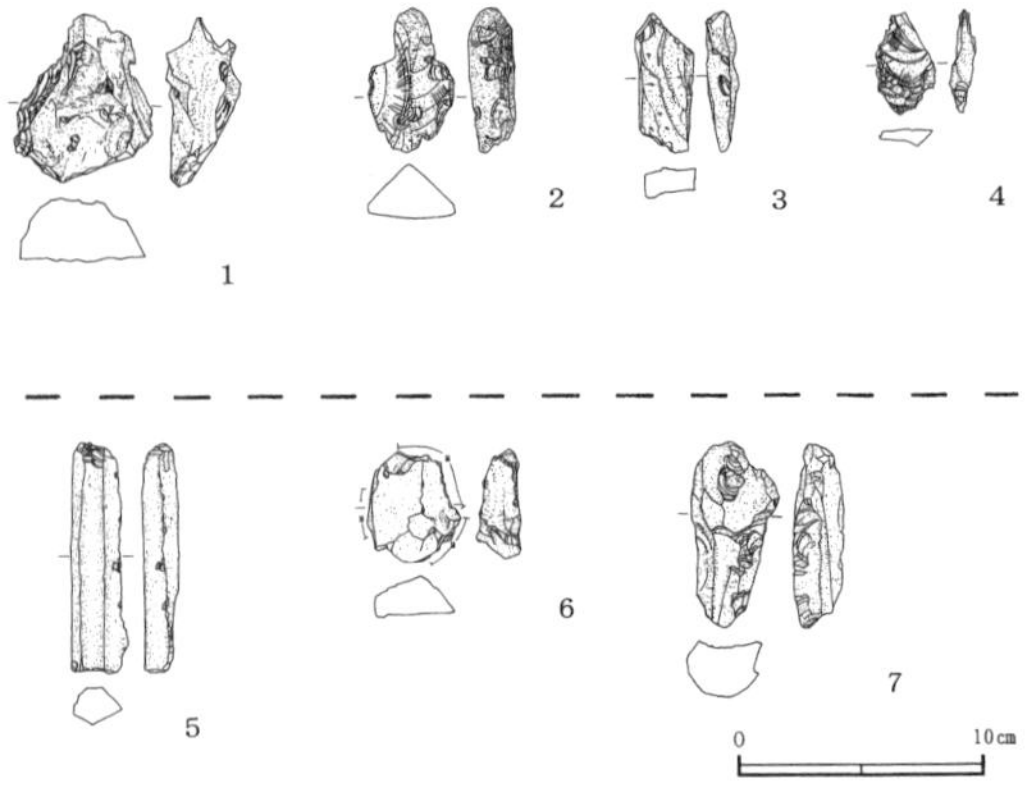

図4　中野谷松原遺跡における有尾式期～諸磯 b 式中段階の原石

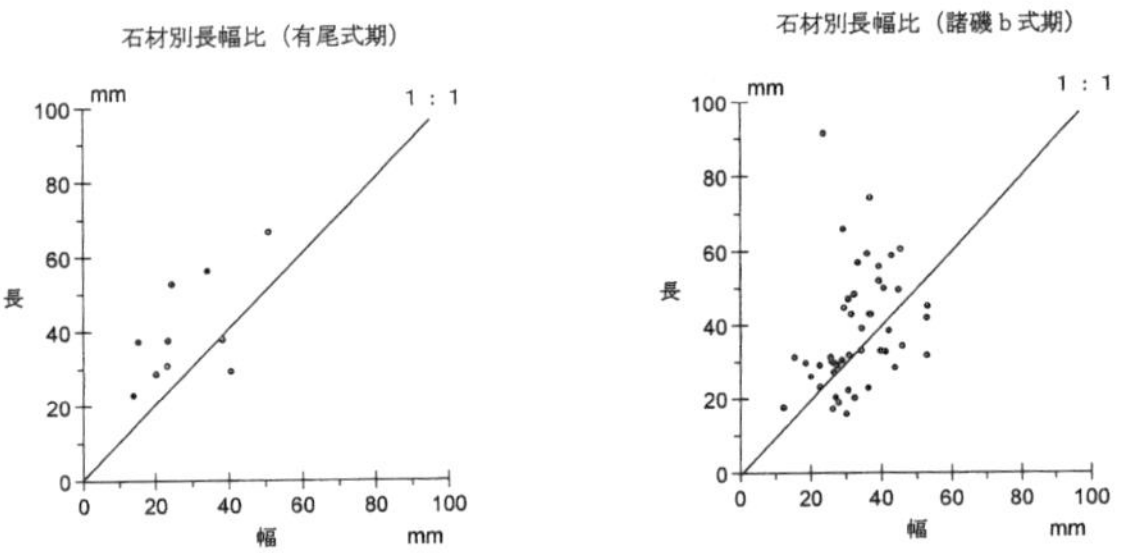

図5　中野谷松原遺跡における原石のサイズ

を若干含んでいる。

また、図5には有尾式期と諸磯b式期の住居址出土の原石の大きさを示した。両時期とも五～六cm以下の小形原石が中心である。これらの多くは和田峠系であり、主として小形のものが流通していたことがわかる。

これに対し、確実に星ヶ塔系原石の例としては、中野谷松原遺跡土壙墓出土例（図16）、天神原遺跡（図17）、糸井宮前遺跡（図18）、注連引原遺跡（図19下段）などがある。いずれも角礫状を呈し、表面は剥離面状である。良質で不純物は少なく、透明感のあるものや、縞模様のあるものが含まれる。

以上のように、実際に遺跡に搬入されている和田峠系と星ヶ塔系の原石は、少なくともこの時期の場合肉眼観察によってもほぼ識別可能であり、誤認される可能性は低い。なかでももっとも良質な星ヶ塔系の原石の識別が最も容易である。したがって、肉眼観察による原石の産地推定を併用することが可能である。

三　黒曜石原産地の様相

⑴　群馬県における搬入旧石器

黒曜石原産地の様相を知る手掛かりとして、注目される現象がある。群馬県では後期旧石器時代後半（群馬Ⅱ期）に相当する遺跡は非常に少ない（小菅　一九九四）。とくに、西部地域ではその傾向が顕著である。ローム層（Ａｓ—ＹＰからＡｓ—ＢＰ層上部）を掘削して構築される縄文時代以降の遺構覆土中からは、旧石器が検出されるケースはごくまれである。

しかし、中野谷地区遺跡群では、諸磯ｂ式期の遺跡に限って、黒曜石製の旧石器がしばしば検出されることが判明した（大工原　二〇〇一ｂ）。この現象は中野谷松原遺跡の住居址の一括出土資料により、原産地付近の旧石器が原石とともに搬入されていたことが確認された。この時期に行われていた特異な原石入手方法を反映した結果と判断されるのである。こうした原産地付近からもたらされた旧石器時代の石器を「搬入旧石器」と呼ぶことにする。

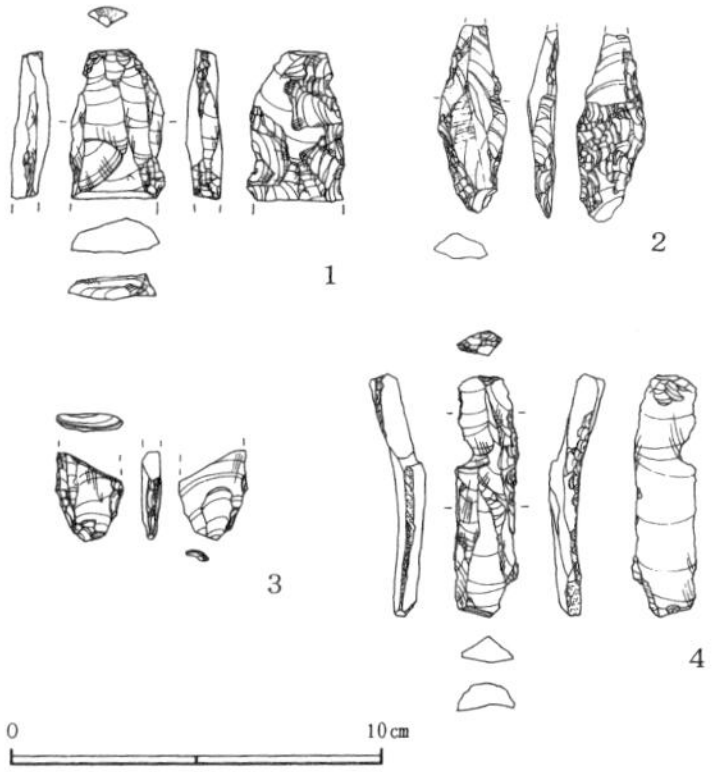

図６　群馬地域に搬入された信州産旧石器

以下は搬入旧石器である（図６—１～４）。１は中野谷松原遺跡出土の石刃である。裏面を中心に調整が施されているが、この部分は風化度が弱い。２は大下原遺跡出土のもので、ナイフ形石器と判断される。表面は風化しており、稜や縁辺には微細な剥離が認められる。先端が一部欠損している。３は天神原遺跡出土のナイフ形石器である。基部に打面を小さく残す。二側縁に調整を施すもので、先端部は欠損している。４

は北東・堤下遺跡出土の石刃である。両側縁には風化度の弱い小剥離が連続して認められる。

これらの石器は全体が風化し、稜や縁辺に微細な剥離が認められ、側縁部には風化度の弱い小剥離が認められる点で共通する。そして、いずれも石刃技法によって作出された石刃やナイフ形石器であり、編年的にはナイフ形石器文化期（群馬Ⅱ期）に相当する石器群である。打面は複剥離面打面であることを特徴とする。また、全体の風化度よりも側縁部の調整剥離の風化度が弱いことから、縄文人が運搬する際についた刃こぼれや、使用時の再調整によるものと判断される。これらの搬入旧石器は、黒曜石の原産地付近に存在していた旧石器時代遺跡から採集されたものと推定される。道具として再利用することを目的として持ち出されたものであろう。

(2) 長野県の原産地における前期の遺跡

黒曜石の搬出元である長野県の原産地付近での前期の遺跡はどのようなあり方をしているであろうか。検討してみたい。ここ一〇年ほどの間に、和田村・長門町・下諏訪町で原産地周辺の詳細分布調査や試掘調査が実施されたことにより、黒曜石採掘行為にかんする多くの新知見が得られている。こうした成果により、黒曜石流通の研究を深化させることが可能になってきつつある。

男女倉遺跡群

小規模な遺跡が四カ所確認されている（森嶋他　一九七五）。B・H地点では有尾式土器が少量、I地点では黒浜式（有尾式?）土器が若干少量検出されている。そして、C地点では神ノ木式～有尾式土器が比較的多数検出され、数基の土坑も検出されている。報文中では検出された土坑の多くが早期後半と中期後半と判断されており、前期に土坑が掘削された可能性は低い。なお、ここで出土する旧石器は、槍先形尖頭器を伴う石器群であり、群馬県域の前期の遺跡での混入事例はまったく確認されていない。

このように、男女倉遺跡群では前期前半には、小規模な活動が行われていたことは確実であり、群馬県域でも前期

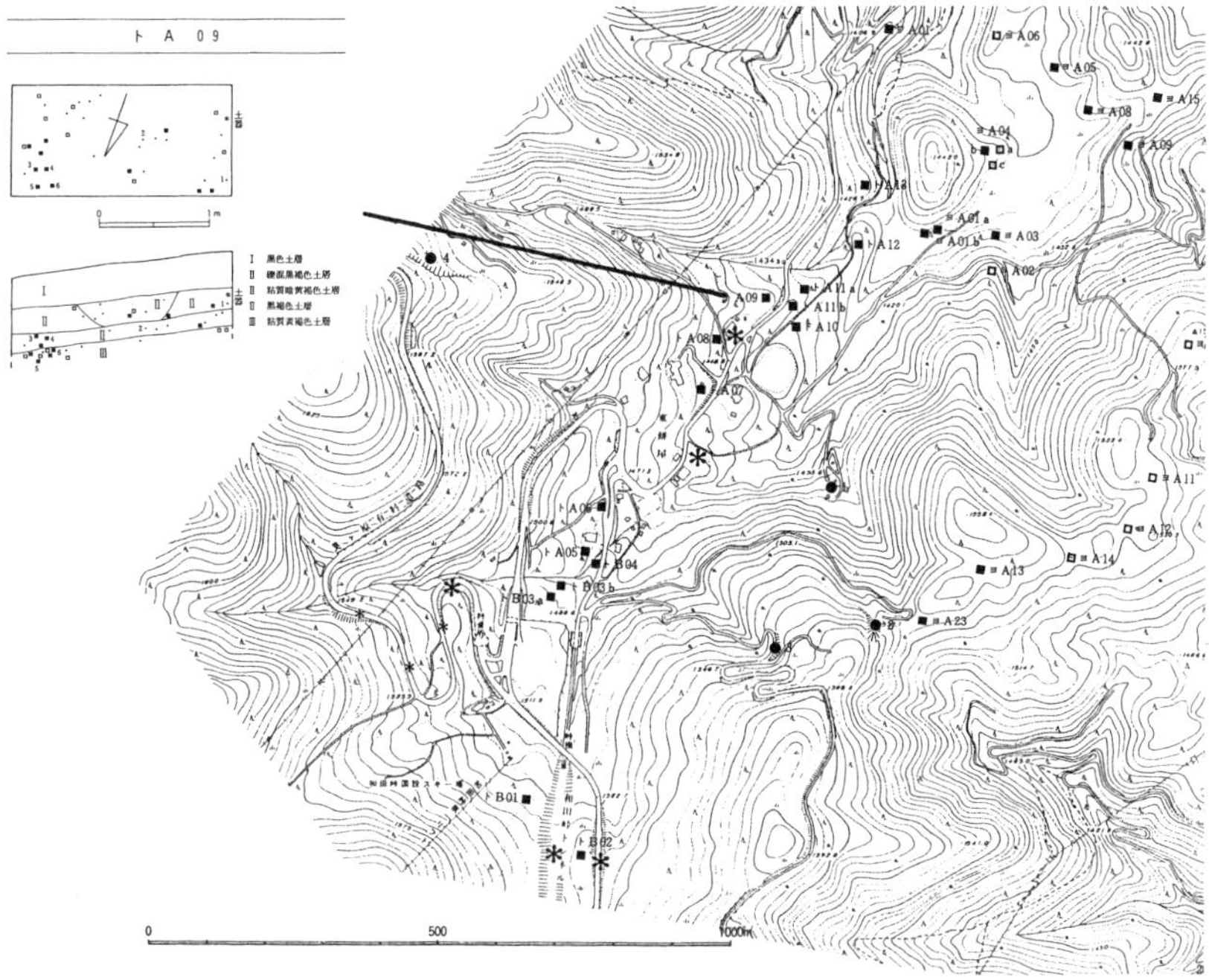

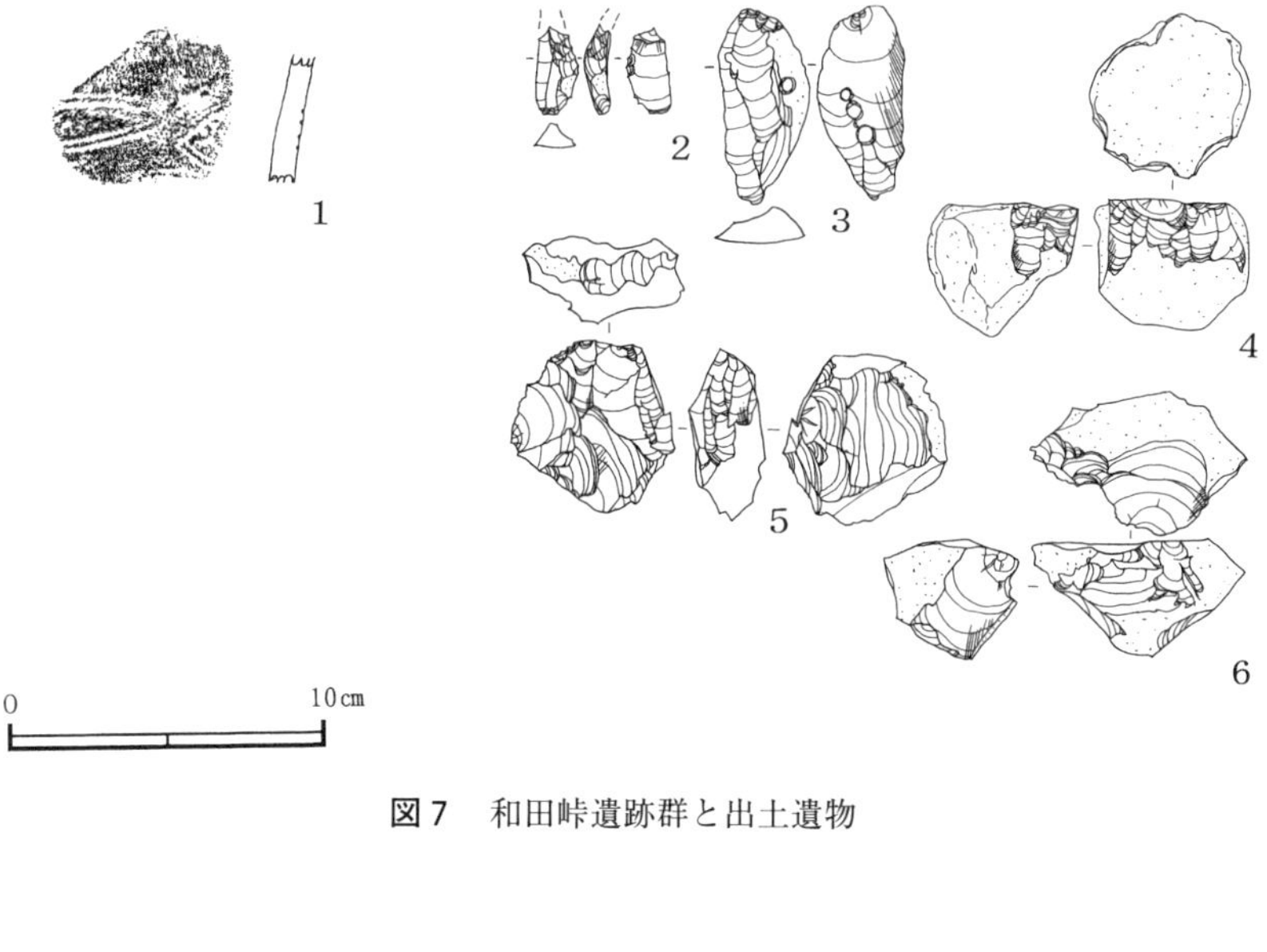

図 7　和田峠遺跡群と出土遺物

前半（関山式期～有尾式期）のみ男女倉系の黒曜石が少量混入する現象と一致している。

和田峠遺跡群

小深沢遺跡では、試掘トレンチで土坑状の掘り込みと、これに隣接して諸磯a式新段階（あるいはb式初頭）の土器（図7—1）が出土している（森嶋・森山他 一九九三）。また、トレンチ内からはナイフ形石器文化期の石刃を伴う石器群（2～6）が検出されている。隣接する複数のトレンチでもほぼ同時期の石器群が検出されており、遺跡群を形成している。そして、これらの旧石器は、群馬県下の搬入旧石器と同時期と判断されるものである。したがって、諸磯b式期には和田峠周辺の旧石器遺跡群では、掘削行為により黒曜石が採取され、これが群馬方面へ搬出していたと考えることが妥当であろう。しかし、ここには採掘址と呼ばれるクレーター状の地形は認められないので、この時期の採掘行為は、地下深く及ぶ大規模なものではなく、表層に包含されている黒曜石を採取する方法であったと考えられる。

鷹山遺跡群

採掘址群では前期の土器の出土は現在のところ確認されていない。ここでの採掘のピークは草創期と後期とされており（安蒜 二〇〇一）、前期の黒曜石流通とは直接関係していない。ただし鷹山川に沿って、少なくとも四カ所の前期の遺跡が確認されている。（安蒜・野口・門内他 一九九九）。大笹山北第4地点遺跡では、諸磯b式中段階の土器（図8—1）が出土しているが、胎土中には径2～3㎜の黒曜石砕片が混入されているという。周辺に居住地が存在していた証拠となり得る資料である。これを裏づけるように、大笹山北第5遺跡では、「諸磯式土器」が出土し、「住居址等、何らかの遺構が存在する可能性もある」という（同）。土器は図示されていないので細分時期は確定できない。そして、鷹山川第6地点遺跡では、諸磯c式土器（同2）が出土している。また、大笹山東第1地点からは、黒曜石製のスクレイパーA類（同3）が出土している。時期は確定できないが、状況からみて前期後半の可能性が高い。蛍光X線分析では星ヶ台群（星ヶ塔系）とされており、別の場所で製作され、ここへ搬入されたものである。

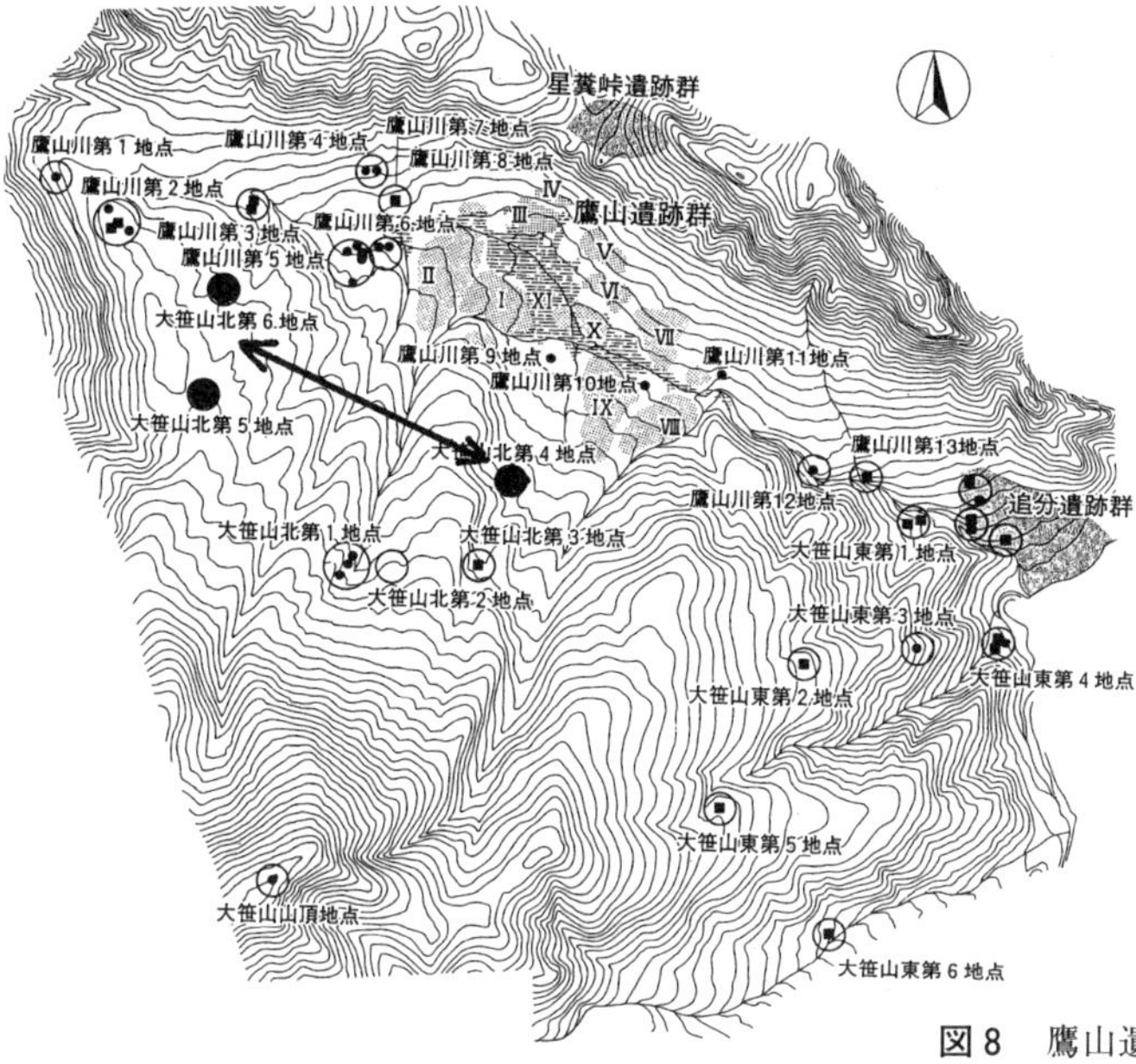

図8　鷹山遺跡群と出土遺物

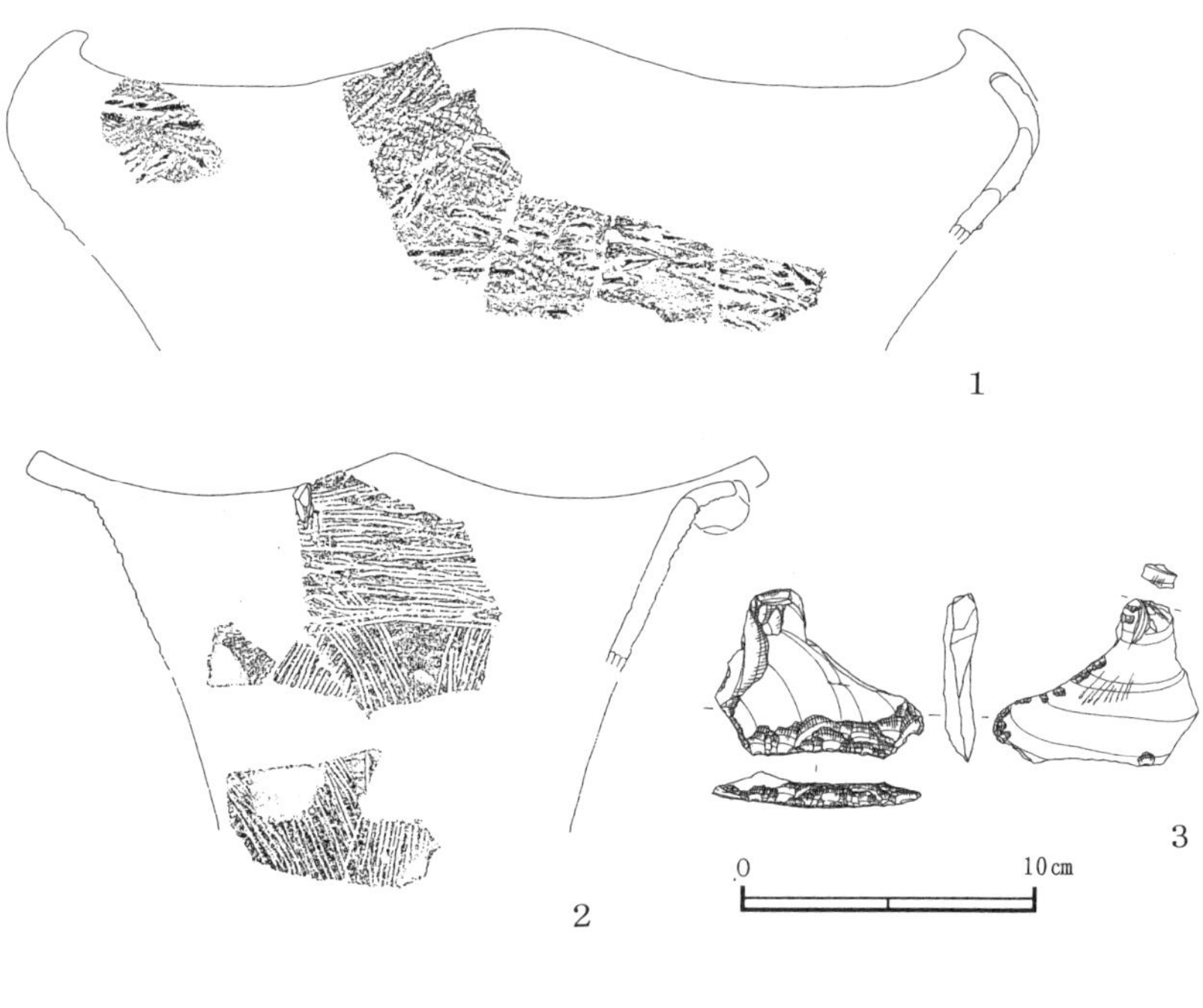

ここで出土している土器は、いずれも諸磯b式中段階以降のものである。そして、いずれも星糞峠とは鷹山川を挟んで反対側（南側）に西から東へ向かい点在している。これは星ヶ塔・星ヶ台から霧ヶ峰を東西に横断して、大門川へ至るルート上にあたり、あたかも星糞峠を素通りするようなあり方をしている。そして、鷹山遺跡群を越えたところで北へ90°方向転換し、真っ直ぐに川を下れば、群馬方面へ向かう最短ルートとなる。

こうした諸磯b〜c式期の遺跡の分布状況は、星ヶ塔系の黒曜石が搬出されたルートに沿っていると考えるのが自然であろう。(4) 大笹山東第1地点のスクレイパーA類が星ヶ塔系である点や、それ以外の地点で鷹山産の黒曜石が質・量ともに貧弱なのも、たんなる偶然ではあるまい。男女倉系が出土しなくなるのも、このルートが利用されたことの傍証となろう。

以上のように、鷹山遺跡群の状況からも、諸磯b式中段階以降になると星ヶ塔系が主体的に利用されていたことが推定されよう。

星ヶ塔遺跡

霧ヶ峰高原の最北端にあり、和田峠からは約二km南西の位置にあたる（図9）。星ヶ塔では黒曜石の露頭が存在しており、近年まで縄文時代後・晩期の採掘坑が存在していたことが、藤森栄一・中村龍雄によって報告されている（藤森・中村 一九六二、中村 一九七七）。このなかで、星ヶ塔で発見される土器が後・晩期に限定されると述べている。しかし、実際には星ヶ塔系の黒曜石が前期末葉には広範に流通しており、この段階から星ヶ塔で黒曜石が大量に採取されていたのは確実とみられていた。

そして、ついに宮坂清らの試掘調査により、前期末葉まで遡ることが明らかにされた（宮坂・田中 二〇〇一）。星ヶ塔遺跡では東斜面に凹み地形が集中する部分が存在していることが確認された。また、試掘調査では採掘による人為的な土層堆積状態が確認され、そのなかから前期末葉の土器（図10—1〜6）が検出されている。他に周辺からは後・晩期の土器（7〜9）も検出されているが、採掘行為が前期末葉に行われていたことは確実であろう。なお、星

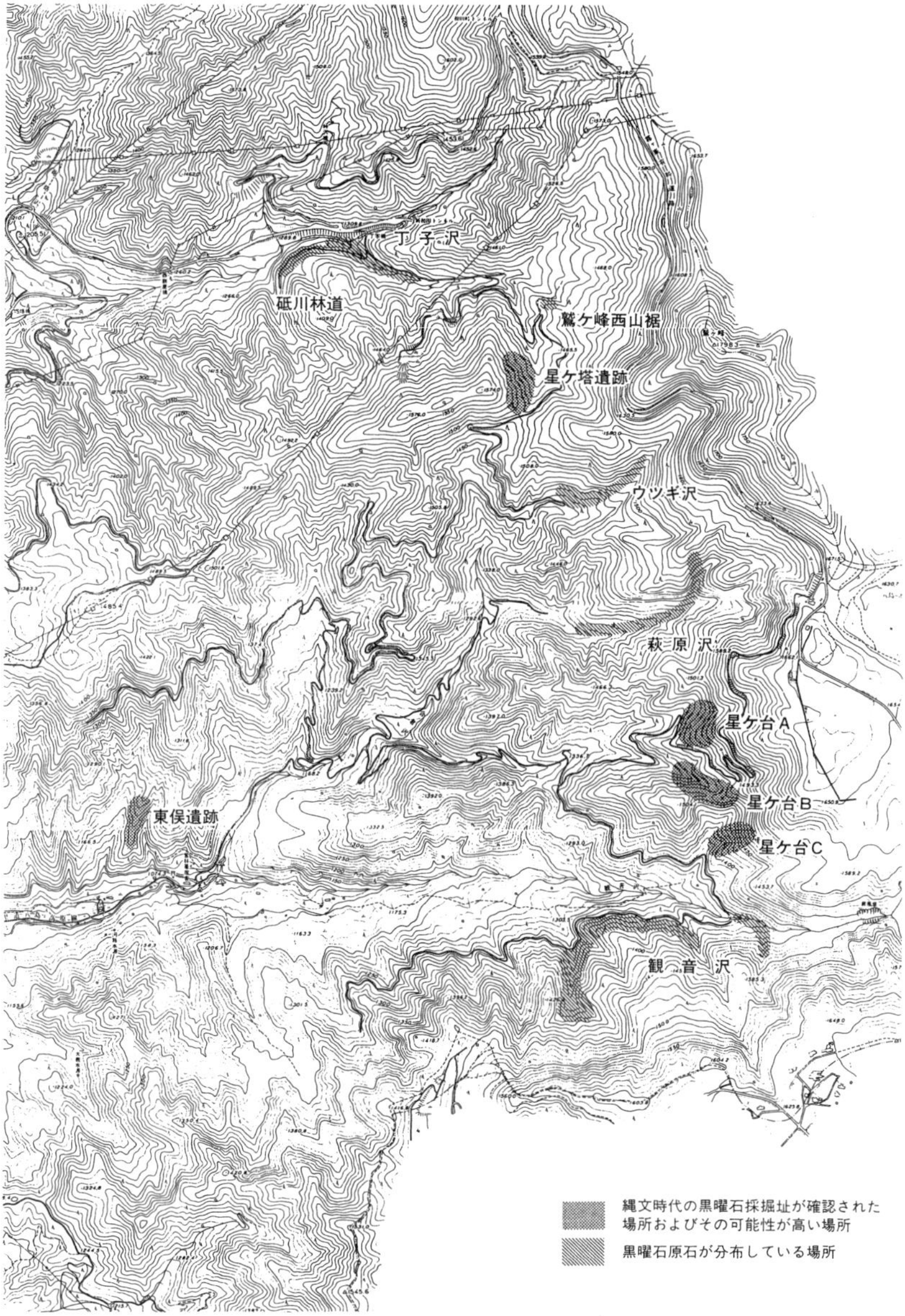

図 9　星ヶ塔遺跡と周辺の採掘遺跡

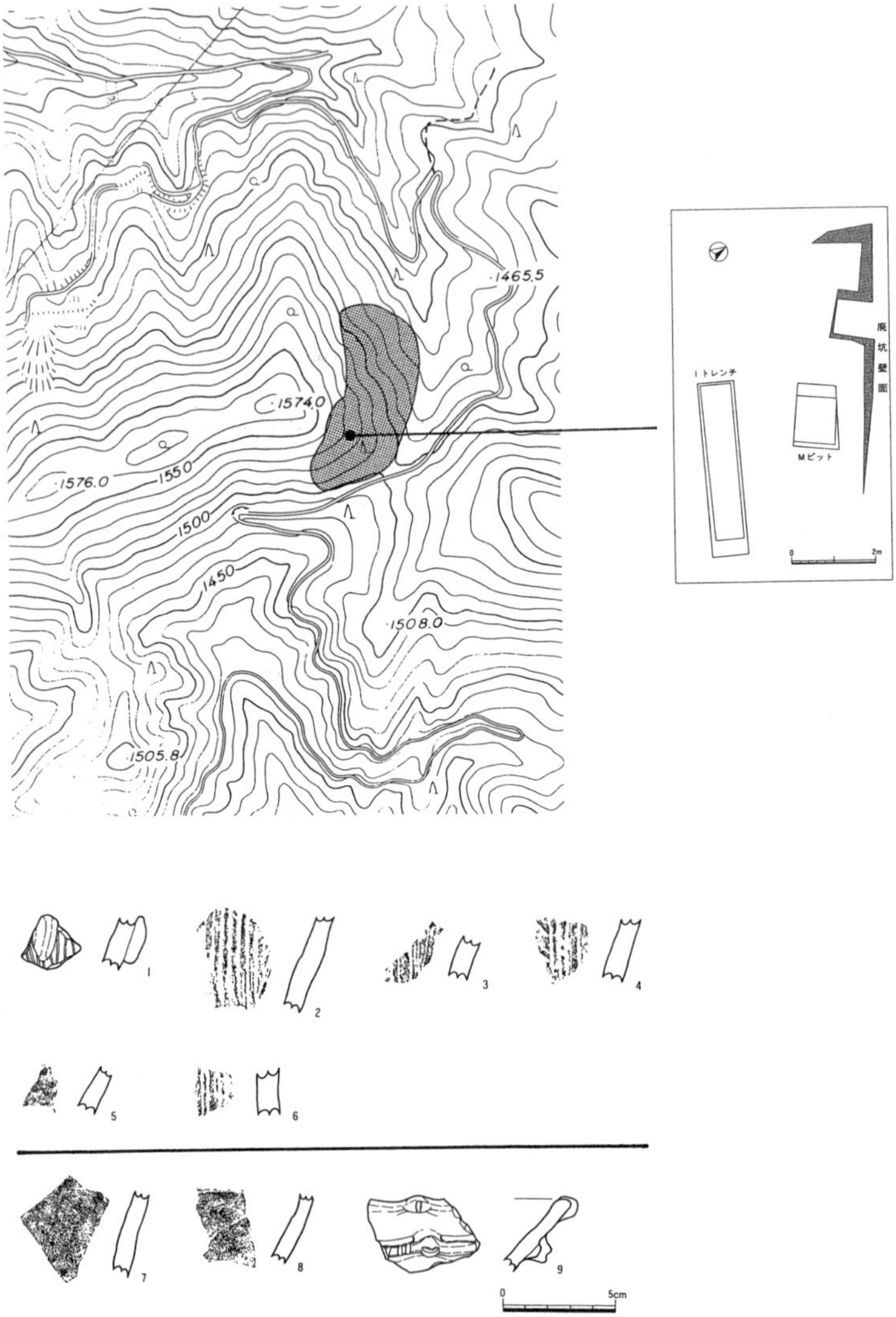

図10　星ヶ塔遺跡と出土土器

ヶ塔の原石形状は、灰色の縞の入るものが多く、色調は薄い飴色の透明ガラスのものや、青みがかったものがあるとされている。

星ヶ台遺跡群

星ヶ塔より約二km南南東、下諏訪町の霧ヶ峰高原の八島湿原の西側に位置する（図9）。A・B・Cの三地点が確認されており、A・B地点では地表面にクレーター状の凹みが群在しており、縄文時代の黒曜石採掘址とみられる。この場所では後期旧石器時代の尖頭器文化期以降の石器製作の場として利用されていたことも確認されている（宮坂・田中 前掲）。まだ詳細は明らかではなく今後の調査が期待される。なお、星ヶ台の原石は星ヶ塔とほぼ同じ角礫状で表面は剥離面状を呈する良質なものであり、理科学的産地分析でも星ヶ塔系と判別され区別できない。ここの黒曜石も前期末葉に流通していた可能性もある。

東俣遺跡

星ヶ台遺跡群の西方二・五kmの場所に存在する（図9）。一九九三年に発見された遺跡で、クレーター状の凹みが群在しているとが判明した（図11）。調査された一号凹みでは、人為的な土層堆積が確認されており、採掘行為が行われていたことが明らかとなった。このなかからも縄文前期末葉の土器が出土しており、この時期の採掘址と推定されている。なお、東俣遺跡は原産地からの転石が二次堆積した場所であり、品質は星ヶ塔系で良質であるものの、形状は亜角礫あるいは円礫状である。

周囲には前期末葉から中期初頭の野田ヶ沢遺跡・瘤沢遺跡・大平遺跡が存在しており、採掘址との関連性が指摘されている（宮坂・田中 前掲）。

なお、宮坂清は採掘坑内に堆積する土層中から出土する原石を詳細に分析している。それによれば、①出土した原石にはパンチ痕が認められるものがしばしば存在していることと、②一定の大きさごとに分布域・出土層に集中が認められること（図12左）、③鉱床中の原石と覆土中の原石のサイズに大きな差異がないこと（図12右）、が判明してい

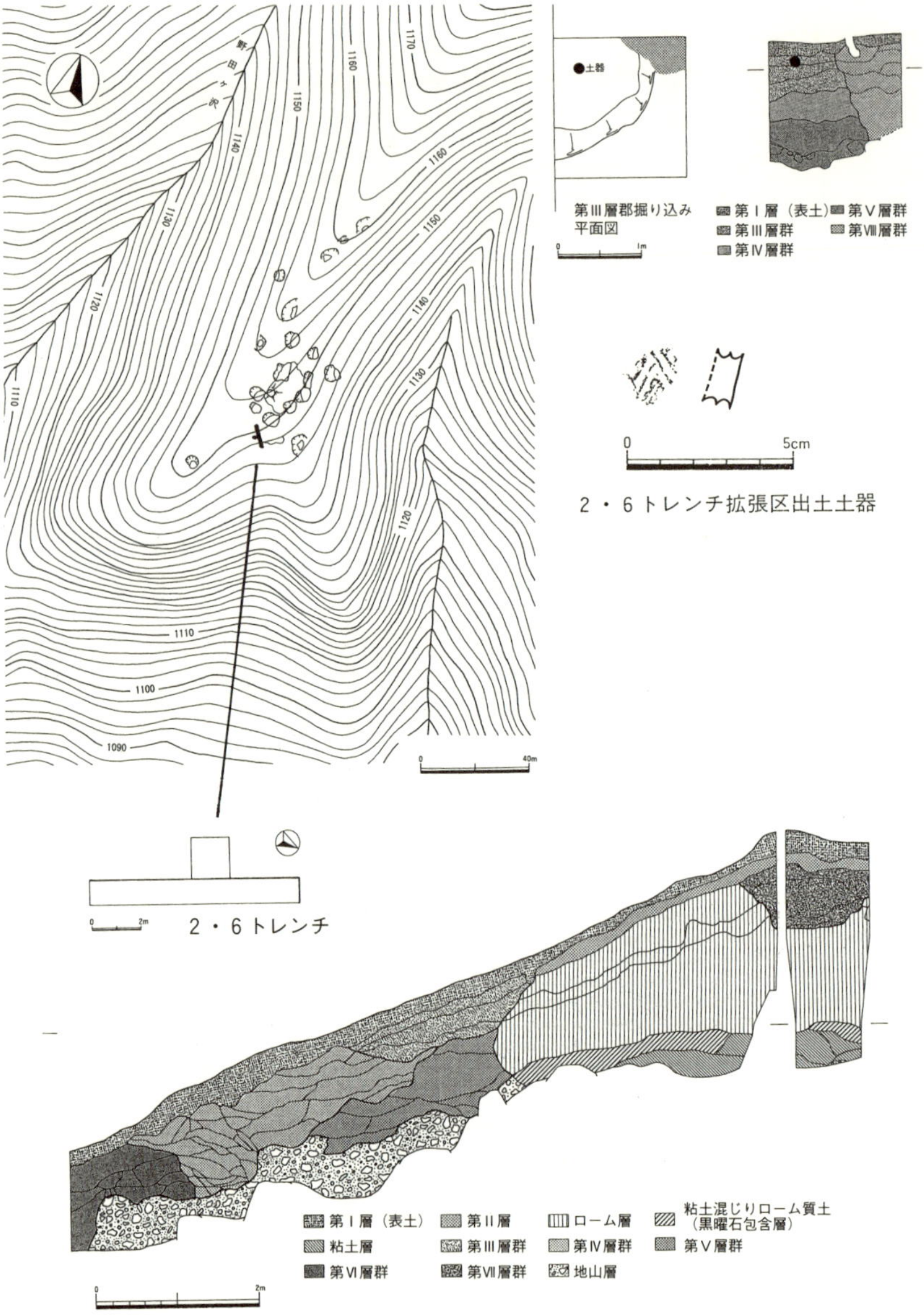

図11　東俣遺跡と出土土器

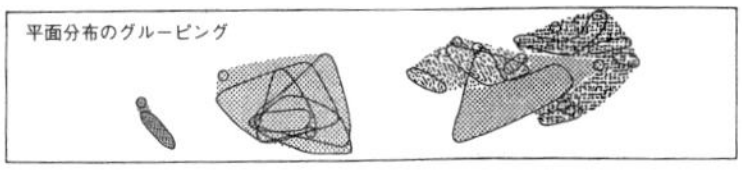

2トレンチ黒曜石原石重量別平面分布図

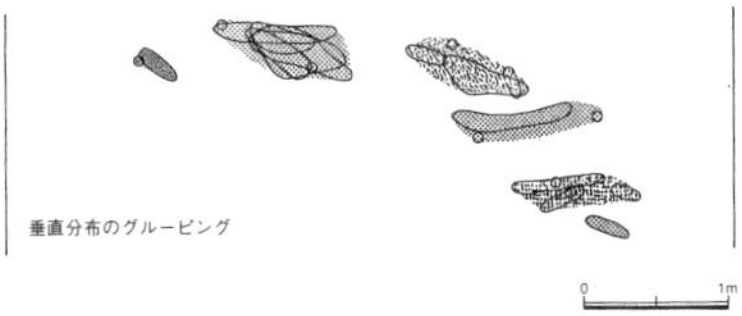

2トレンチ黒曜石原石重量別垂直分布図

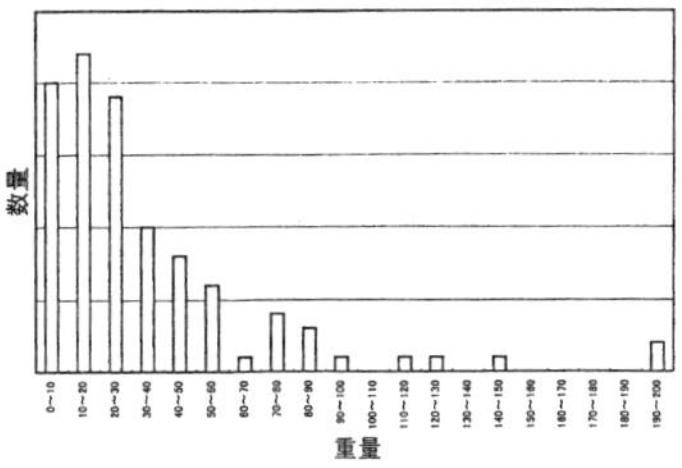

2トレンチ採掘坑覆土出土原石重量分布

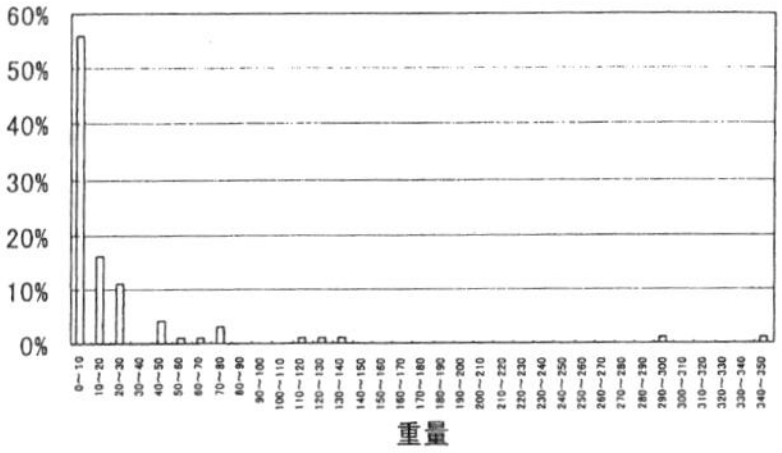

6トレンチ鉱床出土原石重量分布

図12　採掘坑への原石廃棄状態と原石の重量

る。そのことから、いったん採掘された原石が、大きさごとに選別され、品質の悪いものは採掘坑内へ廃棄されたものと推定している。この原産地における原石採取方法の考察は黒曜石流通を検討するうえできわめて重要である。

(3)　黒曜石入手方法の変化

前述の原産地周辺遺跡の様相をもとに、黒曜石入手ルートをシミュレートしてみよう。

群馬地域の前期前葉にかぎって男女倉系の黒曜石が若干含まれるのは、原産地へ至るルートの問題であった可能性が高い。すなわち、依田川からそのまま男女川を遡り、そして、最後は土屋沢を遡りながら原石を採取するルートが採られていたことによるものと推定される。男女倉遺跡群にこの時期の小規模な遺跡が点在していることは、ここを通っていた証拠であろう。また、土屋沢に転石として存在する黒曜石は和田峠系のものであり、量も多くない。そして、土屋沢沿いには旧石器時代の遺跡はほとんどなく、この時期に搬入旧石器が見当たらないのと一致する。

次に、群馬地域では諸磯b式古段階に和田峠系の黒曜石流通量が急激に増加することと、同時期の原石の中に搬入旧石器が含まれることは、同じ現象の二つの側面として捉えることができる。すなわち、依田川から和田川を遡り、東餅屋へ至るルートで進入し、この周辺で黒曜石を採取したものと推定される。そして、ここで黒曜石を採取する場合、剥片類が濃密に散布する旧石器時代の遺跡の石器や剥片類も採取の対象となっていたと考えられる。小深沢遺跡の土坑や土器の存在からみて、ときには表層を掘削することもあったのであろう。

そして、諸磯b式中段階以降に入手場所が、和田峠系から星ヶ塔系に変化したさいには、あらたな搬出ルートが採用されたものと考えられる。すなわち、大門川を遡り、鷹山川に入り、大笹山の山麓を回って八島湿原を経由して星ヶ塔にいたるルートである。鷹山遺跡群におけるこの時期の小規模な遺跡の存在は、これを裏づけるものと言えよう。

また、星ヶ塔遺跡や東俣遺跡において前期末葉には、黒曜石が採掘され大量に採取されていたことが確認されているが、群馬地域での産地の変化からみて、採掘行為はそれよりも古く、諸磯b式新段階まで遡る可能性が高い。

四　遺跡出土黒曜石原石のあり方

(1)　群馬地域の黒曜石原石の出土事例

中野谷松原遺跡（安中市）

前期中葉から後葉にかけて存続した大規模遺跡である（大工原・関根他　一九九八）。ここでは遺構に伴う時期の明らかな原石出土事例が三例存在する。

J—106号住居址では七点の小形原石が住居内のピットに収納されていた（図13上）。この住居址は諸磯b式古段階のもので、この時期の環状集落の西辺に位置する。住居の規模は標準的である。黒曜石原石は南辺中央の壁ぎわにあったピット（P—7）の底部から検出された。これらの原石は石鏃の製作に適した小形原石であり、自己消費用に保管されていた原石と推定される。

図15―1～7は収納されていた原石である。２～７は不整形の亜円礫で、原礫面はざらついた状態である。また、1は後期旧石器の技術的特徴を有した石刃状を呈する石器であり、注目される。この石器は両設打面の石核から剥離されたもので、両縁辺には微細な剥離が連続して認められる。剥離面は風化が進んでおり、稜上にもこぼれが観察される。こうした特徴からみて搬入旧石器と判断される。原産地での採集場所を特定する上で重要な意味をもつ資料である。最大六五・五g、最小一二・四g（剥片?）で、合計重量は二六一・三g、平均重量三七・三gである。ここから検出された黒曜石は、形状観察から和田峠系と推測される。

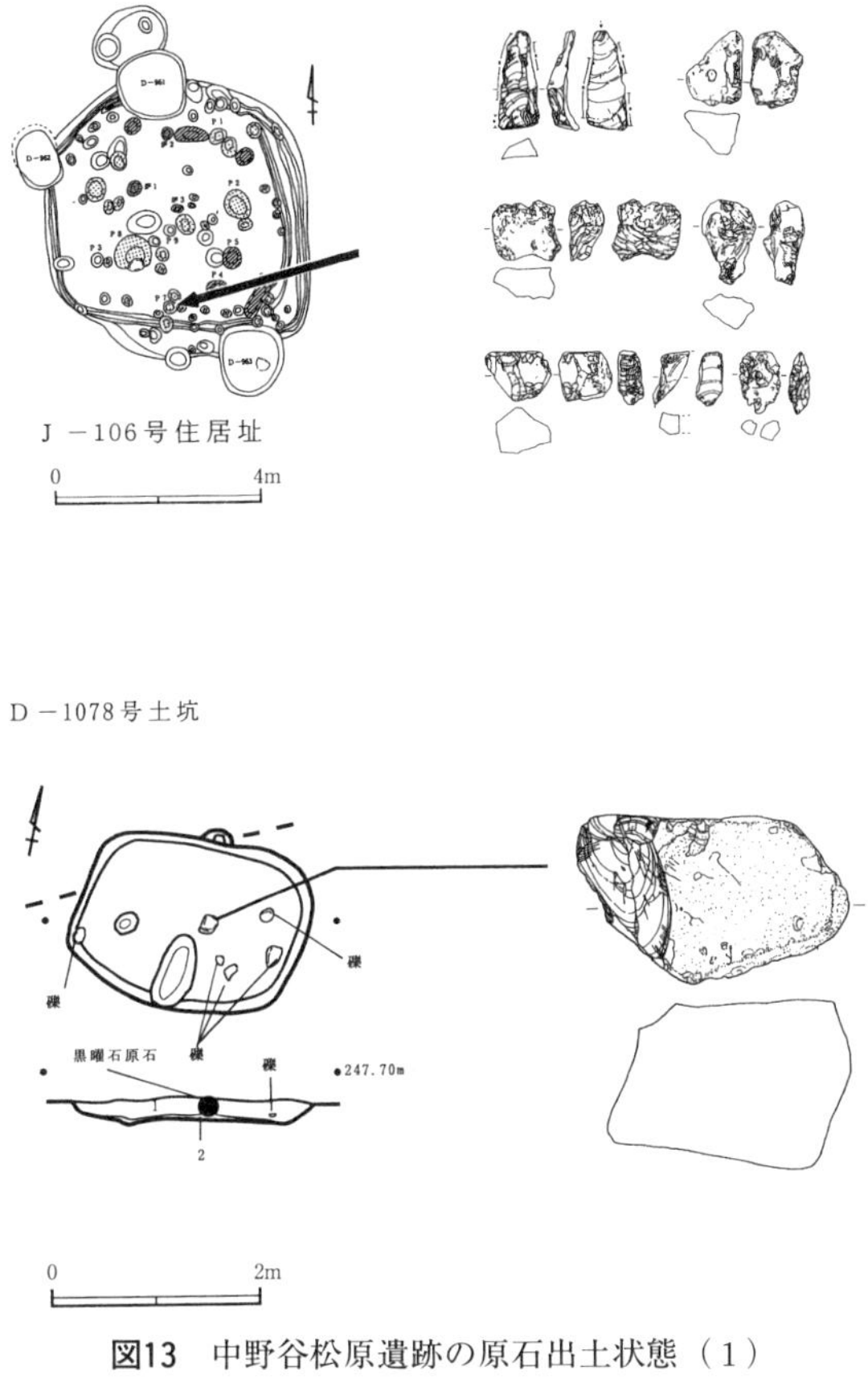

図13　中野谷松原遺跡の原石出土状態（１）

D―1078号土坑は隅円長方形の浅い土坑で、出土土器から諸磯b式古段階の土坑と判断される（図13下）。この土坑からは超大形原石が土坑中央部底面に置かれた状態で出土した。環状集落の南端部（正面中央）に位置することや、大形で浅い形状であることから、隠匿するというより、むしろ見せることを目的とした特殊な施設であった可能性が高い。

原石は表面がざらついた亜円礫

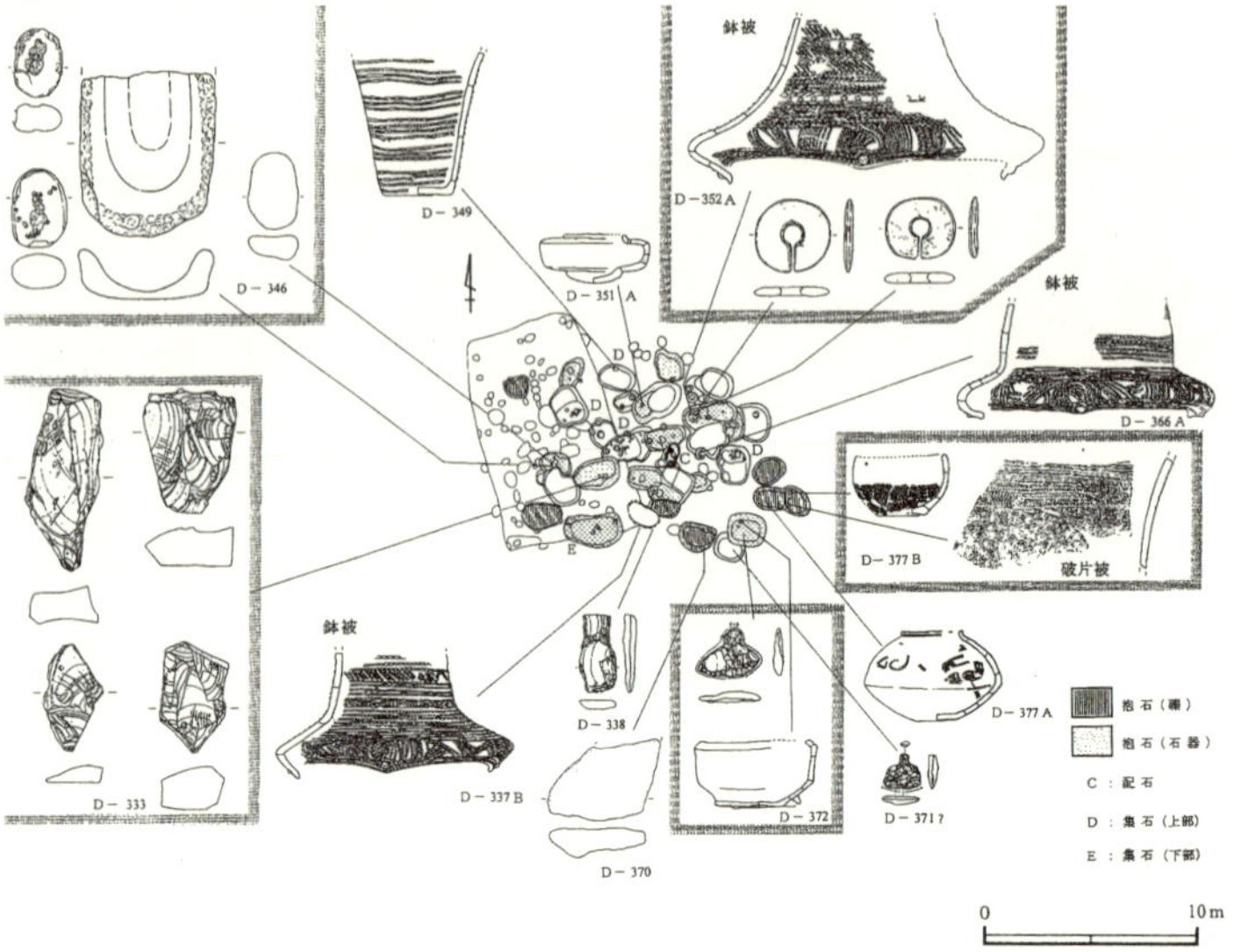

D－333号土壙墓

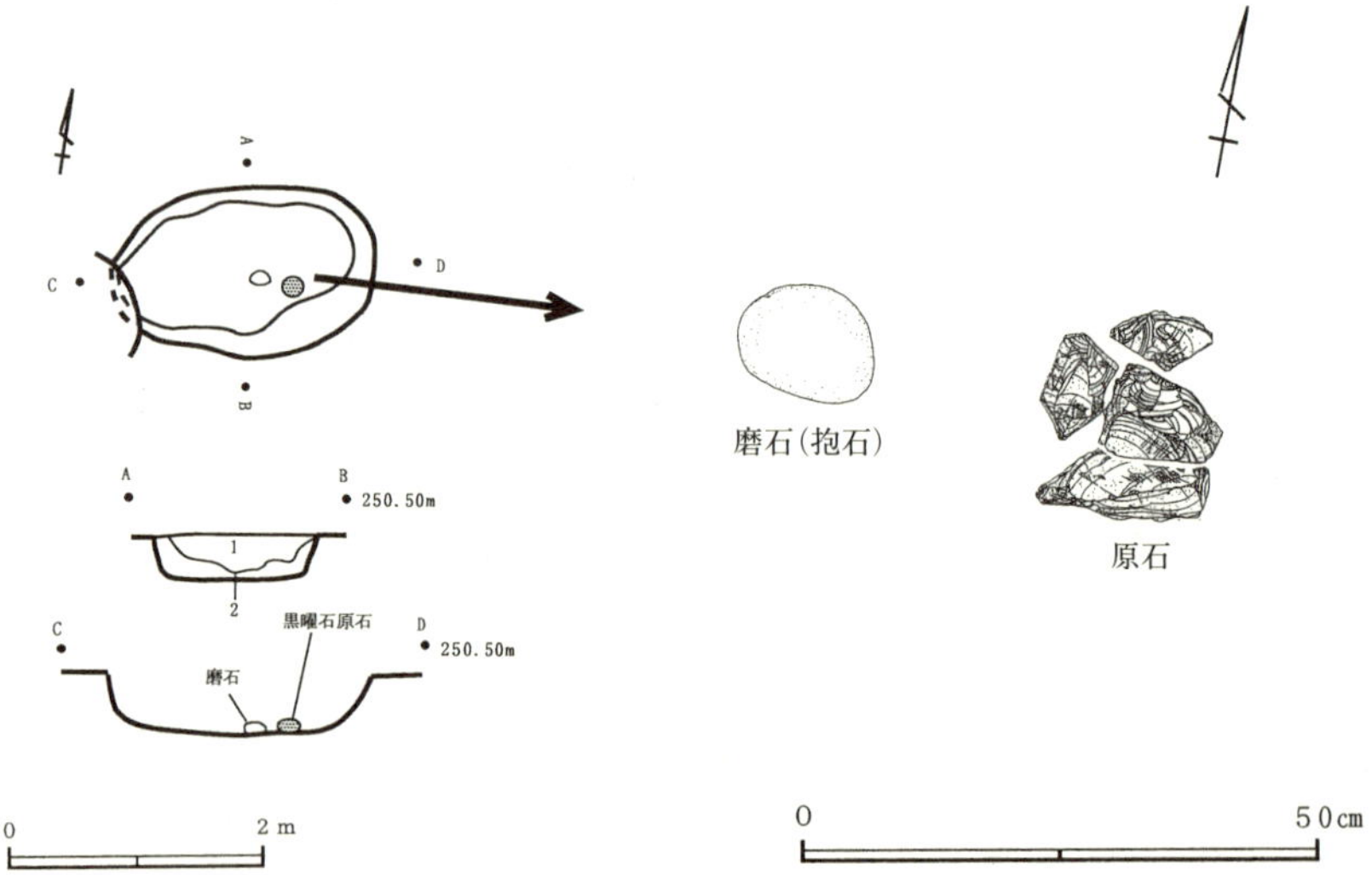

図14　中野谷松原遺跡の原石出土状態（2）

状を呈し、やや赤味を帯びる（図15—8）。一端には大形剥片を二枚剥離した剥離面が認められる。試し割りを行ったさいに生じたものと思われる。長さ一二・〇cm、幅一九・八cm、厚さ一四・二cmで、重さは三、五六七gを計る。群馬県内では最大の原石である。産地は和田峠系と判定された（鈴木・金山他 一九九八）。

諸磯b式中段階の土壙墓群に属するD—333号土壙墓では原石が副葬されていた（図14）。土壙墓は主軸を東西とした楕円形の形状を呈する。中央部には「抱石」として磨石が置かれ、その南東部分にまとまって四点の原石と剥片一点が置かれていた。黒曜石原石が副葬品として用いられたものと判断される。本遺跡では有尾式期～諸磯b式期にかけて、約二二〇基の土壙墓が検出されているが、黒曜石副葬は本例のみであることから、副葬が特別な意味を持っていたとみられる。おそらく、黒曜石の流通に深く関与した人物の墓と考えられる。

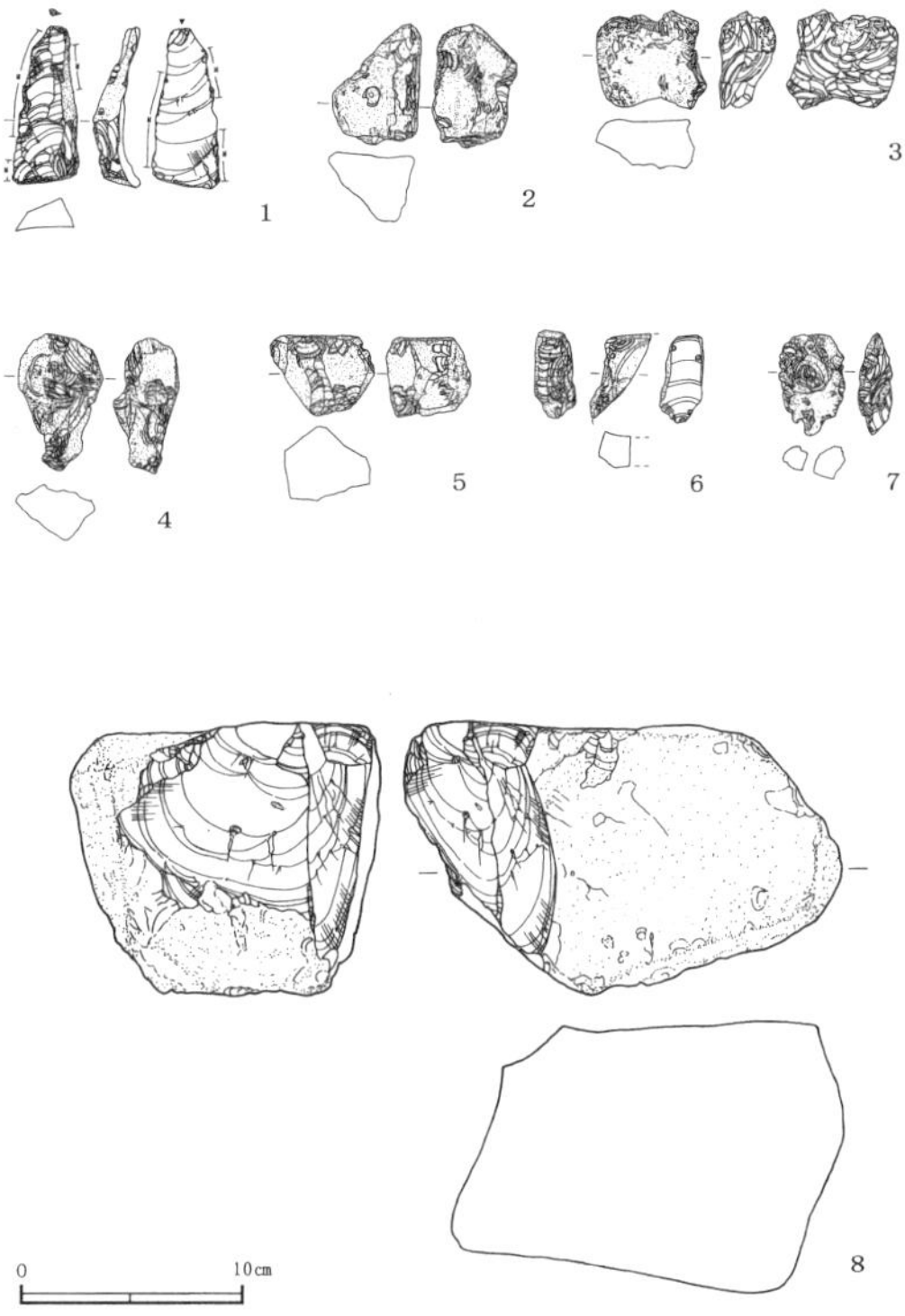

図15　中野谷松原遺跡の出土の原石（1）

最大一七一・一g、最小二九・一gで、合計重量は四九一・七g、平均一二二・九gであった（図16—1～4）。三点は一〇〇gを越える中形原石である。いずれも角礫状で、表面は剥離面状を呈する。一緒に出土した剥片の産地分析により、星ヶ塔系と判定された（鈴木・金山他 前掲）。

天神原遺跡（安中市）

貯蔵と推定される事例がある（大工原他 一九九四）。D—201号土坑からは三六点の黒曜石原石が出土した（図17）。この土坑は集落の南西端に単独で存在していた。円形で袋状を呈する。出土土器から、諸磯b式新段階のものと判断される。原石は覆土中層からまとまって出土しており、土坑がある程度埋没した段階で、一括収納されたものである。土坑の位置からみて隠匿されていたと判断される。

出土した黒曜石原石はすべて角礫状で、表面は剥離面状を呈する良質のものである。一緒に出土した剥片の産地分析結果では、星ヶ塔系と判定された（鈴木他　一九九四）。最大九三・九g、最小一〇・三gで、総重量一、五七三g、平均重量は四五gである。1～9はその一部である。グラフに示したように、残りのものもこれらと同様で、重さ二〇～七〇g、大きさ三～六cm程度の粒揃いの小形原石である。この大きさが石鏃製作に最適のサイズであること

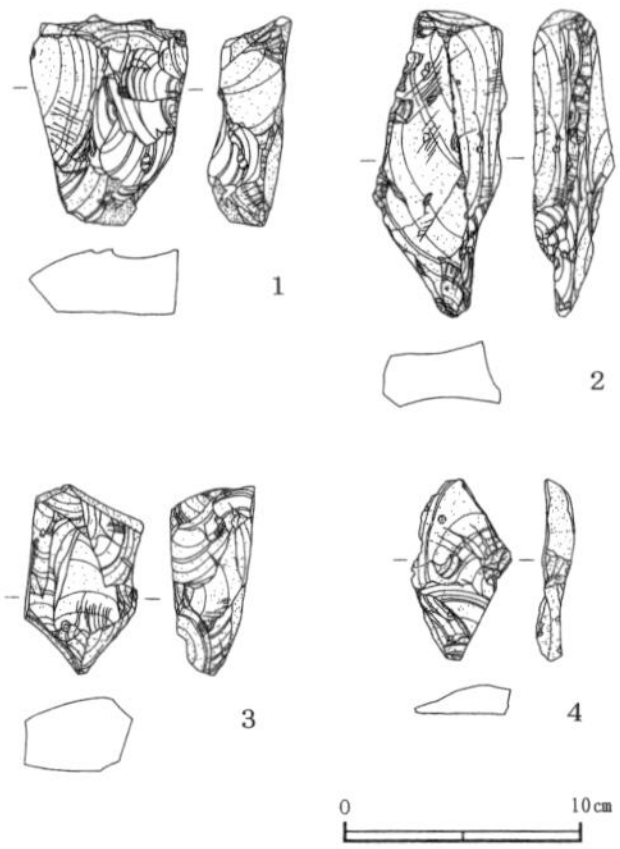

図16　中野谷松原遺跡出土の原石（2）

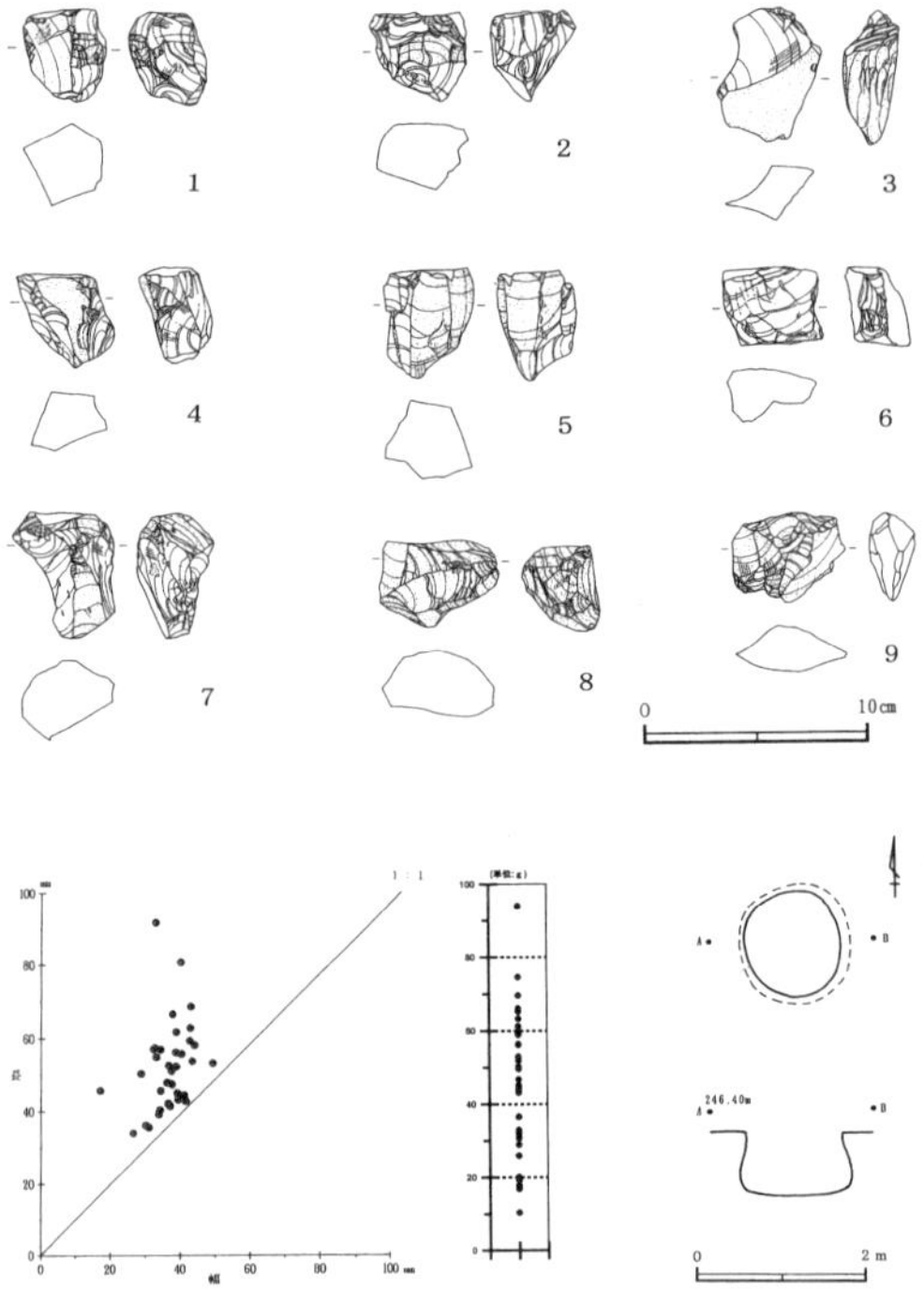

D－201号土坑出土の黒曜石の長幅比

図17　天神原遺跡出土の原石

から、こうした基準をもとに選別されていたことがわかる。さらに、流通過程での黒曜石が均質化されていたこともわかる。

糸井宮前遺跡（昭和村）

包含層中から超大形の黒曜石原石（図18―5）が出土している（関根　一九八六）。調査担当者の関根慎二によれば、遺構確認作業中に発見されたという。どのような状態で存在していたかは不明であるが、住居外に単独で存在していた可能性が高い。また、有尾式期か諸磯b式新段階～c式期のものと判断されるが、後者の可能性が高い。報告書では石核とされていたが、資料を実見したところ表面の大部分は剥離面状を呈する自然面であり、角礫状の原石であることが確認できた。長さ一三・七㎝、幅一八・七㎝、厚さ六六㎝、重さ一、八九七・九gである。産地分析の結果、星ヶ塔系と推定されている（鈴木他　一九八六）。

また、糸井宮前遺跡では住居址から出土した黒曜石原石が四点報告されている（同―1～4）。個々の出土状態は明らかでない。いずれも、石核と記載されていたが、実見したところ、角礫状で表面は剥離面状を呈する良質な原石である。超大形原石と類似しており、星ヶ塔系と推測される。複数の中形原石

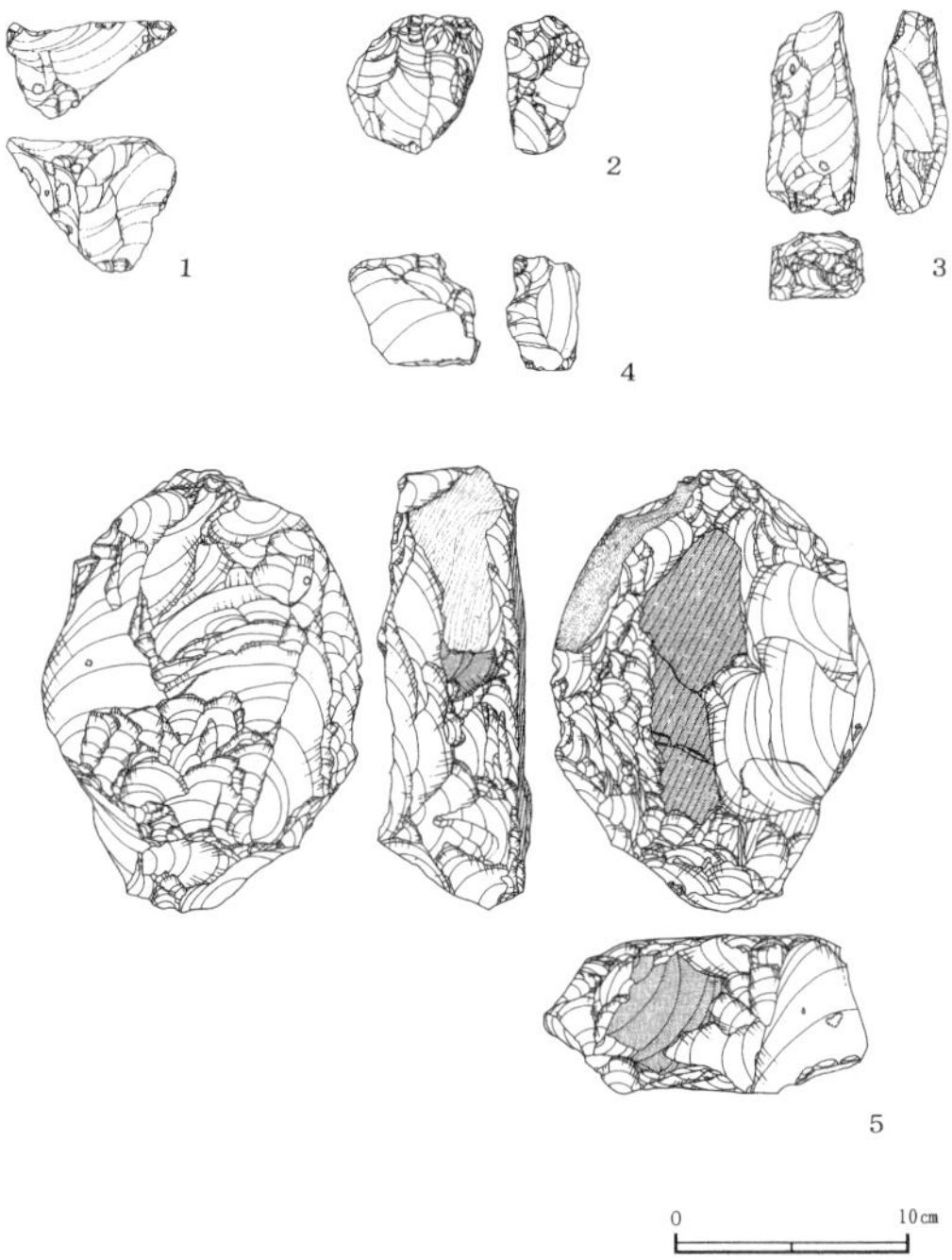

図18　糸井宮前遺跡出土の原石

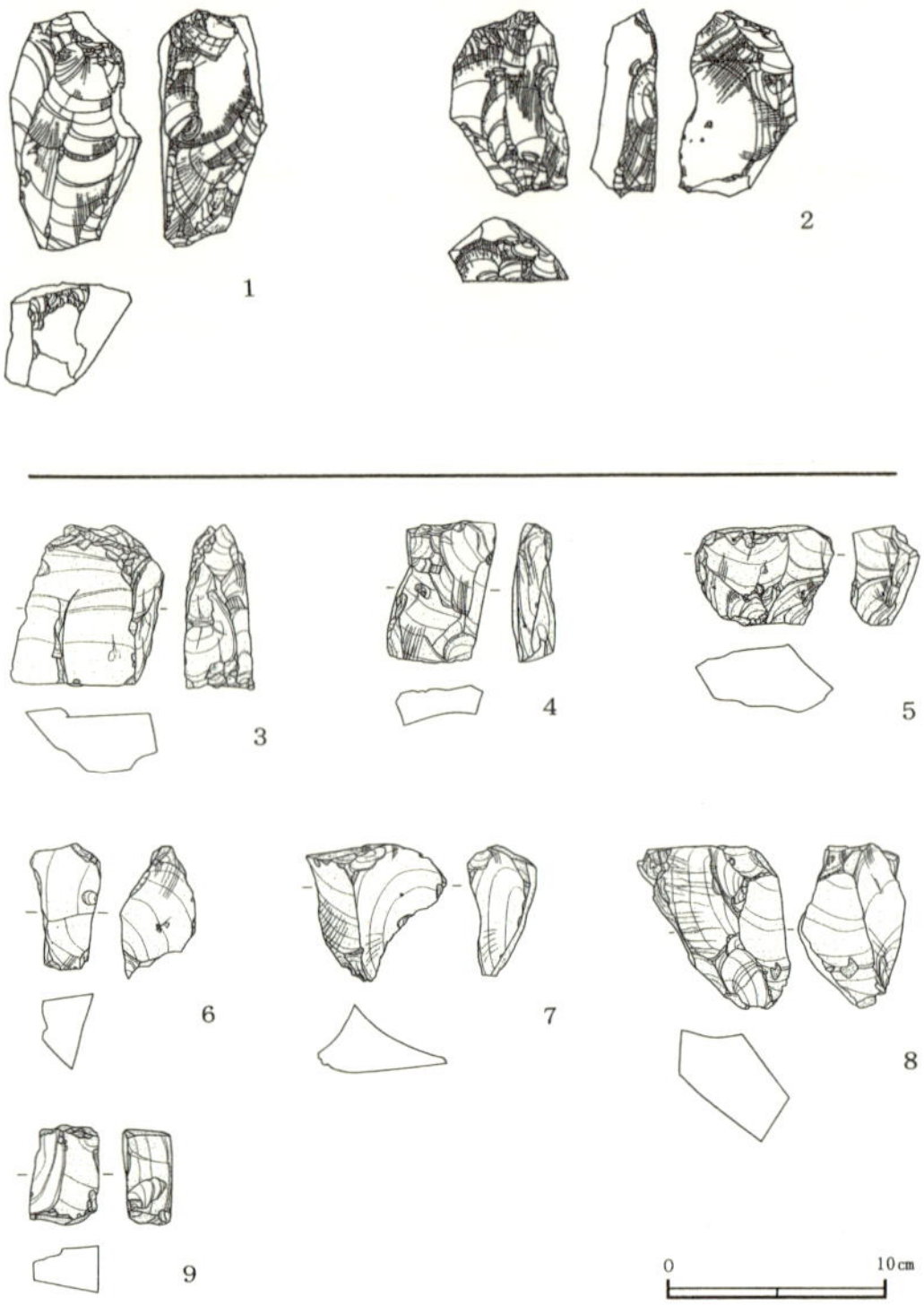

図19　広面遺跡・注連引原遺跡出土の原石

が出土しており、1は諸磯b式新段階のもので一一三・二g、2・3はc式期で一〇二gと八一g、4はb式終末からc式古段階で一一五・四gを計る。

広面遺跡（富士見村）

諸磯c式期のJ1A号住居址内に存在する土坑と柱穴覆土中から四点の黒曜石原石が出土している。二点は調査中に紛失したとされる（羽鳥　一九九四）。このうち二点の出土状況写真をみると、柱穴がある程度埋没した段階に、そこにまとめて置かれていたものと推定される。この住居址覆土中からは黒曜石製石鏃とその製作工程を示す剥片類が多量出土しているので、自己消費用に保管されていた原石の可能性が高い。

現存する二点について実見したところ透明感のある角礫状を呈する良質の原石であり、表面は剥離面状を呈する（図19—1・2）。いずれも中形原石であり、1は一一二・七g、2は二三三gである。また、紛失した内の一点は2と一緒に出土状況写真に写っており、ほぼ同じ大きさと推定され、二点合わせて五〇〇g程度であったとみられる。

これら原石の産地分析は行われていないが、形状・石質からみて星ヶ塔系の可能性が高い。

注連《しめ》引《びき》原《はら》遺跡（安中市）

七点の原石が出土している（大工原・関根　二〇〇一a）。本遺跡は縄文時代と弥生時代の小規模な遺跡であり、縄文時代の遺構は確認されていない。遺物包含層が存在しており、そこからは関山Ⅰ式がもっとも多く出土している。それ以外には前期後葉（諸磯b〜c式）、中期後葉（加曽利E式等）の土器が出土している。時期を確定し得ないが、前期前葉か前期後葉のものと考えられる。遺構がまったく検出されない場所に存在していたことから、隠匿されていたものと判断される。また、遺跡内で黒曜石の剥片剥離作業は行われているものの、きわめて低調である。したがって、ここで消費されるために搬入されたものではない。したがって、流通段階での保管であった可能性が高い。

原石は遺構外から出土しており、このうち三点は集積された状態で検出された。三点の合計重量は三〇三・五gである（3：一六一・七g、4：五六・八g、5：八五・〇g）。これ以外にも同質の原石四点が出土している（6：五〇・九g、7：四一・六g、8：六六・五g、9：一八九・二g）。これら原石七点の合計重量は六五一・七gである。黒曜石の色調はやや透明で縞状の模様がみられるものと、やや赤みを帯びるものがある。いずれも角礫状を呈しており、表面は剥離面状である。一緒に出土した剥片の産地分析結果では、星ヶ塔系と判定された（鈴木他　一九八八）。

(2)　長野地域の黒曜石集積事例

長野地域における黒曜石の集積事例については、かつて長崎元廣により集成がなされている（長崎　一九八四）。それによれば、前期の例では八ヶ岳西麓の阿久遺跡における中越式期（関山式並行）の住居址の壁際に集積された事例（笹沢他　一九八二）と、松本盆地にある男屋敷遺跡の神ノ木式期の住居址の壁際に集積された事例（小林　一九八二）がもっとも古い段階のものとされている。また、次いで阿久遺跡における前期後葉（諸磯a〜b式古段階）の屋外集積（図21）が次に古いという。しかし、黒曜石集積事例が増加するのは、前期末葉以降で中期に多いことを指摘、黒曜石交易の発達段階として捉えている。この傾向は類例の増加した現在でも大きく変わることはない。卓見で

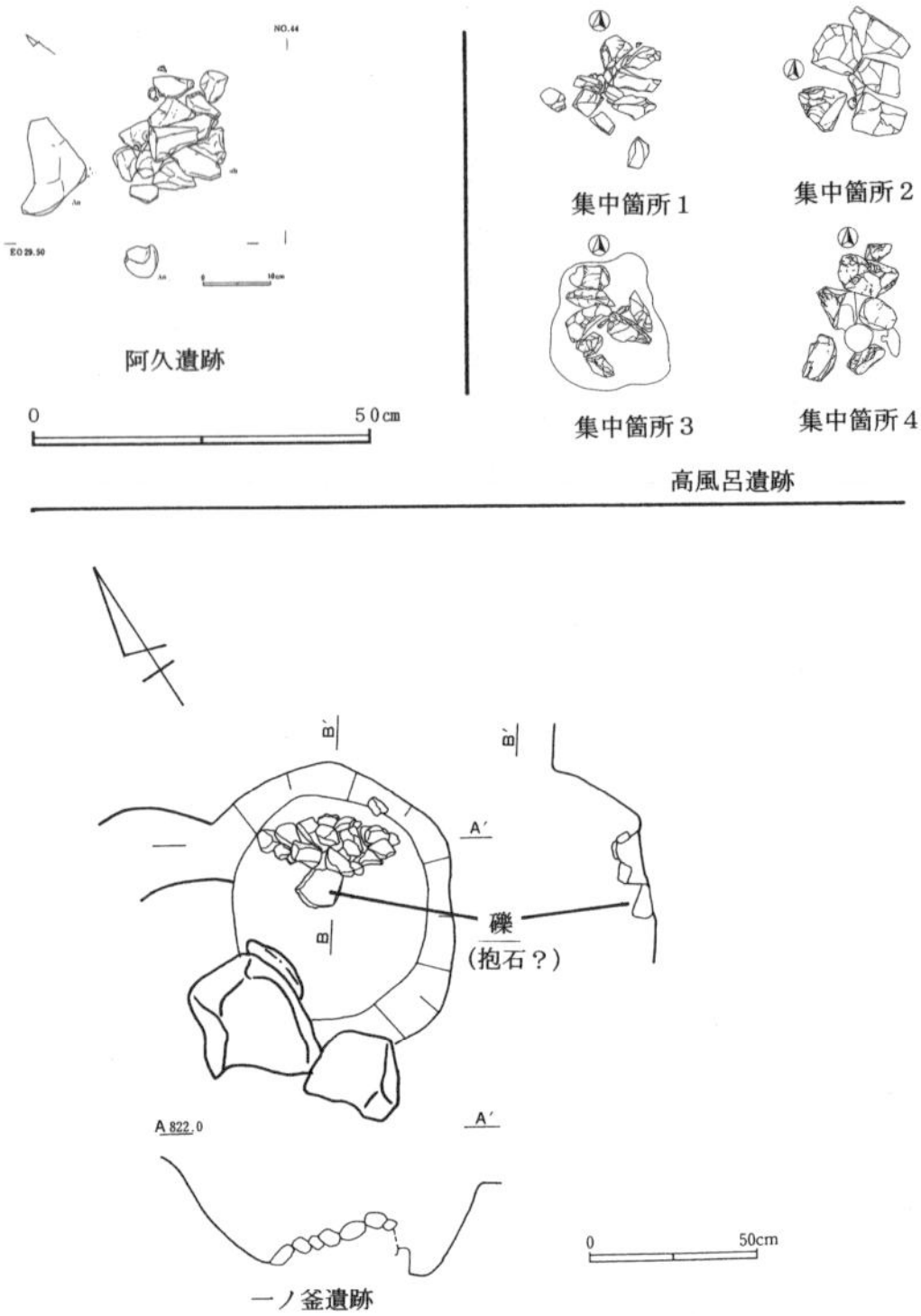

図20　阿久遺跡・高風呂遺跡・一ノ釜遺跡の原石出土状態

あったと言えよう。ここでは長崎氏の集成以降の調査事例のなかで、とくに注目されるものについて扱うことにする。

神籠《カーゴ》石洞穴（諏訪市）

古い事例で、藤森によって紹介されている。ここではトラック一台分の黒曜石がストックされており、一緒に諸磯ｃ式土器が共伴したと言われている（藤森一九六六）。原産地と推定される星ヶ塔からは約一五kmの距離にある。

また、最近これを追跡調査している田中総によって、興味深い事実が明らかにされつつある。詳細は田中の発表に譲りたい(5)。また、肉眼観察によれば、星ヶ塔系と推定されるものである。現存する三点の原石は、三四七・一g、一五五・二g、五〇・五gであり、三〇〇gを越える大形原石が存在していることは注目される。

一ノ釜遺跡（下諏訪町）

原産地から約一〇kmの場所にある遺跡で、前期末葉の第55号土坑中から二五点の黒曜石原石が出土している（宮坂一九九〇）。土坑は直径約九〇cm、深さ三〇cmの円形を呈するもので、底面中央からは、約一五cmほどの大きさの「抱石」とみられる礫が出土しており、土壙墓と推定される。原石は北よりに偏在しており、副葬品として埋納されたものと考えられる（図20下段）。土坑は群在しており、底部に「抱石」とみられる磨石や礫が置かれているものや、土坑の上部に「立石」とみられる石皿状礫が存在しているものがあることから、これらは土壙墓群であった可能性が高い。ここでも黒曜石原石が出土したのは一例のみである。この事例によって原産地付近においても黒曜石副葬例が存在していたことがうかがえる(6)。

なお、原石の形状はすべて角礫状で表面は剥離面状の原礫面に覆われている良質なものであることから、星ヶ塔系のものと推定される。二五点で、最大二七四g、最小六九gで、総重量は三、七四三g、平均一四九・七gであり、一〇〇gを越える中形のものが大部分であるが、三〇〇gを越える大形原石は含まれていない。

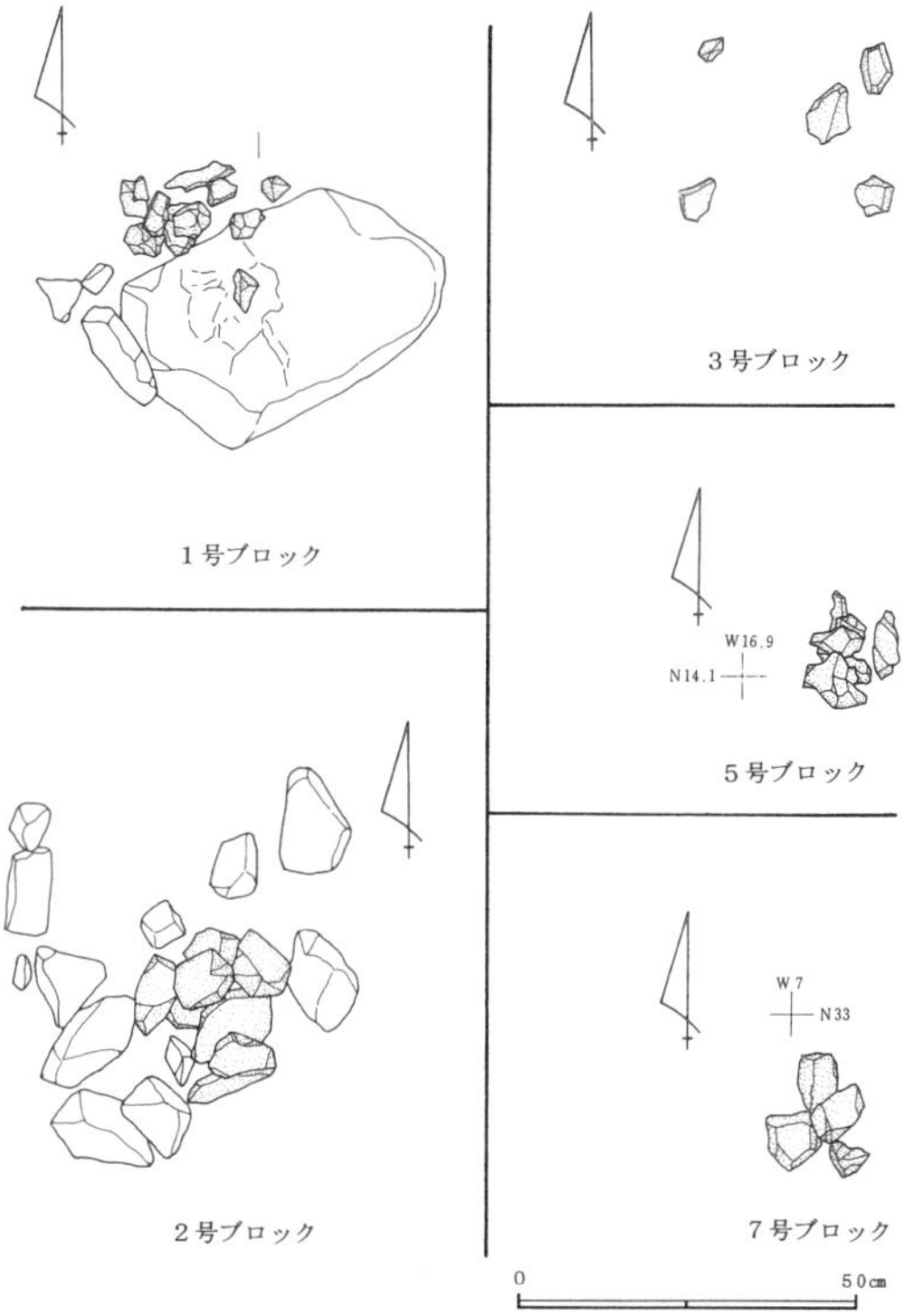

図21　大洞遺跡の原石出土状態

大洞遺跡（岡谷市）

原産地から約一五kmほどの位置にあり、前期末葉から中期初頭（下島式～梨久保式期）の五カ所の黒曜石集積（図21）が検出されている（笹沢他　一九八七）。

1号ブロックは一二点の原石からなる黒曜石集積で、巨礫の脇に積み重ねられた状態で検出された。焼土址が隣接するが関係は明らかではないという。原石は最大九七・七g、最小二九・六gで、総

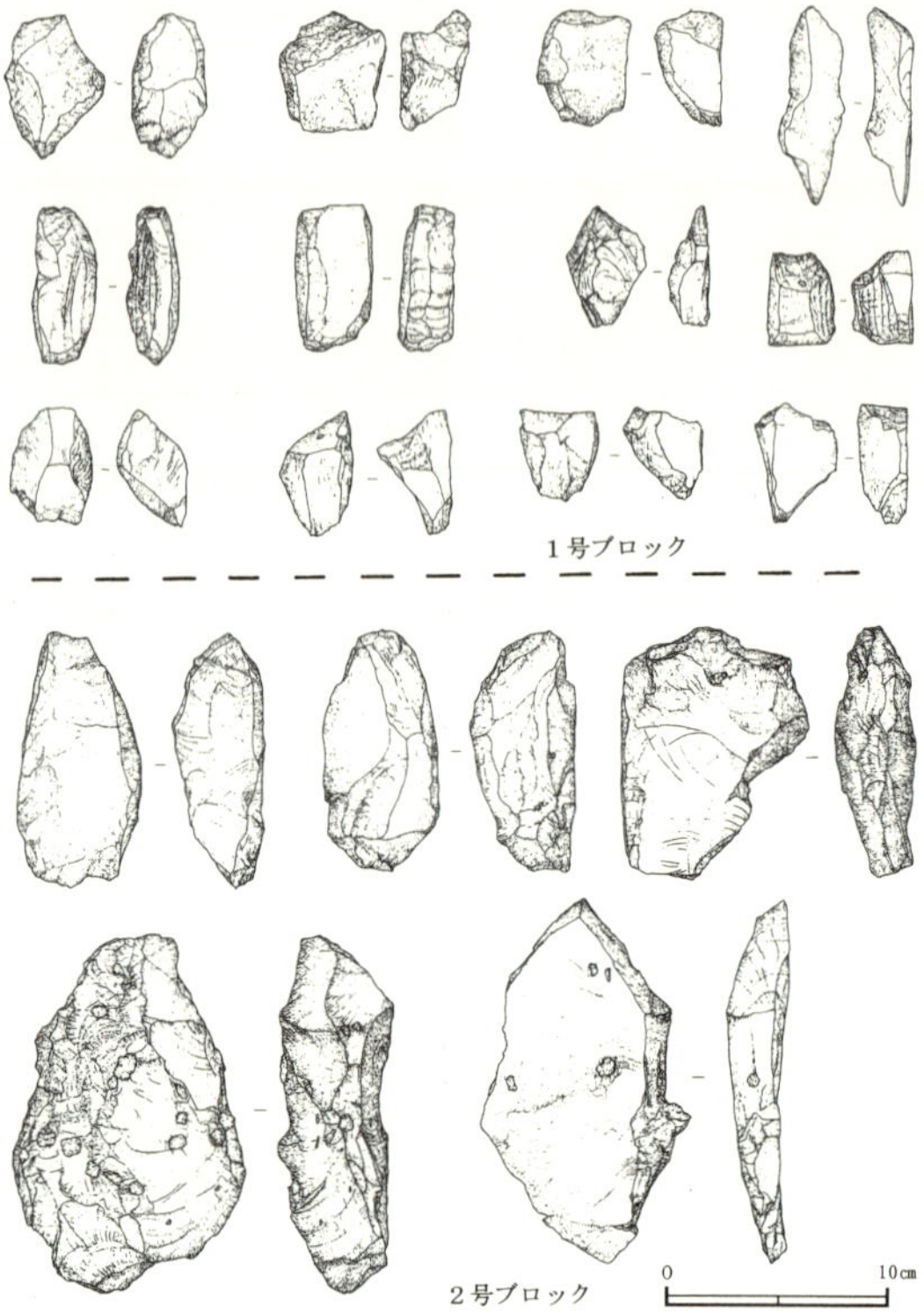

図22　大洞遺跡出土の原石（1）

重量六八八・八g、平均五七・四gである。2号ブロックは七点の原石が積み重ねられ、その周囲を大きな礫で囲まれた状態の黒曜石集積である。原石は最大七九〇g、最小三〇五gで、総重量二、七四〇g、平均三九一・四gである。大形原石が選別されて集められており、非常に注目される事例である。3号ブロックは五点の原石がまとまって検出され、そこから一mほど離れて二点の原石が検出された。斜面のため二点は動いたものと推定されている。原石は最大七七・七g、最小九・二g、総重量三一〇・八g、平均四四・四gである。5号ブロックは1号ブロックの一m離れた場所に位置し、七点の原石が積み重ねられていた。原石は最大九四・七g、最小三四・〇gで、総重量四三七・六g、平均六二・五gである。サイズが1号ブロックとほぼ同じであるが、偏平で細長い形状のものが多い。位置が近接していることから同一時期の集積の可能性が高い。7号ブロックは四点の原石が積み重ねられていた。原石は最大一七〇g最小八二・九gで、総重量五五〇・九g、平均一三七・七gである。いずれもサイコロ状の形状のものである。

大洞遺跡で集積されていた黒曜石原石は総重量四、七二八・一gを計る。遺跡内に存在する原石のほぼ三分の一を

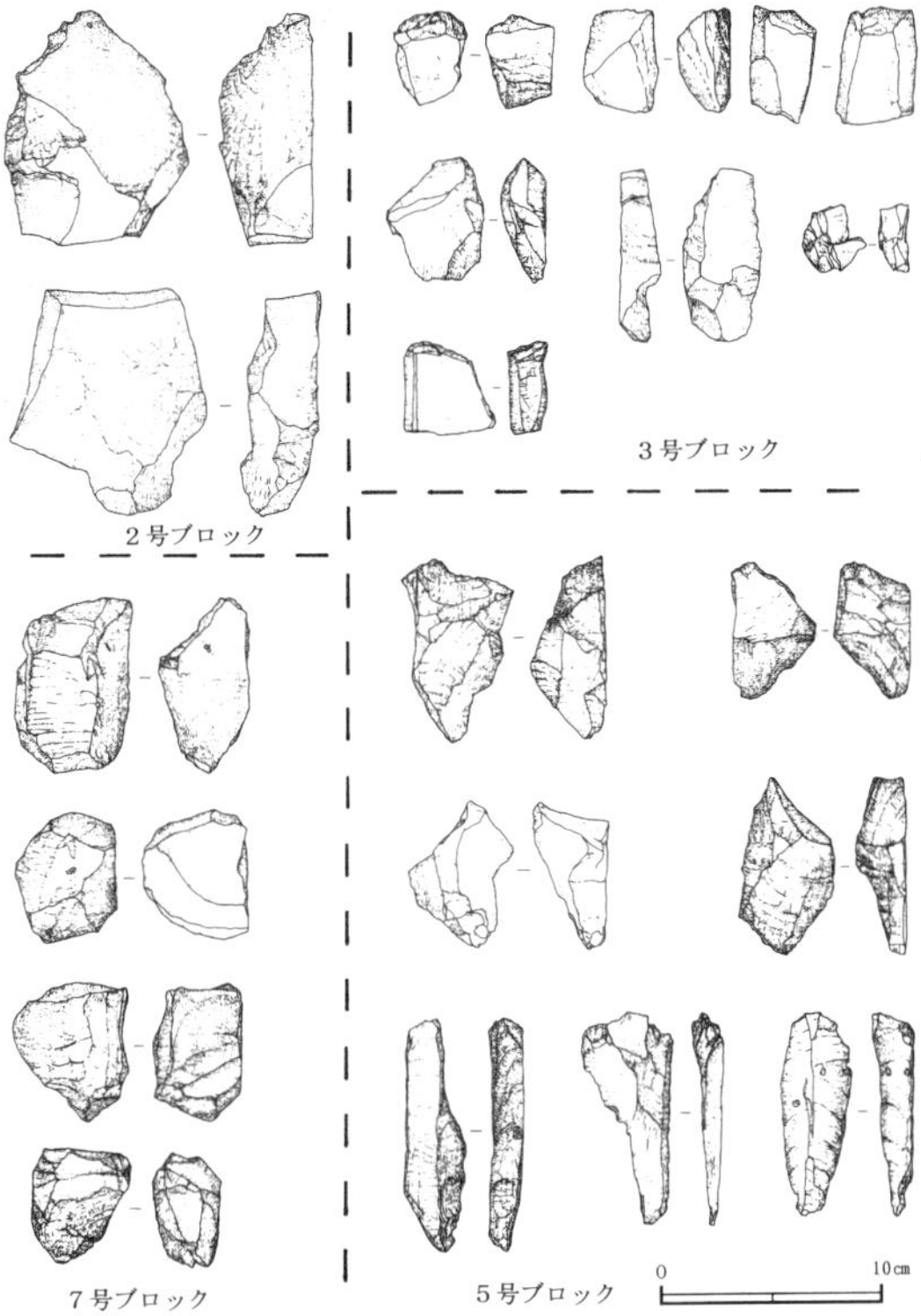

図23　大洞遺跡出土の原石（２）

占める。いずれも良質な角礫状で、表面は剥離面状を呈するものであるので、星ヶ塔系と推測される（図22・23）。また、ここでは原石三九二点（一五、〇九〇g・このうち二点がチャート）、石核一、三四二点（一八、五二二g・ほとんどが黒曜石）、膨大な数の剥片（二九、二三六・九g・点数不明、ほとんどが黒曜石）が検出されている。また、黒曜石製の石鏃が三七七点出土しており、ここでは石鏃の製作が行われていたことがわかる。しかし、黒曜石製の石匙A類はわずか三点に過ぎず、これを量産していた形跡は認められない。

この場所では黒曜石原石が明らかにサイズや形状ごとに選別され、べつべつに集積されていた。一〇〇g以下の石鏃用の原石と、三〇〇gを越える大形原石が区別されており、原産地の近隣地域においても、すでに選別された状態で扱われていたことを示している。

清水田遺跡（**岡谷市**）

前期末葉から中期初頭の注目すべき原石出土例がある。もっとも注目されるのは六・五kgほどの超大形原石が、遺構外から出土したことである。超大形原石は、「前期末から中期初頭の土器破片が出土する地層から、長さ三〇cm・幅一八cm・厚さ一四cm・重さ六・五kgもある巨大な黒曜石が発見された。」（岡谷市教育委員会 一九九九）これ以外にも、直径二〇～三〇cmのピットがいくつも検出されており、なかに拳大の黒曜石がギッシリと入れられていたものがある。

この超大形原石を実見したところ、角礫状で表面は剥離面状を呈しており、星ヶ塔系の原石と推定される。表土掘削中に出土したという。(7) 糸井宮前遺跡と共通する出土状態であり、屋外に置かれていたか、中野谷松原遺跡のような浅い遺構に置かれていたかいずれかであろう。

高風呂遺跡（茅野市）

原産地から一五kmほどの遺跡である（守谷・鵜飼 一九八六）。四カ所の黒曜石集積が検出されている（図20右上）。集中箇所1は前期中葉の四七号住居址覆土中に掘り込まれた不整円形のピット（径二三cm、深さ一二cm）に六一点の原石と小剥片・砕片一一点が埋納されていたという。黒曜石の総重量は一、八五九g、平均二五・八gで、原石は長さ六cm、幅三cmの形状が似たものが集められていたという。集中箇所1は前期中葉以降のものとされるが、その後しばらくの間断絶があり、再び集落が形成されるのは前期末葉（下島式期）であるので、おそらく、この段階のものと推測される。

集中箇所2は前期初頭の23号住居址の南西寄りの壁際に掘られたピット（径二四cm、深さ一四cm）に八点の原石と小剥片一点が埋納されていたという。黒曜石の総重量は二、〇八六g、平均二三二gで、原石は七×六cm前後のものが多いという。集中箇所3は前期初頭の37号住居址南東壁際に掘られた不整形なピット（径二〇cm、深さ五cm）に九点の原石が埋納されていたという。黒曜石の総重量六四〇g、平均七一gで、六×五cmの偏平なものが主体であるという。集中箇所4は前期初頭の遺物包含層中に掘られた浅い皿状のピット（二三×一四cm）に一二点の原石と二点の石器が収納されていたという。石器を除く重量は二、二三四g、平均一八六gで、八×七cmの円・楕円形のものが主体であるという。

報告者の守谷昌文は、集中箇所1以外は前期初頭のものと考えており、最古の事例としている。住居址の壁ぎわに集積されている二例は、阿久遺跡や舅屋敷遺跡の前期前葉の事例と共通するものの疑問が残る。(8) 高風呂遺跡の原石はいずれも表面が剥離面状の角礫であり、産地分析の結果では、星ヶ塔系と判定されている（鈴木他　一九八六）。

北山菖蒲沢A遺跡（茅野市）

前期末葉の小規模な集落遺跡である（功刀・小林　一九九六）。原産地からは約二〇kmの位置にある。280号土坑中に積み上げられた状態で検出された原石の集積事例がある。原石は八点で、最大六四四g、最小一八九g、総重量二、五五〇g、平均三一八・八gである。ほとんどが大形原石であり、これらが小形原石と区別されて扱われていたことを示す証拠である。同様の事例である大洞遺跡2号ブロックと、点数、最大サイズ、総重量例とも近似しており、ある種の基準の存在を暗示させる。また、大形原石の消費地である天神遺跡と原産地の中間に位置しており、中継地的な性格の遺跡とみられる。実見したところ、角礫状で表面が剥離面状を呈していることから、星ヶ塔系と推定される。(9)

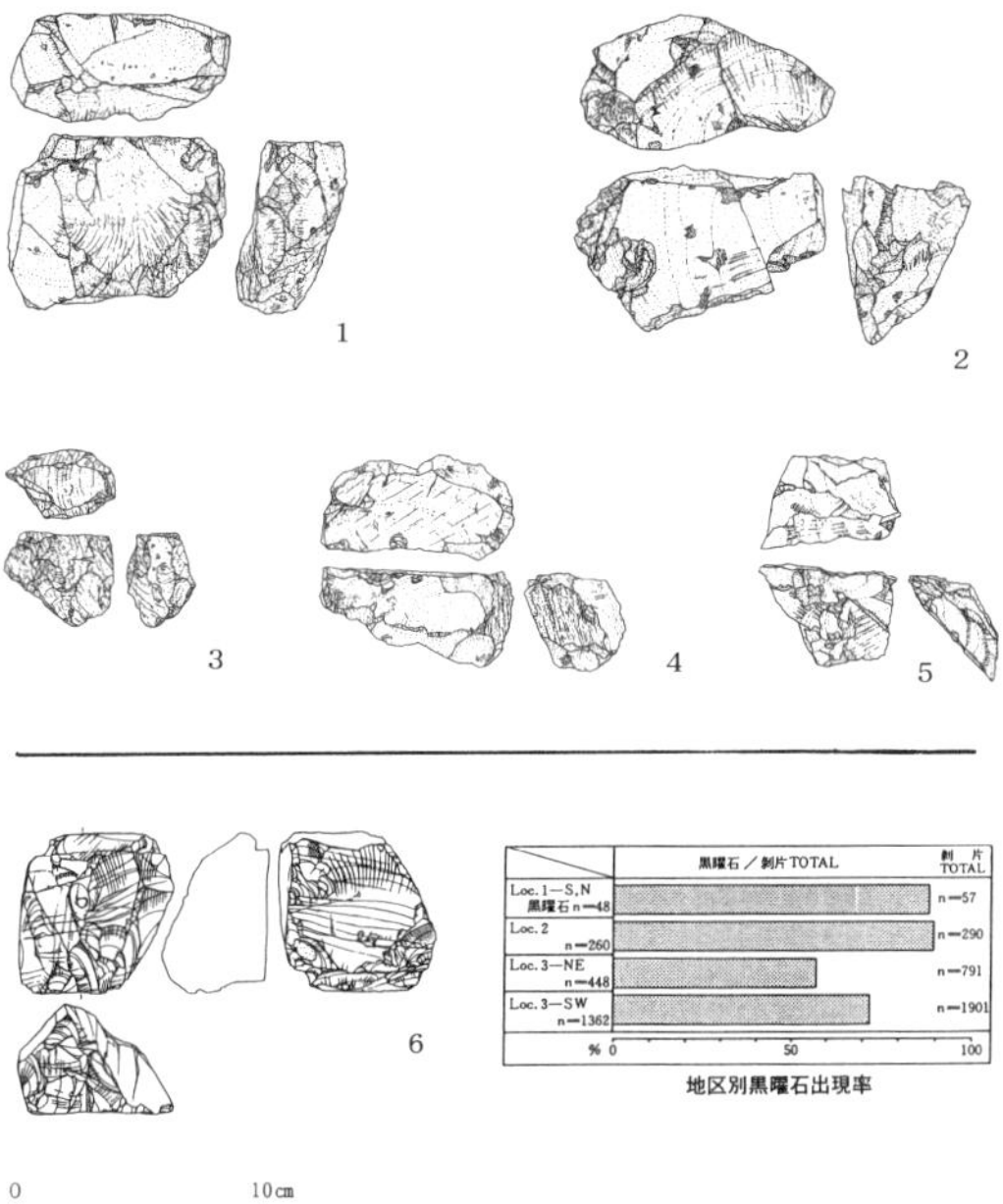

図24　長野市松原遺跡・重稲葉遺跡出土の原石

(3) 北信地域・新潟地域の黒曜石集積事例

松原遺跡（長野市）

北信地域に存在する遺跡で、原産地から約七〇㎞離れた場所にある。前期末葉から中期初頭の時期で、原石がまとまって検出された事例が少なくとも三例認められる（上田・町田他　一九九八）。

ＳＦ3024号住居址内から五点の原石が出土しており、うち四点が貯蔵例とされている。出土状況についての詳細は不明である。このうち三点が図示されている（図24―3～5）。いずれも角礫状で表面は剥離面状を呈する。重量は3：三九・七g、4：一〇三・七g、5：四二・一gである。ＳＦ3028号焼土址と呼称される部分から一〇点（遺構内二・遺構外八）の原石が出土している。焼土址は住居址の炉址の可能性が高く、炉址付近の屋内にまとまって置かれていた可能性が高い。報告書には図示されておらず、原石の詳細は不明である。

また、前述のＳＦ3028号焼土址の西三ｍほどの場所（ＶＵ22―42）では、比較的大形の原石二点（同―1・2）が出土している。一ｍの小グリッド内から出土していることから集積されていたものと判断される。合計重量は五五九・四g（1：二六九・四g、2：二九〇・〇g）である。なお、ここでの、前期末葉から中期初頭の産地分析の結果では、すべてが星ヶ塔系であり（網干・二宮　二〇〇〇）、これらの原石も同様である可能性が高い。

重稲葉《おもいなば》遺跡群（新潟県巻町）

新潟地域での黒曜石の集積事例は、管見では知られていない。しかし、大量の黒曜石が出土した注目すべき遺跡が存在する。和田峠から約二四〇㎞の場所にある重稲葉遺跡群がそれである。この遺跡は前期末葉に形成された大規模な集落遺跡である。残念ながら大部分が消滅しており全貌は不明であるが、本地域では例外的に大量の黒曜石を保有しており、占有率も高いことが確認されている（図24右下）。

ここで出土した黒曜石はほとんどが「晶子が雲状ないし縞状に集合する大型石材」（前山　一九九四）であることから、星ヶ塔系の黒曜石であった可能性が高い。図24―6は一九六・八gを計る中形原石で、角礫状で表面は剥離面状を呈しており、星ヶ塔系原石の特徴を示す。この遺跡では最大のものである。

(4) 山梨地域の黒曜石集積事例

山梨地域では、奈良泰史・保坂康夫によって、中期末の土器に原石が収納された事例についての紹介がある（奈良・保坂 一九九三）。しかし、前期で黒曜石が集積された事例はほとんどない[10]。

原産地から約五〇㎞の位置にある大泉村天神遺跡では、コンテナ三箱ほどの大量の黒曜石が出土していることが確認できた。資料を実見したところ原石は数百個もあり、その中には四三七・二g、三三九・九gの大形原石が含まれている。いずれも住居址から検出されたもので、一緒に多数の小形原石と大量の剥片類が検出されている。他の住居址からも、二三三・九g、一八三・六g、一一一・二gといった中形原石が出土している。ここでの大形原石の存在は、石匙A類の製作と関連しており注目される。

また、明野村寺前遺跡は前期後葉の集落遺跡であるが、ここでは三六六gの原石が出土している。住居址覆土中からの出土であり、多量の剥片類も一緒に出土していることから、自己消費用と推定される[11]。

(5) 各地域の特徴について

群馬地域では前期中葉までは、原則として黒曜石の集積例は存在しない。それが、諸磯b式古段階になると、住居内での小規模な貯蔵例が出現する。しかし、これも西部地域に限定される。その後、諸磯b式中段階以降では、土壙墓への副葬や住居内への保管例・屋外への集積例などが、西部地域から中部地域まで認められるようになる。こうした安定供給は前期末葉まで継続していたと推定される。このような原石の出土状況は、群馬地域での黒曜石の利用頻度の変化や、原産地の変化とも整合性を有している。

また、留意する必要があるのは、中野谷松原遺跡と糸井宮前遺跡の超大形原石の出土状況である。いずれも住居から出土したのではなく、集落の一角に見える状態で置かれていた可能性が高い。この二例は飛び抜けて大きな原石であり、これに準ずるものは存在しない。また、両遺跡とも石核・剥片・石器をみても、これに匹敵する原石が消費されていた形跡はまったく認められない。したがって、こうした超大形原石は、消費することを目的としたものではなく、〝威信財〟であったと考えられるのである。

原産地周辺の諏訪地域・八ヶ岳西麓・松本盆地においては、前期中葉以降原石が住居内に集積されている事例が一～二例ずつ認められる。これは容易に入手可能な原産地周辺に特有の現象である。自らが直接入手し、消費することを目的とした行動と考えられる。

この地域では前期末葉以降は黒曜石集積の事例が激増する。この場合、大洞遺跡の事例のように、屋外にサイズや形状ごとに選別されて、集積されるケースが認められるようになる。品質管理が行われていたことを示しており、たんに自己消費を目的としたものではなく、「商品」として原石が扱われていた証拠と考えられる。原産地から少し離れた周辺地域（「産出地外郭地域」）において、遺跡に搬入されながらも流通せずに廃棄された一〇g程の小粒の原石が大量出土している点に小杉が着目しており（小杉 前掲）、こうした場所でサイズと量を基準とした選別行為が行われていたことは間違いなかろう。

また、注目されるのは、清水田遺跡の超大形原石の出土事例で、原産地付近であっても超大形原石は、〝威信財〟として扱われている。一ノ釜遺跡と中野谷松原遺跡の一部の土壙墓への副葬事例にも共通性が認められ、原産地と遠隔地において、情報が共有されていたようである。

なお、北方への流通が活発化するのも、前期末葉である。重稲葉遺跡群のように二四〇㎞以上離れた遠隔地にまで、中継拠点の集落が存在していることは、海上交通手段が利用された可能性を示すものであろう。同じころ、南関東地域では神津島系黒曜石が活発に搬出されており、当期の黒曜石流通の手段を考える上で興味深い。

⑹ 黒曜石原石の基準

集積されていた原石は、原産地における質を重視した選別と、原産地周辺遺跡におけるサイズ・形状による二段階の選別行為が行われていた可能性が高いことが判明した。ここには黒曜石の品質を維持しようとする一定の基準が存在していたものと推定される。そこで、基準について検討してみよう。図25は各地域の原石の重量を示したグラフである[12]。

群馬地域では超大形原石以外は二五〇g以下であり、大部分は一〇〇g以下である。また、長野・山梨地域では三〇〇g以上のものがいくつか認められるが、やはり大部分は一〇〇g以下のものである。したがって、重量からみると原石は以下の4グループに分類することが可能である。

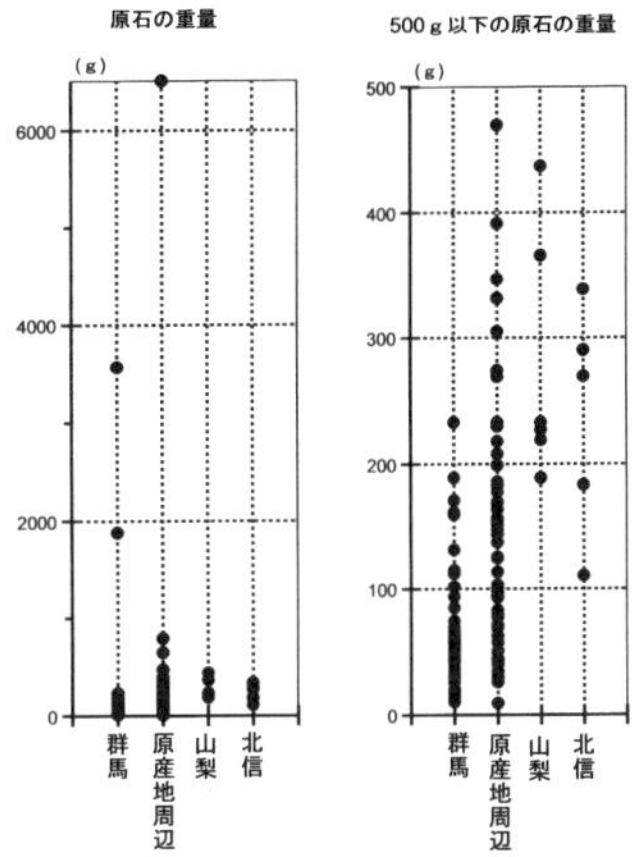

図25　黒曜石原石の重量

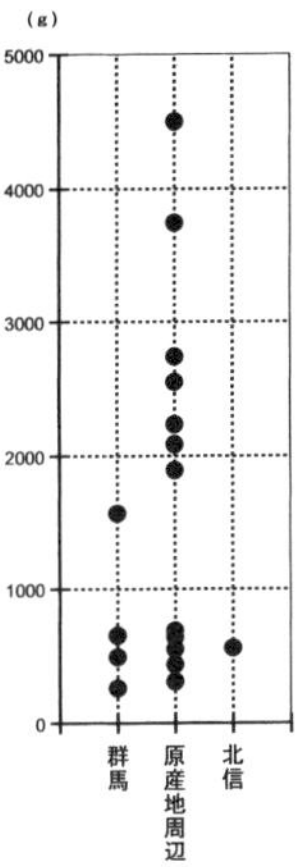

図26　集積原石の総重量

超大形原石　一・五kg以上（威信財としての特上品）

大形原石　三〇〇g〜一・五kg（石匙A類など中形石器製作用の特別品）

中形原石　一〇〇g〜三〇〇g（石鏃など小形石器製作用のハイグレード品）

小形原石　一〇〇g以下（石鏃など小形石器製作用のスタンダード品）

なお、中形原石と小形原石は利用目的が同じであり、大形原石との区別ほど明確なものではなかったと推定される。むしろ、中形原石＝ハイグレード、小形原石＝スタンダード、といったグレードの差であろう。

次に、集積されていた黒曜石の総重量を調べてみよう。各地域とも二kg前後の重量グループと、五〇〇g前後の軽量グループに二極分化している（図26）。これは集積されるさいに二つの基準が存在していたことを示すものと考えられる。重量グループは軽量グループのほぼ四倍の重量である。たんなる偶然とは考え難く、重量の基準単位のようなものが存在していた可能性が高い。そして、この基準は、流通段階で黒曜石を扱うさいの基準となるものであったと推定される。

以上のように、黒曜石原石は流通段階で品質とともに、重量についても基準単位を有し、一定の交換レートが存在が推定されるので、「商品」として扱われていた可能性が高い。

五　黒曜石製両深調整の石匙A類

(1)　両深調整の石匙A類

前期の石匙A・B類は、素材となる剥片を水平に回転させながら、押圧剥離により二次加工を施して製作されることが一般的である。これを「水平回転技法」と呼んでいる（大工原　一九九八）。この技法は直接打撃による調整に対して行われるだけでなく、押圧剥離でも同様に行われている。この技法による場合、片面の縁辺部に急角度で浅い剥離が連続することとなり、内側には一次剥離面が大きく残される。

しかし、前期末葉から中期初頭には、これとは異なる製作技術によって製作された石匙A類がしばしば認められる。すなわち、二次加工の際、表裏両面に深い押圧剥離を施して、ていねいに両面加工されたものである。この調整方法を両面深遠剥離調整（以下、両深調整）と呼ぶことにする。なお、この調整方法では、片面ずつ調整を施す例と、両面を交互に剥離する例が存在するが、後者の例が多いことが当期の特徴である。

この両深調整で作られた石匙A類の場合、素材剥片は、長さ・幅ともに七〜一〇㎝ほどの大形幅広剥片であったと推定される。在地の石材であれば、この程度の素材剥片の確保するのにさして問題はないが、黒曜石でこうした素材剥片を複数確保することは困難である。前項で検討したとおり、通常流通しているのは石鏃製作に適した小形・中形原石であり、それから両深調整の石匙A類は製作できないのである。

したがって、これらを製作するためには、これより大きな原石が必要となる。すなわち、三〇〇g〜一五〇〇gの「大形原石」がこれに相当する。原産地周辺遺跡での原石の選別基準は、こうした特別な石器を製作するために、必要な作業であったと考えられる。

しかし、「大形原石」が存在する遺跡は以外と少なく、複数の「大形原石」が集積されていたのは大洞遺跡2号ブロックと北山菖蒲沢A遺跡280号土坑の事例のみであり、追跡が困難である。そこで、両深調整の石匙A類の各地域におけるあり方をみれば、大形原石の消費動向についてうかがい知ることができるはずである。こうした石匙が遠隔地で存在するには、①集団が大形原石を入手して製作していた場合と、②遠隔地で製作されたものが製品として流通していた場合が考えられるが、各地域での原石のあり方を見るかぎり後者であった可能性が高い。次に、各地域でのあり方を瞥見してみよう。

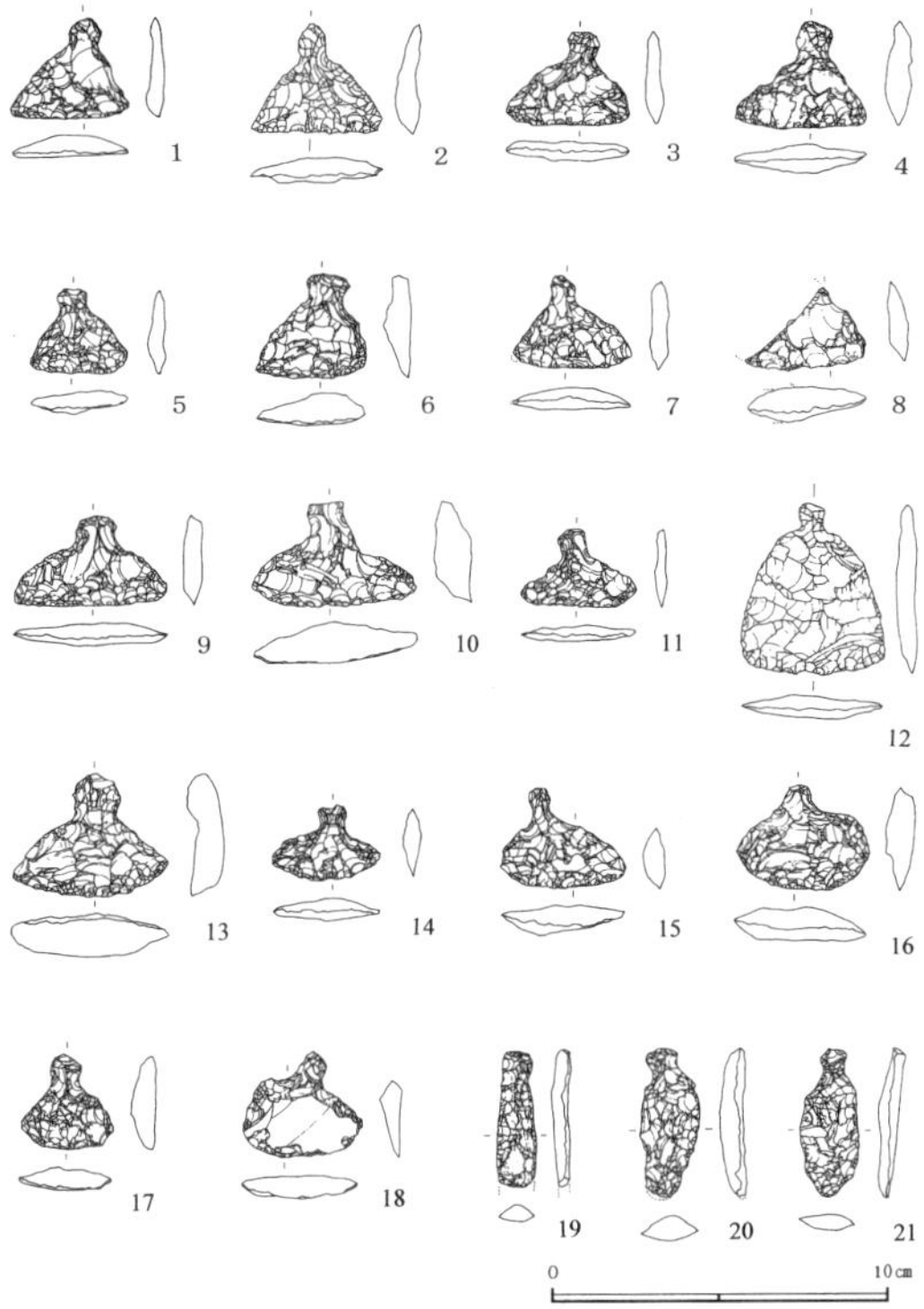

図27　天神遺跡出土の石匙 A 類

(2)　山梨地域の石匙A類

両深調整の石匙A類がもっとも多く検出されているのは山梨地域である。とくに、原産地から約五〇㎞の位置にある天神遺跡では、未製品を含めもっとも多く検出されている（新津・米田 一九九四）。時期が推定できる資料は、諸磯ｂ式新段階のものがほとんどであり、一部ｂ式中段階後半とｃ式期のものが含まれる（図27）。平面形状から分類すると、三角形状（Ａ２形態：１～９・12）、レンズ形（Ａ１形態：10・11・13～17）、縦形（Ｂ形態：19～21）の三形態に分類される。Ａ１形態は一般的であり、この地域でも伝統的なものである。18も周辺調整のＡ１形態の例であり、ここでも数点存在している。これに対し、Ａ２形態は当期にあらたに山梨地域で採用された形態である。

しかし、Ａ２形態で周辺調整のものは基本的に存在していない。また、Ｂ形態は20以外は裏面は周辺調整であり、正真の両深調整で製作されたものではない。ちなみに、16・19は不純物を含むもので、産地が異なっている。このように、天神遺跡ではＡ２形態が主体をなし、その他の形態は付随的なのである。

そして、天神遺跡には四三七・二ｇ、三三九・九ｇといった大形原石が存在している。また、剥片類のなかには比較的大形の剥片も多数存在しており、未成品も存在している。したがって、両深調整の石匙Ａ類は、ここで製作されていたと判断されるものであり、①のケースに相当しよう[13]。

このＡ２形態と同じ形態のものは、鳥浜貝塚から出土しており、「北白川下層式土器に伴うことで知られる」（山田 一九七九）形態である（図28）。サヌカイト製の精緻なもので、鳥浜貝塚ではＡ２形態と（１～６）、Ａ１形態（７・８）、Ａ２形態のミニチュアサイズ（９～11）が存在している。このうち特徴的なＡ２形態を「鳥浜型」と呼ぶことにする。鳥浜貝塚は諸磯ｂ式古段階～中段階前半並行期を下限としており、時期的にみて天神遺跡の事例よりも先行する。また、その後も継続的に北陸地方に存在していることからみて、天神遺跡のＡ２形態は「鳥浜型」の系譜を引く技術と範型によって製作されたものと考えるのが妥当であろう。

図29―１～５は原産地から九〇㎞以上離れた花鳥山遺跡の例である（長沢他 一九八八）。１はＡ２形態の精緻な例で、下島式期の住居址から出土している。２はＡ２形態の例で、やはり下島式期の可能性が高い。他は調査区内出土例である。３は精緻なＡ２形態であるので、同時期とみて間違いなかろう。４・５は欠損しているがＡ２形態とみられ

る。このように、ここではすべてA2形態であり、天神遺跡との共通性が認められる。

　黒曜石の剥片類を見ても、ここでは石匙A類が製作されていたことを示す剥片類は確認できないし、大形原石の出土もない。したがって、完成品が搬入された事例と考えられる。なお、花鳥山遺跡は大規模な集落の一部が調査・報告されているだけなので、相当数の両深調整の石匙A類を保有していた可能性が高い。

　天神遺跡、花鳥山の両遺跡とも当期の拠点的な集落であり、天神遺跡が原産地と花鳥山遺跡の中間に位置していることからみて、天神遺跡で製作された両深調整の石匙A類が花鳥山遺跡へ供給されていたと推測される。ちなみに、

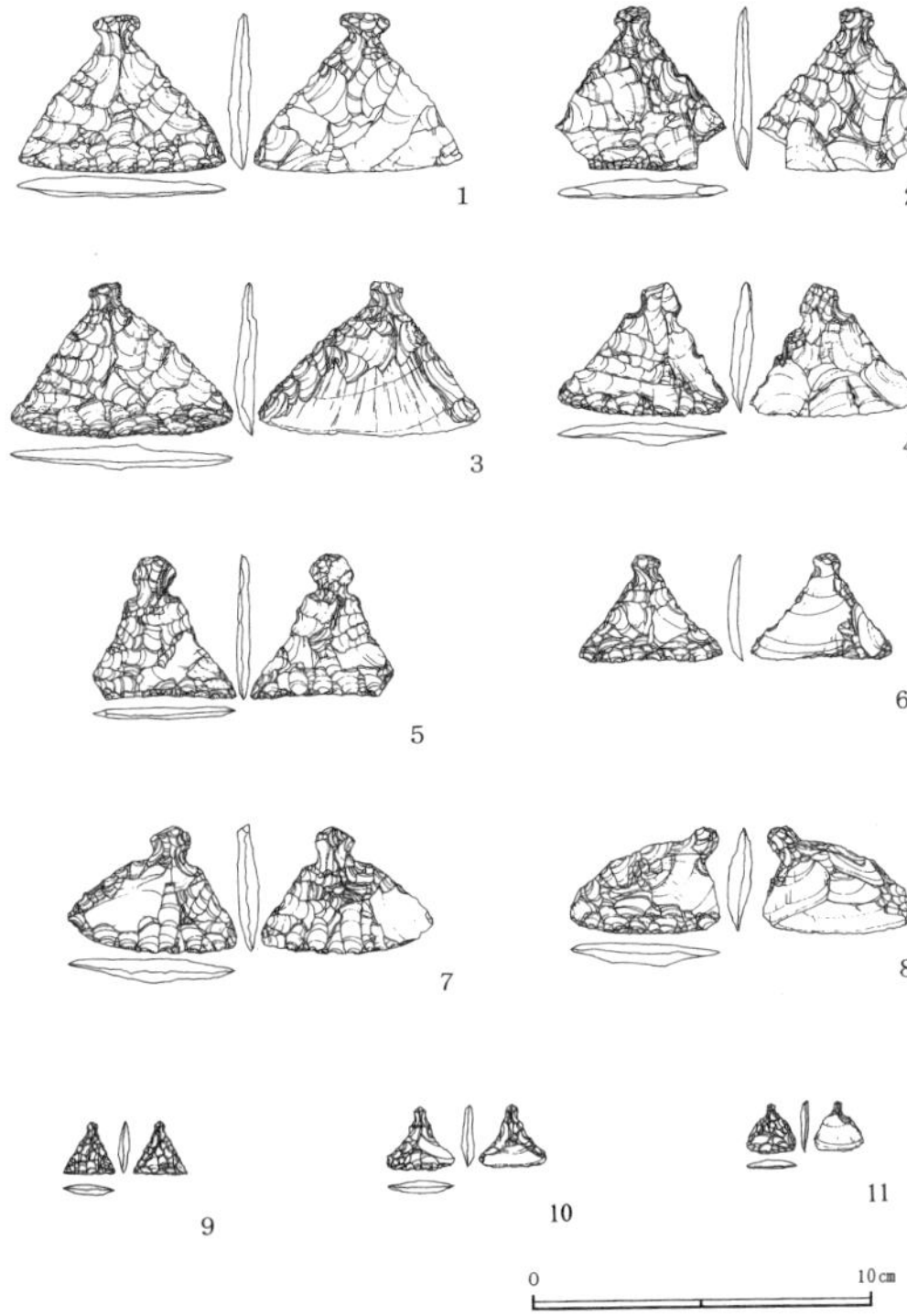

図28　鳥浜貝塚出土の石匙 A 類

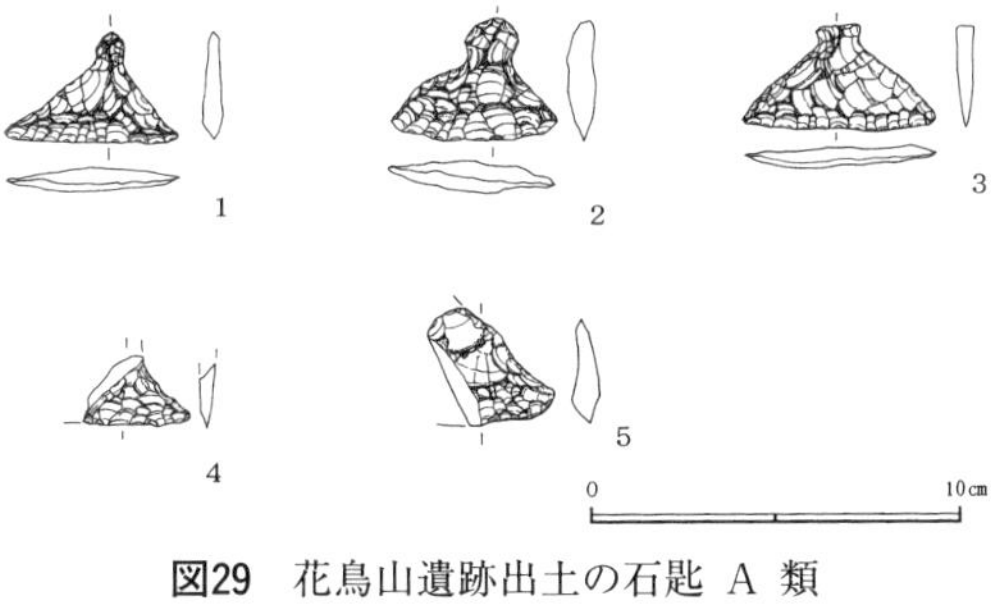

図29　花鳥山遺跡出土の石匙 A 類

天神遺跡のものに比べ花鳥山遺跡のものの方が、大きな優品である。製作場所である天神遺跡に資料のなかには、「未成品」や「出来損ない」が含まれているため、こうした違いが認められるのであろう。

以上のように、黒曜石原産地から五〇㎞ほどの距離に位置する天神遺跡は、大量の石鏃用原石と複数の大形原石を保有し、両深調整の石匙A類を製作していたことはまず疑いない。天神遺跡こそが黒曜石の流通に重要な役割を果たしていた〝交易集団〟の居住地だったのではあるまいか。

(3) 長野地域の石匙A類

諏訪・八ヶ岳西麓・松本盆地

原産地周辺では、両深調整の石匙A類は以外と少ない。

阿久遺跡は、中心となる時期が前期初頭から前期後葉までとやや古い時期となるが、この地域の拠点となる大遺跡であり、大量の黒曜石が出土している（笹沢他 前掲）。しかし、報告書に図示されているものの中で、該当例ないしそれに類するものは、図30―1～3の三例が見出せるのみである。いずれも伝統的な形状を呈する。1・2は諸磯b式古段階のものであり、1は周辺調整により製作されている。2は断面形からみて片面調整を両面に施したもので、伝統的な技法によると判断される。3は唯一両深調整によるもので、A1形態に分類できるが、いささか小形である。これらに用いられた素材剥片は完成品よりあまり大きなものではなかったと推定される。

このように、阿久遺跡には正真の両深調整による例はほとんど認められず、いずれも大形原石がなくとも製作することが可能なサイズに限定されている。黒曜石の原石・石核・剥片とも大量出土しているが、両深調整の石匙A類が多数製作され、あるいは保有されることはなかったと判断される。つまり、この段階に阿久遺跡では、大形原石はほとんど保有していなかったとみられる。[14]

4・5は高風呂遺跡出土の両深調整の例である（守谷・鵜飼 前掲）。4は前期末葉の住居址出土の例である。欠損しているが、A3形態とみられる。5はA2形態に分類されるもので、表採資料であるが、前期末葉の可能性が高い。ここでも両深調整の石匙A類は非常に少なく、製作遺跡であったとは言えない。

7～9は大洞遺跡出土のもので、前期末～中期初頭（下島式～梨久保式期）と推定される（笹沢他 前掲）。大量の黒曜石が出土しているのに黒曜石製の石匙は三点のみである。このうち7・9は半両面加工であるが、剥離面が均一でなく、意図的に両面加工を施したものでない。8も同様に石鏃と同じ素材剥片と調整技法で十分製作可能なものである。したがって、ここでも正真の両深調整による石匙A類は製作されていない。大洞遺跡には大形原石の集積が存在しており、両深調整の石匙A類が製作可能な条件が揃っていたにもかかわらず、これらが存在していないのは、「製作できない」か、「製作する必要がなかった」からであったと思われる。

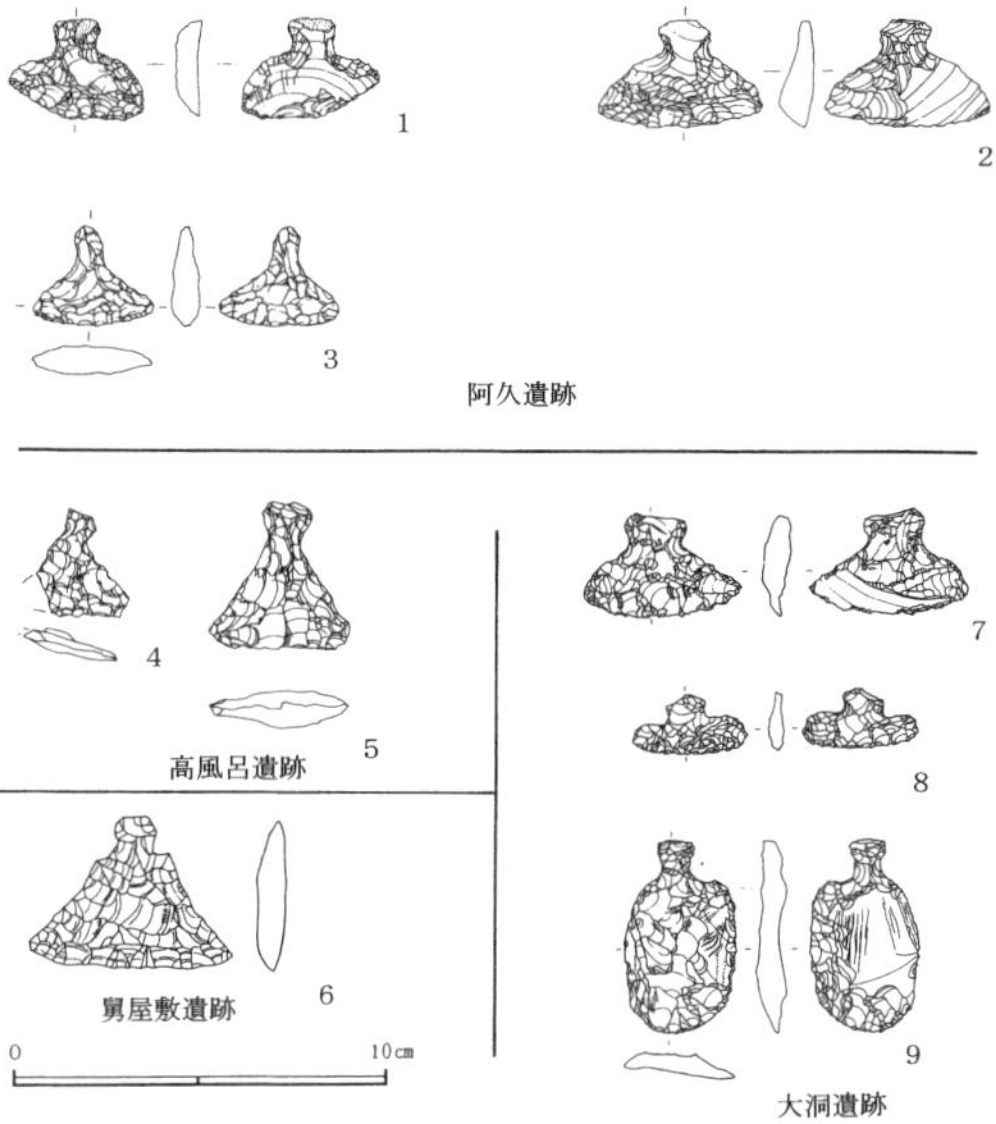

図30　原産地周辺地域の石匙 A 類

なお、6は塩尻市舅屋敷遺跡の例で、両深調整によるA2形態の事例である。有尾式期の11号住居址から出土したとされており、2号住居址では小形原石の集積も検出されている（小林 前掲）。しかし、ここで両深調整の石匙A類が製作されていたことを示す関連資料は見あたらないことから、他地域から搬入されたものと推定される。唯一飛び抜けて古いので、今後さらに検討を要する事例である。

北信地域

同じ長野県でも、原産地から離れた北信地域では様相

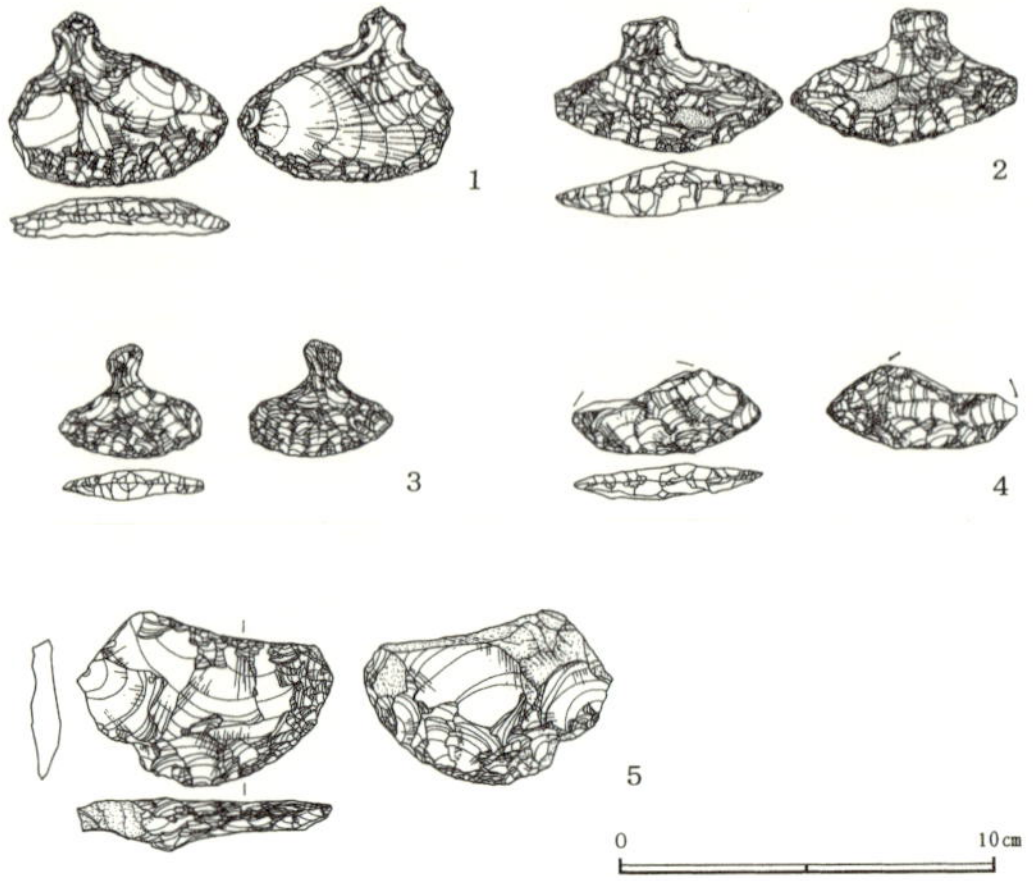

図31　長野市松原遺跡の石匙 Ａ 類

が異なる。図31―1～5は原産地から北七〇㎞に位置する長野市松原遺跡の資料である（上田・町田 前掲）。このうち、1は下島式期、2は中期初頭の時期と判定されている。1は周辺に浅い押圧剥離が認められるもので、一般的な調整方法で製作されたものである。3・4は正真の両深調整である。また、2は小振りの板状の原石を素材としたものに両深調整が加えられている。5は未成品と推定される。一部に礫面が残っており、扁平な中形原石から剥離された剥片が素材として用いられた可能性が高い。前述のようにここでは二五〇gを越える中形原石が複数出土している。また、石核でも九八gのものが一例あるが、一三五点の石核中一例のみ、かつ他は四〇g以下で、これがむしろ例外的な存在である。大形原石が搬入された痕跡はほとんど見出せない。

　このように、ここでは板状ないし扁平な中形原石、あるいはこれから作出された小振りな素材剥片を素材として、両深調整の石匙Ａ類を製作する方法が採用されていたと判断される。また、すべて伝統的なＡ1形態であり、天神遺跡の特徴であるＡ2形態は存在していない。したがって、この方面へは大形原石はほとんど搬入されず、また天神遺跡とは異なる独自の技法で、両深調整の石匙Ａ類が少数製作されていたと考えられる。

(4)　群馬地域の石匙Ａ類

群馬県内での両深調整の石匙Ａ類の出土事例は少ない。図32―1・2は原産地から約一〇〇㎞の位置にある安中市

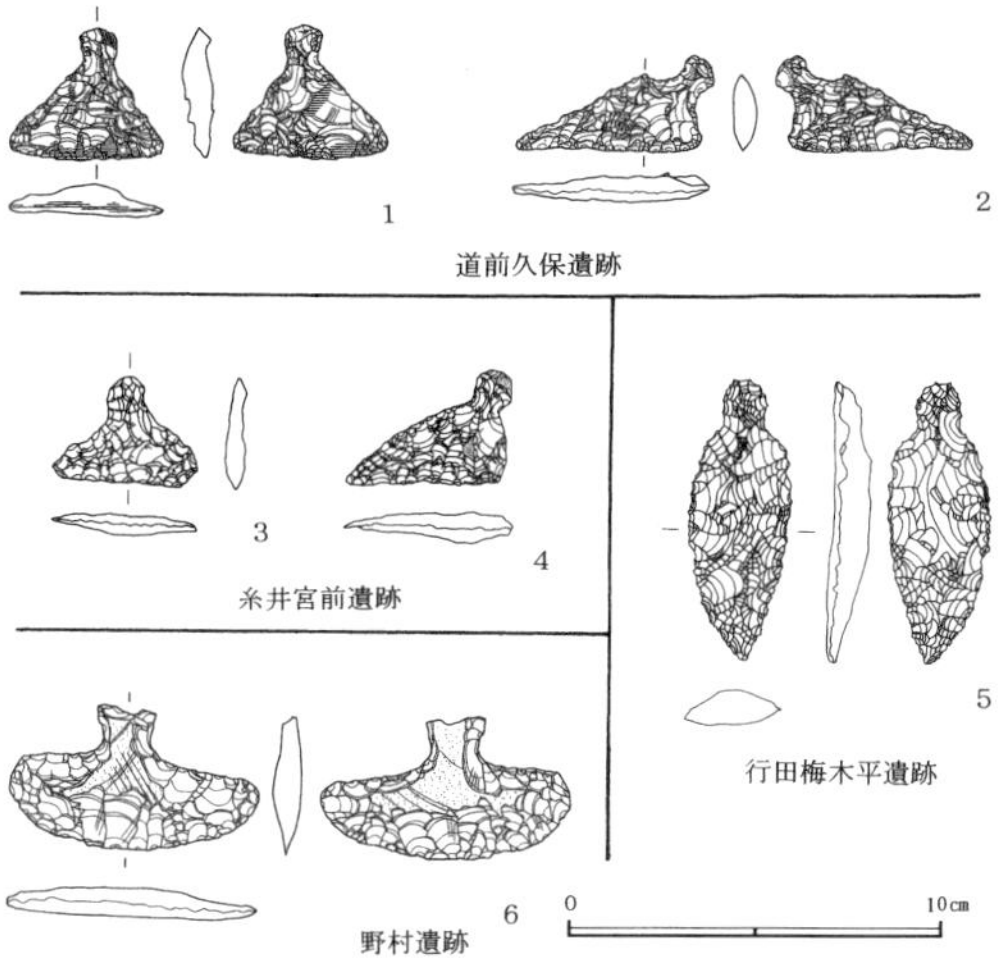

図32　群馬地域の石匙 A 類

道前久保遺跡出土例である（大工原・関根 二〇〇一b）。諸磯c式期の住居址から検出されている。1は三角形を呈するもの（A2形態）で、4は細身で先端が尖る特徴的な形態（A3形態）である。1には使用による磨耗痕が認められる。両者とも透明感のある黒曜石が用いられており、2には大粒の不純物を含んでいる。この遺跡は小規模な移動性の高い集落であり、石匙A類を製作した痕跡は認めらない。

3・4は原産地から約一四〇㎞の位置にある糸井宮前遺跡出土例である（関根 前掲）。3は諸磯c式期のものとみられ、ややいびつながらA2形態であろう。4は諸磯b式新段階のもので、道前久保遺跡例と同じA3形態である。ここでは前述のように超大形原石が残されていたが、複数の大形原石が搬入された形跡は認められない。したがって、両深調整の石匙A類がここで製作されていた可能性は低い。

5は原産地から九〇㎞ほどの位置にある松井田町行田梅木平遺跡出土例で、諸磯b式新段階のものとみられる（間宮 一九九七）。本例は縦形（B形態）の例である。ここでも石匙A類が製作されていた可能性は低い。6は安中市野村遺跡出土例で、諸磯b式新段階のものと推定される。表裏両面に剥離面状の原礫面があり、板状の原石から直接調整を施して製作されたもので、A1形態に分類される。長野市松原遺跡と共通する形態・技法であり、北信地域との関連性がうかがえる資料である。

このように、両深調整の石匙A類はひとつの遺跡に一・二例しか存在しておらず、いずれも遠隔地で製作されたものが搬入されたものと判断される。(15)

(5) 石匙A類からみた地域性

各地域における両深調整の石匙A類のあり方からみて、この時期の地域性が浮かび上がってきた。

まず、諸磯b式新段階以降、山梨地域において両深調整の石匙A類が多数製作されていたことが判明した。ここでは、①原産地から五〇㎞ほど離れた天神遺跡まで大形原石が搬入され、②両深調整の石匙A類が多数製作され、③それらが威信財として遠隔地まで流通していたと推定された。

そして、天神遺跡で製作された石匙A類は、北陸地方から導入された高度な押圧剥離技術により製作されたことで、「鳥浜型」を模倣したA2形態が主要な範型となったものと考えられる。信州系黒曜石のなかでも良質の星ヶ塔系の大形原石と、高度な製作技術が結びつくことで、製作された石器にはより大きな付加価値が備わったものとみられる。このような石器は、もはやたんなる実用品ではなく、大形原石に代わる〝威信財〟として認識されていた可能性が高い。流通範囲はほぼ山梨地域に限定されており、この地域性が強いものの、一部は群馬地域や武蔵野地域など遠隔地へ搬出されていたことが確認できる。

この両深調整による黒曜石製の石匙A類を「天神型」と呼ぶことにする。「天神型」の主要な範型は2つあり、一つは伝統的なレンズ形を呈するA1形態であり、もう一つは「鳥浜型」を模倣したA2形態である。群馬地域のみに存在するA3形態は、現在のところ天神遺跡で製作された形跡がないので「天神型」からは除外しておきたい。詳細な剥片剥離工程を分析していないので定義できないものの、独自の石器型式（仮称天神AZ式）が存在しよう。「天神型」石匙A類は、その氷山の一角であると言えよう。

次に、諏訪地域・八ヶ岳西麓地域といった原産地周辺地域の様相についてまとめておきたい。この地域では当期には石匙A類自体が非常に少ない。石匙A類の使用頻度は他地域に比べ低調であったようである。また、大形原石の集積がいずれも流通過程のあり方を示していることと、大形のスクレイパー類も少ないことからみて、大形原石をここで消費してしまうケースは少なかったと考えられる。つまり、小形・中形原石は自己消費用として利用できるもの

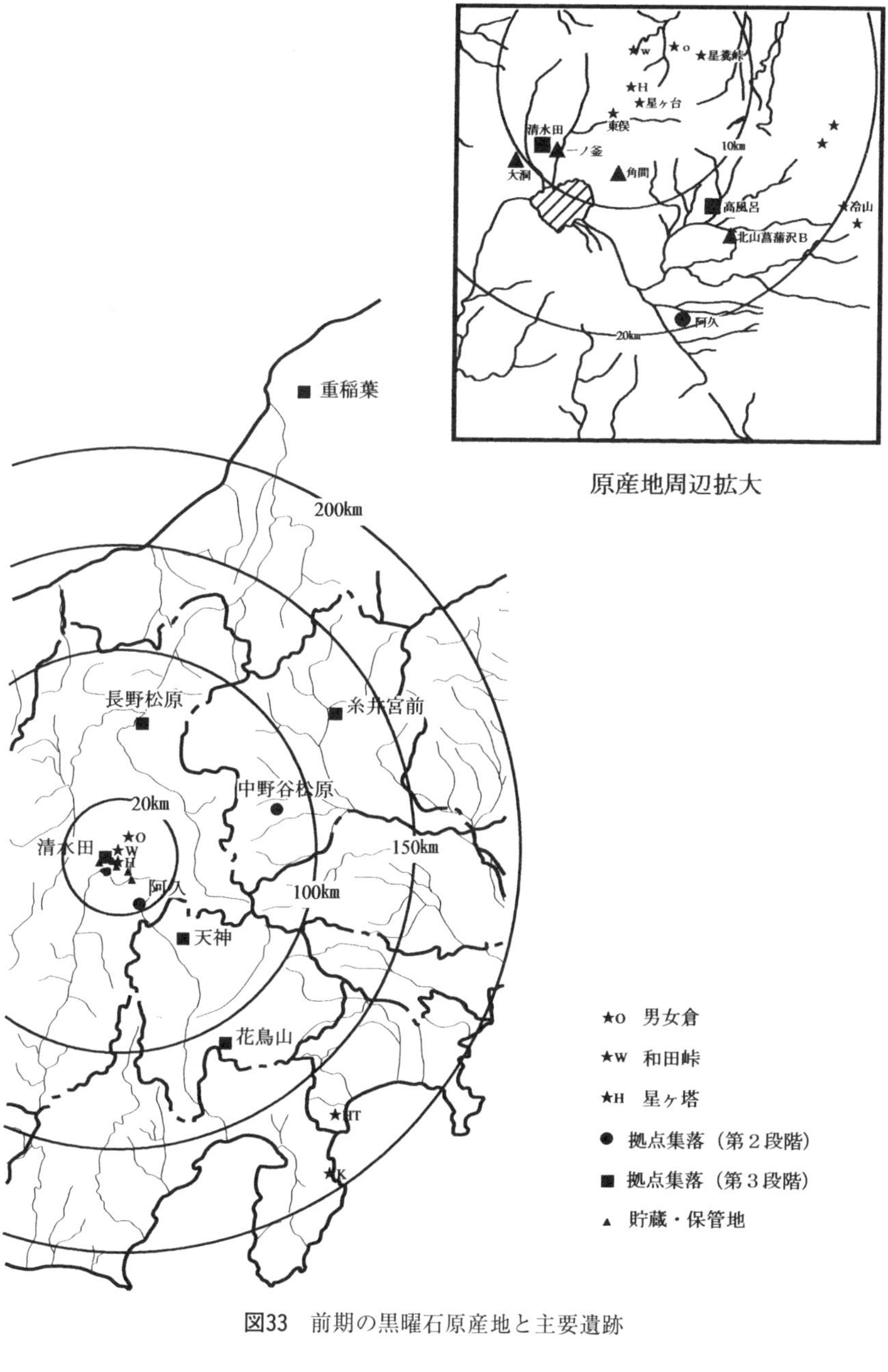

図33　前期の黒曜石原産地と主要遺跡

の、大形原石は交易品として管理されていた可能性が高いのである。そして、「天神型」石匙A類に対しても、〝威信財〟としての認識を持っていなかった可能性が高い。背景には多出する黒曜石を在地石材として捉え、稀少とは考えない地域性があったためと推定される。

これに対し、北信地域では板状の小形・中形原石から両深調整の石匙A類が自己消費用に少数製作される方法が採用されている。この方法で製作されたA１形態のものを「長野松原型」と呼ぶことにする。板状の中形原石を選択的に入手していた可能性があり、山梨地域とは大きく異なる様相を呈する。しかし、この地域には大形原石が搬入されていた形跡はほとんど認められない。

また、群馬地域は諸磯ｂ式古段階から超大形原石が搬入されており、〝威信財〟として扱われていた地域であり、ｂ式新段階以降になっても依然として〝威信財〟として認識され続けている。それに加えて、ｂ式新段階以降に流通するようになった「天神型」も、あらたな〝威信財〟として認識されたものと推定される。ただし、どこで製作されていたかわからない群馬独自のA３形態の存在や、北信地域の「長野松原型」も存在していることから、より複雑な様相を呈していたものと考えられる。

六　黒曜石の交換と交易

⑴　黒曜石流通の諸段階

これまで、述べてきたことをまとめると、前期においては以下の三段階を設定することができる。

第１段階（互酬連鎖交換段階）

前期初頭から中葉までの時期である。この段階では互酬連鎖交換（down-the-line : Renfrew 1972、常木 一九九一）といった状態であったとみられる（図34上）。遠隔地までの流通ルートは開設されていたものの、転石入手を主体としていたため、質・量とも不安定な状態で流通量自体も少ない。また、複数の原産地の黒曜石が混在していることが一般的である。原産地周辺地域では、しばしば、黒曜石の集積が認められるが、自己消費用として屋内にたいせつに保管される場合が多い。これは流通量の不安定さを解消するための手段であったと推定される。また、群馬地域西部ではほぼすべての石鏃を黒曜石で賄える状態にあったものの、利根川本流域以東では、不足がちで恒常的に在地石材で補わねばならない状態であったようである。

第2段階（交易初期段階）

諸磯b式古段階から中段階までの時期である。この段階は原産地で表層採掘された和田峠系の原石が多量流通し、遠隔地にも流通の拠点となる大規模集落が出現する。とくに群馬地域への多量の流通が特徴であり、群馬全域と埼玉北部まで流通圏が拡大する。流通の拠点となる集落では黒曜石の集積が認められるが、量は少ない。遠隔地の中野谷松原遺跡では、中継拠点の象徴である〝威信財〟として超大形原石を保有する。流通する黒曜石は量的には充足されるようになったものの不均質であり、石匙A類まで黒曜石で製作されることはない。

流通の拠点である中野谷松原遺跡では、集落構造が列状から環状へと大きく変化し、居住を目的としない長大な大形掘立柱建物群（儀礼施設・倉庫等）が出現する。また、さまざまな地域から搬入された装身具などの〝威信財〟が蓄積されるようになる。注目すべき点は、ここでは遠隔地の土器が非常に少ないことである。一つには同じ土器型式圏内での交換であったためと考えられるが、石器は土器型式圏を越えた遠隔地からもたらされており、単純に遠隔地の人間がこの集落を訪れた結果とは言い難い。それは中野谷松原遺跡の居住者が黒曜石原産地や供給先の集落へ出向いて、取捨選択的に必要な物資と交換していたためであろう。また、原産地と群馬西部の拠点集落の間には当期の遺跡は非常に少ないことから、群馬西部の集団が原産地周辺の集団と直接的に交渉を行っていた可能性が高い。つまり、この段階では、もはや互酬交換連鎖による流通ではなく、中野谷松原遺跡のような遠隔地の拠点集落の交易従事者（Middleman）が積極的に介在した交換が行われていたのであり、交易（trade）と呼んでも良いレベルに達して

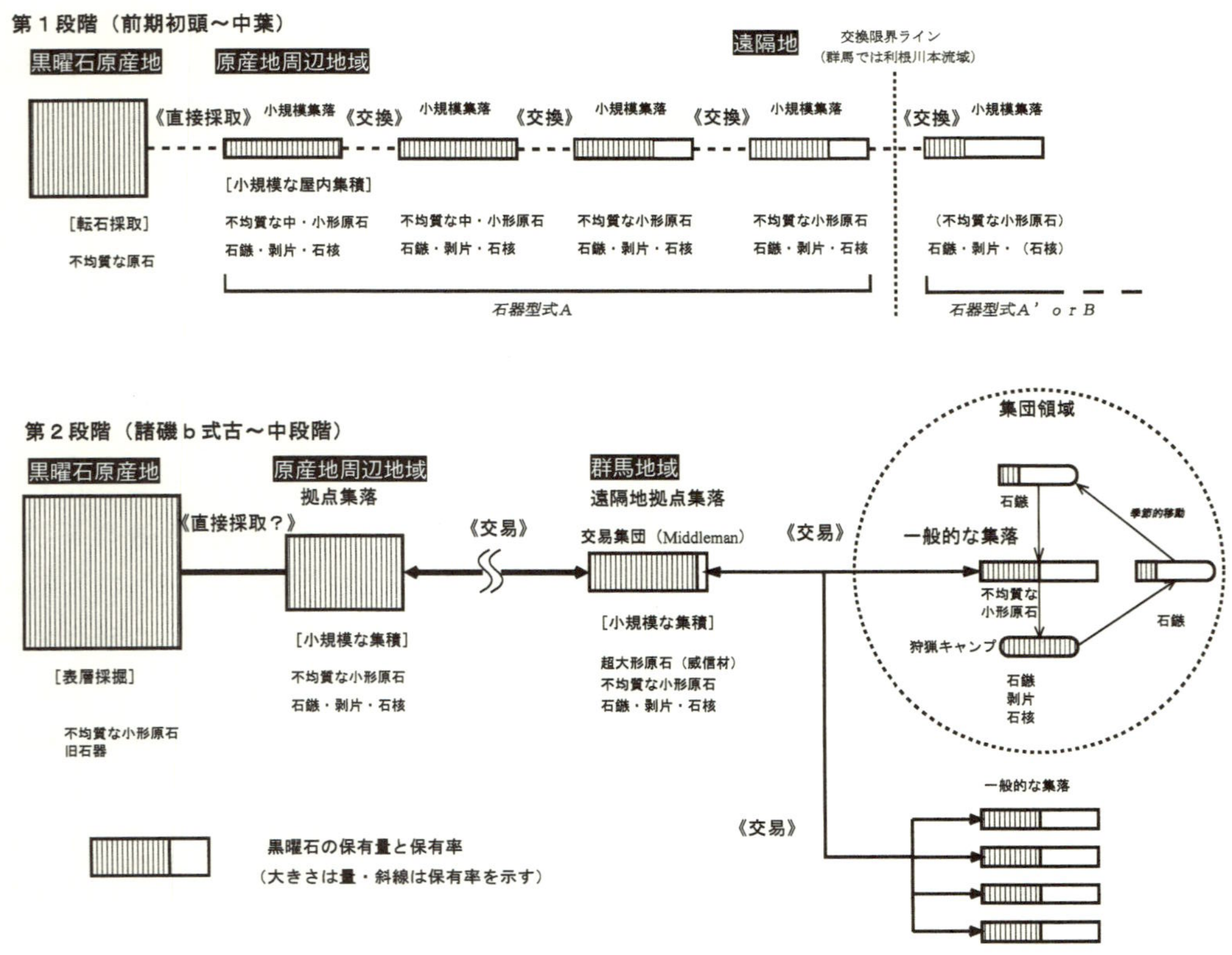

図34　前期の黒曜石流通模式図（１）

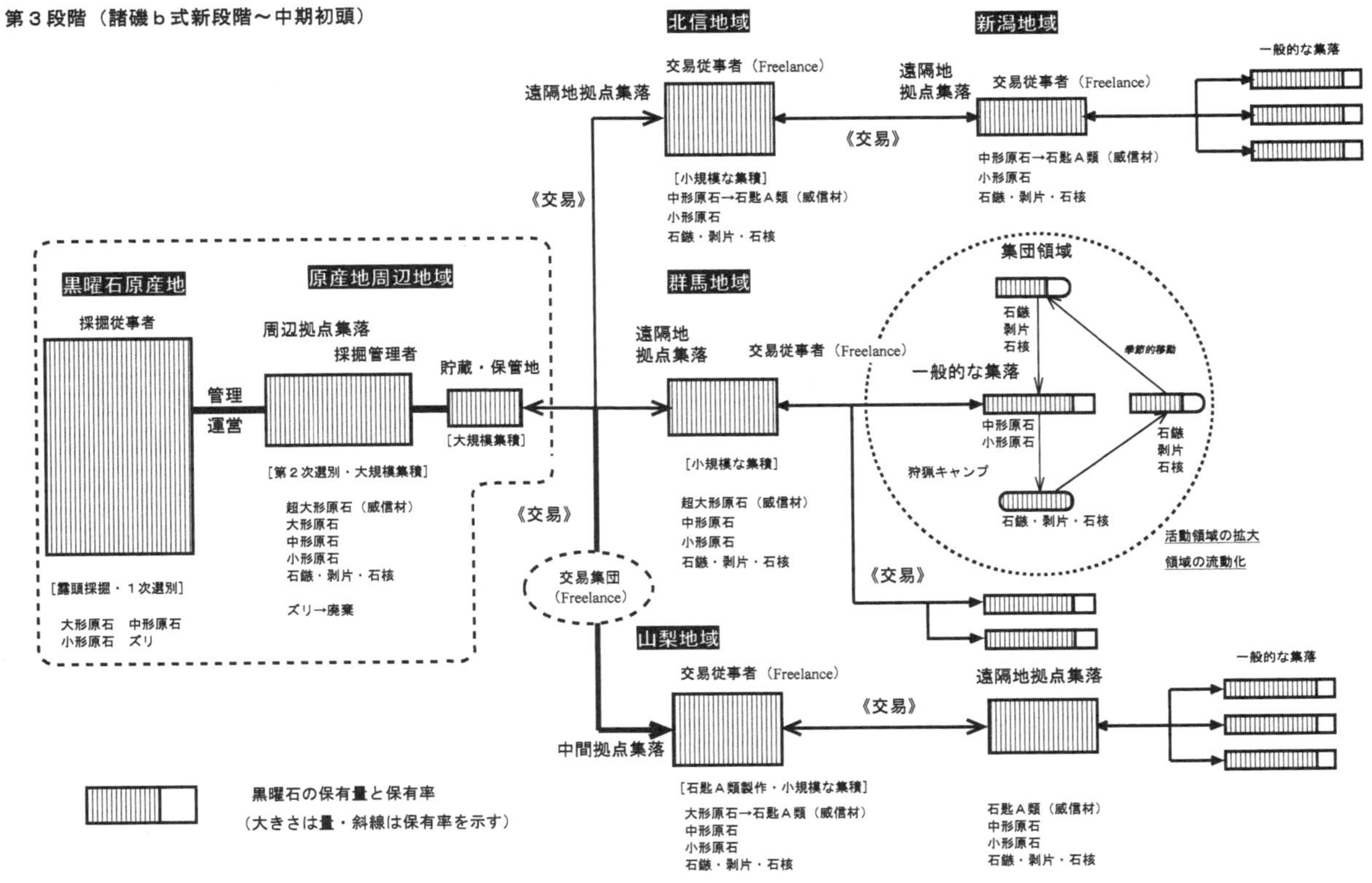

図35　前期の黒曜石流通模式図（２）

いたのであろう（図34下）。仲介者交易（middleman trading；Renfrew 1972、常木 一九九一）のモデルに近い状態であったと推定される。

なお、小杉は第2段階と第3段階を一緒にして捉え、遠隔地の中継拠点を「遠隔地交易センター」として捉え、その周辺の小規模集落への再分配を想定する。筆者が小杉の見解に全面的に同意していない点については、冒頭で述べたとおりであり、時系列的に実態に即していない。小杉の想定する小規模集落については、筆者は集落構造論的見地からみて、実際には中継拠点に居住する集団の残した狩猟期の季節的キャンプサイトであった可能性が高い点を指摘した（大工原 一九九八）。むしろ、集団固有の生業テリトリー（この時期では半径一〇㎞程度）を越えた場所に、本当の交換対象となる集団の一般的な集落（中規模集落）が存在していたと考えられる。たとえば、群馬地域では五～六程度（西毛・榛名山東麓・赤城山南麓・北毛・東毛平野部）の集団の存在が想定できる。これらの集団が流通の末端に位置する集団であり、土器型式を共有する血縁的紐帯のある集団であったと考えたい。

第3段階（交易発展段階）

諸磯b式新段階から中期前葉までの段階である。本格的な露頭採掘によって産出された大量の原石は、採掘場所での質的選別（第一次選別）が行われる。こうした「鉱山」は原産地周辺遺跡の集団により経営されていたとみられる。そして、諏訪湖周辺に存在する原産地周辺遺跡へ搬出され、大きさ・形状・重量による量的選別（第二次選別）が行われ、石鏃が製作不可能な小粒の原石は廃棄される。また、超大形・大形・中形・小形に分類され、彼らの重量基準にもとづいて集積され、あるいは保管されていたと考えられる。こうして商品化された原石は、各地域のニーズに合わせ、中継拠点へと搬出されることになる。質的にも量的にも安定した供給が可能となったことにより、黒曜石流通ネットワークは強化され、さらに中継拠点は遠隔地にも設置されるようになる。また、一定の重量基準を有していることで、固定的な交換レートが設定され、交換対象との信頼関係が大幅に向上することとなる。

その結果、新潟地域や南関東地域や栃木地域を含む半径二〇〇㎞にも及ぶ広範囲な流通圏が形成されたと考えられる。商品として均質化されたことにより、土器型式を異にする集団であっても流通の障壁とならず、円滑に流通することとなったのであろう。そして、前期末葉において各地域の土器が相互に搬入し、それまでの地域圏自体が流動化するのも、黒曜石の流通を介在とした広域的な情報交換が一つの要因であったと推定されるのである。

この段階は仲介者交易が発展した段階（freelance trading）と理解することができる（図35）。そこには、複数の情報・資源を組み合わせることにより付加価値をつけて〝威信財〟化する「天神型」石匙A類に象徴されるような発想が存在している。その背景にはおそらく、地域の束縛を受けない「商人」と呼びうるような自由度の高い専業的な交易集団（Freelance）の存在が想定されるのである。各地域で〝威信財〟が異なっていることや流通範囲の大幅な拡大からみれば、あるいは複数の交易集団の連携も想定されよう。そして、原産地周辺地域と山梨地域以外では拠点集落が不明瞭化することからみて、交易の中心的な役割を果たしていたのは、この地域をベースとしていた集団であった可能性が高い。たとえば、南関東地域における神津島系黒曜石の流通にも、中部高地系の集団の積極的な関与がうかがえる（今村 一九八〇・二〇〇〇）。ここにも地元のものでない黒曜石でも、積極的に流通活動に従事する自由な中部系集団の存在が浮かび上がってくるのである。

(2) 交換から交易へ

以上のように、縄文時代前期の黒曜石の流通は、大きく三つの段階の変遷があることが明らかとなった。とくに第3段階での黒曜石の流通に関わる変化は、たんに流通量が変化したとか、産地が変わったとかいう単純な構図ではなく、鉱業と商業が結合した高度な流通システムが構築されたことを意味している。また、第2段階はその試行的段階に位置づけられよう。

ニューギニアにおけるシアシ島を中心としたヴァシアズ海峡の交易システムを分析したサーリンズによれば、何の生産地も持たないにも関わらずシアシ島の交易者が、その地域ではもっとも富んだ人びとであり、その背景には「シアシ族だけが、ヴァシアズ地域の多くの人びとに陶器を供給でき、この陶器をニューギニア北部のごく少数の製造地から船ではこんでくる」ことができたり、「ニューブリテン島北部の原産地でとれる黒曜石の配分を支配している」からであるという（Sahlins 1972）。これは、ちょうど山梨地域の集団のあり方と類似点が多い。山梨県域では前期初頭から後葉まで、遺跡は小規模で遺跡数も少ない（櫛原　一九九九）。関東地域や長野地域に比べると、格段に生業活動が低調な地域であった。ところが、前期末葉にこの状態は一変し、山梨地域がもっとも繁栄することとなるのであり、その要因としては交易活動の主導的役割を果たしていたからに他ならないのではなかろうか。

ただし、こうした交易圏の拡大は限界に達する。サーリンズは生態学的な限界線の存在を指摘する。地域の特産品の内的再分配から発生した需要では、周辺部の集団はひどく不利益な条件となって行くので、生産性の高い地域は通過できるが、そうでない地域に入り込むとそれ以上の伸張はできなくなってしまうのである（Sahlins 前掲）。第3段階の終焉はこのような状態になってしまったと推測される。石鏃や石匙A類が黒曜石製であることが、必ずしも生産性の向上に直接的に結びつくものではないからである。また、装備の充実による狩猟圧の高まりは、動物資源に過度の負荷を与え、動物資源の利用頻度の高かった前期型生業形態の構造的矛盾が限界に達したことも要因の一つであったと考えられる。中期中葉以降の「縄文農耕」と呼ばれる植物資源を積極的に利用する地域密着型の生業活動の採用は、この経済的破綻の反動のようなものだったのではなかろうか。

これまで、本論では分析段階では「流通」といった用語で説明し、「交換」・「交易」を用いないようにしてきた。常木晃によれば、交換・交易モデルを構築したレンフリューも初期には「交換（Exchange）」と「交易（Trade）」を区別していたが、途中から同義として用いるようになったという（常木　前掲）。しかし、今回扱った前期後葉から末葉にかけての社会構造の変化を含む流通システムの大きな転換に対しては、「交換」と「交易」の用語をもって区別し、交易に二つの段階があったと考えたい。

黒曜石の流通には幾つかの段階が存在していることは、すでに指摘されているところであり、鷹山遺跡群を対象として分析した安蒜政雄らは、草創期と後期にピークがあるとし、一つの解釈を提示している（安蒜他　前掲、安蒜　前掲）。しかし、今回分析を行った前期では、また別のステージが存在している。おそらく、黒曜石の流通に関しては一つのシナリオでは括れないもっと複雑な動態があったと考えられる。生業活動の中での黒曜石の価値観の変化も大きな要因であろう。中期に関東甲信地域に急速に広まる打製石斧を主要装備とした生業形態では、黒曜石をほとんど必要としないし、その結果としてそれまでに形成された交易ネットワークは消滅してしまうことになる。そして、後期には再び別のネットワークが構築されてゆくらしい。たとえば、群馬、山梨両地域では、後期初頭には使用不可能な小粒の原石（ズリ）が末端消費地まで搬入されている。明らかに、前期とは異なる現象であり、これまでの経験は完全に忘れ去られてしまっているのである。したがって、このステージでは別のシナリオが必要となるのである。今回は紙面の都合で触れることがなかったが、南関東における前期の箱根・神津島系の黒曜石の流通では別の様相が看取されるのである。

註

（1）　小杉は群馬県糸井宮前遺跡と中棚遺跡における諸磯ｂ～ｃ式期の石器組成の差異に着目し、糸井宮前遺跡を「遠隔地黒耀石交換センター」とし、中棚遺跡を供給先とする。しかし、両遺跡の距離はわずか〇・五㎞と近接しており、それぞれが別の集団によって形成された遺跡とは考え難い。糸井宮前遺跡を「遠隔地黒耀石交換センター」とする点は否定するものではないが、隣接する中棚遺跡を供給先としたのでは論理的に無理がある。もっと離れた場所に存在する複数の遺跡を供給先と想定してモデルを構築すべきであろう。

（2）　糸井宮前遺跡の黒浜期の分析例は、住居址の重複状態を検討したところ、諸磯ｂ式新段階以降のものが多数含まれている可能性が高いので除外した。また、白井遺跡群の包含層出土資料の分析事例があるが、時期が混在しているため今回の検討からは除外した。

（3）　鈴木正男の教示によれば、従来の鈴木の分析結果では産地名として登場しない鷹山遺跡群（星糞峠）出土の黒曜石については、和田峠系に含まれるという。

(4) 小杉も大門川流域に存在する大仁反遺跡を中継遺跡の一つと推定している(小杉 前掲)。また、長門町教育委員会の斉藤幸恵の教示によれば、大門川流域には前期後葉の大規模な遺跡は存在していないという。したがって、こうした場所で中継せずに、さらに遠くまで搬出していた可能性もある。

(5) 田中総の教示によれば、藤森氏が発見した土器は諸磯c式ではなく、十三菩提並行期の前期末葉の土器であるという。また、原石はトラック一台分よりもずっと少なかったことと、大きさ別に幾つかの場所に小分けされて集積されていたという。

(6) 金山はこの事例について、「原産地から皮袋のような入れ物に入れて運び込んだ当初の様子をとどめた痕跡」(金山 一九九八)と推定しているが、筆者は土壙墓と判断した。

(7) 調査担当者の小坂英文の教示による。

(8) 功刀司の好意により、展示ケース中の黒曜石原石を実見させていただいた。前期初頭とされているものと前期末葉と推定されるものは、外見上まったく同じ形状のものであり、同一産地・同一採取場所から搬入されたものの可能性が高い。時期を違えて、同じ場所で同じ状態の集積行為が行われた可能性は、確率論的には極めて低いものであり、どちらかの時期の集積遺構であったのではなかろうか。住居出土とされる事例も集積箇所1と同様に、住居埋没後に隠匿するために深いピットが掘られたものと考えることも可能であり、いずれも前期末葉の集積遺構であったのではなかろうか。

(9) このほか茅野市では、時期は不明であるが林の峰遺跡で小さなピットの中に四点の良質の原石が収納されていた事例がある(長野日報 一九九九・七・二四)。ここでは、最大一・五kg、最小五〇〇g、合計四・五kgであったという。大洞遺跡と同様に大形原石のみが選別されていた事例であり、大形原石が特別に扱われていたことを示す証拠であろう。原産地と天神遺跡の間に位置することから、北山菖蒲沢A遺跡と同様に、流通経路上にあった中継地的な遺跡の可能性が高い。

(10) 保坂康夫・今福利恵の教示による。

(11) 調査担当者の佐野隆の教示による。

(12) 群馬地域は、扱ったすべての黒曜石の計測値による。また、長野地域は報告書に重量の記載のあったもの(最大・最小・平均値を含む)、山梨地域は天神遺跡の大形原石・中形原石のみである。したがって、小形原石については必ずしも十分なデータではないが、大形原石や中形原石の傾向は大きく変わることはないと考えられる。

（13）保坂康夫・今福利恵の好意により天神遺跡と花鳥山遺跡の資料を実見することができた。報告書に図示されていない石匙の裏面を観察させていただき、裏面にも深い調整が施されているものが大多数であることを確認することができた。
（14）報告書によれば諸磯b式古段階では、石匙の中での黒曜石の割合は一四％を占めるに過ぎず、黒曜石が豊富にあっても必ずしも石匙A類に対しての利用頻度が高くならないことを示している。前述のように、この時期に阿久遺跡では原石の集積事例があるが、それは石鏃製作用のものである。また、それ以外に大形の原石が出土したという記載はいっさいない。なお、諸磯b式期の石核の記載はないが、a式期では平均重量が一四・九gとされている。
（15）ちなみに、中野谷松原遺跡でも黒曜石製の両深調整の石匙A類は検出されていない。ここでは諸磯b式期だけでも約二〇kgの黒曜石が出土しており、大量の剥片や石核が存在するが、大形原石が消費された痕跡は全く認められない。大量の黒曜石がありながら両深調整の石匙A類が存在しないのは、同時期の阿久遺跡の状況と良く似ている。

引用文献

青沼道文・建石　徹・古谷　渉・森本　剛　二〇〇一「千葉市内縄文時代中期遺跡出土黒曜石の原産地推定」『貝塚博物館紀要』第二八号、四二〜七一頁、千葉市立加曽利貝塚博物館
網干　守・二宮修治　二〇〇〇「黒曜石の原産地推定」『上信越道埋蔵文化財発掘調査報告書　松原遺跡5』一一三〜一一六頁、長野県埋蔵文化財センター。
安蒜政雄・野口　淳・門内政広他　一九九九『鷹山遺跡群』Ⅲ、長門町教育委員会・鷹山遺跡群調査団。
安蒜政雄　二〇〇一「黒曜石の産地」『季刊考古学』第七七号、五九〜六〇頁。
今村啓爾　一九八〇「諸磯b式c式土器の変遷と細分」『伊豆七島の縄文文化』四九〜五二頁、武蔵野美術大学考古学研究会。
今村啓爾　二〇〇〇「諸磯c式の正しい編年」『土曜考古』第二四号、九三〜一一二頁。
上田典夫・町田勝則他　一九九八『上信越自動車道埋蔵文化財発掘調査報告書四　松原遺跡　縄文時代』長野県埋蔵文化財センター。
岡谷市教育委員会　一九九九「長地山麓は黒曜石製石器の一大製造業地　梨久保・清水田はバザールの村　その1」『生涯教育おかや』No.100。
小田静夫　一九八二「黒曜石」『縄文文化の研究』第8巻、一六八〜一七九頁、雄山閣出版。

小田静夫 一九九四「神津島産黒曜石の伝播」『日本文化財科学会第11回大会 研究発表要旨』一七～一八頁。
金山喜昭 一九九三「縄文時代前期における黒曜石交易の出現」『法政考古学』第二〇号、六一～八五頁。
金山喜昭 一九九八「集落間の交流と交易」『季刊考古学』第六四号、五九～六三頁。
櫛原功一 一九九九「縄文時代の住居と集落」『山梨県史 資料編2』四七三～五〇九頁、山梨県。
功刀 司・小林健司 一九九六『北山菖蒲沢A遺跡』茅野市教育委員会。
古城 泰 一九九五「縄文中期における信州産黒曜石の南関東への搬入路」『考古学雑誌』第八一巻第三号、七〇～八〇頁。
小杉 康 一九九四「黒耀石産出地における採掘活動の復原」『日本文化財科学会第11回大会 研究発表要旨』五～八頁。
小菅将夫 一九九四「Ⅱ期―BP 降下期の石器群―」『群馬の岩宿時代の変遷と特色』三〇～三六頁、笠懸野岩宿文化資料館・岩宿フォーラム実行委員会。
小林克次 一九九九「蛍光X線分析法による鷹山地区出土・採集黒耀石製石器の原産地推定分析」『鷹山遺跡群』Ⅲ、一〇〇～一一二頁、長門町教育委員会・鷹山遺跡調査団。
小林康男 一九八二『舅屋敷』塩尻市教育委員会。
笹沢 浩他 一九八二『長野県中央道埋蔵文化財包蔵地発掘調査報告書（原村その5）』長野県教育委員会。
柴田 徹・山本 薫 二〇〇〇「石鏃に使用された石材の石質組成に関する分析」『日本考古学協会第六六回総会 研究発表要旨』七八～八一頁。
篠遠喜彦・中山 栄 一九四四「南澤出土の黒曜石について」『採集と飼育』第六巻第二号、六〇～六四頁。
神保小虎 一八八六「黒曜石比較研究諸言」『人類学会報告』第二号、二四頁。
鈴木正男 一九六九「フィッション・トラック法による黒曜石の噴出年代とウラン濃度の測定（第Ⅰ報）」『第四紀研究』第八巻第四号、一二三～一三〇頁。
鈴木正男 一九七〇「フィッション・トラック法による黒曜石の噴出年代とウラン濃度の測定（第Ⅱ報）」『第四紀研究』第九巻第一号、一～六頁。
鈴木正男 一九八八「注連引原遺跡・注連引原Ⅱ遺跡出土の黒曜石の産地推定」『注連引原Ⅱ遺跡』六四頁、安中市教育委員会。
鈴木正男 一九八九「糸井宮前遺跡の黒曜石分析」『糸井宮前遺跡』Ⅱ、二〇四～二〇九頁、群馬県埋蔵文化財調査事業団。
鈴木正男 一九九七「関越自動車道（上越線）関連遺跡の黒曜石分析結果」『行田二本杉遺跡（八城南遺跡）』三九～四三頁、松井田町遺跡調査会。
鈴木正男　一九九八「黒曜石の産地及び年代の推定」『中野谷松原遺跡―縄文時代遺物本文編―』六一二～六一四頁、安中市教育委員会。
鈴木正男・金山喜昭他　一九八六「黒曜石分析」『高風呂遺跡』二〇三頁、茅野市教育委員会。
関根慎二　一九八六『糸井宮前遺跡』Ⅱ、群馬県埋蔵文化財調査事業団。
大工原　豊　一九九六「縄文時代　石器」『考古学雑誌』第八二巻第二号、二六～三六頁。
大工原　豊　一九九七「縄文時代の石器研究の方法」『遺跡・遺物から何を読みとるか（Ⅰ）』一八～三二頁、帝京大学山梨文化財研究所。
大工原　豊　一九九八ａ「縄文前期中葉から後葉の打製系列（Ａ類・Ｂ類）について」『中野谷松原遺跡―縄文時代遺物本文編―』三六二～三七六頁、安中市教育委員会。
大工原　豊　一九九八ｂ「黒曜石産地及び年代の推定に関するコメント」『中野谷松原遺跡―縄文時代遺物本文編―』六一五～六一七頁、安中市教育委員会。
大工原　豊　二〇〇一ａ「縄文時代前期における黒曜石流通の転換―群馬から山梨へ―」『山梨県考古学協会誌』第一二号、一六三～一六七頁。
大工原　豊　二〇〇一ｂ「縄文時代に搬入された長野県産旧石器」『安中市史』第四巻、三五～三六頁、安中市。
大工原　豊・関根慎二　二〇〇一ａ「注連引原遺跡」『安中市史』第四巻、五四～五六頁、安中市。
大工原　豊・関根慎二　二〇〇一ｂ「道前久保遺跡」『安中市史』第四巻、二一一～二一六頁、安中市。
大工原　豊・関根慎二　二〇〇一「天神原遺跡（前期）」『安中市史』第四巻、二〇五～二一〇頁、安中市。
大工原　豊・関根慎二他　一九九八『中野谷松原遺跡―縄文時代遺物本文編―』安中市教育委員会。
大工原　豊・林　克彦他　一九九四「天神原遺跡」『中野谷地区遺跡群』九五～二三五頁、安中市教育委員会。
常木　晃　一九九一「考古学における交換研究のための覚書（2）」『東海大学校地内遺跡調査団報告2』一七八～一九一頁、東海大学校地内遺跡調査団。
長崎元廣　一九八四「縄文の黒曜石貯蔵例と交易」『中部高地の考古学』Ⅲ、一〇八～一二六頁、長野県考古学会。
長沢宏昌他　一九八九『花鳥山遺跡・水呑場遺跡』山梨県教育委員会。

中村龍雄　一九七七「星ヶ塔遺跡」『黒耀石』上巻、一〜三六頁。
奈良泰史・保坂康夫　一九九三「黒曜石原石格納の土器と黒曜石について」『山梨県考古学協会誌』第六号、一〜八頁。
新津　健・米田明訓　一九九四『天神遺跡』山梨県教育委員会。
西野　元他　一九九七『笠間市西田遺跡の研究』笠間市西田遺跡調査団。
羽鳥政彦　一九九四『広面遺跡』富士見村教育委員会。
東村武信　一九八六『石器産地推定法』ニュー・サイエンス社。
藤森栄一　一九六六『古道』学生社。
藤森栄一・中村龍雄　一九六二「星ヶ塔黒耀石採掘阯」『古代学』第一一巻第一号、五八〜六七頁。
前山精明　一九九四「重稲葉遺跡群」『巻町史　資料編1』二四一〜二六九頁、巻町。
増田和彦　一九六二「本邦産黒曜石の晶子形態と考古学への応用に就いて」『上野遺跡』八七〜九九頁、津南町教育委員会。
桝渕規彰　一九八九「黒曜石の流通について―特に縄文集落でのありかたをめぐって―」『神奈川考古』第二五号、八一〜一〇四頁。
間宮政光　一九九七『行田梅木平遺跡（行田Ⅱ遺跡）』松井田町遺跡調査会。
宮坂　清　一九九〇『一ノ釜遺跡（2）』下諏訪町教育委員会。
宮坂　清・田中慎太郎　二〇〇一『黒曜石原産地遺跡分布調査報告書（和田峠・霧ヶ峰）』Ⅰ　下諏訪町教育委員会。
森嶋　稔他　一九七五『男女倉』和田村教育委員会。
森嶋　稔・森山公一他　一九九三『長野県黒耀石原産地遺跡分布調査報告書（和田峠・男女倉谷）』Ⅲ　和田村教育委員会。
守谷昌文・鵜飼幸雄　一九八六『高風呂遺跡』茅野市教育委員会。
山田昌久　一九七九「石匕」『鳥浜貝塚―縄文前期を主とする低湿地遺跡の調査1―』七三頁、福井県教育委員会。
渡辺　仁　一九四八「北海道の黒燿石鏃」『人類学雑誌』第六〇巻第一号、二四〜三一頁。
藁科哲男・東村武信　一九八三「石器原材の産地分析」『考古学と自然科学』第一六号、五九〜八九頁。
Renfrew, C. 1975 Trade as Action at a Distance. In *Ancient Civilization and Trade*, edited by J. Sabloff and C. C. Lamberg-Karlovsky, pp.1–59. University New Mexico Press.
Sahlins, M. 1972 *Stone Age Economics* Aldine Publishing Co.（山内　昶訳　一九八四『石器時代の経済学』法政大学出版局）

Suzuki, M. and K. Tomura, 1983 Basic data for indentifying the geologic source of archaeological obsidian by activation analysis and discriminant analysis. *St.Paul's Review of Sience* 4 : 99–110.

Suzuki, M., Y. Kanayama, Y. Aoki, and K. Tomura, 1984 Intrasite obsidian analysis of the Hashimoto site, Sagamihara-shi, Kanagawa-ken, Japan. *St. Paul's Review of Science* 4 : 121–129.

Suzuki, M., Y. Kanayama, A. Ono, T. Tsurumaru, S. Oda, and K. Tomura, 1984 Obsidian analysis : 1974–1984. *St. Paul's Review of Science* 4 : 131–140.

神像が回帰する社会
――前期末葉以降の本州北東域――

小杉　康

はじめに

本小論は、縄文文化を特徴づける文物の一つとして取り上げられることの多かった土偶を素材として、縄文文化後半期の本州北東域におけるその通時代的な展開の実相を探求することを目的とする。

人工物である考古資料に対して、型式学的な観察と技術論的な観察とを基礎として、物象間の関係を探求する過程を基礎的物象論と呼ぶことにする。そのようにして得られた結果あるいは仮説を、そこにいたるまでに分析対象とした多くの資料を出土した実際の遺跡ごとに戻して、時間的空間的に限定された大地上において遺跡を単位とする遺跡間の関係として、すなわち歴史的な一回性の出来事として、具体的に再構成する研究過程を実践的関係論と呼ぶ。以上が方法的構想であるが、本稿では土偶についての基礎的物象論の予察を行い、本格的な基礎的物象論と実践的関係論は稿をあらためて実施する予定である。

一　土偶研究の難しさ

考古資料としての人工物を分析する際に、三つの代表的な視点がある。一つは、そのものが作られ、使われた社会において、その当事者たちにとって、それがいかなる位置にあったのか――すなわち、いかなるはたらきと意味をもっていたのか――を探求する視点である。他の一つは、当事者にとっての位置はともかくとして、そこに表現されているさまざまな情報から、それを作り出した人びとの間の関係を探求する視点である。残りの一つは、前例と同様に当事者の立場とは切り離して、人工物間の関係を探求する視点である。土器を例とするならば、土器の使われ方やその価値観についての探求が第一の視点、複数の土器にみられる類似や相違の程度から、それらを作り出した集団間の関係を探求するのが第二の視点、純粋に編年的な単位としての探求が第三の視点である。これらの三視点が、相互に深く関連しあっていることはあえて言うまでもないことだが、第三の視点による分析を先行させながらもそれぞれの分析過程においては、ある程度までおのおのの視点での分析が進展した後に、他の視点からの検討を行うべきであり、はじめからこれらの三視点を無自覚に混用しない方がよい。

さて、上記の三視点による分析、どれもたやすいものなどありえないが、あえてその難しさを指摘するならば、第一の視点である。当事者にとっての位置、すなわちその製作技術や使用方法などは、考古資料の詳細な観察や出土状況などによって、かなりの確度をもって復原しうる項目であると、普通考えられている。たしかにその通りである。使用方法に話を限定するならば、観察対象となった考古資料の物理的・物質的な特性から、われわれはその「機能」を推定できるという前提にある。このさいの機能とは、歴史的な文脈や社会的な状況に拘束されることなく、「人類」に普遍的に期待されうる内容であると漠然と考えられている「形式」に他ならない。包丁を例にしてみよう。その機能は「切る（切断）」なのか、「刺す（刺突）」なのか、あるいは「刺し切る」なのか。その判定は刃の形態でなされるのかもしれない。菜切り包丁のような刃部形態ならば「切る」、出刃包丁の刃部ならば「刺し切る」となり、そしてこれらは「用途」の違いとして説明される場合がある。あるいは、この段階では、部位形態に対応した使用方法の違いであるから、未だ「機能」の相違として語られるかもしれない。しかし問題の核心はそんなことではない。厳密に議論するならば、「刺し切る」形態の出刃包丁は、「刺す」という物理的な状態をもっとも効果的に実現しうる尖頭形態と、「圧し切る」という物理的な状態を生じさせる薄縁形態とが統合されたものであり、生物体の刺突・切断に適した材質的な強度と、それを使用するヒトに適した規模・重量を備えたものなのである。それが出刃包丁とされることで、「圧し切る」形態の菜切り包丁と同じ「包丁」に括られるのである。すなわち、包丁とはすぐれて社会的な認識の産物であり、その社会の価値観を共有しているものでなければ、そこに包丁という「形式」など成立しない。あるいは、「形式」とはそのような次元を指し示しているのかもしれない。生物体の刺殺性能に優れた出刃包丁がまな板の上に置かれていても、普段、われわれは恐怖を感じない。それは「包丁」や「調理」という意味の編み目に〈そのもの〉が埋め込まれているからである。白昼路上で、むき身の出刃包丁を持った者に出会ったとしよう。とっさにわれわれは恐怖感をいだくであろう。意味の編み目を解き放たれた存在に対する恐怖感である。このような次元に立ち現れるモノ（道具）のあり方、本源的な姿を「発現的構造」と呼ぶことにしている（小杉　一九九五、一〇四～一〇五頁）。その場合、包丁とは歴史的・社会的な背景のもとに成立した一つの範疇に過ぎず、それが「形式」となる。それは「状況的機能」を反映したものであり、そこに「人類」にとっての共通性など存在しない。

以上の議論は、その機能の推定や「形式」の認定が比較的に容易であると考えられている刃物のような実用的な器物においてのことである。それにおいてしかりである。ましてやここで取り扱う土偶のような、その物理的・物質的な特徴がそのものの機能を直接的に反映し得ない象徴的な器物においてはなおさらである。

二　土偶研究、その問題性の中心

これまでに筆者は、土偶が一つの「形式」、考古学用語である「形式」、として認識され、記述されることに、疑問を呈してきた（小杉 一九九六、一二一五頁）。そのような認識や記述の前提として、土偶には特定の一つのはたらきが期待されてきた。そのはたらきの具体的な内容としては、決定的な答えをみぬままに、身体各部位毀損代替説や安産祈願説、豊穣説、再生説、神像説などが、その可能性として併記され、概説されてきた。

日本考古学においては、明治以来、あるいはそれ以前から、呼び慣わされてきた言葉が、そのまま学術的な用語へと転化していったものが多々ある（小杉 一九九二）。「土偶」もその代表例である。現在、縄文文化に属するとされている土偶は、その当初、遮光器土偶などの一部のみが念頭におかれたにすぎなかった。その後、縄文文化に属するさまざまな形態を呈する粘土焼成の人体形造形が知られるようになり、土偶についての今日的な理解としては、縄文草創期後半の撚糸文期のものは言うに及ばず、草創期前半の三重県粥見井尻遺跡出土例までがその最古例の一つとして数えられるまでになった。そのように、時間的にも一万年間に達しうるような、また空間的な広がりにおいても日本列島の大半の地域に分布する対象を、〈形式としての土偶〉と理解しようとしたところに、土偶研究の沈滞があったといえよう。すなわち、そのような理解の前提が、土偶の用途や機能について、先に指摘したような第一義的な答えを求めながら、その可能性を併記するような記述を今日まで温存させている、といえる。

縄文文化に属する土偶全体を「形式」としてではなく、一つの範疇としてまずは把握し、それを分析対象とするのであれば、取りあえず人口に膾炙した土偶の呼び名は、本論の前提としてはそれを用いず、〈粘土焼成の人体形造形〉をもってその全体を呼称しよう。もちろん、以下の記述では「〇〇土偶」というように土偶という用語も使用するが、それは以上のような認識・理解の過程を経たうえでの便宜的な対処にすぎない。粘土焼成の人体形造形――あるいはより簡便な表現として〈土偶造形〉と呼んでもよいが――それを取り扱うさいの基本的な問のかたちをここで提示するならば、以下のようになる。

〈粘土焼成の人体形造形、すなわち土偶造形をもって、そのときどき、各地域ごとの集団は、そこに何を象徴しようとしたのか。また、土偶造形の表現における類似と相違は、それを作り出した集団内あるいは集団間のいかなる関係を、そこに反映しているのか。〉

三　土偶研究の動向

a　八重樫プロジェクト

『土偶研究の地平――「土偶とその情報」研究論集4』という論文集が、二〇〇〇年二月に刊行された。各種土偶造形に関する書き下ろしの専門論文が一〇数本収録されている。その書名が示すとおりに、同程度のボリュームの論文集がすでに三巻、この数年間に刊行されたことになる。土偶造形に関する本格的な研究の発表が、これほどまとまって実施されたことはおそらくこれまでにもなく、その点のみをとっても快挙である。「土偶とその情報」とは、国立歴史民俗博物館の八重樫純樹（当時）を代表として、文部省科学研究費補助金試験研究（1）（昭和六二年度～平成元年度）の交付をうけて開始された研究会組織である。活動の中心は土偶データベースの作成と、そのための前提的な作業となる土偶集成と基礎的研究とを兼ね合わせた研究集会の実施であった。研究集会の成果が、そのつど刊行された土偶集成資料集と、そこでの研究発表等を踏まえた上記論文集四巻の刊行、ということになる。

さて、話題を論文集にしぼるが、そこでの研究スタンスは各執筆者が取り扱う土偶造形についての「分布と系統」の検討を第一義とするものであり、所謂「用途・機能論」には立ち入らないという原則がたてられているようである。それは、その母体である「土偶とその情報」研究会の性格を考えれば当然のことであり、またこれまでの土偶研究の多くが、必ずしも型式学的研究などの基礎的な検討を十分に経ぬままに、その用途や機能を論じすぎてきたことへの学史的な反省にたつものであるとも推察される。

おそらくこのような主旨の下、第一巻の巻頭を飾ったのが小林達雄による「縄文土偶の観念技術」論文である。その主旨は「土偶を母神、女性原理と安易に結びつけるのは、土偶の本質を見誤る危険」（小林達 一九九七、九頁）があることを喚起するものであり、そのためにアフリカの「堂々たる乳房の男性像」の事例や、さらには中国少数民族の「大きな乳房の男性英雄譚」までも紹介するていねいさである。「土偶の本質」にかんしては、縄文草創期の土偶造形を例にして「そのモデルは、いわば縄文人の世界観の中に生きる精霊（スピリット）の有力な一つ」（同前、一一頁）であることが述べられる。また、土偶造形における「大型品」と「絶対多数の並の土偶」との間に機能、用途の違いがあることを示唆し、「並の土偶」すなわち「通常の土偶は全て破棄された状態であり、しかも毀われていて完形品はほとんどない」（同前、一六頁）ことを理由に、「縄文人が呪術的儀礼行為を通じて積極的に壊したものである」（同前、一六頁）とする小林旧来の解釈を紹介する。さらには土偶造形の意図的な破損について疑義を呈する見解に対して、「土偶の性格、機能、用途に関して重要な鍵が隠されている可能性の否定」（同前、一七頁）であるとの糾弾も忘れていない。

たしかに従来の研究には、小林の指摘通りに土偶造形を「母神、女性原理」などとただちに結びつける解釈も多かったが、一方、出土状態における欠損に有意性を見出す見解も同時に多かったといえよう。問題は「土偶とは何か」というその問い方にあり、その点では両者とも同じ次元、上記の「土偶形式」説の隘路にあるといえよう。しかし、巻頭論文が程良い重石になってのことか、以下に続く諸論考では、機能・用途論へといたずらに偏ることもなく、多くの実証的な新知見が提示される運びとなり、今後の土偶造形研究の土台が築かれたと評価されよう。そして、実際の土偶造形を取り扱う諸論考のうちには、「土偶形式」説批判のかたちをとらないまでも、たとえば「これまでの一系的な、土偶の毀損論にも、再考を促す」（原田 一九九七、二五八頁）ような事例を前にして、「縄文世界における土偶には、時期・地域によって、その役割期待の在り方、土偶祭式を構成する各行事に、今までの認識以上の、多様な展開が隠されていた可能性が大きい」（同前、二五八頁）という考え方もいくつか登場するようになった。

b　近年の研究動向

甲野勇による『日本石器時代土偶概説』（一九二八）は、それまでのどちらかといえば好事家的な関心とは明確に距離をおき、土偶研究に画期をもたらした重要な論文である。論文中、「土偶全体の外形、姿態」の観察から、立像・座像・屈折像に三分する一方で、「最も普通な形式」である立像を中心としてさらなる形態的分類を行い、A類からE類までの五つを設定し、またそれとは異なる基準で「略式土偶」を提示している。A類については「所謂木菟土偶」、C類は「所謂遮光器土偶」であることも述べているが、本文中では「A類土偶」や「C類土偶」という表記法を貫いて、分類における客観性を保とうと努めている。

さて、このような甲野の研究姿勢には多くの学ぶべき点があるが、それとは別に、当時の土偶造形に対する認識状況や、今日的な理解からすると、A類土偶とC類土偶については甲野も示したように「木菟土偶」と「遮光器土偶」が該当し、B類土偶は「山形土偶」に、D類土偶は「河童形土偶」に、E類土偶は後述の「頭角土偶」にそれぞれ近似した内容である。

研究の初期段階にあっては、以上のような認識と分類が妥当であったが、その後の研究の進展に伴って、内容的にも地域的にも対象をより細分して整理、理解する方向が押し進められた。D類土偶を例にとるならば、その分布は甲野によって「極めて広いが数量的に少ない」と述べられているが、併載された分布図には中部地方を中心として、関東地方から東北南端までが、その広がりに入っていることが読み取れる。これは小林康男が論じるところの「河童形土偶」（小林康　一九九七）にほぼ該当するものであるが、対象資料が飛躍的に増加した現在、その分布は青森県域を

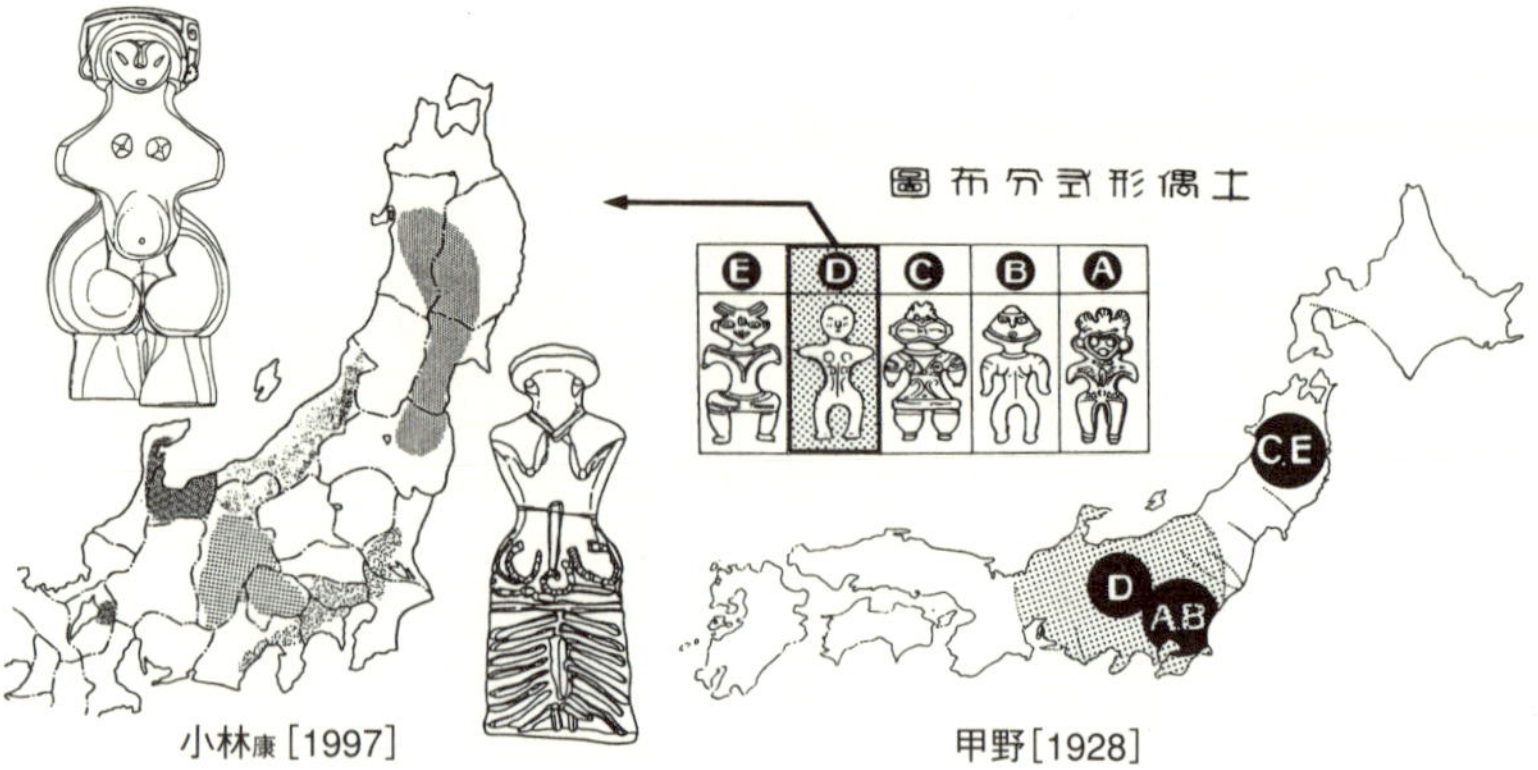

小林康［1997］　甲野［1928］

図1　研究の進展と認識の推移（D類土偶から広義の河童形土偶へ）

除く東北地方から中部地方にかけての広がりを示すこととなった（図1）。甲野が土偶研究を押し進めた当時に、木菟土偶や遮光器土偶のように人口に膾炙した「呼び名」が得られなかった土偶造形については、縄文中期のこの「河童形土偶」のように全体的な把握、理解をいかになすかが、研究対象の細分化とあわせて、未だ重要な課題として残されている。

しかし、小林の提示する「河童形土偶」にしろ、実際にはその内部に地域的なまとまりをもった細分化された単位——たとえば、中部の下伊那地方の「尻張り土偶」（神村　一九九七）や、大木式土器圏に顕著に見られる「西ノ前タイプ」（阿部　一九九八）、中部から関東地方にかけての「背面人体文土偶」、さらにその内部には「曽利系出尻タイプ」や「脚省略タイプ」（安孫子　一九九八）等々——がつぎつぎと提唱されている。いささか個別名称の氾濫気味のきらいもあるが、そのこと自体は、〈一定のまとまり〉を呈するいくつかの土偶造形が、土器型式圏と対応しながら、あるいはさらにそれよりも狭い広がりに分割されながら、小地域ごとの独自性を示している状況を、ある程度的確に反映した研究結果である、とも評価できよう（小林康　一九九七、二九一頁、新谷　一九九八、二〇五頁、他）。また、比較的早い段階より、形態上の特徴から全体的なまとまりが明確に認識されていた遮光器土偶や「ハート形土偶」のような土偶造形については、近年、その内容および分布圏の内部を系統的、地域的に細分化して整理、理解する試みがなされており（金子　一九九〇、上野　一九九七）、「河童形土偶」の研究状況と同様に、小地域の独自性への評価が高まっている。

c　問題設定

先にも述べたように、筆者は〈形式としての土偶の虚構性〉を主張する立場にあり、また上述の近年の研究動向にいささか逆行するようでもあるが、土偶造形における時代的変化に全体的な趨勢が存在することには強い関心がある。対象とする列島内のすべての地域が同一歩調で土偶造形の作りを変化させたわけではないが、そこには多少の遅速を伴いながらも一定の変化の趨勢が存在しており、しかも後述するように類似した造形表現が隔世的に出現する現象などは、「発現的構造」として〈人体表現とその象徴性〉から成り立っている土偶造形の「状況的機能」を解明するための有力な手がかりになるだろうと期待している。

そこで以下の論考では、まず縄文文化に属する土偶造形の年代的、ならびに製作技術的な変化の趨勢を整理する。次に、従来より漠然と認識されてきた名前をもった土偶、すなわち「遮光器土偶」、「木菟土偶」、「山形土偶」、「ハート形土偶」と、それらの間隙を埋めるように近年その知名度の高まった「河童形土偶」や「屈折像土偶」、また晩期後半の土偶造形の一部を取り上げて、研究成果の現状を整理、紹介する。そして、これら各種の土偶造形において、隔世的に出現してくる類似表現の内容を検討する。最後に、先述のような土偶造形の小地域単位への細分化とは別に、広域にわたって範疇化しうる対象でもある点にこそ留意して、その主要な構成要素が隔世的に反復出現する現象について、その実相を明らかにしたい。

四　基礎的物象論（予察）

a　土偶造形概観──初期板状表現から立体表現へ

縄文文化の土偶造形を年代的な展開、またその造形性に考慮して整理するならば、前半に属する板状表現と、後半の立体表現の土偶造形とに二大別できる。その境界はおおよそ縄文前期末葉から中期初頭にかけての時期である。

板状を呈する土偶造形とは、躯幹部を主体的に表現したものであり、これに四肢、および頭部が突起状に付加される場合がある。横位に並列して貼付される二つの粘土瘤の突起が、乳房を連想させる事例も存在する。頭部には顔面表現がほとんどなされていない(1)。ここでいうところの板状表現の土偶造形とは、従来の「板状土偶」とも近似する内容のものであるが、元来それはその作り（製作上の特徴など）に留意して呼び慣わされた用語であり、とくにその時代性を限定するものではなかった。実際には、たとえば縄文晩期にも板状土偶の事例は多く認められている。しかしここでは、土偶造形全般の変化の趨勢を整理するために、あえて時代性を全面に押し出して、さらにその製作上の特徴にも留意して、板状表現の土偶造形という呼称法を用いることにする。その意味をより際立たせるために、初期板状表現と呼ぶのも一案である。なお、初期板状表現の土偶造形群が指示する対象は、原田昌幸が論じるところの「初期土偶」にほぼ相当する（原田　一九九七）。板状表現であることをとくに強調する必要がないならば、「初期土偶」の用語も簡便で利用しやすい。

さて、板状表現の土偶造形の存在を前提として、縄文中期前葉以降に成立するのが立体表現の土偶造形である。このことは、前半段階の板状表現の造形を後半段階においていかにして立体化させるかの方向に進んだのが土偶造形全般の変化の趨勢である、とも言い換えられる。土偶造形における立体表現とは、四肢および頭部、ならびに頭部の顔面表現が立体的に作り出されたものであり、その一部に自立する土偶造形も含まれる。立体化の焦点は、頭部表現と

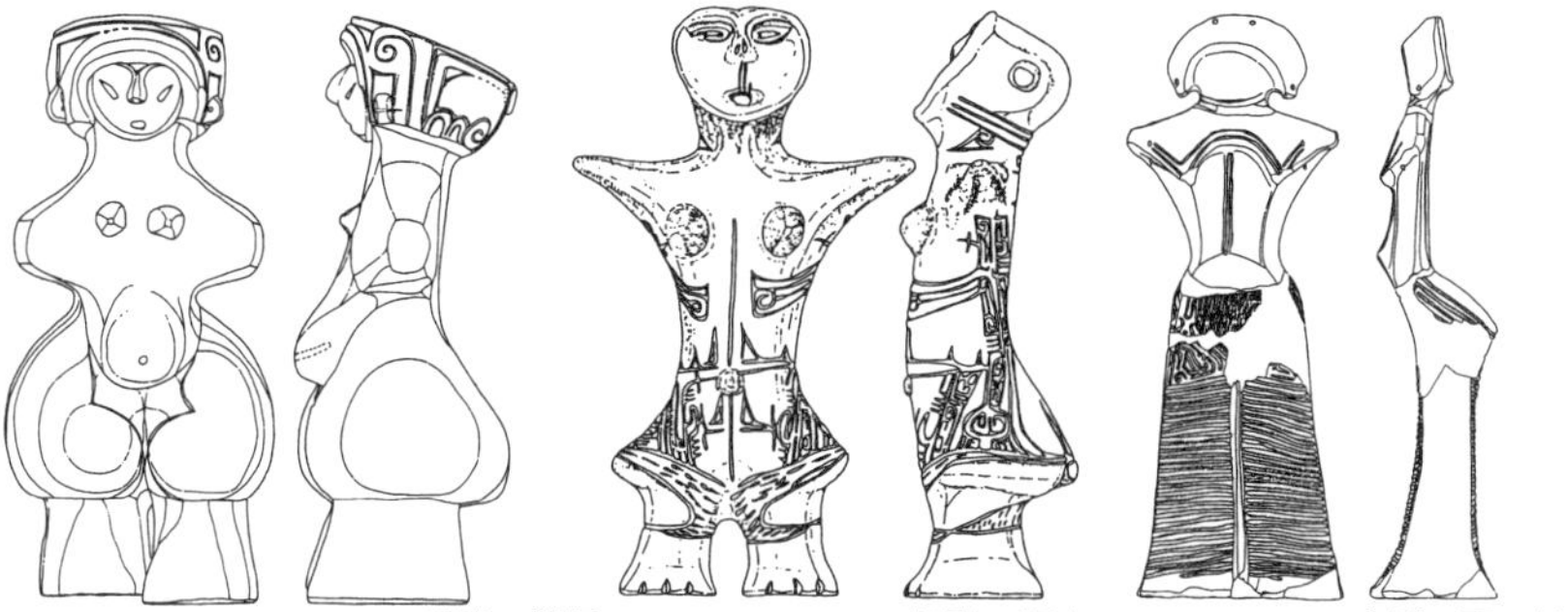

図２　河童形土偶（縮尺不同）

四肢、とくに脚部表現であったといえよう。また、土偶造形の象徴性と深くかかわるであろう胸部と腹部（腰部）の明確な表現も、立体化の文脈の中で評価することができるであろう。

b　主要な立体表現土偶造形の概説

ここでは、主要な立体表現土偶造形ついて、先に紹介した『土偶とその情報』プロジェクト研究等の成果にもとづき、今日的な理解の程度を整理する。

b—1　河童形土偶

河童形土偶とは、「平滑ないしは皿状の立体的な頭部を持つ縄文時代中期の土偶」（小林康 一九九七、二九一頁）と定義されるものである（図２）。その名称は一九六〇年代に登場し、一九八〇年代以降の小林康男による一連の研究（小林 一九八二、小林 一九九〇、小林康 一九九七）で、名称の周知度が高まった。広義の河童形土偶、すなわち小林が把握するところの対象の内容は幅広く、他の研究者によって別称されている土偶造形の一部もそれに該当してくることについては、先に述べた通りである。広義の河童形土偶の分布域は青森県域を除く東北地方から中部地方に及ぶ（小林康 一九九七）。

河童形土偶の一部は、「出尻土偶」とも別称されるように、臀部が後方に大きく突き出した形態をしている。その成因は、板状の躯幹部に太く重量感

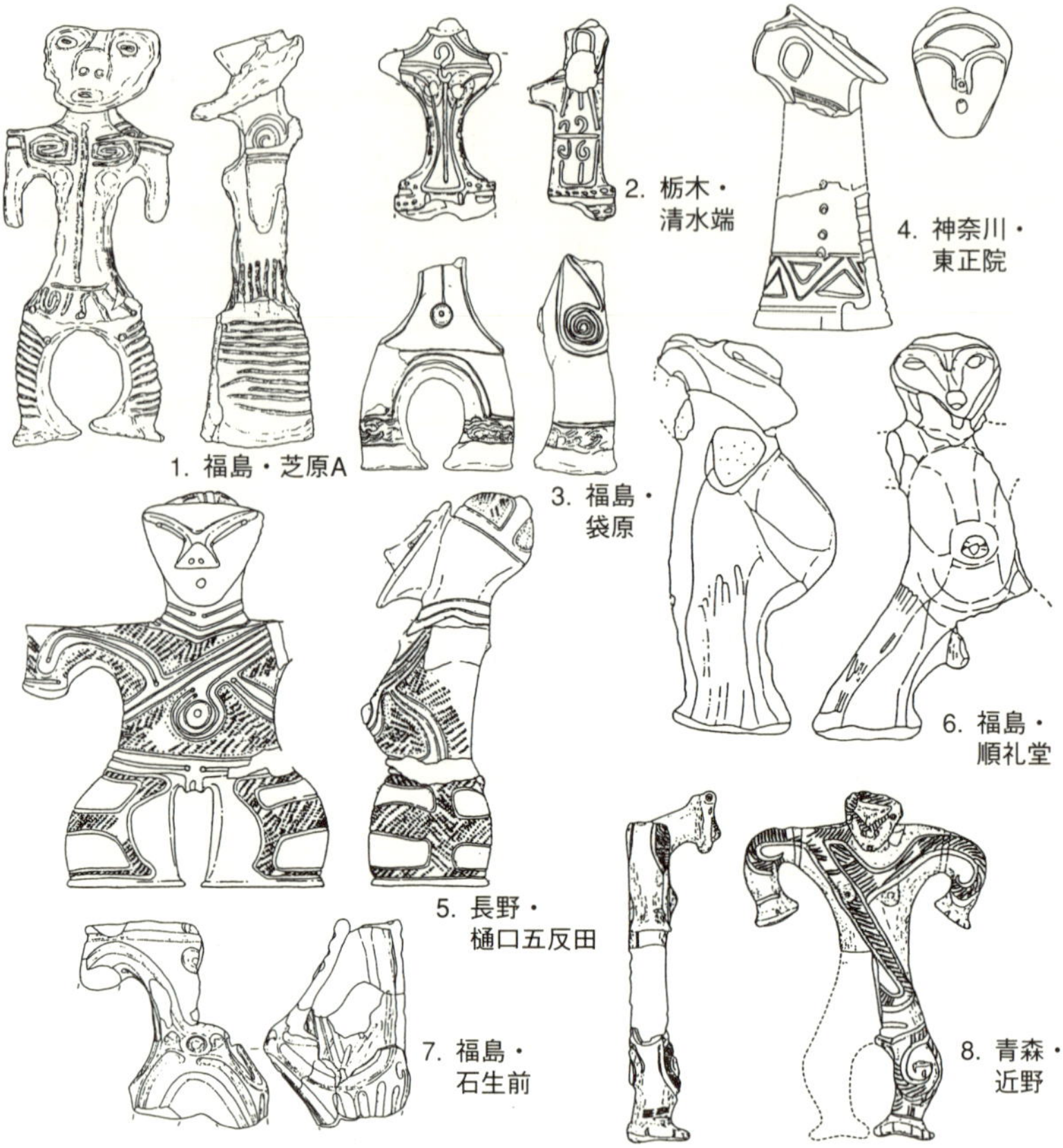

図3　後期前半の本州北東域の土偶造形群（縮尺不同）

のある脚部を取りつけるさいに、その接着面を広げるために、板状躯幹部の下端を背面側に反らせる工夫がなされたことによる結果かもしれない。あるいは、膨満する下腹部表現にするために貼付された、粘土塊によって生じた重心の前方への移動を、背面側に引き戻して重量的なバランスを保つ工夫として、その特徴的な造形が考案されたのかもしれない。

b—2　ハート形土偶

ハート形土偶は、縄文後期前葉に東北南部から関東地方にかけて発達した土偶造形として理解されてきた。その基本的な形態としては、「前に突き出した上向きかげんの顔、水平に張った肩部から短く下垂する腕、細身の胴部から極端に張り出した腰部と湾曲気味に立つ脚部」（山内　一九九二、一六二〜一六七頁）というような、群馬県郷原遺跡出土例を念頭においたイメージが強くもたれている（図3—1）。また、その名称は顔面形態の輪郭がハート形を呈することに由来する（野口　一九五八）。いくつかの例外はあるが（たとえば胸部の膨満表現をとる栃木県清水端例〔図3—2〕、腹部が多少膨らむ福島県袋原例〔図3—3〕など）、また後述の腹部が極端に膨満する中空の事例も存在するが、ハート形土偶では概して胸部の膨満した表現がそれほど発達しておらず、原則として腹部も膨満した表現にすることがない点に注目したい。現在では、分布の中心は宮城県南部から福島県、栃木県、茨城県那珂川流域にかけての地域であることが明らかになってきた（上野　一九九七）。

後期前半における、東北中・南部から関東地方を中心とした各種の土偶造形を、広義のハート形土偶として一括するか、あるいは個々別々の名称の土偶造形として分離するかで研究者間で見解の相違はあるが、前出の郷原例を典型とするものの他にも、筒形土偶とされるもの（神奈川県東正院例〔図3—4〕）や、中空の作りで腹部が膨満するもの（長野県樋口五反田例〔図3—5〕、福島県石生前〔図3—7〕）、腹部を極端に膨満させるもの（福島県順礼堂例〔図3—6〕）など、基本的な製作方法までを大きく異にする複数の土偶造形の存在が判明している。しかしながら、これらに共通する表現として、ハート形に近似した顔面輪郭がもっとも多く採用されている点には注意を要する。また、獅子舞の獅子頭のように前方に突き出した頭部表現は、東北北部の「十字形土偶」の系譜をひく土偶造形においても同様の傾向がみられ、広域な地域にわたり造形表現の類似化という共鳴的な現象が生じていることを指摘できる（図3—8）。

中期前葉に成立した立体表現の自立型の土偶造形は、その後、中期末葉にかけて、とくに関東地方から東北中・南部では、再び脚部表現の縮退化が起こり、「板状単脚土偶」（上野　一九九七、七三頁）と呼ばれるような土偶造形へと変化する。やがて後期前葉になりハート形土偶が成立する段階には、脚部表現にもしっかりとした自立型が復活し、また該期の土偶造形全般を特徴付ける獅子頭状の頭部表現も確立してくる。しかしこれらの変化過程について

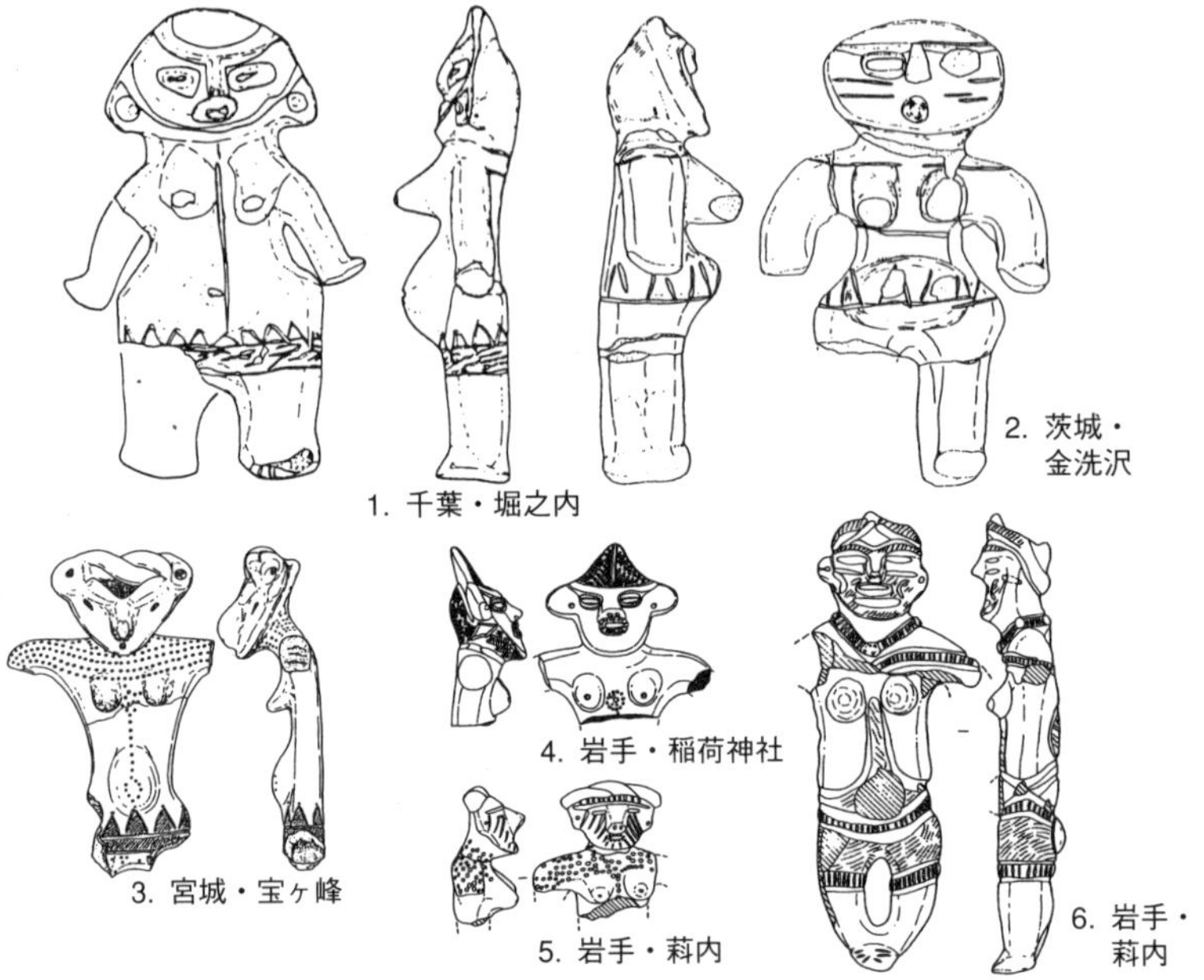

図4　後期中葉〜後葉の山形土偶群（縮尺不同）

は、「何故、そのような作りになったのか」が、ほとんど解明されていない状況である(2)。

b—3　山形土偶

山形土偶は関東北部、とくに霞ヶ浦沿岸地域を中心として濃密に分布し、さらにその周辺地域にまで広がる、縄文後期中葉の土偶造形として、早くより周知されていた。近年の研究では、山形土偶の定義を明確に規定しようとする試みにともなって、その分布域についても、たとえば「東北地方南部では、厳密な意味での『山形土偶』は少ない」（浜野 一九九七、一四九頁）というような認識も形成されている。その場合、厳密な意味での山形土偶がいかなるものであるかが問題となるが、形態上の特徴についての概括的な理解としては、たとえば「頭部が山形に盛り上がっているので『山形土偶』とよばれるが、その形はいろいろである。横に広がった顔にT字形の隆帯で眉と鼻を、粘土粒を凹ませて目と口を表現し、顎の形を隆帯で強調しているものが多い。後頭部が半円形に盛り上がるのも特色である。胸には大きな乳房があり、腹は大きくふくらむ。胸からへそにかけて隆帯や沈線による正中線が表現される。」（藤沼 一九九七、七六頁）などとなる（図4―1、2）。このような山形の頭部表現について、東北地方のものでは「縦楕円形の顔面に、正三角形の頭部」がつき、一方、関東地方の事例では「顔面と頭部が一体になって『山形』」になるので、それらの分布域の違いも考慮し、前者は後者の「関東地方のいわゆる山形土偶」とは別系統である（浜野 一九九七、一五一頁）、という理解が「厳密な意味での『山形土偶』」の定義の一端であるようだ。

では、「関東地方のいわゆる山形土偶」と並行する時期の、そしてそれと類似した表現の、東北地方の土偶造形とはいかなるものになるのだろうか。後期中葉にいたると、東北地方全般にわたって土偶造形の斉一化の動きが認められる。東北北部では、後期になると四肢表現と頭部表現を獲得して立体化を遂げた十字形土偶の系譜にある土偶造形が、その斉一化へと向かう。東北中・南部では後期前葉に狭義のハート形土偶が分布した地域であり、それに後続する土偶造形において斉一化への動きが認められる。その特徴として、頭部表現については「カール状の粘土紐の貼付け」、「半球状の頭部」等々、顔面表現については目や口の表現に沈刻から粘土瘤の貼付への変遷がみられる点、躯幹・四肢表現については「腕をたれ下げ、手のひらに凹みがつけられたもの」、「腰から下に真っすぐ伸びた短足」、「横幅が広い大型のものが多くなり、体部の厚みも増して断面に丸みが出る」、「乳房の張り付けや腹部の膨らみなども丁寧に付けられる」等々が列挙される（図4―3～5）（中村 一九九九、一八七頁）。このような形態上の特徴は、前記の山形土偶の概括的な定義と基本的には共通するが、たしかに浜野美代子が示すような厳密な定義とは一致しない。また、文様表現においても、東北地方の事例ではとくに肩部から胸部にかけてや、正中線の表現に、刺突文を多用する特徴をもつのであり、その点でも「関東地方のいわゆる山形土偶」とは差異がある。しかし、山形土偶の「山形」の名称、あるいは定義にそれほどこだわらず、それらに土偶造形の変化の趨勢を認め、広義の山形土偶として理解するのが良いと考える。

関東地方の山形土偶は、後期後葉にいたり、後述の木菟土偶へと長足の型式変化を遂げてゆく。一方、東北地方の

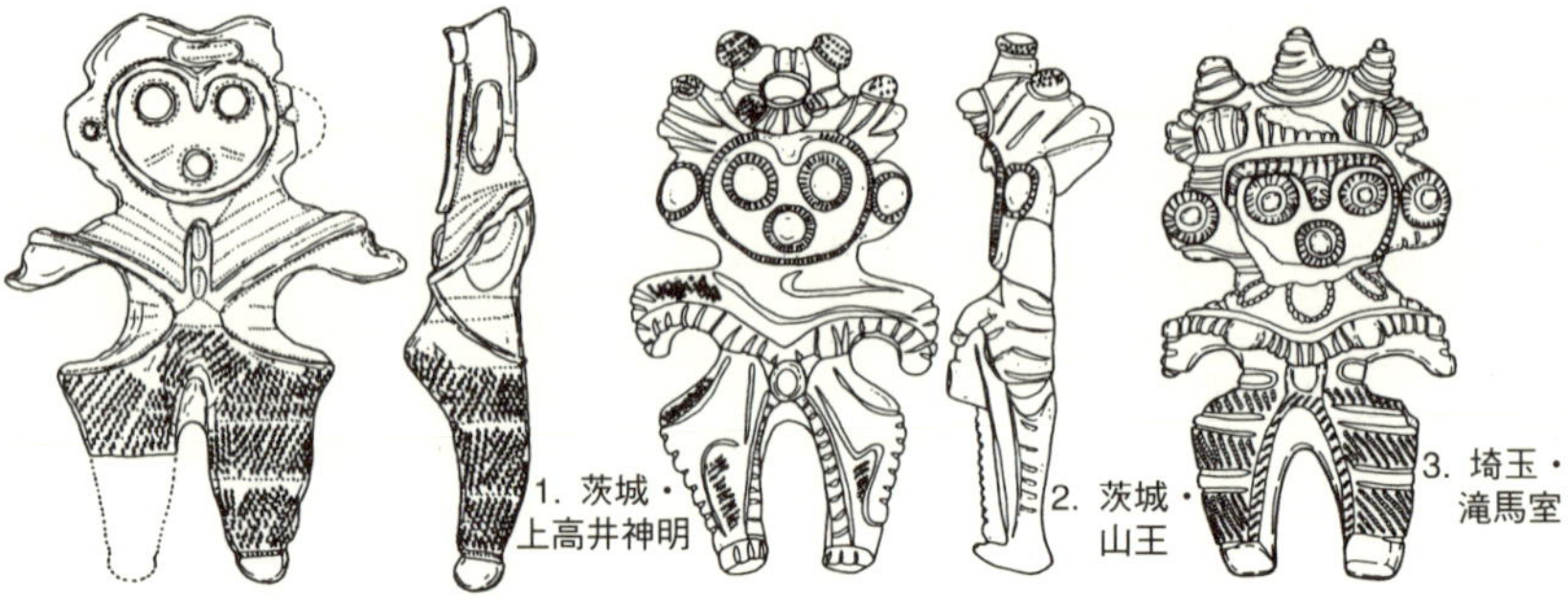

図5　木菟土偶（縮尺不同）

山形土偶は後期後葉に至っても、関東地方の事例ほどの変化は起こらず、広義の山形土偶の範疇で理解できるものである。しかし、後期後葉の事例では胸部の乳房表現と下腹部の膨満表現が顕著でなくなる（図4—6）。さらに輪郭などの顔面表現において後期前葉のハート形土偶的な要素が払拭される点なども考慮するならば、後期後葉の一群を「関東地方のいわゆる山形土偶」と並行関係にある後期中葉の広義の山形土偶と区分して把握することも、今後必要となってこよう。ここでは広義の山形土偶の後期後葉の一群として取り扱うが、それらが後期末葉から晩期初頭にかけて初期段階の遮光器土偶へと変化してゆく。

なお、北海道域でも後期の中葉から後葉にかけて、広義の山形土偶の出土例が多くなる。それらは本州の事例とは異なり、明確に墓坑内から発見されることが多い点に注意しておきたい。

b—4　木菟土偶

木菟土偶は、縄文後期後葉から晩期前葉にかけて、関東東部を中心として、その周辺部に分布した土偶造形である（図5）。その造形表現上の印象は、「全体に各部位のアクセントが強く、デフォルメされている」（山崎　一九九〇、三四頁）と述べられるように、非常に特徴的であり、「A類土偶」として紹介された甲野論文においては、「容貌は怪奇」と記されている。頭頂部の表現は髪を結ったような形態としばしば評され、またそれが同時期の土器の口縁部突起と類似した事例もある。

関東地方において先行する土偶造形である山形土偶からの型式学的な変遷については、顔面表現においては比較的連続的な変化過程がたどれ、また腰部の文様表現においてはあまり変化することなく受け継がれる。これとは対照的に、山形土偶において写実的な表現であると評されることの多かった豊満な乳房の胸部表現と膨満した腹部表現は、木菟土偶において両肩あるいは腕部両脇から延びる二条の隆起帯と脚部内股から延びる二条の隆起帯とが腹部中央の一点で交わる突起状の表現へと変化する。この変化過程では、後述するような各部位形態が示す象徴性が持続されたとは評価しがたいほどの変形が生じている。また、型式学的な連続性がたどれる顔面表現の変化ではあるが、写実的あるいは人間的と評されることの多い山形土偶の顔面表現が、木菟土偶に至っては「容貌は怪奇」と記されたような様式化の進んだ造形表現へと変形する点は、象徴性の変質をともなうような胸部・腹部表現の変化状況と共通している。

b—5　遮光器土偶

縄文土器研究において、土器型式の時間的な細分は、時間の経過と共に物象的な変化が生じていることを前提として実施されている。細分が細密化されるほどに、先後する細分型式間の連続性は克明にたどれることになる。その結果、たとえば連続して先後関係にある土器型式Aと土器型式Bとがそれぞれ古・中・新と三細分された場合、A式(古)とA式(新)との間の類似度と、A式(新)とB式(古)との間の類似度とでは、前者よりも後者の方が高くなる状況が生じてくる(3)。その際、A式やB式の単位性とはいったいいかなるものだったのか、が問題となってくる。A式とB式との区分はたまたま研究史的な経緯の為せる業なのか、それともそれぞれを本来一つずつのものとして括りうるだけの単位性が存在していたのか。

「遮光器土偶の成立」、という言い方が許されるのであれば、そこには最初期段階の遮光器土偶と、それに直接的に先行する土偶造形との間に、両者を区分するに足る有意な境界線がひける、という立場にあることになる。遮光器土偶を取り扱った近年のかずかずの論文によって、遮光器土偶の内部における変化の連続性が確認され、その時間的な変化過程は以前よりもこまかく議論されるようになってきた。そこであらためて問題となるのが、遮光器土偶の成立と終末についてである。時間的に直接的に先行する土偶造形や同様に後続する土偶造形との間の連続性の程度は、遮光器土偶の内部に見られた変化の連続性の程度と変わることがないのか、あるいは先行、後続する土偶造形との間には遮光器土偶を遮光器土偶たらしめるだけの有意な変異が内在しているのか。ここに各種の土偶造形を、縄文土器研究における土器型式（様式）や形式、型式（タイプ）の概念と、安易に対比し難い本質的な問題の一端が隠されている。

近年いくつかの論考が重ねられている「遮光器土偶の成立」に関しては、たとえば「そのまま遮光器土偶につながるような祖型たる土偶は後期中葉～晩期初頭には見られないが、各要素に分解してみれば系譜を辿ることは可能である」（金子　一九九七、三六五頁）と述べられるように、全体としての一系列的な変化過程を跡付けることは難しいが、土偶造形を構成する各要素に分解するならば、要素ごとの系譜をさかのぼることは可能である、というものがその代表的な見解の一つである。これに対して安孫子昭二は、遮光器土偶の祖型を特定の資料、すなわち青森県宇鉄遺跡出土の大形遮光器土偶（図8―4）に限定することによって、その成立の状況をつぎのように論じている。遮光器土偶の祖型たる宇鉄例はゴーグル状の仮面を被った姿を造形したもので、「亀ヶ岡文化をどのように構築するべきか、土器様式の組成もまだ定まらないし、共同体の霊を象徴する仮面の姿もまだ見えていないちょうどそのカオスの時」（安孫子　一九九九、三二九頁）すなわち晩期初頭に、仮面儀礼の代替として製作された、ということになる。

従来、宇鉄例は典型的とされる遮光器土偶とは形態や文様が異なり、その系統的な位置付けに苦慮されてきた資料である。年代観については、伴出した土器や形態的・文様的な特徴から晩期中葉、大洞Ｃ１期とされることが多かった。安孫子は同資料の子細な観察と類似資料との比較から晩期初頭、大洞Ｂ１古期に製作されたと結論する。大洞Ｃ１式ないしはＣ２式土器と伴出した事情については、「遮光器土偶が存続した長期間にわたり、共同体のアイデンティティに係わる重要な儀礼執行に機能」（同前、二九一頁）し、「共同体集団で崇め奉られ、代々に継承」（同前、

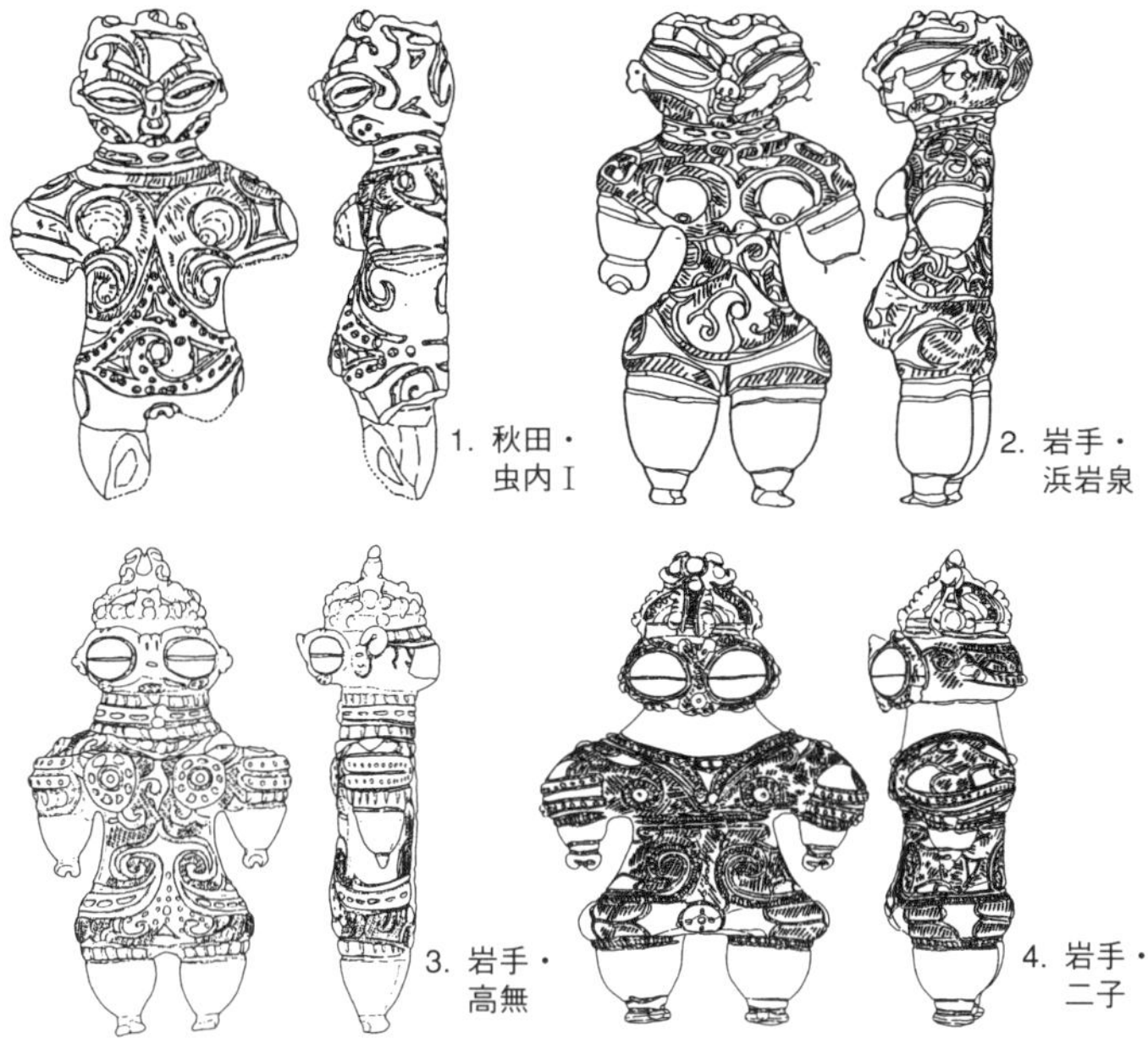

図６　遮光器土偶（縮尺不同）

三二九頁）されてきたが、晩期中葉に至り「遂に廃棄・埋納という事態」（同前、三二九頁）となったため、と解釈している。

　さて、この卓越した解釈の当否についてはここでは触れないが、祖型たる宇鉄例の出現をもって「遮光器土偶の曙光」がまさに〈点〉をもって示されたわけだが、しかしながらそれを構成する各種要素は同時期あるいは先行する時期の複数種類の土偶造形のうちに求められており、先に示した代表的見解のより詳細な具体的検討例ということになる。

　なお、安孫子によって宇鉄例と比較検討されたさいに取り上げられた大洞Ｂ１期、Ｂ２期に該当する青森県平貝塚例や岩手県浜岩泉例、青森県八日町遺跡例などが、初期段階の遮光器土偶の事例である（図６―１、２）。

b―6　晩期後半の土偶造形

　晩期前半に盛行した遮光器土偶も大洞Ｃ１期までを境としてその系統が不明確になり、その後、晩期後半の新たな状況が生じる。東北地方を中心とした晩期後半を代表する土偶造形としては、「頭部に角

1. 山形・杉沢　2. 宮城・鍛冶沢　3. 岩手・近内

図7　頭角土偶（縮尺不同）

状の突起がつく土偶」、「髪を結いあげたような土偶」、「刺突文で飾られた土偶」（藤沼 一九九七、八八頁）などがあり、前掲の甲野論文の「E類土偶」にほぼ相当してこよう。後二者は「結髪形土偶」、「刺突文土偶」などと呼称されることのある土偶造形で、大洞A～A′期、砂沢期に属する（会田 一九七九、仲田 一九九一）。

本稿では時期的に遮光器土偶に後続する大洞C2期前後の土偶造形までを検討の対象とする。それは、前記した「頭部に角状の突起がつく土偶」であり、「遮光器土偶の系譜をひく比較的大型の土偶」（藤沼 一九九七、八八頁）と評されることのある土偶造形である。適当な呼称名がないので、「頭部に角状の突起がつく土偶」を短縮して「頭角土偶」と仮称しておく。山形県杉沢例、宮城県鍛冶沢例、岩手県大洞例などがその典型である（図7）。遮光器土偶からの系譜をひく要素として「肩や腰を強く張り、太い足を踏ん張るプロポーションと、内部を中空に作る方法」（同前、八八頁）などが指摘されている。一方、躯幹部の装飾性が減退し無文地仕上げの面積が増える点、顔面表現において「目鼻立ちのバランスは良くなった」（同前、八八頁）点、脚部が発達し自立可能な事例も出現してくる点など、遮光器土偶からの連続的な変化だけでは説明できない要素も多く備えている。

b―7　屈折像土偶

屈折像土偶とは、前掲の甲野論文によって「体部が前こごみに湾曲して居る物」として分類された（江坂編 一九七一〔一九二八〕、一〇三頁）「屈折像」の

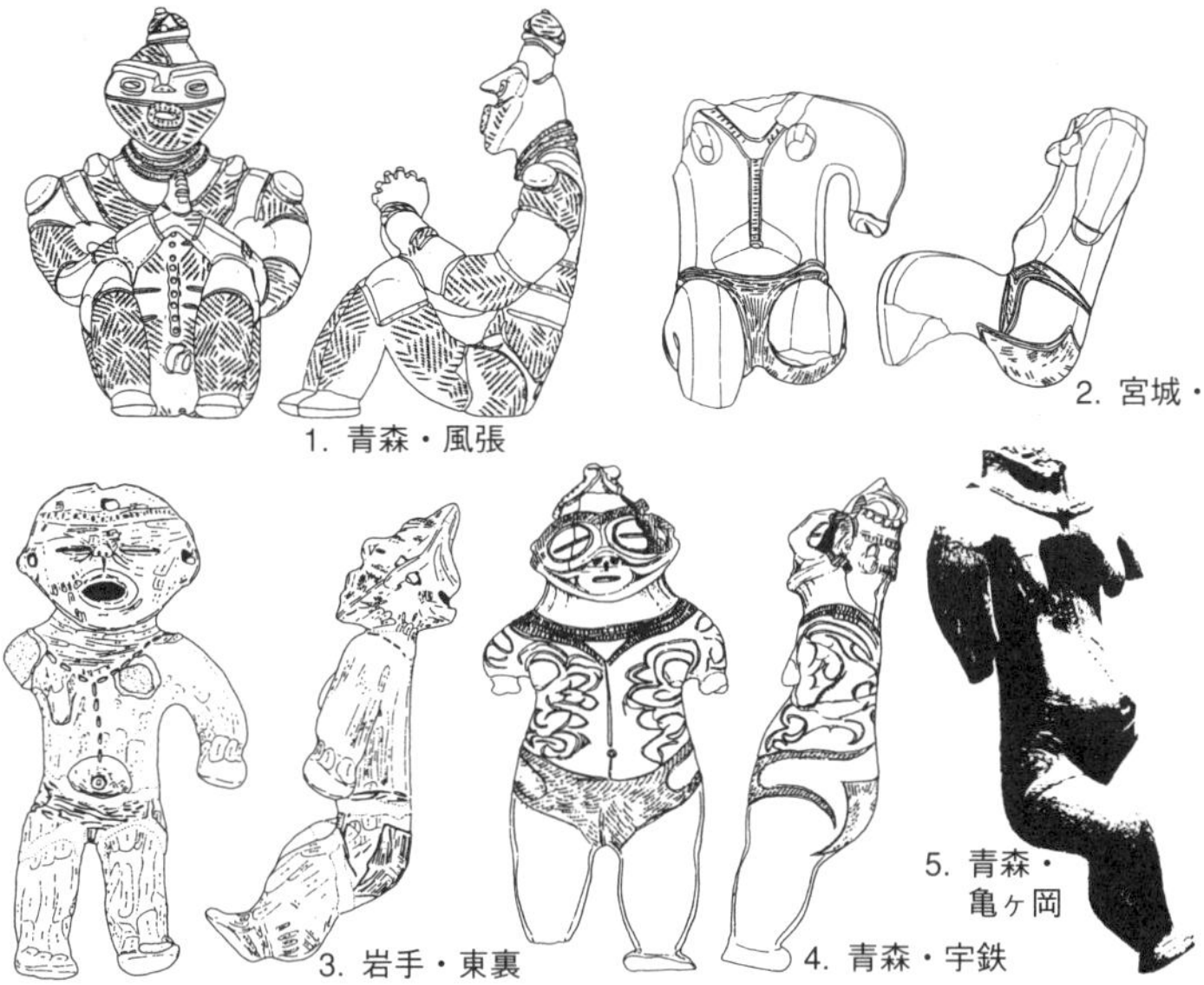

図 8　屈折像土偶（縮尺不同）

名称に配慮して、磯前順一によって「『屈折像』を四肢を屈折させた形態をとるものと再限定し、さらに『屈折像土偶』という名称を、本稿で扱う東北地方の縄文時代後期から晩期中葉にみられる土偶の『型式名』として限定」（磯前 一九九四〔一九八七〕、一二七頁）されたものである。

磯前によると、屈折像土偶は第一類の「腕を組み立て膝をする土偶」と、第二類の「手を下方に降ろし膝を軽く屈曲させたもの」とに二分され、その分布は東北地方を中心とし、とくに北半部に濃密である、とされる。第一類は後期前葉から晩期前葉に、第二類は晩期中葉に位置付けられる。そして両者の関係については、「型式学的にみると、第一類が退化し、その四肢の屈曲の弛んだものが第二類になると考えられる。この変遷は、その存在時期からみて（中略）確かなこととして認めることができる」（同前、一三四〜一三五頁）と述べられている。

各時期の屈折像土偶の特徴としては次のように整理されている。後期前葉（第一類）では、同時期の同一の特徴をもつ土偶造形が、立像と屈折像という異なる形態をとっているのに過ぎない（図8—1）。発見例は四遺跡七点である。後期中葉（第一類）では、「大きな乳房と膨らんだ腹部」（同前、一三七頁）が特徴となるが、これも同時期の山形土偶をはじめとする全般的な傾向に対応するものである。発見例は三遺跡四点。後期後葉（第一類）では、形態が異なるだけで「立像土偶と同型式」（同前、一四〇頁）である点はこれまでのあり方と変わらないが、「完全に膝を立てず、何物かに腰かけるような形態」（同前、一四一頁）の事例もあらわれてくる。発見例は三遺跡三点。晩期前葉（第一類）では、立像と同様に中実形や板状形、省略形などに屈折像土偶も分化するが、「屈折像をとる中空遮光器土偶がみられない」（同前、一四二頁）点に違いがみられる。写実的な表現をする点も遮光器土偶と異なる。背面の表現は、「後期中葉・後葉の流れを汲」（同前、一四五頁）んで文様を描くものと、「晩期中葉の屈折像土偶第二類のものと共通する」（同前、一四五頁）無文に仕上げるものとにわかれる。発見例は増加し、九遺跡九点となる。晩期中葉（第二類）では、腰部の文様帯の「パンツ」形の文様や前面の正中線、腹部の膨らみや小突起などを表現する。とくに、細長く垂れ下がった乳房表現は「大洞C2期の立像形の中空土偶と共通」（同前、一五一頁）するものである（図8—2、3）。発見例は一三遺跡二〇点と多い。

さて、以上のような磯前の整理については、たとえば「後期末〜晩期初頭まで系統性を持つかどうかは今のところ不明」（金子 一九九七、三九五頁）などの点も指摘されているが、大方の支持を得ているようである。しかし筆者は、磯前が主張する晩期前葉までの屈折像土偶第一類と晩期中葉の第二類との型式学的な連続性に疑問を抱いている。この点については磯前自身も「その中間過程を示すものは少なく、第一類と第二類のもののあいだには若干のヒアタスが存在するように思われる」（磯前 一九九四〔一九八七〕、一五二頁）とその不安をもらしている。数少ない中間過程を示す資料とは、「大洞C2期の遺構から出土」した青森県観音林例であり、「第一類の形態に、第二類あるいは晩期中葉の文様を兼ね備えるものであり、屈折像土偶が第一類から第二類へと変遷することを示す貴重な資料」（同前、一四八頁）として紹介される。磯前の示す編年表では、時期が変動する可能性を示しながらも、晩期前葉に位置付けられている。しかしその記述が確かならば、観音林例は晩期中葉、大洞C2期に第一類の形態をとる屈折像土偶が存在することを示しているだけであり、「中間過程を示す資料」とは評価し難い。また、先に紹介したように、事例数が増加する晩期前葉には後期中葉・後葉の流れを汲むものと、晩期中葉の屈折像土偶第二類と共通するものとが共存するという判断も、両者の連続性を前提とした上での評価となっている。事例数の増加は、磯前自身が行う「三叉文を主体的に施す土偶は後期後葉に含めず、便宜上晩期前葉のものとして扱う」（同前、一三九頁）操作が、その一因となっている。確かに晩期前葉に属する資料もあるようだが、おおむね初頭段階のものが多く、その他に後期に繰り上げるべき資料や晩期中葉に引き下げるべき資料も含まれているようだ。すなわち、屈折像形態の土偶造形は、第一類を中心とする後期から晩期初頭段階に属する一群と、第二類を中心とする晩期中葉の一群とが存在するのであり、両者の間には時間的なへだたりがあり、ことさらそこに時間的な経過に即した型式学的な連続性をもった変化過程は見受けられない。

なお、前述の遮光器土偶の項で紹介した宇鉄例（図8―4）について、筆者は伴出土器と造形的な特徴から晩期中葉と考えている。形態的にもっとも類似する資料は、屈折像土偶第二類に属する中実の青森県亀ヶ岡例（図8―5）や岩手県東裏例（図8―3）である。よって宇鉄例は、存在しないといわれてきた中空の屈折像土偶の事例であると判断する。宇鉄例には安孫子が指摘するように、時期的に古い段階に比定しうるような要素も見受けられるが、製作時期の判定にはもっとも新しい要素に着目すべきであろう。

c　造形表現の比較

では、前出の各種土偶造形についての新知見にもとづいて、それらにおいて隔世的に出現してくる類似表現の内容を検討する。

c―1　顔面表現

(ア)　眉状・鼻梁表現：頭部の立体化は、中部地方においては躯幹部に逆円錐台状の粘土塊の取り付けによって、東

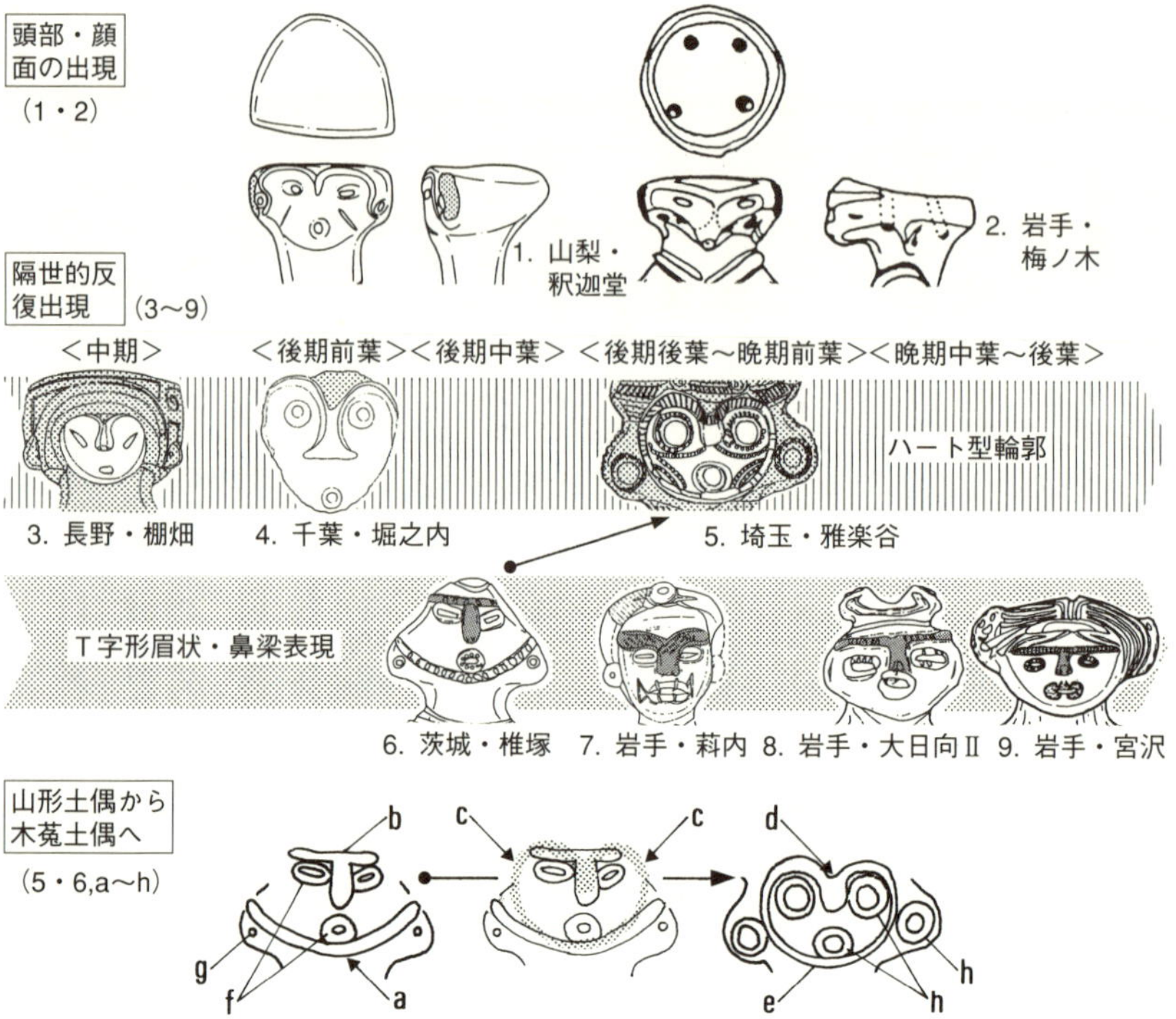

図9　顔面表現における隔世的反復出現

北地方中・南部では円盤状の粘土塊の貼付によって達成される。ともに縄文中期前葉の広義の河童形土偶においてのことである。中部の河童形土偶では、逆円錐台の一端を縦方向に切り取って準備した平坦面に、顔面を構成する各要素が表現される(図9―1、3)。二つの弧が連接する眉状隆起の接点から鼻梁隆起が垂下する。また、顔面の輪郭は、連弧の眉状隆起が強い印象を与えて、全体がハート形として際立ってくる。東北中・南部の初期の河童形土偶では、円盤状に付加された頭部だけで、顔面の表現はほとんどなされていない。やがて、頭部円盤の曲面の一端に平坦面が用意され、中部の事例と類似した顔面表現がとられるようになる(図9―2)。

さて、眉状連弧の目鼻立ちは、ハート形の顔面輪郭と共に、その後、後期前葉のハート形土偶(図9―4)と後期後葉〜晩期前葉の木菟土偶(図9―5)にも採用される造形表現であり、隔世的な出現傾向がうかがえる。晩期の遮光器土偶においても、その初期段階のものには眉状連弧の目鼻立ちの表現が認められるが、楕円形の顔面輪郭には取り込まれず、やがて遮光器状の眼部表現の一部として取り込まれてゆく。

これらに対して、山形土偶ではT字形の眉状・鼻梁表現となる（図9―6、7）。また、晩期後半の土偶造形の一部にも同様の表現が認められる（図9―8、9）。眉状連弧の目鼻立ちとT字形の目鼻立ちは、比較的近似した造形表現ではあるが、それらが顔面輪郭と組み合わされるか否かで、明確な差異を呈することになる。

（イ）顔面の表情：先述の甲野論文において「D類土偶」とされた土偶造形は、中部から関東地方にかけての河童形土偶にほぼ対応する。甲野はD類土偶について、その「顔面は比較的写実的」であることを指摘する。河童形土偶の顔面表現は、地域的な差異を呈しながらも、それぞれに様式的な斉一性が認められる。中部の事例では、沈刻で描かれた切れ長の目尻が吊り上がり、円孔状の口が特徴的な表情を醸し出している。しかし、これらの表情には、山梨県釈迦堂遺跡（山梨県教育委員会　一九八六）の事例に見られるように、個体ごとにさまざまな変異が認められる。顔面表現の様式的な斉一性には、主に前項の眉状・鼻梁表現と結びついたハート形の顔面輪郭によって与えられた印象が強く作用していると思われる。中部の河童形土偶の顔面表現には、様式的な斉一性と個々の資料の独自性とが拮抗しながら表現されている。この個体的な独自性こそが、甲野によって「比較的写実的」と評された点である。

さらに、様式的な斉一性よりも個々の資料の独自性が強く表現されているのが山形土偶である。換言すれば、より写実的な顔面表現であるともいえる。また、初期段階の遮光器土偶においても豊かな表情の顔面表現の事例が多くある。

これに対して、顔面表現上の様式化が一段と進み、比較的表情に乏しく、かえって怪異な表情を呈する土偶造形として、ハート形土偶、木菟土偶、初期段階の事例を除く遮光器土偶全般などが挙げられる。ハート形土偶のハート形の顔面輪郭が成立する経緯については未だ不明な点が多い。先行する中期の土偶造形には河童形土偶と東北北部の十字形土偶において、顕著なハート形の顔面輪郭がとられる事例がある。また、両者の系統は、後期初頭に至り、ハート形土偶の成立に関して、その一部の構成要素において系譜上の関連があることも指摘されているが（上野　一九九七）、顔面輪郭の系譜関係には不明な点が多い。

木菟土偶では顔面輪郭にとどまらず顔面表現全体においても、関東・東北南部の山形土偶からの明確な型式的変化をたどることが可能である。山形土偶の顔面表現の特徴の一つである顎のU字ライン（図9―a）がT字形の眉状・鼻梁表現（同b）と結びつくことによって（同c）、顔面輪郭の上辺はT字形から二連の弧状へと変化し（同d）、下端は尖らずに円くなり（同e）、ハート形の顔面輪郭が用意される。後半段階の山形土偶において顕著となる貼付粘土瘤に切り込みを入れた目や口の表現（同f）は、顎のU字ラインの外側の耳（同g）とともに、木菟土偶ではすべてボタン状の貼付粘土で表現される（同h）。それによって、山形土偶にみられた個体ごとの豊かな表情は薄れ、木菟土偶にあっては斉一性をもった怪異な表情の顔面表現へと近づく。

初期段階の遮光器土偶は、東北中・北部の後期中葉～後葉の広義の山形土偶に含みうる土偶造形からの変化過程の一端をあとづけることが可能である。ただし、晩期にいたると、土偶造形全体としての様式的な斉一性は急速に高まり、それ以前の広義の山形土偶のあり方とは一線が画される。しかし、その初期段階においては、広義の山形土偶にみられた諸特徴も個別的に引き継がれており、顔面の表情の豊かさはその一つとして数えられる。その後、遮光器状の眼部の表現の確立と共に、顔面表現から表情が薄れ、あの独特な容貌に収斂されてゆく。

顔面表現およびその表情において、それが写実的であるか、様式的な斉一化が進んでいるかを判断するのは、単に個体間の変異が大きいか小さいかの問題に置きかえることができず、主観的な判断が介在しやすい。しかし、以上に確認したように、造形表現上の様式的な斉一化が一層進んだ事例には、怪異な顔面表現を呈する事例が多いことには、大方の同意が得られることかと思われる。より人間的な表情に近い後期中葉の山形土偶と晩期初頭の初期段階の遮光器土偶、また怪異な容貌を呈する後期前葉のハート形土偶と後期後葉～晩期前葉の木菟土偶と初期段階を除く晩

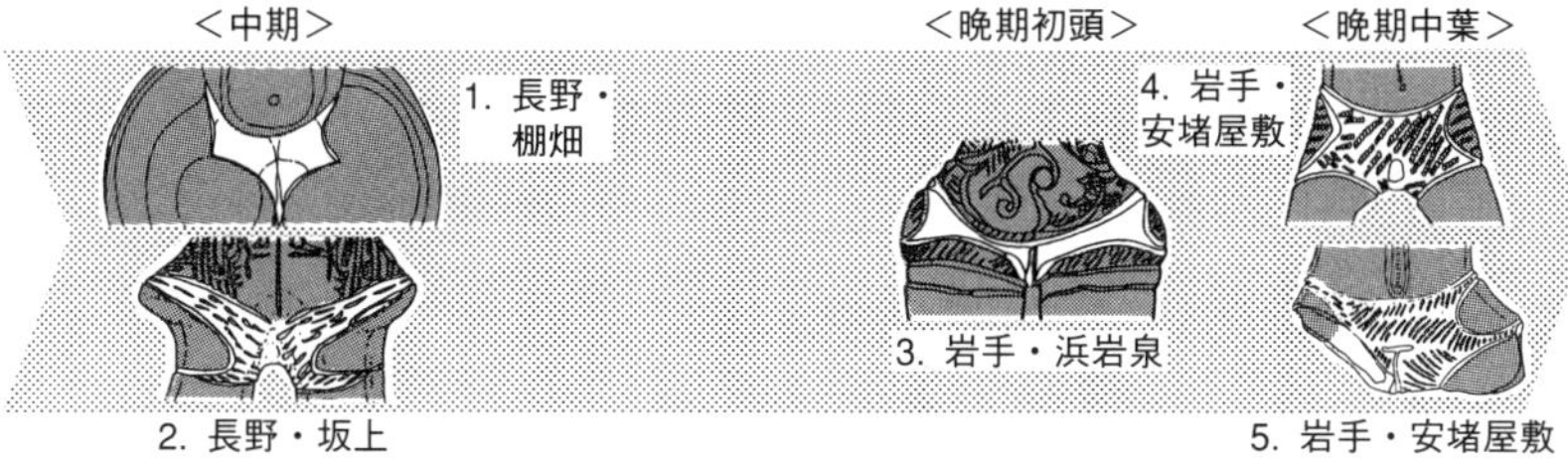

図10　股間～下腹部の文様表現

期の遮光器土偶全般、そして両者の相貌が拮抗する中期の河童形土偶、晩期中葉の頭角土偶、これらの出現時期にも傾向として隔世的なあり方が読み取れる。

c—2　下腹部から股間部にかけての文様表現

下腹部から股間部にかけての文様表現のうち、「前垂れ」形や「パンツ」形と形容される文様図形が、隔世的に出現するものとして注目される。

中期の中部の河童形土偶では、膨満した下腹部の両脇下に横倒しの台形が対向して描かれ、股間部に描かれた逆三角形と組み合わされて、特徴的な表現となっている（図10—1、2）。東北中・南部の河童形土偶にも、ベース形の文様図形が同所に描かれる事例が認められるが、中部例ほどは発達していない。晩期初頭の初期段階の遮光器土偶（図10—3）や晩期中葉の屈折像土偶（第二類）（図10—4）、晩期後半の土偶造形（図10—5）では、四隅が引っ張られたような四辺形の文様図形が描かれる。四隅の引っ張りがさらに強く表現されたものは、X字状の文様へと変化する。

「前垂れ」形や「パンツ」形は、単なる形容にとどまらず、実際に腰蓑のような衣服を表現したものである可能性も指摘されている。また、これらの文様図形と重なりながら股間部に施された縦位の刻線は、女性生殖器を表現したものとの解釈もなされている。

年代的に大きな隔たりがあり、また材質も異なるが、草創期の愛媛県上黒岩岩陰遺跡出土の「線刻礫」にも、同様の腰蓑状の類似表現が認められる（阿部 一九九三）。このような点から、「パンツ」形などの文様図形は、人体をモデルとする際には必然的に表現せざるをえない手や足、鼻、耳などの身体各部位の表現と同様に、特定の形態の衣服

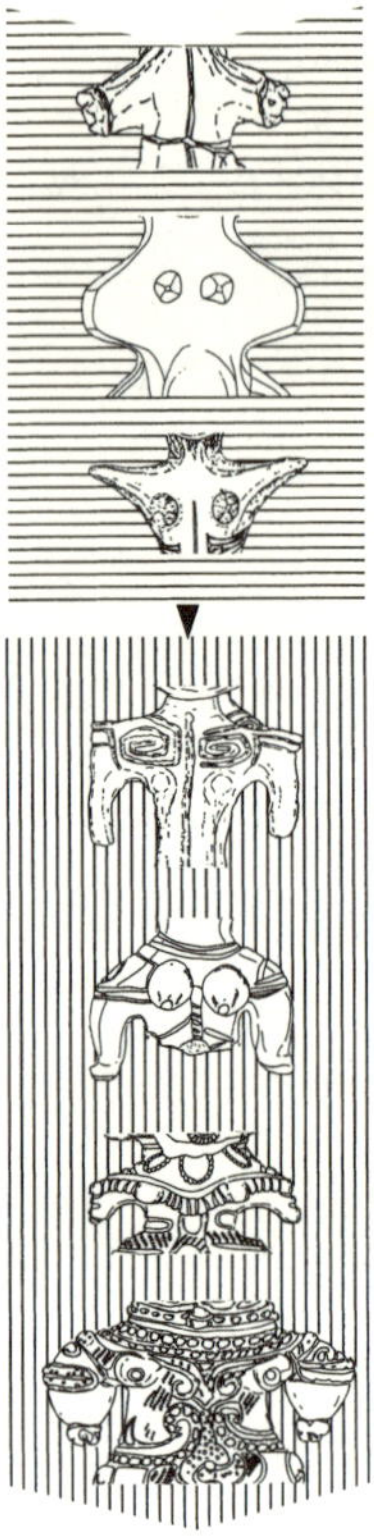

図11　腕部表現の変化

が通時代的に存在していたために、時代を超えて多くの事例で採用されていた文様表現である可能性がある。しかし、後半段階の立体表現の土偶造形にあっては、すべての土偶造形にみられる文様図形であるわけではなく、その出現時期が隔世的である点には、注意を要する。

c—3　脚部・腕部表現

立体表現をとる土偶造形の脚部には、自立型と非自立型との二つの造形表現がある。脚部による立体化は、中期前葉に中部の河童形土偶において、自立型として顕著に進行する。同じ広義の河童形土偶に属する東北中・南部〜関東北部の事例では、台状の脚部の中央に縦方向のスリットを一条入れることによって二脚状を呈する自立型の造形が実現される。しかし、それら河童形土偶では中期後葉に脚部表現の顕著な縮退化が認められ、この点が「有脚立像土偶」から「板状単脚土偶」への変化過程として指摘されている（山内 一九九二、上野 一九九七）。なお、東北北部では後期になって脚部表現の造形表現が本格化するが、自立型の作りとなることはない。

いずれにせよ脚部表現は、後半段階の立体化した土偶造形の一つの重要な特徴であり、また人体を造形対象とするときには必然的に表現される可能性が高い要素でもあり、ことさらこの点に隔世的な出現傾向を認めることは難しい。しかし、脚部を作り出し立体化させることと自立の可否とは、必ずしも対応するものではなく、その点にこそ隔世的な反復現象が認められる。すなわち、後半段階の土偶造形全般を見渡した際に、自立する明確な二脚の表現をとる事例は中期（おもにその前半）の河童形土偶と後期前葉のハート形土偶、そして晩期後半の土偶造形の一部であ

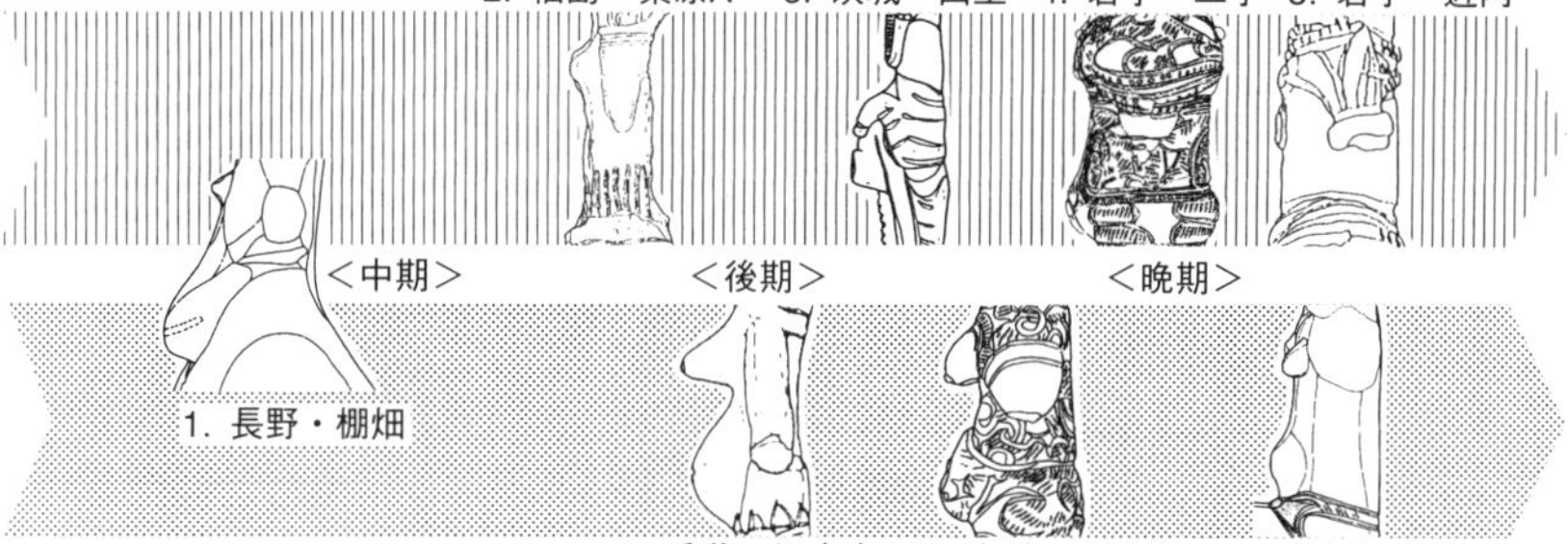

図12　胸部表現と腹部表現

る。ただし次の点には注意を要する。非自立型の二脚をもつ土偶造形でも補助具を用いるならば、立像の姿態は可能であるので、土偶造形における自立の可否は、土偶儀礼あるいは土偶祭祀でのその扱われ方の本質的な差異とは結びつかないかもしれない。

前期以前の突起状の腕部から水平に（あるいは斜め下方、斜め上方に）真っ直ぐと伸び出した腕部表現（図11—1〜3）も、河童形土偶に生じた立体化の一環である。立体化した伸身形態の土偶造形においては、この腕部表現が肩から腕にかけて明確に下方に屈折する表現になるのは、一、二の例外を除き(4)、後期以降のことである（図11—4〜7）。腕部表現には、隔世的な反復現象ではなく、通時代的な変化の趨勢を読み取れる。

c—4　胸部表現

胸部に円錐状あるいは垂涎状の粘土瘤が、横位に並列して二つ貼り付けられたものが、乳房を表現していると考えられる。乳房表現はほとんどの土偶造形に採用されている。この乳房表現を有力な根拠の一つとして、これまでにも土偶造形の女性性が論じられてきた。土偶造形の女性性については、先に紹介したように小林達雄による否定的な見解も示されているが、土偶造形の発現的構造としての〈象徴性〉の点からも、乳房表現の意義は侮れず、とくに重要であると考えられる。

土偶造形全般にわたり、一律に乳房表現の大小を比較することはできないが、個体ごとにその各部位の規模と比較するならば、豊満なものから形ばかりの小さなものまで、その表現の程度に有意な差異を認めることができる。さらに、相対的な規模の大小だけではなく、その写実性も考慮に入れるならば、やや乱暴ではあるが乳房表現を写実的豊満型と形骸的矮小型とに二区分できる。もちろん例外的な資料も多くあるが、全体的な傾向としては、写実的豊満型に属するものとして、山形土偶（図12―6）、初期段階の遮光器土偶（同7）、屈折像土偶（第二類）（同8）などが挙げられる。ハート形土偶（図12―2）、木菟土偶（同3）、初期段階を除く遮光器土偶全般（同4）、頭角土偶（同5）などは、形骸的矮小型に属してこよう。形骸的とはいい難いが、河童形土偶の乳房表現は、身体の各部位の規模と比べ、小さい作りであるといえよう（図12―1）。以上のように、乳房の表現にも、隔世的な反復現象が認められる。

c―5　腹部表現

土偶造形の下腹部の膨満した表現は、妊娠状態をあらわしたものと理解され、乳房表現と共に、そこに女性性を認める最大根拠の一つとなっている。下腹部の膨満表現も、後半段階の立体化の一環として採用されたものであり、多くの事例に認められる。しかし、腹部が平坦な土偶造形や、一見突出したような腹部表現ではあるがそれが妊娠状態を想起させるような形態でないもの（例：木菟土偶〔図5、図12―3〕）など、土偶造形全般にわたって下腹部の膨満表現がとられているわけではない。ここにも、隔世的な出現傾向がうかがえる。

下腹部の膨満表現をとるものには、河童形土偶（図12―1）、山形土偶（同6）、初期段階の遮光器土偶（同7）、屈折像土偶（第二類）の一部（同8）などが挙げられる。ハート形土偶（図12―2）、木菟土偶（同3）、初期段階を除く遮光器土偶全般（同4）、頭角土偶（同5）などは、非膨満あるいは平坦な下腹部表現の土偶造形である。

d　方　法

これまでに土偶造形の用途や機能について、それがいかなるものであるかの想定は、代表的な二つのやり方でなされてきた。その一つは、土偶造形の身体的な造形性に着目して、その造形対象を想定し、その対象がもつ属性を土偶造形そのものへと敷衍し返すことによって、そこに土偶造形の意味を見いだすものである。乳房や膨満した腹部、生殖器などから、「女性原理」を認めるものなどが、その代表例である。他の一つは、土偶造形の遺存状態や出土状態に着目するものである。石囲いの施設や土坑墓などの遺構にともなう土偶造形の出土例が少ないために、その出土状態から土偶造形全般についての機能・用途を想定することは、あまりなされていない。これに対して、土偶造形も考古資料全般の御多分にもれず、完全な状態のままで出土することはごくまれであるが、その造形性が人体表現であるがために、欠損部位に有意な意味が与えられることによって、そのことが土偶造形全般の意味として理解されるものである。いうまでもなく身体各部位毀損代替説は、そのような思考過程を経たものである。殺害され解体された女神の身体の各部位から各種の栽培植物や家畜動物が生じたことを説明する神話と対比して、土偶造形の機能・用途を想定する説も、その延長線上にある。

そしてこれらの想定がある程度の説得力を持ちながらも、異論併記のかたちでしか受け入れられなかったのは、すでに指摘したように、土偶造形全般を、あるいはイメージとしての土偶造形を、考察の対象としてきたからである。土偶造形全般に共通して認められる要素があることは確かであるが、すでに確認したように、それらは必ずしも連綿と継続して、また同規模・同程度に、表現されてきたものではなかった。むしろそのあり方は、隔世的な反復出現という現象として理解されるものであった。

そのときどき、地域ごとの各種土偶造形が担った、あるいはそこに託された、社会的・文化適応的なはたらきは一様ではなく、それぞれの状況性と深く結びついたものである。その細やかなニュアンス、すなわちイデオロギーの第一のレヴェルである「個々のイデオロギー」までも、異なる文化を生きる現代のわれわれが理解でき、ましてや復原できるなどとは、考えない方が良い。だからといって、土偶造形などの象徴的器物を、そこに反映された集団関係を解明するための資料としてのみ、あるいは純粋な編年的な指標としてのみ、取り扱うことに満足するわけにもいかない。ここでは、土偶造形に象徴されたものを、イデオロギーの第二のレヴェルである「エピステーメ」として読み解くために、以下のような方法的な手続きを踏まえることとする（小杉 二〇〇〇b、三九頁）。

土偶造形に対して、われわれはまず〈類推可能性〉の範囲で、その造形対象を認識することができる（小杉 一九九六、二二六頁）。その際の認識は、多分に〈類推〉に近いものであり、すなわちわれわれにとっての既知の対象との比較を基礎とするものであり、考古資料への自文化の価値観の投影という危険性をはらんでいる。その危険性を極力回避して、その認識を〈推定〉によるものに近づけるためには、土偶造形を構成する各種の造形表現に対して、それぞれがわれわれに既知の何と類似しているのかを明確に提示しながら、文化的な文脈や価値評価からできるだけ離れた地点で、土偶造形の場合はとくに生物学的な知見との対比から、その造形対象を推定する手順をふみたい。

まず、土偶造形全体については、躯幹表現と四肢表現、頭部および顔面表現から、たんに身体ではなくて、〈人体〉を対象（モデル）として造形されたものであることが推定される。この判断にもとづき、土偶造形の発現的構造が〈人体表現とその象徴性〉であると理解しているのである。次に、粘土瘤の貼付による横位に並列した二つの膨満した突起状の胸部表現については、〈人体〉であることを前提として〈女性の乳房〉が造形対象であると推定される。また、腹部、とくに下腹部の膨満表現については、これも〈人体〉であることを前提として、また胸部の乳房表現と組み合わされる事例が多いことから、単なる肥満ではなく、〈女性の妊娠状態の腹部〉が造形対象であると推定される。顔面表現については、〈人面〉が造形対象であると推定される。なお、下腹部から股間部に描かれた「パンツ」形の文様表現と股間部の縦位の刻線表現については、先の〈女性の妊娠状態の腹部〉が造形対象であると推定した膨満した下腹部表現との組み合せから、〈女性生殖器〉を造形対象とし、〈出産〉を象徴したものと推定される。

以上の点を整理すると、われわれは縄文中期に立体表現をとげて以降の大半の土偶造形に対して、〈人体〉、〈女性〉、〈妊娠〉、〈人面〉、〈出産〉という象徴性を認めることができる。そしてこれらの象徴性が、各種の土偶造形において、それぞれがいかなる程度に強調されながら、あるいは否定されながら、組み合わされ、統合され、さらに造形全体として何を象徴しているのかを推定することにしたい。

e　土偶造形の象徴性

立体化を遂げた後半段階の土偶造形において、隔世的に出現してくる類似表現を通観してきたが、反復出現する各要素は、次の三種類に分類できる。

その一は、程度の差、あるいは規模の大小の繰り返しというかたちで反復するものである。胸部（乳房）の写実的豊満型と形骸的矮小型の表現、腹部（下腹部）の膨満表現と非膨満表現などが、その代表例である。

その二は、ある・なしの繰り返しである。下腹部から股間部にかけての「パンツ」形などの文様表現が、その典型である。

その三は、異なる種類の表現の交互的な出現である。眉状連弧の目鼻立ちと結びついたハート形の顔面輪郭とT字形の目鼻立ちといった顔面表現に、この繰り返えしを認められる。

では、このような類似表現の繰り返し、しかも隔世的に出現してくる現象は、何を意味しているのだろうか。造形対象が、基本的には〈人体〉であるので、ある程度の必然的な類似が通時代的に生じることは理解できる。問題は、それが連綿として継続されるのではなく、時代を異にする土偶造形に、間欠的に採用される点である。

そこで本論考の最後に検討すべきことは、繰り返される特定の要素（属性）とその象徴性が、実際の土偶造形においてどのように組み合わされ統合された状態で、その出現を、いかなるタイミングで、繰り返しているかを把握することである。すなわち、各時期、ならびにそれらに該当する各地域の土偶造形は、全体としていかなる象徴性を具象化したものであるのかを推定することである。

なお、以下に整理する各土偶造形ごとの内容は、最大公約数的なものであり、当然その属するすべての資料に当てはまるものではない。しかし、そのような整理内容をもって、問題とする各土偶造形を的確に把握できることも事実であり、その該当率を数値で表すことは現段階ではできないが、まさにこのような検証課題こそ、先に紹介してきた土偶データベースの活用方法の一つであり、その実践を期待したい。

e—1　河童形土偶

中期の河童形土偶（とくに中部例）においては、様式的な斉一性が強められたハート形の顔面輪郭には非〈人面〉的な様相もうかがえるが、同時に個々の独自性をもった表情として〈人面〉的な顔面表現が実現されている。胸部の乳房表現は比較的小振りな作りであるが、しっかりと表現されており、〈女性〉性が的確に象徴されている。腹部は下腹部を膨満させるか、腰部を強調するものが典型であり、これらの表現として連動して、下腹部から股間部にかけて特徴的な「パンツ」形の文様が表現される。この点には、先の胸部表現の〈女性〉性と連繋して、〈妊娠〉、〈出産〉と関わる象徴性が読み取れる。以上の諸点を整理すると、河童形土偶は〈人面〉性ならびに〈妊娠〉、〈出産〉とかかわる〈女性〉性と、非〈人面〉性とが、共に象徴された造形表現であると推定される。

e—2　ハート形土偶

後期前葉のハート形土偶（とくに郷原例を典型とする狭義のハート形土偶）においては、その名の示す通りに顔面輪郭のハート形はとくに強調され、また目や口は円形を基調として表現されることによって、顔面の表情は薄れ、様式的な斉一性が強められ、非〈人面〉的な怪異な容貌になっている。胸部の乳房表現は形骸的な事例が多く、〈女性〉性は全般的に弱められた表現となっている。腹部は極端に平坦な作りであり、股間部にかけての「パンツ」形の文様も表現されておらず、〈妊娠〉、〈出産〉の象徴性は弱い。狭義のハート形土偶は、〈女性〉性が潜在化させられて、同時に非〈人面〉性が強められた造形表現であると推定される。

なお、広義のハート形土偶には、ここに整理した狭義のハート形土偶の内容とは異なり、むしろそれとは対照的に、下腹部を膨満させるものや、中空の作りのものなどが存在し、これらの並存状況にこそ、当該期の土偶造形の社会的なはたらきを探る鍵が隠されていると思われる。別稿での課題としたい。

e—3　山形土偶

後期中葉の広義の山形土偶においては、顎のU字ラインやT字形の目鼻立ちなどの顔面表現のいくつかの要素を共通としながらも、資料ごとに独自性の強い〈人面〉的な表情を醸し出している。胸部の豊満な乳房表現や膨満した下腹部表現は、きわめて写実的に表現されており、〈妊娠〉に関する〈女性〉性が強く象徴されている。さらに、脚部の付け根付近を除いて、躯幹部は全面的に文様装飾される割合が少なく、平滑な無地仕上げの地肌表現を基調としており、〈人体〉性が強調されている。山形土偶が「土偶のなかでも、もっとも人に近い姿をしている」（藤沼　一九九七、七六頁）と感覚的にではあるが評されるのは、顔面表現とともにこのような躯幹部表現の仕上げ方が作用しているからであろう。山形土偶（ただし広義の山形土偶のうち、後期後葉の事例を除くが）は、〈妊娠〉とかかわる〈女性〉性が強く象徴された造形表現であると推定される。

研究史上、「山形」の頭部の形態をもって「山形土偶」の名称が定められたために、必ずしも「山形」を呈さない当該期の東北地方の土偶造形は、長い間適当な名称も与えられず、その実体が漠然としか把握されずにきた。このような事情は多かれ少なかれ他時期の土偶造形の認識過程においてもみられることであるが、ここで広義の山形土偶とする対象群の〈人面〉性の写実的な表現の強さは、それらを様式的な斉一性の下に一括して把握することを、他の事例に増して難しくしてきたといえよう。

e―4　木菟土偶

後期後葉から晩期前葉にかけての木菟土偶においては、刻目隆起帯で表現するハート形の顔面輪郭、ボタン状粘土瘤の貼付による目・口・耳など、様式的な斉一性が強調された非〈人面〉的な怪異な表情の顔面表現となっている。乳房表現は形骸化しており、また点状に突出した腹部の表現は他の土偶造形にみられる〈妊娠〉を想起させる膨満形態とは異なり、そこにも強い様式化がうかがえる。木菟土偶は、狭義のハート形土偶の象徴性と類似して、〈妊娠〉にかんする〈女性〉性が埋没し、非〈人面〉性が突出した造形表現であると推定される。

e―5　遮光器土偶

晩期の遮光器土偶は晩期初頭の初期段階のものと、それ以降中葉までの遮光器土偶全般とを区分して評価する必要がある。

晩期初頭の遮光器土偶においては、それ以降の極度に様式化された表現への収斂の動きをみせながらも、個性的で〈人面〉的な顔面表現や、豊満な乳房表現、膨満した下腹部表現、そして股間部にかけての「パンツ」形の文様等、写実的な表現性を未だ強く保っている。〈妊娠〉、〈出産〉にかんする〈女性〉性と〈人面〉性が強く象徴された造形表現であると推定される。

これに対してそれ以降中葉までの遮光器土偶全般においては、顔面表現は様式的な斉一化が進み、怪異な非〈人面〉的な表情となる。乳房表現は形骸化し、また股間部にかけての「パンツ」形の文様は躯幹文様中へと埋没し、それと共に下腹部の膨満した表現も形骸化することによって、〈妊娠〉と〈出産〉にかかわる〈女性〉性は希薄化する。結果として、〈妊娠〉、〈出産〉にかかわる〈女性〉性が潜在化し、非〈人面〉性が象徴された造形表現になっていると推定される。

e—6　頭角土偶

晩期後半の頭角土偶においては、その一部においてT字形に近い目鼻立ちが採用されるようになり、顔面の表情には非〈人面〉的な多少の怪異さを残すものの、先行する遮光器土偶の様式的な斉一性と比べると、幾分〈人面〉的な表情を取り戻した感がある。一方、乳房表現は完全に様式化され、また腹部も平坦になり、その代わりに腰部が強調される。その腰部には「パンツ」形の文様を基調とする文様装飾が描かれ、股間部には女性生殖器が表現される事例も登場する。文様装飾は、腰部の他に肩部でも顕著にみられるが、その他は平滑な無地仕上げの地肌表現となり、この点に山形土偶との共通性がうかがえる。頭角土偶は、〈妊娠〉にかんする〈女性〉性は希薄化するが、〈出産〉にかんする〈女性〉性は変則的にではあるが強調され、〈人面〉性と非〈人面〉性との両義的な象徴性をやどした造形表現であると推定される。

e—7　屈折像土偶

屈折像土偶第一類の後期中葉～後葉に属する事例では、顔面表現における〈人面〉的な表情など、基本的には広義の山形土偶と類似する点が多い。腹部表現は下腹部を膨満させる事例があり、〈妊娠〉にかかわる〈女性〉性がうかがえる資料もあるが、平坦な事例もあり、一概には評せない。乳房表現は東北地方の後期後葉の山形土偶と同様に形骸化している。

晩期中葉の屈折像土偶第二類では、写実的な垂涎状の乳房表現が〈女性〉性を強く象徴する。また平滑な無地仕上げの地肌表現によって〈人体〉性が一層強調されている。腹部は膨満する事例と平滑な事例があるが、腰部には「パンツ」形の文様が描かれ、股間部には女性生殖器が表現される事例も多いので、〈妊娠〉的でもあるが、より強く〈出産〉に関する〈女性〉性が表現されている。

また、特定のポーズをとる屈折像土偶においては、その造形表現自体に強い〈人体〉性があらわれているといえよう。栃木県藤岡神社遺跡出土の股間部に粘土瘤が貼付された屈折像土偶の事例を、座産時の姿態を造形したものとする解釈もなされている（吉本 二〇〇〇）。この点からも屈折像土偶の〈出産〉にかんする〈女性〉性の強さを再確認できる。

さて、先に指摘したように大形で中空の作りである宇鉄例は屈折像土偶第二類に属するものと考えられる。宇鉄例の出土状況は特異であり、中空の内部に小形の土偶造形が入っていた状態で発見された(5)。大形品の欠損している頭頂部から小形品が入れられたものと考えられており、これについてたとえば水野正好は「死して葬られていくだけではなく、珍しくも甦りをも表現した土偶である。（中略）母なる土偶と子となる土偶であり、また女から女への世継ぎである。（中略）子たる土偶の出現が願われていたのであろう。」（水野 一九七九、三〇頁）という解説を加えている。このような解釈の微妙な点までの当否は判定できないが、その基本とする考え方は、〈出産〉にかんする〈女性〉性を強く象徴した屈折像土偶第二類に宇鉄例が帰属するという理解と矛盾するものではない。

五　解釈的仮説――「神像回帰」

になる。

a　土偶造形三態

土偶造形全般を見渡したさいに、隔世的に類似表現があらわれる現象が着目された。そこで、その造形表現や文様表現の象徴性を推定し、それらが各時期、ならびにそれらに該当する各地域の実際の土偶造形において、いかに組み合わされ統合され、全体としていかなる象徴性が具象化されているかを推定した。その結果を要約すると以下のようになる。

（1）〈女性〉、〈妊娠〉あるいは〈出産〉、〈人面〉の象徴性が具現化された造形表現として、山形土偶、初期段階の遮光器土偶、屈折像土偶第一類、同第二類が該当する。

（2）〈女性〉、〈妊娠〉あるいは〈出産〉の象徴性が潜在化、希薄化され、かつ〈人面〉の象徴性が否定された造形表現として、ハート形土偶、木菟土偶、初期段階を除く遮光器土偶全般が該当する。

（3）〈人面〉性、ならびに〈妊娠〉あるいは〈出産〉にかんする〈女性〉の象徴性と、非〈人面〉性とが拮抗しながら統一され、具象化された両義的な造形表現として、河童形土偶、頭角土偶が該当する。

ここに象徴性と造形表現との関係において、三つの様態の土偶造形の存在を提示した。先に確認した各種の部分的な造形表現における象徴性は、〈女性〉、〈妊娠〉、〈人面〉、〈出産〉であった。これらが組み合わされ統合されるさいに、各象徴性が肯定的に表現されるのであれば、土偶造形の発現的構造である〈人体表現〉の象徴性は、全体としての〈人間〉性が強化され、各部位の象徴性は一層強調されることになる。すなわち、山形土偶、初期段階の遮光器土偶、屈折像土偶第一類、同第二類は、〈妊娠〉あるいは〈出産〉にかんする〈女性〉の象徴性が造形表現されたものであり、そのことの祈願を第一義的な目的として製作された象徴的器物である、と結論する。私はこれを、《母体像》と呼びたい。

では、〈妊娠〉あるいは〈出産〉にかんする〈女性〉の象徴性が潜在化され、〈人面〉の象徴性すなわち〈人間〉性が否定的に表現された土偶造形の、全体的な象徴性とはいかなるものであろうか。〈妊娠〉あるいは〈出産〉にかんする〈女性〉の象徴性から〈人間〉性を取り去ったさいに、そこからは妊娠や出産という具体的なイメージが消失し、より抽象的な〈再生〉あるいは〈再生産〉の象徴性へと転成してゆく、と考えられる。さらに、土偶造形の発現的構造が〈人体表現〉であるので、〈人面〉の象徴性の否定はただちに非〈人間〉性を意味するのではなくて、むしろ超〈人間〉性へと転成する、と考えられる。〈再生〉あるいは〈再生産〉を象徴する存在としての超〈人間〉性を備えた造形表現とはいったい何か。私はこれを、《神像》と呼びたい。よって、ハート形土偶、木菟土偶、初期段階を除く遮光器土偶全般は、〈再生〉あるいは〈再生産〉を司る超〈人間〉性が造形表現されたものであり、その象徴性から派生あるいは連想される幅広い祈願を目的として製作された象徴的器物である、と結論する。

そこで問題となるのが、〈女性〉・〈人面〉性と非〈人面〉性の両義的な造形表現としての、河童形土偶、頭角土偶の存在である。両者を一括して扱うことはできないかもしれないが、〈妊娠〉あるいは〈出産〉にかんする〈女性〉の象徴性という〈人間〉性の強い造形表現と、その具体的なイメージが非〈人面〉性を介在することによって転成された〈再生〉あるいは〈再生産〉の象徴性という超〈人間〉性の造形表現とが、一つの象徴的器物のなかに共存しているのは確かである。私はこれを、《半神半人像》と呼びたい。この造形表現を、〈人間〉性と超〈人間〉性の未分化の状態と理解するのか、あるいは両者が統合された状態と理解するのか、その判断は、先後する他の土偶造形における象徴性との関係を検討することによって可能になるだろう。

b 「神像回帰」

縄文前期末葉から中期初頭にかけての時期を境として、縄文文化に属する土偶造形の後半段階、すなわち立体表現

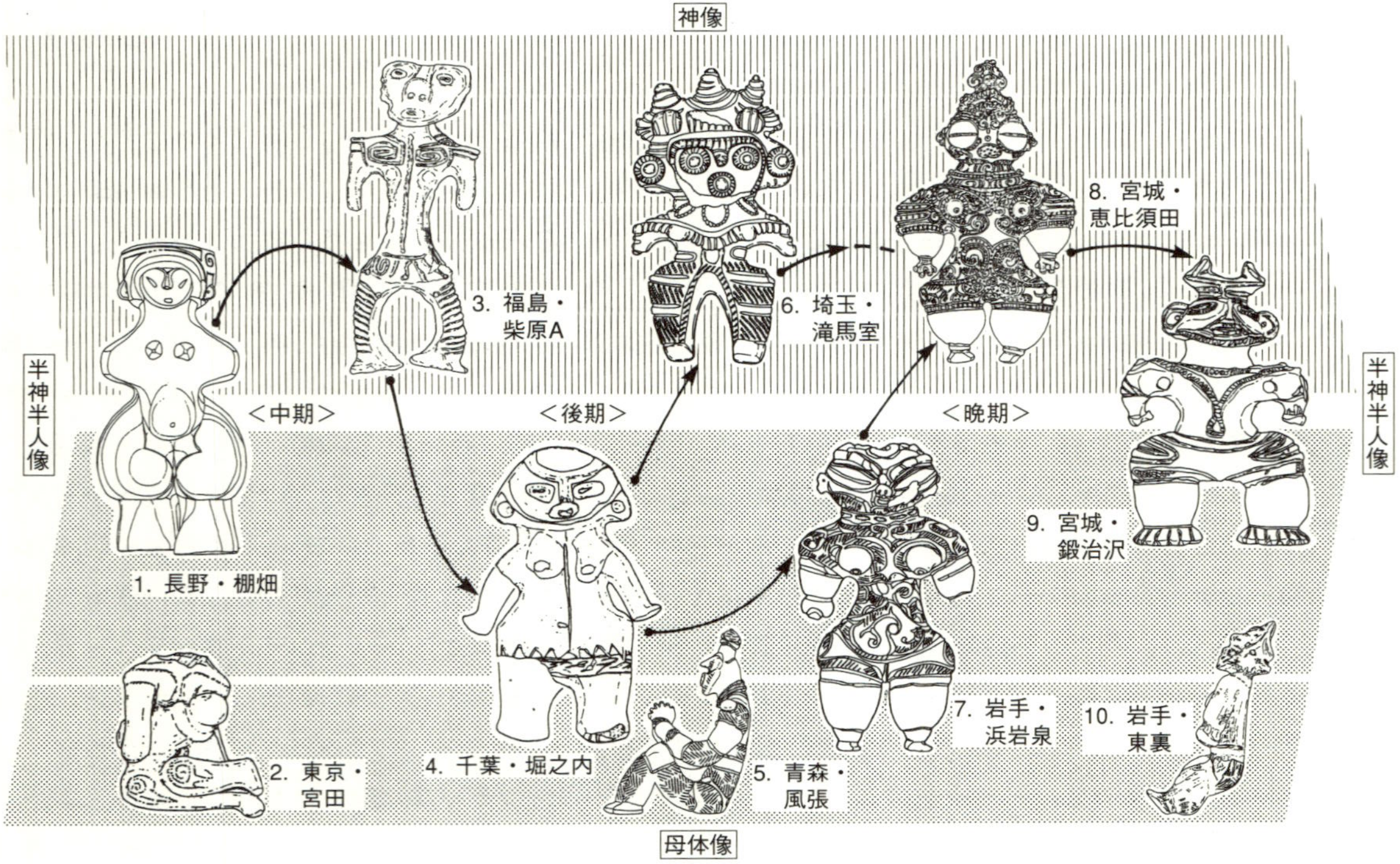

図13　縄文文化後半期における神像回帰

の土偶造形の展開が始まる。本州北東域には主だった土偶造形として、中期の河童形土偶（広義）、後期前葉のハート形土偶（狭義）、後期中葉の関東地方の山形土偶（狭義）と後期中葉～後葉の東北地方の山形土偶（広義）、後期後葉から晩期前葉の関東地方の木菟土偶、晩期初頭の初期段階の遮光器土偶、それ以降の遮光器土偶全般、晩期中葉の頭角土偶などの、伸身形態の土偶造形が登場しては、姿を消していった。また、特定のポーズをとった土偶造形も一部並行して出現した。すなわち中期の河童形土偶にともなっていわゆる「ポーズ（形）土偶」、主に後期中葉～後葉の広義の山形土偶に伴って屈折像土偶第一類、そして晩期中葉の頭角土偶に伴って屈折像土偶第二類が、並存した。

これらを象徴性の展開として通時代的に眺めわたしたさいには、いかなる様相が浮かびあがってくるだろうか。中期の河童形土偶は、〈妊娠〉あるいは〈出産〉の象徴としての〈女性〉＝〈人間〉性と、〈再生〉あるいは〈再生産〉の象徴としての超〈人間〉性とが、一つの象徴的器物である土偶造形の中に共存する半神半人像であった（図13―1）。後期前葉のハート形土偶は、〈再生〉あるいは〈再生産〉の象徴としての超〈人間〉性を造形した神像であった（図13―3）。ハート形の顔面輪郭の造形は、先行する河童形土偶の超〈人間〉性に関する伝承的な記憶が、その採用を促したのかもしれない。

続いて、後期中葉の山形土偶は、〈妊娠〉あるいは〈出産〉の象徴としての〈女性〉＝〈人間〉性を造形した母体像であった（図13―4）。東北地方では後期後葉にいたっても、広義の山形土偶が作りつづけられるが、それは〈妊娠〉あるいは〈出産〉の象徴としての〈女性〉性が潜在化しはじめたものであった。しかし、その全体的な容姿は〈人間〉性を強く表現し、象徴するものである。よって、これらの広義の山形土偶と並存した屈折像土偶第一類が、何故ポーズをとる姿態でありえたかは、その象徴性が〈女性〉＝〈人間〉、あるいは〈人間〉であったからにほかならない（図13―5）。中期の河童形土偶にポーズ（形）土偶が並存したのも（図13―2）、半神半人像である河童形土偶の象徴性の一面として、〈人間〉性が内在していたからである。換言すれば、母体像であり、あるいは半神半人像であったからこそ、人間としての動作、行為を表現しえたのである。

では何故、後期中葉~後葉に北海道域で採用された広義の山形土偶は、本州各地で執行された最終的な使用あるいは処理の状況とは異なり、墓坑に遺体とともに埋められたのであろうか。北海道域においては、広義の山形土偶の〈妊娠〉あるいは〈出産〉の象徴性は、神像における汎用性をおびた〈再生〉性や〈再生産〉性へと転成されたのではなく、おそらく〈再生〉性に限定されて転成されたのではないだろうか。すなわち、葬送（埋葬）儀礼に取り込まれた広義の山形土偶は、〈再生〉へと特殊化された象徴性を遺体に添加するはたらきを期待されたと考えられる。(6)

さて、関東地方の後期後葉から晩期前葉の木菟土偶は、再び〈再生〉あるいは〈再生産〉の象徴としての超〈人間〉性を造形した神像となった（図13―6）。そのさいに、ハート形の顔面輪郭が採用されたのは偶然ではないであろう。その造形表現がもつ象徴性についての伝承的な記憶が、ハート形土偶へとさかのぼり、あるいは河童形土偶にまでさかのぼって、復活したのではないだろうか。

東北地方の晩期初頭の初期段階の遮光器土偶は、先行する広義の山形土偶において一旦潜在化に向かった〈妊娠〉あるいは〈出産〉の象徴としての〈女性〉性を再度高めはじめ、〈女性〉=〈人間〉性を造形した母体像を維持することになった（図13―7）。しかし、それ以降の遮光器土偶においては、〈女性〉=〈人間〉の象徴性は潜在化し、その地でも再び〈再生〉あるいは〈再生産〉を司る象徴としての超〈人間〉性を造形した神像へと転成した（図13―8）。そこでは木菟土偶の場合と異なり、ハート形の顔面輪郭は採用されずに、超〈人間〉性を象徴する新たな顔面表現が考案されたのであろう。

東北地方では晩期中葉に至り、〈妊娠〉あるいは〈出産〉の象徴としての〈女性〉=〈人間〉性と、〈再生〉あるいは〈再生産〉の象徴としての超〈人間〉性とが共存する半神半人像が製作された。それが頭角土偶である（図13―9）。この時期に、出産の具体的な所作を表現する屈折像土偶第二類が並存したのも（図13―10）、前例と同じく半神半人像である頭角土偶の象徴性の一面として、〈人間〉性が内在していたからと考えられる。

以上のように、神像と母体像とがその出現を交互的に繰り返す現象が、後半段階の土偶造形にみてとれた。その始まりにあたる中期の半神半人像は、そのような回帰的な変遷が始まる直前段階であり、まさに〈人間〉性と超〈人間〉性の未分化の状態を反映したものかと思われる。一方、晩期中葉の半神半人像は、これまで神像と母体像との回帰的な変遷を遂げてきた後のことなので、そこに〈人間〉性と超〈人間〉性とが新たに統合された姿を予測したい。

c　神像が回帰する社会

縄文文化の後半期、土偶造形に認められた変化の趨勢は、神像と母体像との、またそれに半神半人像も加わった、隔世的・交互的な反復出現の過程であった。ここではこの現象を〈神像回帰〉と呼ぶことにする。それは広域にわたる類似現象が、長期間にわたって隔世的に反復出現する現象であり、この神像回帰とはまさに通時代的に生じたメタ現象であるといえよう。このようなメタ現象が生じた社会的・歴史的な状況とはいかなるものか。本稿での最後の問である。

まず、広域にわたる類似現象について考えてみよう。

筆者はこれまでに、縄文晩期の象徴的器物、とくに象徴性が高い考古資料を分析対象とし、そこに蕩尽的多量出土現象と低密度広域分布現象とがともにみられることを指摘した（小杉 一九九八、一〇一頁）。そして、当時の集団関係が「ネット型間欠的結合（モデル）」というような状態にあったと解釈した。個々の集落集団あるいは小地域集団は、地理的に近接する集団とのみ接触・関連しているのではなくて、遠隔の地にあっても友好的な社会的紐帯関係が結ばれていれば、緊密な接触・関連がありえた。むしろ地理的に近接していても、敵対的緊張関係であったりして友好的な社会的紐帯が築かれていなければ、集団間の接触・関連は薄かったであろう、と推定した。このような集団関係は、隣接する個々の下位小集団が順次上位の大集団組織へと統合されてゆくような「ピラミッド型統合モデル」では説明できず、ところどころが散発的に切り離された古びた蜘蛛の巣のような関係の編み目が、特定の小集団の間に張りめぐらされていた状況を想定することによって説明できるのである（小杉 二〇〇〇a、六四三頁。小杉 二〇〇

一、一三〇頁)。

本稿で取り扱ってきたような、広域にわたる類似現象には、土器型式現象の解釈にしばしば見受けられるように、「ピラミッド型統合モデル」で説明される実体的な集団の存在を想定しがちである(小杉 二〇〇一、一二九頁)。ましてや、それが象徴的器物である土偶造形なので、そこには共通の宗教的観念が共有されていたとも理解されやすい。しかし、土偶造形に見受けられた広域にわたる類似現象は、「ネット型間欠的結合モデル」のような集団関係においても現象しうるのである。すなわち、ネット型間欠的結合をなすおのおのの小集団は一つの特定の関係の編み目にだけ属しているのではなく、異なった結びつき方のネット型間欠的結合をなす複数の他の関係の編み目にも属していたのである。それら小集団間の関係を俯瞰するならば、見かけ上、全体があたかも細かな編み目でタイトに結びつけられた外観が浮かびあがってくる。

このように複数のネット型間欠的結合の集積によって生じた見かけ上の関係の編み目は、たんに見かけだけのことにはとどまらず、本来は各ネット型間欠的結合の内部に閉じていた特定の情報・知識を自然に流出させるような効果を発揮したのではないだろうか。その結果生じたものが、たとえば象徴的器物である土偶造形における広域にわたった類似現象である。このような類似がそのような規模で生じていたことを、おそらく当事者たちはそれほど自覚してはいなかったと思われる。

では、広域的類似現象を呈した象徴的器物である土偶造形が、なぜ長期間にわたって隔世的に反復出現するのかが、次の問題である。

今回は詳しく取り扱えなかった点であるが、縄文晩期の後葉あるいは終末をもって神像回帰の現象はみられなくなる。それは取りも直さず、日本列島における土偶造形の製作の終焉に他ならない。縄文文化に属する土偶造形にあっては、その出現の当初から神像回帰の現象が現れたわけではなかった。前期末葉から中期初頭の時期を境として、土偶造形の立体化への変化の趨勢が明確になる。地域によって遅速はあるが、おおむねそれ以降、晩期の後葉あるいは終末までが、後半段階の土偶造形が製作された期間であり、長きにわたったその期間において神像回帰は現象したのである。よって、小集団間に複数のネット型間欠的結合が集積するように張りめぐらされて、見かけ上、タイトな関係の編み目で結ばれたような社会的な状態・状況が、縄文中期初頭から晩期終末近くまで継続された可能性を指摘できる。もちろんその継続とは静的なものではなく、小集団間のネット型間欠的結合が絶えず更新あるいは変更される、その連続のことである。しかし、その小集団間のネット型間欠的結合の絶えざる更新・変更は、メタ現象である神像回帰が成立しえなくなる程の集団関係のラディカルな転換ではなかったのである。

当事者がいかなる機会に母体像を造形することを必要とし、あるいは神像を、半神半人像を造形し続けたのか、その心理に分け入った説明をすることは難しい。しかし、このようなメタ現象が生じた期間、すなわち縄文中期初頭から晩期終末近くまでの期間には（地域によってその時間幅には長短の違いはあるが）、少なくとも列島の北東域においては、それ以前、以降の段階とはかなり異なった集団間の関係態が存在し、かつまたかなり異なった歴史的な状況にあった可能性を指摘できるのである。

おわりに――実践的関係論にむけて

半神半人像が神像へ、あるいは母体像へと転換した、その直接的具体的な要因が何であったかの解釈にまでは、本稿では到達できなかった。その答えを得るためには、方法的構想として本稿の冒頭に示した土偶造形の実践的関係論へと進んでゆく必要がある。すなわち、ここに示した解釈的仮説をつくりあげた事項の一つ一つを、それらを提供した遺跡に戻し、改めて遺跡間の関係として、すなわち歴史的な一回性の出来事として具体的に再構成する試みである。

本小論はそのためのプレリュードである。

註

（1）大木5期の土偶造形に顔面表現の事例がある（原田 一九九七、二四五頁）。
（2）たとえば、上野修一の説明では、獅子頭のように前方に突き出した頭部表現が「金田系列金田類型」金田遺跡例で登場してくる。それに類似し、かつ先行する事例として、「向田A・第1系列」向田A遺跡例が指摘される（上野 一九九七、八一頁）。しかし、両者間での頭部表現の系統性についてはそれ以上の説明はなされておらず、また実際に両者間の造形上の隔たりも大きく、完成された状態である金田例の獅子頭状前方突出頭部表現の成立については未だ多くの議論を残している。
（3）類似した見解として今村（一九七七、三頁）参照。
（4）多摩ニュータウン四七一例、同九三九例など。
（5）この点に関しては安孫子（一九九九）に詳しい。
（6）この場合の〈再生〉性とは主に〈出産〉性との類比で「回帰的・循環的再生（生まれ代わり）」であるかとも考えられるが、〈出産〉性と〈循環〉性との間には直接的な類比関係がないので、「遷移的再生（他界での再生）」の可能性もある（小杉 一九九七、一〇頁）。いずれであるかの判断は、埋葬に関わる他の付帯状況を個別事例ごとに検討する必要がある。

引用・参考文献

会田容弘 一九七九「東北地方における縄文時代終末期以降の土偶の変遷と分布」『山形考古』第三巻第二号、二七～四三頁。
安孫子昭二 一九九八「背面人体文土偶」『土偶研究の地平―「土偶とその情報」研究論集二』二九五～三二〇頁、勉誠出版。
安孫子昭二 一九九九「遮光器土偶の曙光」『土偶研究の地平―「土偶とその情報」研究論集三』二九一～三三六頁、勉誠出版。
阿部明彦 一九九八「中期大木式期の様相―西ノ前タイプ土偶の出現と展開―」『土偶研究の地平―「土偶とその情報」研究論集二』一八三～二〇二頁、勉誠出版。
阿部義平 一九九三「上黒岩の線刻礫」『考古学ジャーナル』第三五八号、二五～二七頁。
磯前順一 一九九四『土偶と仮面―縄文社会の宗教構造』校倉書房。
今村啓爾 一九七七「称名寺式土器の研究（上）」『考古学雑誌』第六三巻第一号、一～二九頁。
上野修一 一九九七「東北地方南部における縄文時代中期後葉から後期初頭の土偶について」『土偶研究の地平―「土偶とその情報」研究論集一』七三～一〇一頁、勉誠出版。

江坂輝彌編　一九七一『日本考古学選集二〇　甲野勇集』築地書館。
金子昭彦　一九九〇「いわゆる遮光器土偶の編年について（一）」『岩手考古学』第二号、一～三二頁。
金子昭彦　一九九七「東北地方北部における縄文時代後期後半の土偶」『土偶研究の地平―「土偶とその情報」研究論集一―』三六五～四〇〇頁、勉誠出版。
神村　透　一九九七「縄文中期後葉の地域化の中での土偶―下伊那系尻張り土偶―」『土偶研究の地平―「土偶とその情報」研究論集一―』二七一～二八九頁、勉誠出版。
甲野　勇　一九二八「日本石器時代土偶概説」『日本原始工芸概説』二三一～二五一頁、工芸美術研究会。
小杉　康　一九九二「考古学用語小考―亀形土製品は亀なのか―」『駿台史学』第八五号、四四～一〇〇頁。
小杉　康　一九九五「縄文時代後半期における大規模配石記念物の成立」『駿台史学』第九三号、一〇一～一四九頁。
小杉　康　一九九六「土製品―動物形中空土製品を例として―」『考古学雑誌』第八二巻第二号、三七～四九頁。
小杉　康　一九九七「縄文時代の再生観念」『日本考古学協会第六三回総会研究発表要旨』一〇～一三頁。
小杉　康　一九九八「縄文時代の儀礼と祭祀」『縄紋の祈り・弥生の心―森の神から稲作の神へ―』九四～一〇一頁、大阪府立弥生博物館。
小杉　康　二〇〇〇ａ「ビビの物語―象徴的器物の型式論―」『大塚初重先生頌寿記念考古学論集』六二九～六四四頁。
小杉　康　二〇〇〇ｂ「イデオロギー」『用語解説現代考古学の方法と理論Ⅲ』三七～四六頁、同成社。
小杉　康　二〇〇一「縄文時代の集団と社会組織」『現代の考古学六　村落と社会の考古学』一一五～一三四頁、朝倉書店。
小林達雄　一九九七「縄文土偶の観念技術」『土偶研究の地平―「土偶とその情報」研究論集一―』九～二〇頁、勉誠出版。
小林康男　一九八二「中期土偶の一姿相―いわゆる河童型土偶について―」『長野県考古学会誌』第四六号、一～一八頁。
小林康男　一九九〇「出尻土偶」『季刊考古学』第三〇号、二六～二七頁。
小林康男　一九九七「河童形土偶の系譜とその変遷」『土偶研究の地平―「土偶とその情報」研究論集一―』二九一～三二四頁、勉誠出版。
新谷和孝　一九九八「唐草文土偶とその周辺」『土偶研究の地平―「土偶とその情報」研究論集二―』二〇五～二三一頁、勉誠出版。
仲田茂司　一九九一「東北地方南部における縄文文化の終焉と弥生文化の成立―土器と土偶を中心に―」『北奥古代文化』第二一

号、三四〜六七頁。
中村良幸　一九九九「東北地方北部の後期前半土偶」『土偶研究の地平―「土偶とその情報」研究論集三』一六九〜一九七頁、勉誠出版。
野口義麿　一九五八「先史土偶」『世界陶磁全集』第一巻、河出書房新社。
浜野美代子　一九九七「東北南部における山形土偶」『土偶研究の地平―「土偶とその情報」研究論集一』一四九〜一六八頁、勉誠出版。
原田昌幸　一九九五『日本の美術・土偶』№三四五、至文堂。
原田昌幸　一九九七「発生・出現期の土偶総論」『土偶研究の地平―「土偶とその情報」研究論集一』二一七〜二六九頁、勉誠出版。
藤沼邦彦　一九九七『歴史発掘③縄文の土偶』講談社。
水野正好　一九七九『日本の原始美術5　土偶』講談社。
八重樫純樹編　一九九七『土偶研究の地平―「土偶とその情報」研究論集一』勉誠出版。
八重樫純樹編　一九九八『土偶研究の地平―「土偶とその情報」研究論集二』勉誠出版。
八重樫純樹編　一九九九『土偶研究の地平―「土偶とその情報」研究論集三』勉誠出版。
八重樫純樹編　二〇〇〇『土偶研究の地平―「土偶とその情報」研究論集四』勉誠出版。
山内幹夫　一九九二「福島県の土偶」『国立歴史民俗博物館研究報告』第三七号、一五四〜一七四頁。
山崎和巳　一九九〇「みみずく土偶」『季刊考古学』第三〇号、三四〜三五頁。
山梨県教育委員会　一九八六『山梨県埋蔵文化財センター調査報告第七一集・釈迦堂Ⅰ』山梨県教育委員会。
吉本洋子　二〇〇〇「座産土偶」『季刊考古学』第七三号、六五〜七一頁。

対外的交渉をもつ社会から系列間交渉を重視する社会

――中期初頭の列島中央部――

山本　典幸

一　回顧と目的

中期初頭五領ケ台式という土器型式には、とくにその前半期（今村　一九八五の五領ケ台Ⅰb式の一部、山本　二〇〇〇の第Ⅱ段階）において、少なくとも二つの土器系列ないし土器群が時間的に併存していた。一つは集合沈線文系列で、もう一つは細線文系列である(1)。両者は少数の「異系列文様・文様帯の同一個体内共存」例を製作しながら、選択される器形、文様帯構成、各文様帯に施される単位文様、その単位文様を作り出す施文工具と施文技術との関係などに明瞭な差異をもっていたため、対立的な土器系列として認知される。しかも、二つの系列は数量的な多寡をもつものの、中部地域から西南関東地域を中心に武蔵野台地から大宮台地、東関東、北関東、東海、東北地方南部、越後地方に点在すると同時に、各系列が出土した遺跡数の割合や遺跡内の系列比率、系列内の施文技術などに地域的な特徴を内包していた。

集合沈線文系列は、口縁部がS字状ないしS字状に近い形態を呈し、器形の屈曲点に相応した三帯の口頸部文様帯を備えるとともに、半截竹管状工具の腹面を使って描き出した平行沈線を集合させた文様を各文様帯に施す「型式5」を中心に構成される。その他に、平行沈線による曲線的な単位文様が胴部に展開する「型式6」、器形がキャリパー状を呈した「型式7」などが含まれている。

これに対して、同段階の細線文系列の特徴は、キャリパー形や円筒形の器形が多いこと、口頸部文様帯の地文に細線文を多用していること、橋状把手をもつこと、胴部に縄文帯が展開すること、三角形状工具による刺突文や、半截竹管状工具を器面に突き刺した後に左右に流す手法を加えて描出された印刻文を主要な文様要素とすること、印刻文と平行沈線文、単沈線文を組み合わせることによって渦巻状や入組状、玉抱き三叉状などの曲線的なモチーフを形成していることなどである。このような特徴をもつ細線文系列が分布する地域のうち、とくに東関東では地文に細線文を施さないものが多く認められ、同一系列内の地域差を顕示している。

また、製作者と土器との製作行為に関する関係、土器を媒介とした製作者と非製作者との関係などは「社会」一般の構成態の一部に含まれるため、土器自体に製作者の社会的立場およびアイデンティティーが部分的にでも反映されていただろう。このように考えた場合、両系列間の差異関係は、土器製作技術に関する伝統を保持した二つの「社会集団」（山本 一九九九）の存在と両者の関係性をあらわしていたと読みかえることができる。つまり、五領ケ台式第Ⅱ段階において、土器製作に関する諸属性の組み合わせから、少なくとも独自の基本形をもつ二つの社会集団が時間的に共存していた可能性が高いわけである。当然、この論理のなかに、一つの土器型式に同一の考古学的組成ないし考古学的な「文化」を措定したり、単一の「部族」とか「言語集団」を相応させるような旧式の構図は含まれない。

ところで、拙著（山本 二〇〇〇）では人類学的な研究成果を援用して、財や技能などの継承が親子および双方的な親族関係よりも出自にもとづいて厳密に規定されていた可能性を全面に押し出したことから、これらの二つの社会集団の具体的な性格を「出自集団」として仮定した。そして、第Ⅱ段階における出自形式を推測した経緯がある。現段階において、この視点の適用と出自形式の同定、婚後居住、婚姻体系などに対する解釈の検証は非常に難しいため、ここではひとまず措き、第Ⅱ段階の二系列間の差異と類似性を土器系列の構造的な理解以外に低位レベルで追求しようと試みた。具体的には地域間および遺跡内の分布状況を通して地域差が認められるのか、各系列の文様特徴が他の遺物にも認められるのか否か、各系列と時間的・空間的に繋がりの深い遺構・遺物が存在したのかなどについて検討する。その理由は、渡辺仁が提起した「生活構造のキュービック・モデル」（渡辺　一九七七）といった構造のなかで複数の遺構・遺物の存在理由を模索した場合、これらの遺構・遺物が、程度の差こそあれ活動系の一側面である社会的側面を反映しているからである。そして、同様の作業は第Ⅱ段階より古い段階および新しい段階においても可能なかぎり実施されなければならない。

なお、ここで言うところの生活構造とは種々の活動が相互に関連した活動系のことで、各種範疇の活動、各範疇の活動の側面、および各活動の周期から構成される立体（立方体）構造を意味する。食物獲得活動やなわばり活動、儀礼的活動などの種々の範疇は相互に結びつくと同時に、目的達成のための四つの異なる側面（運動的、道具的、通信的、社会的）で構成され、時間的要素としての周期（日、年、生涯）をもつと論じられる。しかも、このような生活構造のキュービック・モデルは、機能主義およびシステム論に理論的に依拠し、数多くの現生諸民族の比較生態学的な視座から導きだされていること、各要素の関係を構造として認識したこと、主体的環境（自然環境、超自然環境、美的環境）とのかかわり方ないし社会の適応戦略のなかで各種活動が機能するなどのように、渡辺の知的思想を探るうえで非常に明瞭なものになっている。

つまり、本論の目的は、このような生活構造の進化・変遷といった研究意図を遠方に見据えながら、ひとまず社会的関係性ないし生活構造の社会的側面を反映する複数の事象間の共時的・通時的なパターン認識から、細線文系列と集合沈線文系列に代表される五領ケ台式第Ⅱ段階の二つの社会集団が、共時的にみてどのような状況において独自性を発揮し、どのようなときに共生／共存関係を維持したのかを見つけだすことである。そして、前期最終末／五領ケ台式第Ⅰ段階から通時的に分析することによって、両系列集団間の社会的な交渉過程の推移の一端を読みとっていく。時間的な変化を通して、両者は分布域に変動があったのか、新しい文物を積極的に受容していたのか、どちらかの社会集団が伝統に固執していたのかなどについて、社会的側面を反映した複数の遺構・遺物の分析から検討するわけである。この場合、当然、北陸・越後地方と東北地方中・南部も検討対象地域に加わってくる。

二　第Ⅱ段階における二系列間の分布と地域差

1　集合沈線文系列と細線文系列の共時性

現時点で五領ケ台式が出土した遺跡は、管見に触れたかぎり、約九〇〇遺跡を数える。そのうち、第Ⅱ段階の土器群が出土した遺跡は一九〇遺跡である。この中で、明確な遺構共伴例ないし完形に近い個体が層位的に一括出土した事例は、拙著（山本　二〇〇〇）で注目した東京都明神社北遺跡（椚・佐々木　一九七六、金子　一九九〇）、神奈川県金程向原遺跡（竹石他　一九八六）、山梨県小坂遺跡（保坂他　一九九一）などを除くと、長野県地獄沢遺跡（河西　一九九三、笠原　一九九九）、同樋口五反田遺跡（桐原他　一九七三）、群馬県行田大道北遺跡（長井他　一九九七）などのように非常に少ないのが現状である。それ故、筆者の設定した「型式5」の一部や「型式6」を、第Ⅰ段階から第Ⅱ段階の細線文系列と時間的に併行関係をもつと考える編年試案（今村　一九七四・一九八五、山口　一九八〇、小林　一九九五、この文献中の編年案の対比表も一つの目安として参照）とは別に、中期初頭的な様相をもっているとしながら前期末に位置づける編年案（金子　一九九九、細田　一九九五、細田他　一九九九）も提起されてしまった。

ここでは山梨県上の平遺跡の12号住居址と19号住居址から出土した土器群（中山他　一九八七）（図1）を追加・検討することにより集合沈線文系列と細線文系列の時間的な共時性を再確認しておきたい。なお、土器個体内における異なる文様系統ないし文様系列の共存に着目して共時性を推論する研究方針とその具体的な分析過程については、「異系列文様・文様帯の同一個体内共存」として拙著（山本　二〇〇〇）および別稿（山本　印刷中）を参照願いたい。

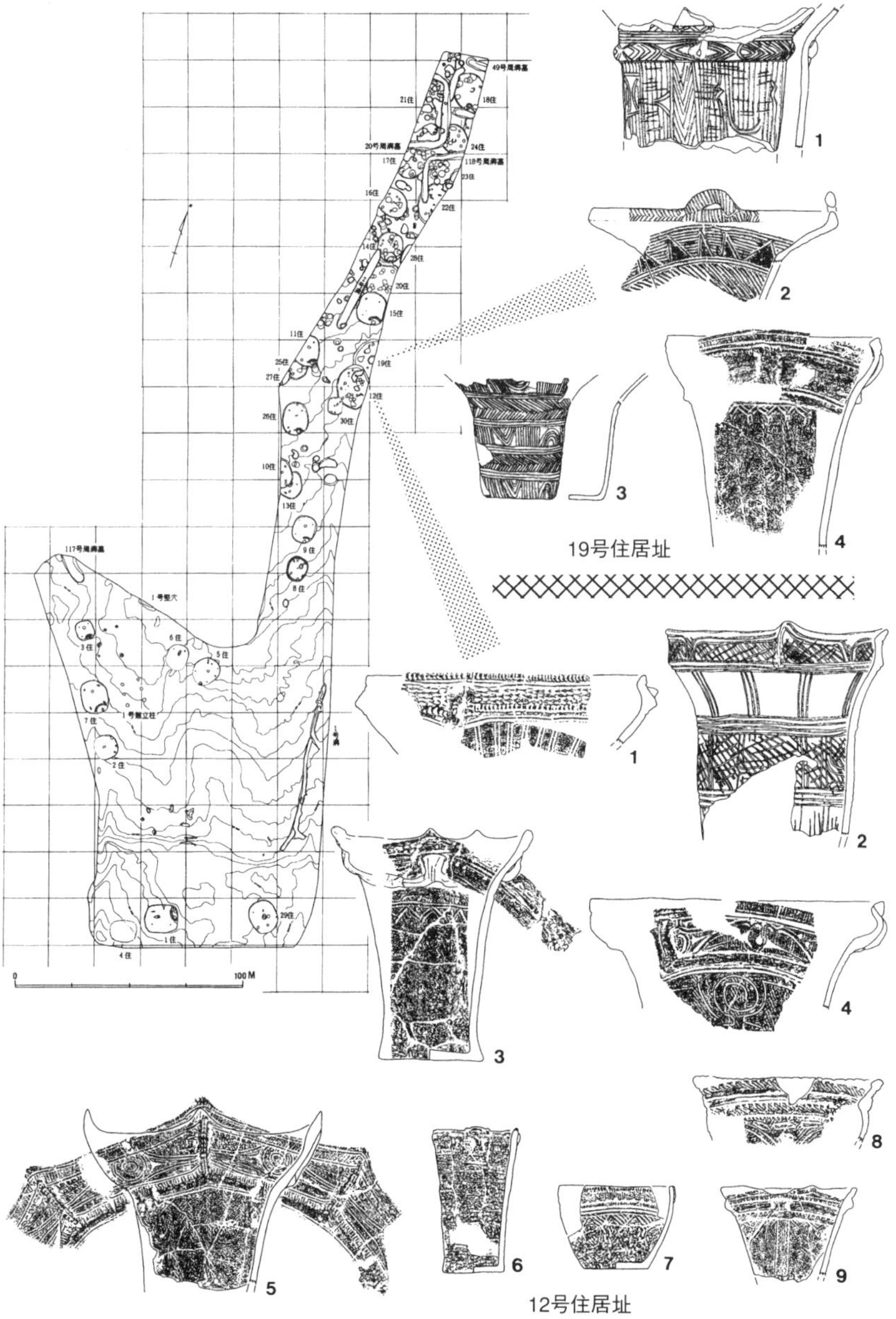

図1　山梨県上の平遺跡の住居址出土土器（1／10）

上の平遺跡は東八代郡中道町に所在し、第四・五次調査によって五領ケ台式期の住居址六軒と土坑五四基が検出された。調査面積の制限から住居配置や集落構造などは不明である。ここで注目した12号住居址と19号住居址は切り合い関係をもっており、調査所見から12号住居址の方が新しいと考えられている。12号住居址は推定で長軸七・二m、短軸五・五mの楕円形を呈し、五つの炉をもつ。そのうち三つは埋甕炉である。報告者は、これらの炉の同時使用を予測すると同時に、柱穴の重複関係から数回の「建て替え」を想定している。土器の出土状況に関する記述は認められないが、住居址の実測図や写真を基に判断すると、床面から覆土にかけて数個体の復元可能な土器が出土していたと考えられる。

図示された土器は炉体土器を含めて二〇点である。これらの中で口縁部が残存している九個体を分析対象に選択すると、1、2は典型的な第Ⅱ段階の集合沈線文系列「型式5」である。また、3〜5、7は第Ⅱ段階の細線文系列に相当するだろう。とくに3は、器形や文様の特徴からD型式系統「型式10」である。ところが、4と5は口頸部文様帯の地文に細線を施し、玉抱き三叉文や印刻文を加えているものの橋状把手が縦位の隆帯に変化しているため、第Ⅲ段階に近似している。8、9は第Ⅲ段階の細線文系列に相当し、いずれも口頸部文様帯の地文が縄文に置換され、刺突文が沿う沈線文を主文様とした構成である。そして、頸部には突起が貼付されている。このように、当該住居址からは第Ⅱ段階の集合沈線文系列と細線文系列に加えて、部分的に第Ⅲ段階の細線文系列が出土するが、第Ⅰ段階に比定される土器群はまったく認められなかったわけである。

一方、19号住居址は推定で径七m程の円形を呈し、地床炉をもつ。柱穴は浅いものと深いものを含めて六本確認され、炉の南側には埋甕(1)が埋設されている。土器の出土状況についての記述は認められないが、埋甕を含めて六点が図示されている。このうち底部を除く四点について分析を行った。

まず1は、頸部文様帯に展開する連続三角文と削り取りを併用しない幅広の胴部文様帯の構成内容から、後述する前期最終末／第Ⅰ段階の集合沈線文系列B類に比定されるだろう。ただし、頸部が二帯で形成されていることと、幅太の隆帯とその上に羽状文や菱形文が展開した胴部最上位の文様帯の構成は珍しいといえる。また、2の頸部文様帯が1の頸部文様帯の構成の一部に類似すると共に、「く」字状に内屈するところに羽状文を配置した文様構成は、同遺跡34号住居址覆土出土土器（中山他　一九八七）（後述の図10—2）と共通している。1と同時期の所産である。一方、3は文様構成の一部に削り取り手法を併用していることから、1や2よりもやや古い印象を受ける。しかしながら、1や2と同様に頸部文様帯が縦位ないし斜位といった単純な平行沈線文で構成されていないこと、胴部文様帯に整然とした横帯区画をもつことから、1、2と同じ系列で時間的に併行関係をもっていると推測しておく。このように、1～3が前期最終末／第Ⅰ段階の集合沈線文系列B類（後述の第三章参照）に相当する反面、4は典型的な第Ⅱ段階の細線文系列に位置づけられる。出土状況に関する詳細なデータは欠けているが、おそらく4は12号住居址に帰属するものであろう。

このような観察の結果、各個体の出土状況に不明な点が残るものの、「19号住居址」と「12号住居址」は「前期最終末／第Ⅰ段階」と「第Ⅱ段階主体」といった時間差を明瞭に示す数少ない資料であると同時に、「型式5」を前期末まで時間的に遡らせることが不可能であることを明示しているといえる。

このように、拙著（山本　二〇〇〇）や別稿（山本　印刷中）の遺構内共伴事例および異系列文様・文様帯の同一個体内共存例に、山梨県上の平遺跡12号・19号住居址の出土状況をあらたに加えて時間的共時性を確認したならば、次に第Ⅱ段階における両系列の地域間及び遺跡間の分布状況が問題になってくる。なぜならば、集合沈線文系列と細線文系列を土器製作技術に関する伝統を保持した別々の社会集団とみなすならば、分布状況の把握は両者の生態的・社会的な関係を共時的に推測するための基礎作業になるからである。

2　第Ⅱ段階における二系列間の分布

五領ケ台式の時間的・地域的な分布域とその変化について、すでに山口明が大筋を示している（山口　一九八〇）。

本稿の第Ⅱ段階の集合沈線文系列と細線文系列が、山口が仮設した「第1段階」の「AⅠ型式」と「BⅢ、BⅣ、BⅤ型式」にほぼ相当することを確認したうえで、両者の分布範囲を比較したところ、両者は類似した分布域を形成していたといえる。ただし、分布に関する内容は簡単な記述に終始しており、各「型式」の分布範囲を模式的に実線で囲っただけのものであった。少なくとも共時的に系列間の社会関係ないし社会的な交渉過程を推測したり、その変化を通時的に予測させるような基礎資料は提示されていなかったわけである。

そこで、現在までの資料を集成したうえで、まず各系列別に分布状況を検討した。その結果、集合沈線文系列（図2左）は諏訪湖周辺や天竜川流域を中心とした中部地域、笛吹川・釜無川流域、愛鷹山南東麓や伊豆半島東部、駿河湾西岸、多摩川流域や相模川流域などを含む西南関東地域、伊豆諸島、荒川低地を挟んで武蔵野台地から大宮台地、利根川中流域や房総半島、鏑川流域や碓氷川流域を含む北関東に広がっていた。とくに諏訪湖周辺から釜無川上流域、笛吹川流域、西南関東地域の多摩川・鶴見川流域にまとまって分布している。長野県屋代遺跡群（寺内他 二〇〇〇）のように千曲川流域からも出土するが、北陸・越後地方からの確実な出土はみられない。ところで、屋代遺跡群ⅩⅤ層出土事例（図3）は、「型式5」（同図—1、4）と前期最終末／第Ⅰ段階の集合沈線文系列B類（同図—2、3）が混在している。2、3は、口縁部が直立するのではなく、もっと内湾する器形を呈しており、口縁部の屈曲部・変換点に関係なく文様帯が横帯区画されているものである。(2) また、北関東では群馬県域に認められ、鬼怒川や那珂川を含む栃木県域からの確実な出土例は認められなかった。

一方、細線文系列（図2右）は集合沈線文系列とほぼ重なった分布の中心域を形成している。北関東における分布の傾向も集合沈線文系列に類似する。しかしながら、東関東のなかで利根川下流域の北総台地や霞ヶ浦周辺において、細線文系列の占有率がきわめて高いといった特徴を示していた。さらに、東北地方南部の阿武隈川流域や越後地方からも出土しており、越後地方の事例は千曲川・信濃川水系ルートの存在を予想させる。集合沈線文系列の分布範囲に比べて、相対的に北方と東方への広がりが認められたわけである。

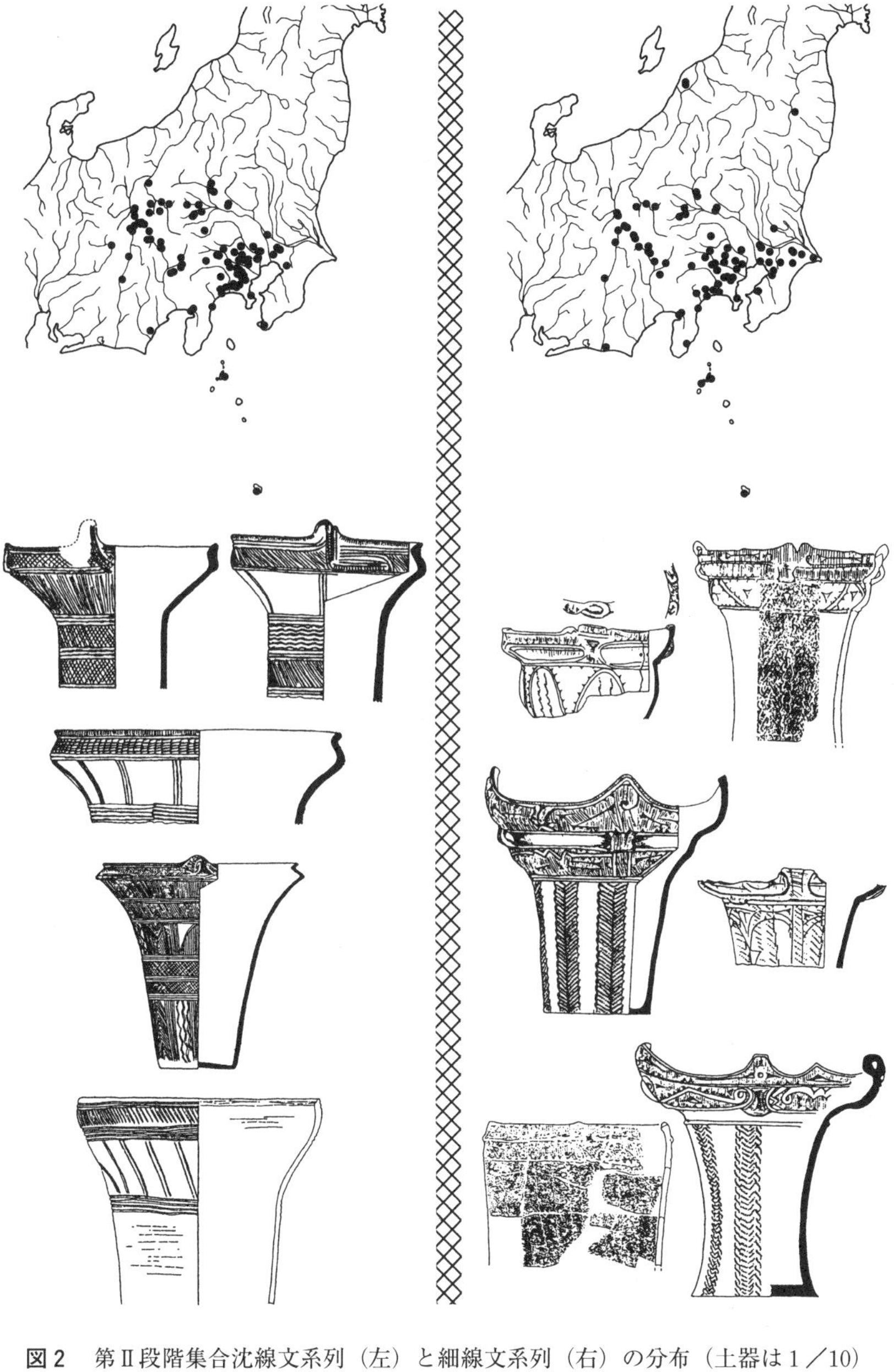

図２　第Ⅱ段階集合沈線文系列（左）と細線文系列（右）の分布（土器は１／10）

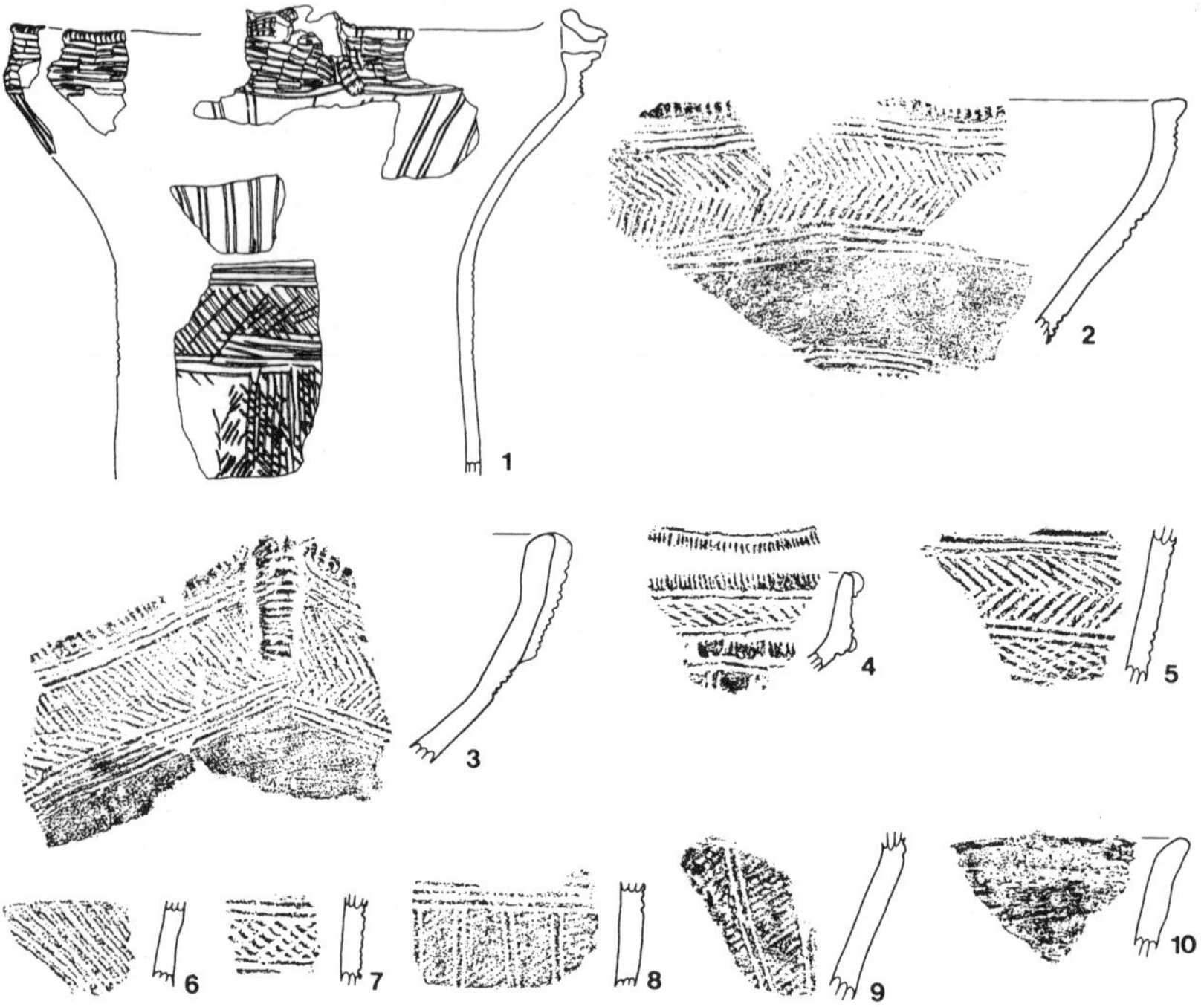

図3　長野県屋代遺跡群ＸⅤ層出土土器（１：１／６、２～10：１／４）

なお、今村啓爾は、「東北地方には全く同じものは少ないが、近似のものは存在する」と述べ、秋田県イカリ遺跡や岩手県大館町遺跡などから出土した土器を細線文系列として例示している（今村　一九八五）。しかしながら、前者は北陸・越後地方の「新保式Ⅲ期」（加藤　一九八六）に相当する可能性があり、時間的に新しく位置づけられると同時に日本海ルートを視野に入れた上で当該地方との関連性を考慮すべき資料であろう。後者は、口縁部文様帯を縦位の隆帯で区画することと、今村が「口縁部文様帯に縦の細沈線を全面に加えたあとで水平線と三角形刻文を加える土器は関東のⅠｂ式と同じ施文順序をとっており、関係があるかもしれないが確かではない」と指摘したことから、細線文系列そのものではなく大木７ａ式前半（糠塚式）と東関東との複雑な関連を予測させる資料かもしれない。それ故、現段階では細線文系列が東北地方中部まで確実に分布していたとはいえないだろう。現在、東北地方中部における大木7a式前後の資料は、岩手県和光6区遺跡（佐々木他　一九八七）や同滝ノ沢遺跡（稲野他　一九九一）などに代表されるように北上川流域を中心に充実しているため、今後、この点について広域編年網を模索する過程で議論を展開してみたい。

このように、二つの系列の分布域を比較した結果、中部地域と西南関東地域がほぼ重なった分布密集域を形成していたわけである。しかしながら、遺跡内および近接した遺跡間における両系列の分布状況といった微視的な観点にもとづくならば、両地域の間にも差異を確認できる。この場合、遺構が検出されていない遺跡や住居址を除いた遺構のみが見つかった遺跡を取りあげるのではなく、住居址が検出されていると同時に実見によって両系列の数量を把握できた遺跡を取り扱うことになる。なぜならば、前者の遺跡では定量分析が不可能であるとともに遺跡の機能差を考慮しなければならないからである。しかも、遺跡形態と石器組成との相関関係や北アメリカ北西海岸狩猟採集民の民族誌の方法論的な適用などによって、両系列は生業・居住システムに差異をもたず、季節的な居住形態を採用していたことがとくに石器組成の定量分析を可能にした西南関東地域において立証されているため、住居址が確認された遺跡を分析対象とすることはもっとも有効であるといえる。

これらの点については、すでに拙著（山本　二〇〇〇）の中で系列の構成比を含めて提示しているため詳細を省くが、要点を簡単に纏めておくと、西南関東地域においては東京都明神社北遺跡（椚・佐々木　一九七六）、神奈川県金程向原遺跡（竹石他　一九八六）、同東方第7遺跡（坂上他　一九七四）のように、基本的に両系列が遺跡内で同比率程度に共伴関係を維持していることが明白になっている。一方、中部地域では近接した遺跡間で有機的な共生関係を果たしていたと考えられる。定量的なデータを算出できる遺跡はきわめて少ないが、たとえば諏訪湖周辺の大洞遺跡（三上他　一九八七）と沖ノ沢遺跡（戸沢　一九七三）の関係があてはまるかもしれない。つまり、近接した遺跡間だけでなく、一つの遺跡内においても系列間の社会関係を保つ西南関東地域に対して、近接した遺跡間で異なる社会集団との関係を維持していく中部地域の違いが明確になったわけである。

3　第Ⅱ段階の東関東

それでは、各系列の分布域の重なりといった観点から、西南関東地域や中部地域との差異が顕著であった東関東および類似した傾向を示していた北関東は、各々どのような特徴を備えているのであろうか。各系列の型式学的な属性に違いが存在するのだろうか。近隣の遺跡間における分布状況を地域性の傾向として把握できるだろうか。

まず東関東の様相をみてみよう。当該地域は、五領ケ台貝塚の五領ケ台式に先行する「下小野式」の提唱や、千葉県方面の五領ケ台式に奥羽南半地方（大木7ａ式）の影響があると考えた山内清男の見解（江森・岡田・篠遠　一九五〇）にみられるように、かなり以前から他地域と異なる土器様相を構成しているのではないかと注目されていた。今村は五領ケ台式の集成と編年を広域に実施するとともに、「集合平行線文の系統」である「踊場系と五領ケ台系が諏訪湖周辺から西関東まで全く混在して出土すること、踊場系と五領ケ台系の折衷土器が少なからず存在し、特に本来の五領ケ台式であるⅡｂ式の大部分がそのような折衷土器からなる」ことから、「中期初頭の土器を理解するためには2つの系統の相関関係という視点が不可欠」であると問題提起した上で、「東関東では独自の五領ケ台式が踊場式の影響を受けずに存在する」（今村　一九八五）とすでに述べている。

そして、このような地域的差異を強調した研究は、小林謙一の「八辺式」の提唱と未公開資料の精力的な提示作業に継承されていった（小林　一九八八・一九八九・一九九七）。ここで「八辺式」全体の型式変遷と時間的単位の析出過程について再検討する余裕はないが、本稿と関連した部分に限定すれば、筆者の設定した第Ⅱ段階は第Ⅰ段階も含めて小林のいう「八辺式Ⅰ期」に時間的な併行関係をもっている。この点を確認した上で「八辺式Ⅰ期」の内容を概観すると、その時期は「東関東地方在地」の「八辺七群一類」と「西関東地方五領ケ台式土器群に直接帰属する可能性を持つ八辺七群二類」といった「二系統」で構成されるらしい。

しかし、後述するように実態は単純ではない。しかも、Ⅰ期からⅣ期に至るまでの「系統的整理」に、拙著（山本二〇〇〇）で示したような漸移的な変化を認め難いとともに、「系統」分類及び類型化にやや混乱が見受けられる。たとえば小林は、一九八九年論文の第13図207・208を七群二類b種に含めて「西関東地方五領ケ台式土器群」古期・I式期に帰属させているが、筆者は整然とした交互刺突文と刺突文帯に短沈線文を加飾する構成から、これらを同じグループの第1図5よりも新しい頃の所産と考えている。第Ⅳ段階以降の資料が充実している東京都武蔵台遺跡（山本一九九四の第266図292）に類例がある。

そこで、ここでは地文の細線文を省略した類に着目したうえで、細線文系列を大きく二つに類型化してみた。その分類理由は、分布の特性（図4）と第I段階細線文系列からの型式学的変化（図5）において両者の間に差異が認められるからである。たとえば千葉県東山王貝塚第八群土器1類の一部（植月他二〇〇〇）は、神奈川県宮の原貝塚例に代表されるH型式系統「型式13」（山本二〇〇〇）から地文の細線文を省略したもので、器形や口唇部形態の共通性、各文様帯の文様構成の類似を根拠に第Ⅱ段階に比定できる。ここで、H型式系統「型式13」に代表的な地文に細線文を施す類を「細線文系列A類」、東山王貝塚例のように「細線文系列A類」から細線文を省略した類を「細線文系列B類」と仮設しておこう。

一般的に五領ケ台式前半期の細線文系列はA類を指している。また、B類は単に地文が施されないだけでA類と同類とみなしたり、中部地域や西南関東地域の主要な土器に比定されるかもしれない。小林のいう「西関東地方五領ケ台式土器群に直接帰属する可能性を持つ」（小林一九八九）土器である。しかしながら、地文の省略といったわずかな差異に注目してみると、細線文系列B類に類似した資料は浜野川神門遺跡Ⅷ群土器の一部（金丸他一九八九）、白井雷貝塚第三群土器第Ⅱ類a種の一部（西村一九八四）、毛内遺跡第Ⅵ群土器第1類2種の一部（岡田他一九九一）などのように、荒川低地を越えた東関東で確認される。しかも、細線文系列B類は東関東だけに分布するのではなく、霞ヶ浦周辺の茨城県壱杯清水西遺跡（黒澤他一九九七）や福島県越田和遺跡（福島他一九九六）のように北方に展開するとともに、埼玉県高峰遺跡（並木他一九八四）、神奈川県臼久保遺跡第八群土器3類無文地沈線文土器の大半および5類刺突文土器の一部（松田他 一九九九）、群馬県野上塩之入遺跡（新井他 一九九一）などのように、細線文系列A類が主体的に分布する地域からも見つかっている（図4）。また、細線文系列B類が出土した遺跡のなかで、千葉県上用瀬遺跡（安藤他 二〇〇二）、同高根北遺跡（中山 一九七六）などから地文に細線文を施した細線文系列A類がわずかに出土するように、中部地域や西南関東地域と類似した出土傾向を示している。

このように、形態上のわずかな差異にもとづく分布の特性は、東関東の細線文系列が他の地域の細線文系列とまったく異なる系列を構成しているのではなく、東関東を中心に細線文系列B類に象徴される社会集団が、北方や西方の広い地域にまで生態的・社会的な適応戦略を採用していたことを暗示しているのではないだろうか。ただし、新潟県豊原遺跡（小野・前山他 一九八八）の細線文系列は細線文を地文として口縁部文様帯内に施しているため、細線文系列B類の社会集団が越後地方にまで進出した形跡は認められない。第Ⅱ段階における越後地方との対外的な交渉は、千曲川・信濃川水系ルートによってわずかに継続していたと推測される。これは、分布周縁地帯における出土例がきわめて少ないため未だ仮説の域を出ていないが、今後の資料の追加・再検討によって時間的変化にともなう交渉ルートの変更仮説とともに検証されていくだろう。

ところで、平行沈線文ないし単沈線文に印刻文や刺突文を併用した文様モチーフは共通する一方で、器形ないし口縁部形態の変異性が大きい類も東関東から出土している。この種の土器は、一部に広い段状の口縁部形態を呈し、地文に細線文を施さない。そのうえ、平行沈線文に刺突文や印刻文を沿わせて波状や渦巻状のモチーフを展開させるとともに、胴部に四単位の縦位区画をもたないものの縦方向への施文の萌芽が一部に認められる。このような特徴をもった代表的な資料として、千葉県水砂遺跡第4群土器B類、E類（田中他 一九八二）があげられる（図4）。類例は非常に少なく、小林は「八辺式Ⅳ期」（小林 一九八八）に加えている。しかしながら、この類は口縁部や胴部の主文様の特徴、胴部文様の一部に縦方向の施文が認められること、および千葉県東山王貝塚第八群土器1類の一部（植月他 二〇〇〇）との類似性を指標に、編年的には第Ⅱ段階の範囲内に納まると考えた。そして、現段階では便宜的

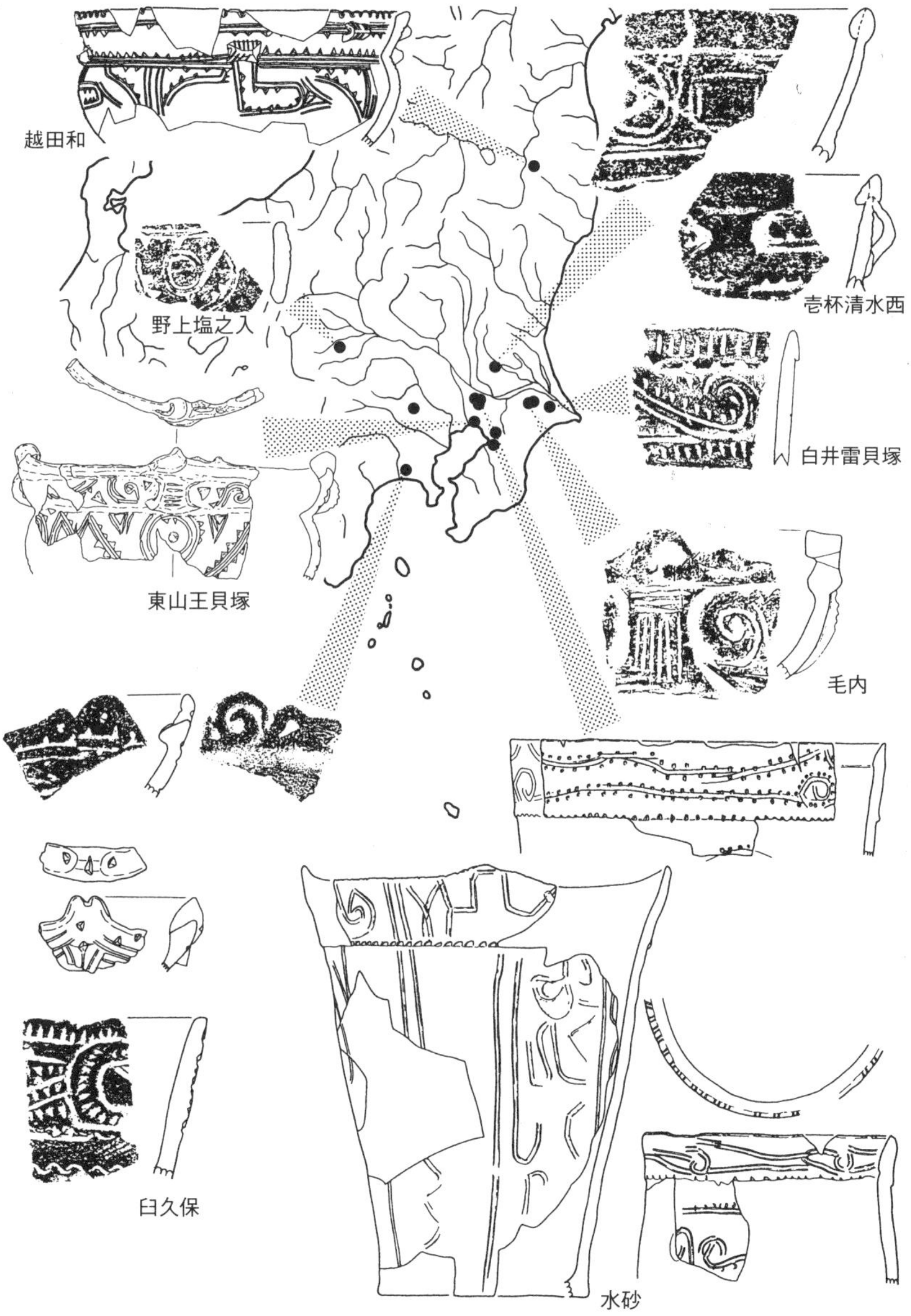

図４　細線文系列B類と主な遺跡（復元実測図：１／６、拓影図：１／４）

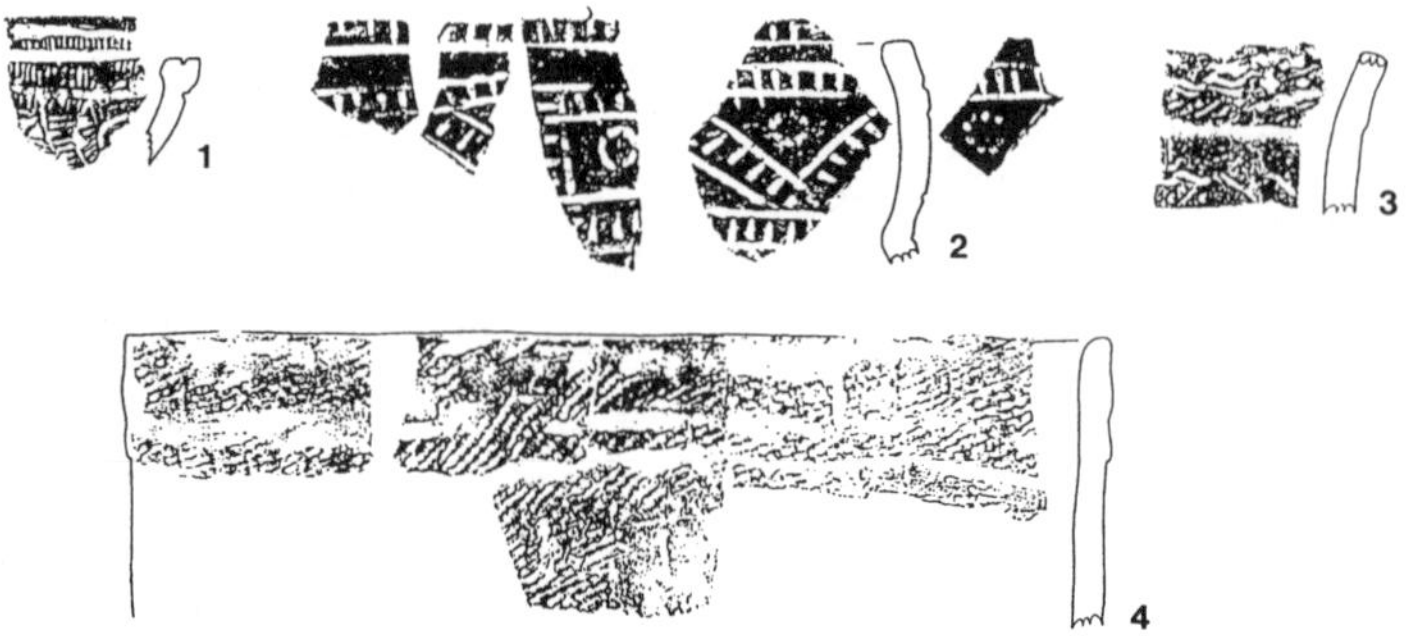

図５　千葉県子和清水遺跡出土の土器（１／４）

に細線文系列Ｂ類に含めておく。ただし、資料の増加と型式学的な比較検討によって将来的に区分される可能性をもっている。

また、子和清水遺跡（田中他　一九八七）（図５）からは、第Ⅰ段階の細線文系列（同図―１）と縄文施文土器（同図―３、４）、無文土器の他に第Ⅱ段階細線文系列への型式変化を考えるうえで興味深い資料が出土した（同図―２）。２は第Ⅰ段階に特有の角頭状の口唇部形態を残している反面、口縁部の短沈線の間隔が広くなって第Ⅱ段階特有の刺突文ないし印刻文にしだいに近づいている。短沈線の充填が、文様要素の次元で刺突文ないし印刻文に変化したと考察できる。このような型式学的変化の過程に、地文の細線文化といった変遷が組み込まれる余地はない。このように、第Ⅱ段階の細線文系列Ｂ類は、短沈線の充填を地文の細線文に置換させて成立したＡ類とは異なる変化の過程を通して東関東を中心に成立したのであろう。しかも、東関東において第Ⅰ段階の細線文系列といった共通の基盤のなかから、地文に細線をもつ一群（Ａ類）と細線を施さない一群（Ｂ類）が細線文系列内において分化するだけでなく、後者の占有率が高くなる点は、第Ⅱ段階が細線文系列内における地域差を生み出した時期として注目されることにつながる。

このように、第Ⅱ段階において細線文系列内部の細かな差異をもつ土器群（Ａ類とＢ類）を型式学的に抽出し、その編年的な位置づけや分布状況だけでなく、両者の間における第Ⅰ段階からの型式学的な変化過程の差異を推定したならば、第Ⅰ・第Ⅱ段階に併行する「八辺式Ⅰ期」は小林が述べるほど単純な様相を示さないといえる。さらに、細線文系列B類が阿武隈川流域まで認められたことやその地方の主体的な土器型式が大木7a式前半（糠塚式）であることを加味した場合、茨城県虚空蔵貝塚（大川・大島　一九七八）や千葉県根古谷貝塚（外松　一九九六）、同西の台遺跡（新井他　一九八五）、群馬県神明上遺跡（寺内　一九九八）、神奈川県宮の原貝塚（今村他　一九七二）などから出土した第Ⅱ段階の土器で、細線文系列の器形や文様構成に山形文の口縁部文様帯が組み合わさった土器の系譜を集合沈線文系列と細線文系列との同一個体内共存例としてではなく、第Ⅰ段階から継続した東北地方中・南部の大木7a式前半（糠塚式）との間の交渉過程の中で把握できないかといった課題も介在する。

とくに五領ケ台式前半期において、東関東には細かな時間的位置づけや文様の出自の想定に苦慮する資料が数多く、その複雑な傾向は比較的多くの土器が復元実測された八辺貝塚をみても明らかである。まずは遺跡ないし個体次元の技術分析によって、これらの課題を地道に解決していかなければならない。その第一段階として、細線文系列のなかで地文をもたないB類に着目し、分布の特異性を指摘するとともに短沈線の充填から刺突文ないし印刻文への施文手法の変化を仮定してみた。

4　第Ⅱ段階の北関東

次に北関東の土器様相について若干の検討を試みる。塚本師也は栃木県内の五領ケ台式を集成する過程で、行人塚遺跡、何耕地遺跡、上の原遺跡から前半期の集合沈線文系列が出土した点を述べている（塚本　一九九五）。ただし、これらはすべて細片であるため時間的な位置づけを明確にすることはきわめて困難であろう。筆者は行人塚遺跡例（上野他　一九九〇の第4図148、149）の年代的位置を、縦位の平行沈線文による区画とその内部を小区画して格子目文や刺突文を加えていることから、拙著（山本　二〇〇〇）の第Ⅳ段階辺りに想定している。また、上の原遺跡例（塚本　一九九五の図7―6）は前期末まで遡る可能性も考えられる。何耕地遺跡例（上野他　一九九〇の第17図12）も前期末に遡るかもしれないが、器形と文様構成との配置関係、および雑な格子目文と印刻文といった文様要素の組み合わせに型式学的な特異性をもつため、現段階では年代的な位置づけを保留せざるを得ない資料である。塚本も指摘するように、この段階の土器様相を把握することによって北関東における地域性や東関東との系列組成の比較などを詳論できるため、今後の資料の検出と既存資料の再検討が大きな課題になっている。

このように第Ⅱ段階の土器様相が不明瞭な栃木県域に対して、群馬県域からは五領ケ台式後半期も含めて比較的充実した資料が徐々に蓄積され始めた。第Ⅱ段階に限定すると、行田大道北遺跡（長井他 一九九七）の住居址例と土坑群、野上塩之入遺跡（新井他 一九九一）、分郷八崎遺跡（右島 一九八六）、熊野遺跡（瀧野 一九九五）、南蛇井増光寺遺跡（小野他 一九九七）などから確認された土坑、八寸大道上遺跡（原他 一九八九）の集石例などを列挙できる。ただし、住居址が検出された遺跡数の少なさから、西南関東地域や中部地域のように遺跡内および近隣の遺跡間における系列構成比を算定できないのが現状である(3)。

このような資料的制限のなかで、赤城山西麓や鏑川、碓氷川を含む群馬県域から集合沈線文系列と細線文系列の両者が出土していることは前述したが、それでは各系列はどのような型式学的特徴を有しているのだろうか。まず、集合沈線文系列は比較的まとまって出土した行田大道北遺跡（長井他 一九九七）の資料によって代表されるだろう。この遺跡は碓氷郡松井田町に所在し、碓氷川右岸に位置している。分析の結果、S字状やキャリパー状の口縁部形態を始め、器形の屈曲に応じた文様帯の形成、各文様帯内の文様モチーフによって「型式5・6・7」に類似する土器が認められた（図6―1～3）。

とくに「型式5」は破片資料が多いものの八寸大道上遺跡（原他 一九八九）（同図―4、5）、神保植松遺跡（谷藤他 一九九七）（同図―6～9）、分郷八崎遺跡（右島 一九八六）（同図―10～12）、書上下吉祥寺遺跡（飯塚他 一九八八）などから出土している。しかも、Ⅰ―2文様帯において、「一次的文様」である格子目文が斜位文や押引文といった「一次的文様」に比べて高い占有率を示していることと、Ⅰ―3文様帯における縄文の加入が多く認められ

図６　北関東群馬県域における第Ⅱ段階の土器様相（1：1／8、2～21：1／4）

たことから、西南関東地域よりも中部地域の「型式5」に類似する傾向をもつ。これらの施文技術は中部地域の「型式5」に多く認められる特徴だからである（山本 二〇〇〇）。また、直立する口縁部形態をもつ器形や口頸部文様帯の構成内容に焦点をあてた場合、神保植松遺跡例（谷藤他 一九九七）（同図―13）は、越後・北陸地方の「新保式Ⅱ期」（加藤 一九八六）に類似する可能性がある。しかも、6～9の「型式5」とは色調や胎土が異なっている。

一方、細線文系列は、地文に細線文を施したA類が神保富士塚遺跡（小野他 一九九三）（同図―14）や分郷八崎遺跡（右島 一九八六）（同図―15～18）において確認され、それ以外に東関東に多くみられたB類も群馬県野上塩之入遺跡（新井他 一九九一）から出土していた（図4）。この細線文系列B類は、平行沈線による渦巻状の文様モチーフとそれに沿う形の印刻文が口縁部の幅広い施文域に施されたものである。さらに、口縁部に沈線による連続山形文を加えた資料が見立溜井遺跡（茂木他 一九八五）（同図―20）、神保植松遺跡（谷藤他 一九九七）（同図―21）から確認されている点は注目されるだろう。これらは、群馬県神明上遺跡（寺内 一九九八）（同図―19）のように細線文系列の器形や文様構成に山形文の口縁部文様帯が組み合わさった土器とともに、第Ⅰ段階から継続した東北地方中・南部の異系統土器である大木7a式前半（糠塚式）との間の交渉過程の中で把握できる可能性をもっているからである。

このように、資料の蓄積が認められるとともに出土系列の内容や分布状況などに関する諸項目が徐々に整理・分析され始めた結果、北関東の群馬県域は、器形や施文された文様の種類の占有率から中部地域の集合沈線文系列「型式5」と類似性をもっていたことが明確になった。そのうえ、東関東を中心に分布する細線文系列B類、東北地方中・南部や越後・北陸地方との親和的な関連性を示唆する土器なども検出されている。そして、このような成果に依拠したならば、当該域を複数の地方・地域との繋がりのなかできわめて錯綜した社会的様相を内包していた空間として予測・仮説化できるだろう。

次の課題は、第Ⅱ段階において鏑川流域や碓氷川流域を含む群馬県域に、中部地域や西南関東地域と違った生態的・社会的な生存を維持する最低限の地域的単位（山本 二〇〇〇）が確立していたのか、中部地域や東関東からの集団群の居住領域の一部として機能していたのかなどを論証する分析過程と方法論的手続きの提示作業である。具体的な分析方法としては、拙著（山本 二〇〇〇）で中部地域や西南関東地域を対象に遺跡内および近接した遺跡間における系列組成を分析したように、住居址が検出された遺跡の確保を前提に実見による両系列の数量把握と比較検討などが求められる。

三　第I段階の土器様相と分布域

1　第I段階の土器様相とその析出過程

それでは、第II段階よりも時間的に古く位置づけられる第I段階（今村 一九八五の五領ケ台Ｉａ式にほぼ相当）は、どのような型式組成で構成されているのだろうか。どのような視点から前期最終末の土器群や第II段階の土器型式と識別可能なのであろうか。第II段階で抽出した細線文系列Ｂ類の分布上の萌芽、細線文系列の東北地方南部や越後地方への進出傾向は、第I段階から認められるのだろうか。また、第II段階の分布状況とどのような違いがあるのだろうか。これまで論述してきたように、第II段階における二つの系列の社会的な識別や細線文系列の分化、地域的な共存関係などがどのような過程ないし背景で確立していったのかを推測するうえで、第I段階の様相を整理しておくことが重要である。

現在まで、今村（一九八五）、金子（一九九九）、小林（一九九五）、細田（一九九六）、松田他（一九九七）などを始め、数多くの編年試案が提出されている。これらの諸成果を一瞥すると同時に相互に比較してみると、型式の多様性、分析対象の遺構ないし同一層出土といった資料体の貧弱さなどによって、研究者間における個別資料の編年的な位置づけは非常に混乱している。そのうえ、前期最終末との微妙な時間的な前後関係ないし併行関係も視野に入れなければならない。

この点に関して詳論するときわめて煩雑になるため本稿での詳細な検討は避けるが、前期最終末の資料を含めた広域編年網の時間軸を簡単に示すと、基本的にソウメン状浮線文をもつ一群とそれに併行する集合沈線文施文の土器群、縄文施文土器、無文土器が列島中央部を中心に措定されるのではないかと考えている。このような思考を背景に、ソウメン状浮線文による口縁部の文様構成を沈線文で置換・表現し、その内外を短沈線で充填した土器群を、型式学的な観点からソウメン状浮線文をもつ一群よりも新しく位置づける。そして、この土器群に併行した土器群を加えて、前期最終末ではなく中期初頭の最古段階（第Ⅰ段階）を仮設するわけである。以下では、筆者自身の分析の手順を示すことによって、拙著（山本 二〇〇〇）では詳しく触れなかった第Ⅰ段階の系列組成とその分布様相について述べてみたい。

現在、ほぼ第Ⅰ段階に比定される土器群が出土した遺跡は、小破片のため判別不能な土器が出土した遺跡を除いて、一八一遺跡を数える。そのうち当該段階の住居址、土坑、集石などの遺構が確認された遺跡は、長野県志平遺跡（樋口他 一九八〇）、山梨県立石遺跡（小林他 一九九六）、神奈川県東方第7遺跡（坂上他 一九七四）、同池辺第4遺跡（今井他 一九七四）、東京都多摩ニュータウン№872遺跡（岩橋他 一九八九）、静岡県代官屋敷遺跡（馬飼野他 一九八二）、群馬県中畦遺跡（小野他 一九八六）、福島県法正尻遺跡（松本他 一九九一）などかなり少ない。そのため、最初に遺構単位で土器分析を始めることには多くの制約をともなっている。そのうえ、集合沈線文を主文様とした土器のなかに、器形、文様構成、削り取り手法の有無などの属性組成から前期末十三菩提式の最終末段階との区別がつきにくいものが数多く含まれているため、この種の土器を型式学的に分類したり、時間的に位置づけることにも無理が生じる。

それ故、まずは、口頸部文様帯の地文に細線文を施し、刺突文や印刻文を平行沈線文などと組み合わせることによって渦巻状や入組状、玉抱き三叉状などの曲線的なモチーフを展開させた第Ⅱ段階の細線文系列よりも型式学的に古く、神奈川県霧ケ丘遺跡（今村他　一九七三）や同中駒遺跡（今村・松村　一九七一）などに代表的な前期最終末のソウメン状浮線文で構成された土器群（図7）から系統関係を辿れる一群を抽出することによって、編年の基準を設定していく。

ソウメン状浮線文で構成された土器群が前期末の中でもっとも新しい類であることは、層位的事例に乏しいものの、型式学的な観点から首肯されるだろう。そして、前期末ソウメン状浮線文土器群と中期初頭第Ⅱ段階細線文系列の間に位置する一群を型式学的に抽出した。その結果、山梨県釈迦堂遺跡群塚越北A地区（小野他　一九八六）、神奈川県中駒遺跡（今村・松村　一九七一）、同池辺第4遺跡（今井他　一九七四）、東京都田原遺跡（川崎他　一九九六）、千葉県浜野川神門遺跡（金丸他　一九八九）、群馬県神保植松遺跡（谷藤他　一九九七）、同上山田原採集資料（山田　二〇〇一）、栃木県高徳地内（塚本　一九九五）、福島県法正尻遺跡（松本他　一九九一）、宮城県長根貝塚（藤沼他　一九六九）などが該当した（図8）。

これらの一群は口頸部文様帯に平行沈線で斜状、渦巻状、三角形状のモチーフを描いた後に、その区画された内外を短沈線ないし印刻文に近い沈線で充填することを最大の特徴としている。それ以外の特徴として、四単位の橋状把手を配することが多いこと、胴部文様帯が縄文帯にV字状、Y字状の文様モチーフによって描出されていることを列挙できる。また、短沈線や印刻文は胴部文様帯のモチーフ内にも充填されている。器形には胴部上半が球胴形を呈したり、キャリパー形や円筒形などのものが含まれており、平縁と波状口縁の両者が認められる。口唇部形態は角頭状を呈するものが多い。

また、これらの細線文系列のうち幾つかの型式系統に関して、拙著（山本　二〇〇〇）に示したように比較的その組列を辿りやすいもの（D、H、Iの各型式系統）が含まれている。筆者は、これらの土器群を第Ⅰ段階の細線文系列として認識したうえで、中期の最初頭期に位置づけた。そして、この時期は今村の「五領ケ台Ⅰａ式」にほぼ比定される。しかしながら、今村は「五領ケ台Ⅰａ式」を西関東の土器型式として用いており、「中部高地を本拠地とす

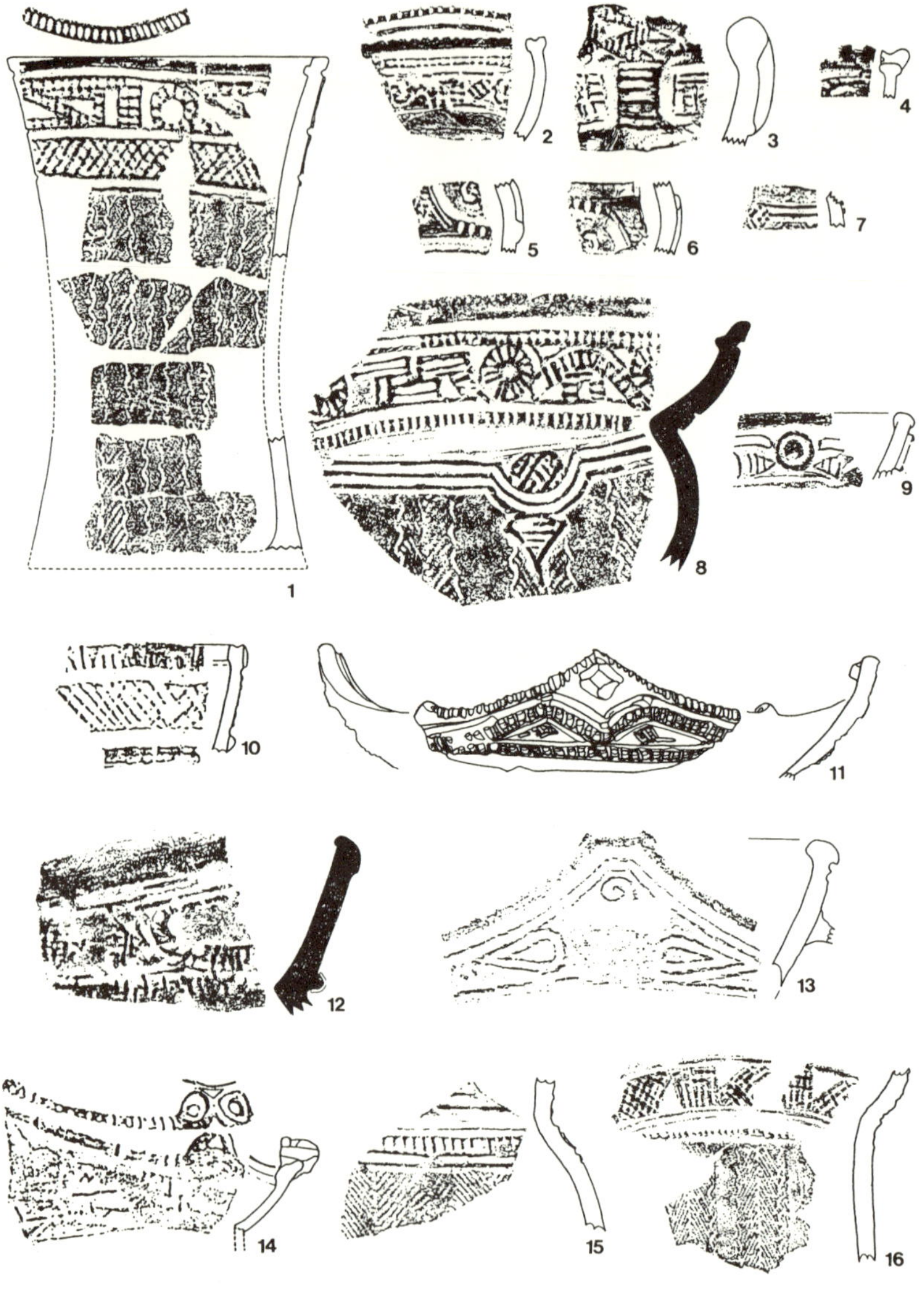

図７　前期最終末ソウメン状浮線文土器群（１／４）
１～７：霧ケ丘（今村他 1973）、８・12：中駒（今村・松村 1971）、９：臼久保（松田他 1999）、10・14：小塚（井上他 1987）、11：豆作台（井上他 1999）、13：田原（川崎他 1996）、15：西大宮バイパスNo.４（立木他 1986）、16：西野牧小山平（福山他 1997）

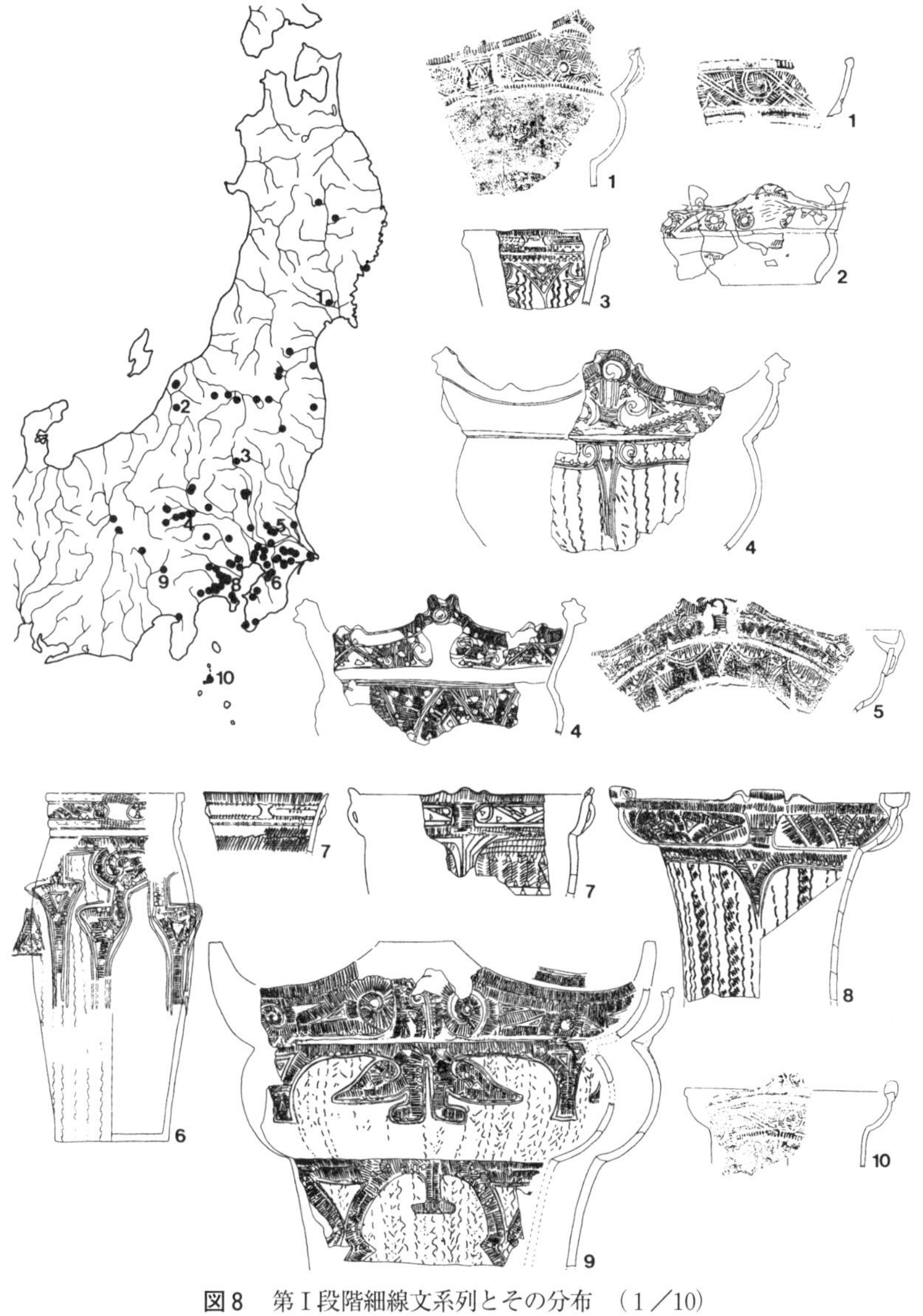

図8　第Ⅰ段階細線文系列とその分布　（1／10）

1：長根貝塚、2：山崎 A、3：高徳地内、4：神保植松、5：虚空蔵貝塚、6：浜野川神門、7：八辺貝塚、8：池辺第4、9：釈迦堂遺跡群塚越北A地区、10：田原（土器番号は分布図中の遺跡番号に対応）

る踊場式土器」(今村 一九八五)と区別している節がある。それ故、当然、本稿で用いる第I段階およびその時間帯における系列組成とは意味合いが異なることに注意する必要がある。

このようにして抽出した第I段階の細線文系列のうち、千葉県八辺貝塚（小林　一九八九）から口頸部文様帯の短沈線がシャープで、角頭状以外の口唇部形態をもつ土器（図8―7）が出土した点は、前述した子和清水遺跡例（田中他　一九八七）（図5）と同様に細線文系列内の型式変化の地域的変異を考察するうえで注目される。しかも、同図―7のうちキャリパー状の口縁部形態を有する土器は、小林の一九八九年論文の第12図197とともに、当初、七群二類a種として「西関東地方五領ケ台式土器群」に含められていたが、後に「大木または五領ケ台I式の影響を受けた八辺式I期の刺突文・印刻文の土器」、「口唇形態や器形よりみてむしろ南東北の大木7a式の組成の中になる土器」（小林　一九九七）と考えられた。この解釈は抽象的であるものの、解釈の変更自体は第I段階における細線文系列の対外的交渉の実態および地域性の萌芽を考究するうえで示唆的である。

次に、これら第I段階の細線文系列と一緒に出土した土器群を遺構単位で検討することによって、共伴した土器群の特徴および系列の識別などを把握するわけである。しかしながら、検討可能な細線文系列との共伴事例が少ないため、それを補う意味から興味深い遺構例も併せて提示する。まず、東京都郷田原遺跡J―18号住の例（戸田・吉田　一九九六）を取りあげる。長方形大型住居については第四章（1）で検討しているので、そちらを見てもらうこととして、ここではJ―18号住の炉体土器に使用された集合沈線文系列に注目した（図9）。

1は口縁部が内屈し、おそらく四つの突起が口縁部につくものである。口唇部上には爪形文が施され、内屈した部分に押引文が展開する。頸部文様帯は縦位の集合沈線文で埋められている。また、結節羽状縄文の上に半截竹管状工具による平行沈線文で半弧状や剣先状、大形の波状を呈したモチーフを組み合わせた文様構成をもつ円筒形の胴部片が、同じ炉内で入れ子状に出土していた。報告では「本来同一個体土器を分割使用していると思われるが、接合部分が摩耗あるいは欠損しているためか接合はしない」と述べられている。もし同一個体であるならば、異系列文様・文

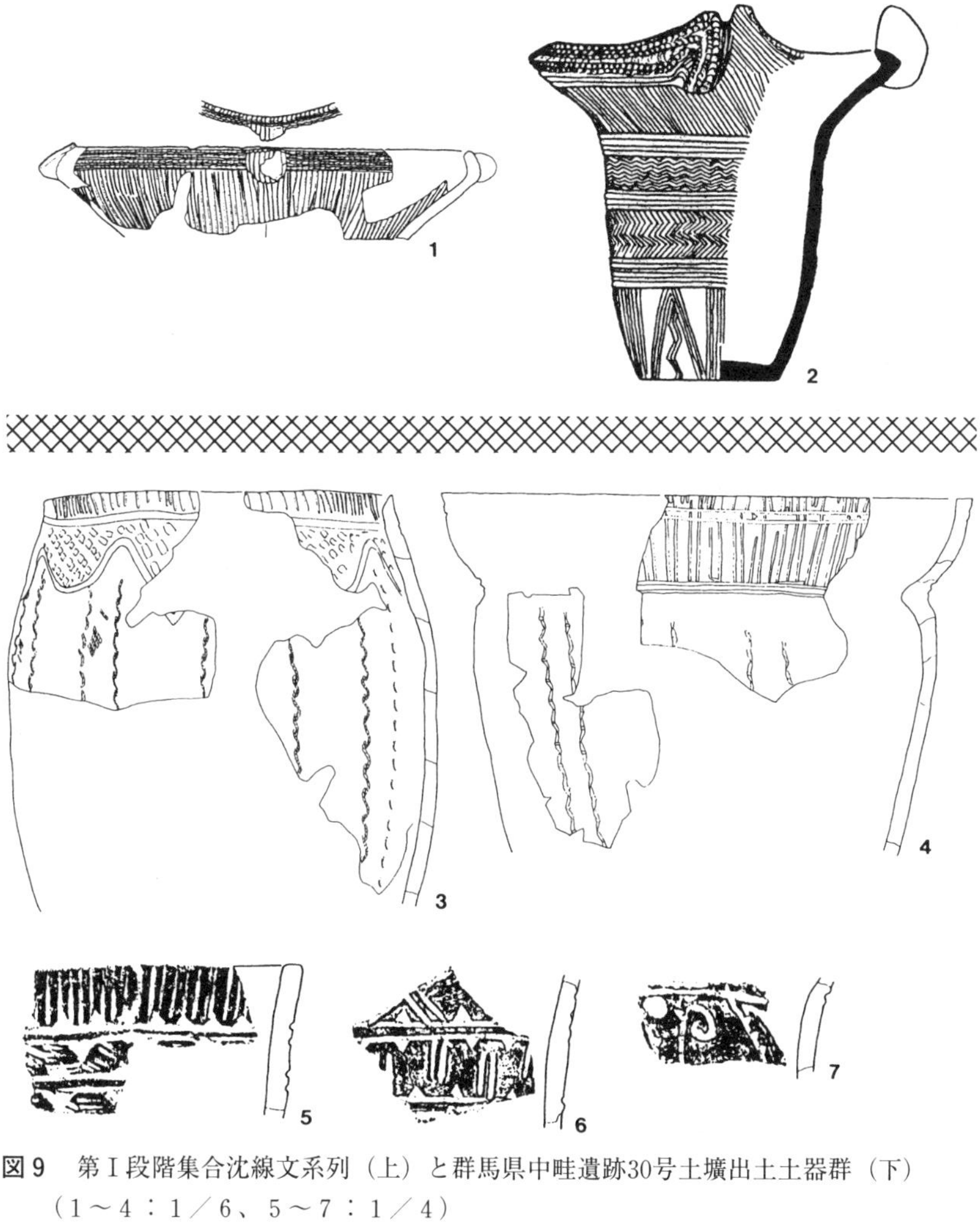

図９　第Ｉ段階集合沈線文系列（上）と群馬県中畦遺跡30号土壙出土土器群（下）
（１～４：１／６、５～７：１／４）
（１、２は集合沈線文系列A類、この類型については本文を参照のこと）

様帯の同一個体内共存例として注意しなければならないだろう。なお、1に類似した器形および口頸部文様構成として長野県籠畑遺跡例（武藤 一九六八）がある（同図—2）。

さらに、群馬県中畦遺跡30号土壙（小野他 一九八六）から興味深い土器群が検出されているので、この事例を検討することによって当該段階の土器様相および集合沈線文系列の特徴を探っておこう（図9下）。その際、最初に山口逸弘の編年観（山口 一九九五）を参考例として紹介する。この中で、山口は同図—3、4を「体部は結束縄文の縦位施文で懸垂構成をとり、口縁部文様は比較的単純な充填構成が見られる」ことから、同分郷八崎246号土壙（右島 一九八六）と同様に「五領ケ台Ⅱ式（新段階）」の良好な遺構出土の一括資料とみなした。きわめて新しい段階に比定するわけである。

この見解に対して筆者は、胴部の縦位の結節縄文が前期末ソウメン状浮線文をもつ一群や第Ⅰ段階細線文系列からすでに確認できること、3の体部上半の波状文が当該段階のY字状文ないしV字状文の簡略形で、区画内の短沈線の充填が刺突文に置換された構成としてそれぞれ理解できること、4の角頭状を呈する口唇部形態と口頸部文様帯における集合沈線文の縦位構成、削り取り手法の欠如および3と類似した胴部文様帯の内容から、中畦遺跡30号土壙出土土器群のうち3と4を五領ケ台式の新しい段階よりも第Ⅰ段階の所産であると推測した。要するに、3を細線文系列の範疇に含め、4を集合沈線文系列と細線文系列の同一個体内共存例におのおの比定したわけである。ただし、同土壙出土の5〜7のうち、5は同段階の細線文系列として分類できる反面、7は時間的に少し新しいかもしれない。いずれも破片資料であるが、7は無地上に沈線文と印刻文によるモチーフが展開していることから、第Ⅱ段階細線文系列B類に相当する可能性も残しているだろう。ちなみに、報告では5と6を同一個体として判断している。

ところで、上記のような細線文系列と同じ遺構内から出土した集合沈線文系列以外に、型式学的に第Ⅱ段階よりも古い時期に比定されるものの細線文系列との共伴関係が認められず、前期最終末と第Ⅰ段階のいずれに措定されるか判断に苦慮する集合沈線文系列が数多く認められることも事実である。遺構単位で検出された例として、長野県古神遺跡土器集中遺構（赤松他　一九九一）、山梨県立石遺跡第32号住居址と住居址内土壙（小林他　一九九六）、同獅子之前遺跡75号土坑（米田他　一九九一）、同上の平遺跡34号住居址覆土内出土（中山他　一九八七）とSP60（村石他　一九九四）、東京都落越遺跡第14号土坑（高梨他　一九九二）、静岡県代官屋敷遺跡第2号住居跡（馬飼野他　一九八二）などを列挙できる。また、単独出土例でいえば、山梨県穴沢遺跡（小西　一九九二）、東京都多摩ニュータウンNo.809遺跡（中西他　一九九一）、同三矢田遺跡（小林他　一九九一）、神奈川県向丘中学校遺跡と同西耕地遺跡（村田　一九七〇）、同草山遺跡（山本他　一九七六）、同小丸遺跡（石井一九九九）、埼玉県西大宮バイパスNo.4遺跡（立木　一九八六）、同年中坂B遺跡（宮崎　一九九五）、千葉県椎ノ木遺跡（高橋他　一九八七）などから出土した類が該当する（図10）。なお、群馬県中尾遺跡の集合沈線文系列は工事中に出土したもので（藤岡　一九八八）、口縁部文様帯を区画する沈線に沿って印刻文が付随するか否かの差異があるものの、口縁部形態を含んだ器形や口縁部文様帯の格子目文構成において埼玉県年中坂B遺跡例（宮崎　一九九五）と類似している。

結局、これらの集合沈線文系列の一つめの特徴は、器形、文様帯構成、文様といった視点から、口頸部が「く」字状やS字状、キャリパー状などを呈し、その形状の屈曲に相応した口頸部文様帯を形成せず、その文様帯の一部に縦位ないし斜位の集合沈線文ではなく平行沈線による山形文や連弧文、乱雑な格子目文などが加わるといった点である。そして、口頸部の形態と文様帯構成といった関係において、緩やかに外反する頸部に数帯の文様帯を配置させる結果になっている。二つめの特徴は、口頸部の屈曲に応じて文様帯を区画したとしても、とくに頸部文様帯内を縦位ないし斜位の集合沈線文で加飾しない点である。この特徴をもとに山梨県立石遺跡例（小林他　一九九六）（同図—3）や同穴沢遺跡例（小西　一九九二）（同図—5）を第I段階の集合沈線文系列に含めたが、これらの資料は第II段階集合沈線文系列「型式5」にきわめて近い関係を示している。今後、分類において微調整が必要になるかもしれない。

三つめの特徴は、円筒形以外に丸みをもったり、数段の膨らみをもつ胴部形態を有しながら、胴部文様帯が横帯に区画されるとともに分帯された各文様帯の内部を集合沈線文で埋めていることである。しかも、その文様は直線および曲線を巧みに用いて多様な構成を描き出している。四つめは、口頸部、胴部を通じて大半は単位文様の内部を削り取らないが、一部に削り取りが認められる点である。

以前、拙著（山本　二〇〇〇）では、これらの類型の中から削り取り手法を併用しないで、平行沈線文で小区画した内外の空白部分を意識的に残したものを五領ケ台式第Ⅰ段階に組み込み、削り取り手法が加わるものとの間に時間差を想定した。たとえば、長野県古神遺跡例（赤松他　一九九一）（同図—1）、神奈川県向丘中学校遺跡例と同西耕地遺跡例（村田　一九七〇）（同図—9）などを中期最初頭期の第Ⅰ段階に位置づける一方で、東京都落越遺跡例（高梨他　一九九二）（同図—7）や静岡県代官屋敷遺跡例（馬飼野他　一九八二）（同図—11）を前期最終末に比定したわけである。しかしながら、前述の遺構単位で出土した土器群を分析・検討した結果、削り取り手法の有無のみを基準に古神遺跡例と落越遺跡例を時間差と考えるにはあまりにも無理があると考えるようになった。

そこで、第Ⅰ段階の細線文系列と共伴する土器群が集合沈線文を主文様とした集合沈線文系列であることを再確認したうえで、確実に第Ⅰ段階に比定できる集合沈線文系列として、東京都郷田原遺跡例や長野県籠畑遺跡例のようにキャリパー状ないし「く」字状に内屈した口縁部形態をもち、頸部文様帯に縦位ないし斜位の平行沈線文を集合させ、少なくとも口頸部文様帯には削り取り手法を併用しない一群を充当させた。そして、ここではこの一群を集合沈線文系列A類と仮設しておく。群馬県中畦遺跡例（図9—4）の口頸部の形態と文様も集合沈線文系列A類の範疇に属するだろう。つまり、A類とは複数の器形を含むものの、とくに口頸部の屈曲に応じて文様帯が横帯区画されていること、頸部文様帯内を縦位ないし斜位の集合沈線文で加飾し、口頸部および胴部の各文様帯内に削り取り手法を併用しない集合沈線文様を有しているものである（図9）。

一方、長野県古神遺跡例や東京都落越遺跡例などを集合沈線文系列B類として便宜的に大きく纏めた。要するに、B類とは口頸部の屈曲部・変換点に関係なく文様帯が横帯区画されていること、頸部文様帯内を縦位ないし斜位の集

図10　第Ⅰ段階集合沈線文系列とその分布（1／10）
1：古神、2：上の平、3：立石、4：獅子之前、5：穴沢、6：年中坂B、7：落越、8：三矢田、9：西耕地、10：小丸、11：代官屋敷
(土器番号は分布図中の遺跡番号に対応、図示したものは集合沈線文系列B類、この類型については本文を参照のこと)

合沈線文ではなく平行沈線による山形文や連弧文、乱雑な格子目文などで加飾されること、口頸部文様帯ないし胴部文様帯の文様モチーフに削り取り手法が併用されることのいずれかが確認されたものである。器形も多彩で、「く」字状やS字状、キャリパー状などを呈した口頸部形態を含んでいる（図10）。それ故、A類に比べて変異幅が大きく、今後、研究目的に応じた類型化も当然必要になってくる。

なお、これらの分類案を列島中央部を中心に数多くの資料を集成した最近の研究例のみに照らしてみると、金子直行は集合沈線文系列A類とB類の両者を前期最終末に置き、筆者の第I段階細線文系列よりも古く位置づけている（金子　一九九九）。また、細田勝は前期終末と中期初頭の両方に跨るように配置した（細田　一九九六）。以前から今村も苦慮しているように（今村　一九七四）、細線文系列に比べて、集合沈線文系列の前期最終末からの系統関係および時間的関係は微妙であるとともに、明瞭な線引きができないものを多く含んでいるといえる。つまり、現状の資料的な制約および器形や文様の比較、共伴関係といった分析結果を考慮すると、集合沈線文系列A類は中期初頭五領ケ台式第I段階を構成する系列として細線文系列と併行関係に位置づけられるが、B類は一部にソウメン状浮線文土器群との時間的な共時性を内包しつつ前期最終末／第I段階として広く捉えておく以外に仕方ないだろう。

2　系列間における分布域の類似と差異

では、このような分析過程で認識できた細線文系列と集合沈線文系列は、どのような分布の特徴を示しているのだろうか。まず、編年の基軸となった第I段階の細線文系列（図8）は中部地域や西南関東地域以外に、愛鷹山南東麓、伊豆諸島、武蔵野台地、奥東京湾東岸、利根川中・下流域の北総台地や房総半島、霞ヶ浦周辺、北関東の栃木県域と群馬県域、東北地方南部、東北地方中部の北上川流域、越後地方など広範囲に分布していた。とくに、以前から山口明が述べているように中部地域からの出土例はきわめて少なく（山口　一九八〇）、関東地方に多く分布する傾向をもっている。ただし、長野県志平遺跡（樋口他　一九八〇）や同向畑遺跡（竹原他　一九八九）からも確実に出土し

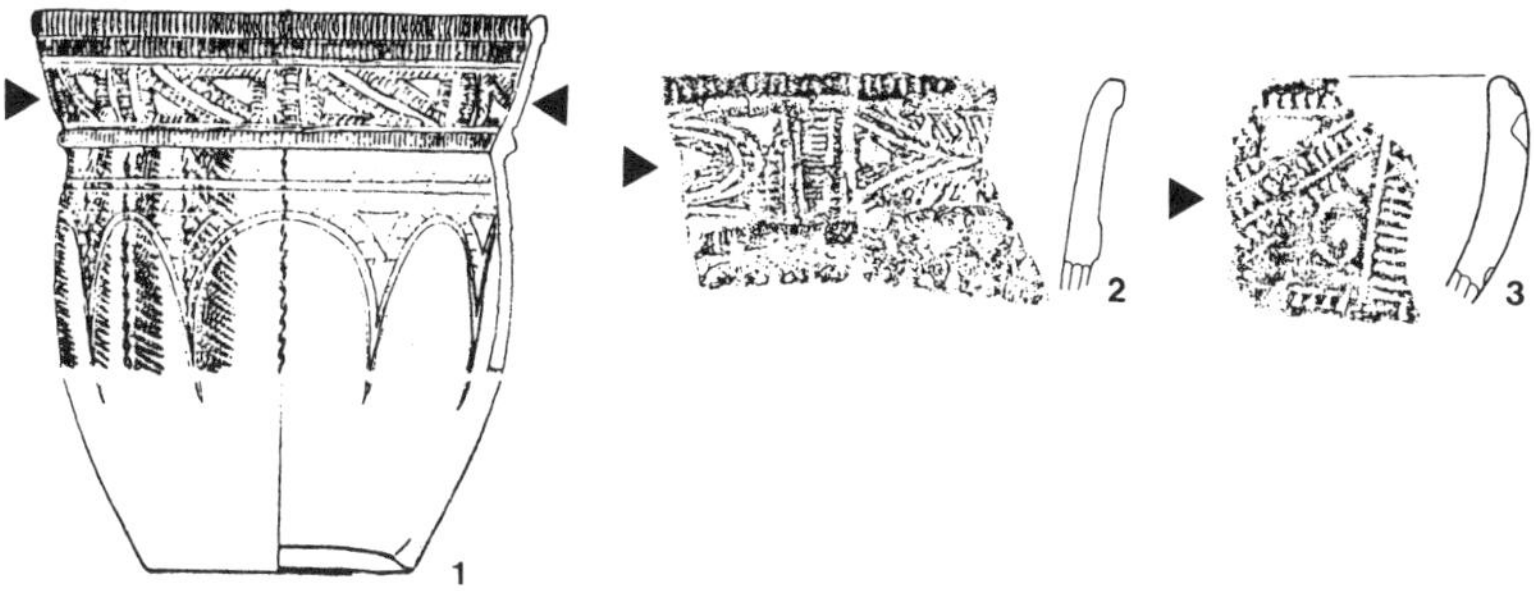

図11　第Ⅰ段階における会津・越後間の交流ルートを示唆する資料
１：新潟県大谷原（1／8）　２：福島県法正尻（1／3）　３：福島県塩喰岩陰（1／3）

たことや、今後、未発表資料の増加も十分に予想されることなどから、中部地域が分布中心域に含まれる可能性も残している。

　さらに、このような分布傾向のなかで、とくに東北地方南部と越後地方への分布の拡大は共時的・通時的に系列間における分布の変動を見きわめたり、地方間における交渉ルートを措定するうえで非常に興味深い現象である。前者のうち東北地方南部における分布域の拡大現象は、通時的視点からみた場合、北関東の鬼怒川流域や東北地方中・南部に広がっていた第Ⅰ段階の細線文系列が時間的経過にともなって縮小したことを意味している。これは、同一系列間における分布域の時間的変動を如実にあらわした事象なのである。

　また、後者の交渉ルートについて具体的に述べると、新潟県豊原遺跡（前山・小野　一九九四）、同大沢遺跡（前山　一九九〇）、同山崎Ａ遺跡（佐藤他　一九九一）（図８―２）から、球形状の胴部上半と円筒形の下半を組み合わせた器形、および口縁部に沈線による円形文や曲線文のモチーフを施した後に短沈線と印刻文を充填する文様構成を指標とした典型的な細線文系列が出土したことは、現段階で蓄積された資料のうち福島県会津地方の西北端に位置する塩喰岩陰遺跡（芳賀他　一九九四）とそれに隣接した新潟県東蒲原郡上川村の大谷原遺跡出土例（遠藤　一九九八）を積極的に評価したうえで、阿賀川・阿賀野川経由の会津―越後ルートを傍証することになるだろう。そして第Ⅱ段階になると、このルートは東北地方南部における当該段階の遺跡数の減少、および新潟県豊原遺跡における細線文系列Ａ類の出土（小野・前山他　一九八八）

によって利用されなくなった可能性が高いといえる（前章を参照）。

さらに、資料の諸属性を遺跡間で比較し、その類似度から遺跡間交渉の度合いや交流ルートを細かく探ろうとするならば、大谷原遺跡の細線文系列は器形や各文様帯の全体構成を観察・比較できる貴重な資料である（図11―1）。とくに口縁部に橋状把手を貼付しないことと、口縁部文様帯において単位文様としての渦巻文や円形文ではなく、縦位と斜位の沈線文で形成された単位文様内に短沈線を充填する文様構成は磐梯町法正尻遺跡（同図―2）や西会津町塩喰岩陰遺跡（同図―3）から確認されているため、大谷原遺跡例は阿賀野川支流の常浪川を遡るケースか、只見川から越後山脈に入るケースのいずれかを介した移動ないし交渉・交流ルートを物語っているだろう。

一方、集合沈線文系列（図10）は諏訪湖周辺や天竜川流域を中心とした中部地域、笛吹川・釜無川流域や西南関東地域以外に、愛鷹山南東麓、富士川下流域、伊豆諸島、荒川低地を挟んで武蔵野台地から大宮台地、利根川中・下流域の北総台地や房総半島、霞ヶ浦周辺、北関東の群馬県域、越後地方などに点在していた。細線文系列の分布域と異なる点は、北関東栃木県域や東北地方中・南部に分布していないことである。

このように列島を北上するにつれて両系列の間に明瞭な分布差を指摘できる一方で、北陸・越後地方に目を向けると、新潟県道下遺跡（佐藤他 二〇〇〇a）、同下モ原Ⅰ遺跡（佐藤他 二〇〇〇b）のように集合沈線文系列に充当可能な資料の他に、「新保式Ⅰ期」（加藤 一九八六）との分別に苦慮するものが多く含まれていることに気づく。たとえば新潟県内に限定してみても、豊原遺跡（小野・前山他 一九八八）、大沢遺跡（前山 一九九〇）、有馬崎遺跡（前山 一九九七）、丸山遺跡（桑原他 一九八八）、山崎A遺跡（佐藤他 一九九一）の資料が該当する。しかも、全体の器形および文様構成が把握できない破片資料になった場合、型式区分は不可能に近い。今回、これらの諸課題について詳論する余裕はないが、いずれ日本海域に沿って前期最終末から中期初頭期の遺跡を集成するとともに遺跡内の出土状況や各資料の比較検討といった基礎的な作業を実施する過程で、佐藤雅一（一九九一、二〇〇〇a・b）や前山精明（一九八八、一九九〇、一九九四）に代表される編年、土器型式の区分とその指標、遺跡構造などに関する研究成果の評価と筆者自身の見識の相対化を計りたい。

結局、列島中央部を対象に第Ⅰ段階（一部前期最終末を含む）の土器様相と分布状況について検討した結果、まず集合沈線文系列と細線文系列との間の構造上の区別は第Ⅰ段階からすでに認められており、一部に細線文系列の分化と地域性を予測させるような資料も出土していたことが明らかになったわけである。次に、第Ⅰ段階において分布が集中する区域は類似するものの、集合沈線文系列に比べて細線文系列が東北地方中・南部にまで分布を拡大させていたこと、集合沈線文系列と北陸・越後地方との親和的な関係が示されたことによって、系列間における分布域の違いと周辺の各地方との異なった関連性も判明した。たとえば新潟県内に限定してみても、集合沈線文系列と新保式Ⅰ期の間の型式学的な親縁性は、同段階の細線文系列に比べて越後地方との間における対外的交渉の頻発性および維持関係を暗示しているといえる。しかも、このような関係は石川県真脇遺跡（加藤　一九八六）、山形県吹浦遺跡（黒坂・渋谷他　一九八八）のように北陸地方や東北地方の日本海側まで拡大していた可能性が高いだろう。

そして、第Ⅱ段階に比べて遺構例が少ないことや広い分布域をもっていることを考慮した場合、集合沈線文系列と細線文系列の間の差異性に反映された二つの社会集団はお互いに非定住的な居住形態を採用する一方で、分布周縁地帯において生態的に適応する居住域を異にしていたり、別々の在地系集団と対外的な情報交換や婚姻などに代表される社会的な関係を構築していたと推論できる。

四　土器以外の文化要素からみた五領ケ台式前半期における社会変化

1　長方形大型住居の遠隔地出土とその意味

長方形大型住居を取り扱う理由の一つは、その住居内における居住期間や人数、機能を厳密に規定できないとしても、一般的な住居址との間に規模や炉址の多用化、間仕切りの検出などの相対的な差異が認められるため、長方形大型住居が一般住居とは異なった住構造としての社会性を顕著に反映しているからである。二つめの理由は、前期末大木6式から中期初頭大木7a式期において長方形大型住居の分布の中心地である東北地方の中・南部地域社会内で（武藤　一九九八）、宮城県長根貝塚九層（藤沼他　一九六九）のように大木7a式前半（糠塚式）とともに少数の五領ケ台式第Ⅰ段階細線文系列（図8―1）が分布しているからである。細線文系列の東北地方中・南部への分布の拡大現象については今村啓爾がすでに指摘していた（今村　一九八五）。

それでは、中部地方や関東地方などに主要な分布域をもつ土器系列が東北地方中・南部から出土する反面、長方形大型住居が関東地方や越後地方から発見されていることは具体的に何を意味するのだろうか。以下、五領ケ台式の主要分布圏から発見された東京都郷田原遺跡例（戸田・吉田　一九九六）を取りあげて、東北地方中・南部から離れたところで長方形大型住居が出現する社会的な理由を考えてみたい。なお、五領ケ台式と新保式との分布接触地域から検出された新潟県和泉A遺跡の長方形大型住居（荒川他　一九九九）については、出土土器の特異性とともに別の機会に述べる予定である。

郷田原遺跡からは、該期の遺構として二軒の長方形大型住居（J―1号住、J―18号住）を含めた九軒の住居址と小竪穴一基、集石三基、土坑数基が検出された（図12）。いずれの住居址も丘陵東側の先端部寄りに偏った分布を示している。これらの遺構群に対して報告書中では五段階の変遷を想定しているが、そこまで細かく分別できないだろう。せいぜい前期末、五領ケ台式第Ⅰ段階、第Ⅱ段階、第Ⅳ段階の四細分である。ただし、戸田哲也の見識と同様に、二軒の長方形大型住居は床面土器と炉体土器の型式学的な比較検討を基に、設営当初から二軒並存していたわけではなく時間差をもって構築されていたと考えられる。

J―1号住は現存値で長軸一二・七m、短軸七・七mを測る。炉は便宜的に六つの炉群に分類され、幾つかの炉群は複数の被熱部によって構成されている。また、戸田は炉と柱穴の重複、柱穴が小規模の円形に巡るようにみえる点、床面上に旧段階の壁廻りらしき段状の痕跡が認められることなどから拡張行為を想定した。この見解は、時間的変化の指標として一つの炉体土器（同図―2のA）の文様描出に削り取り手法が併用されていることを考慮した場合、重要な指摘である。ただし、現段階では前章における集合沈線文系列の分析結果によって、時間的に拡張された可能性を含みながらも、J―1号住を前期最終末／第Ⅰ段階に位置づけると同時に炉体土器を集合沈線文系列B類に比定しておく。

一方、J―18号住は現存値で長軸一七・七m、短軸五・七mを測り、六基の炉を住居の主軸線上に配置させる。時期は五領ケ台式第Ⅰ段階に比定されるだろう。その根拠として、球形状の胴部上半と円筒形の下半を組み合わせた器形で、口縁部に沈線による円形文や曲線文のモチーフを施した後にその沿線や隙間に短沈線と印刻文を充填する文様構成を特徴とした第Ⅰ段階の細線文系列（山本 二〇〇〇のH型式系統の「型式2」）が床面から出土したこと（同図―2のC）、前述の集合沈線文系列A類が炉体土器の一つ（同図―2のE）に使用されていることなどを列記できる。

このようにして両住居の構築・使用時期を確定したならば、次に各住居の構築に関する社会背景が問題になってくるだろう。武藤康弘は、郷田原遺跡の二事例を「住居規模および平面形の特徴が、秋田県杉沢台遺跡、岩手県鳩岡崎遺跡や横町遺跡などにみられる東北地方北部および中部の典型的な長方形大型住居の特徴とよく一致して」いることから、「東北地方からダイレクトに影響をうけて南関東で成立した可能性が高い」と予想している（武藤 一九九八）。しかしながら、この想定は具体的な社会背景までを深く考慮して論及されていないとともに決して首肯される見識ではない。なぜならば、根本的に両住居の時期比定に曖昧さが残っていること、J―1号住の炉体土器の特徴は東北地方に分布していないこと（前章を参照）、J―18号住の床面出土土器が関東地方に多く分布しながら東北地方中・南部まで分布域を広げた第Ⅰ段階の細線文系列（山本 二〇〇〇のH型式系統の「型式2」）であることなどの基礎データを注視していないからである。

また、金子直行は郷田原遺跡を「土器群に中部・北陸的な要素を持ち、大型住居跡を含む集落構造で、前期終末か

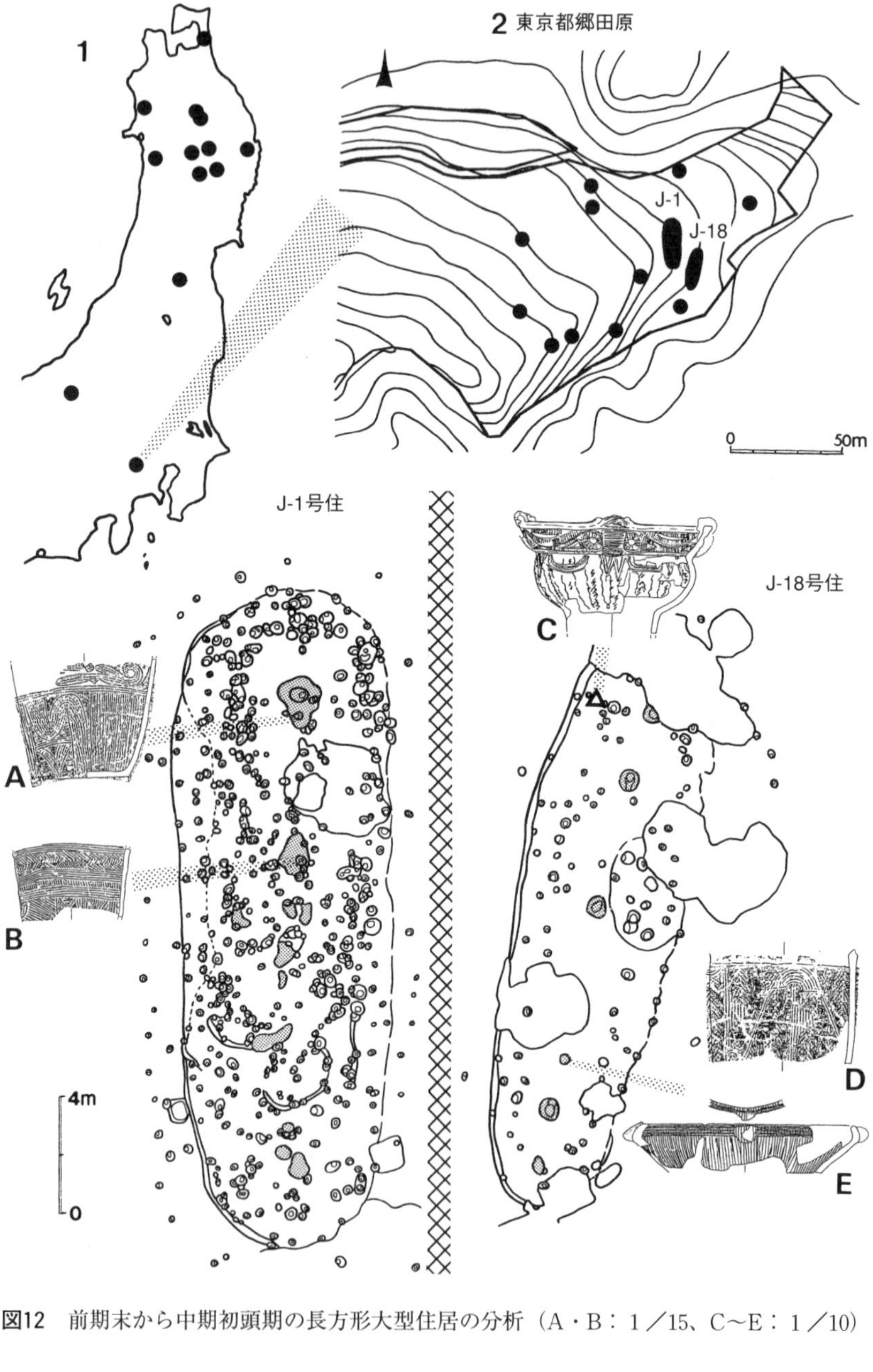

図12　前期末から中期初頭期の長方形大型住居の分析（A・B：1／15、C〜E：1／10）

ら中期初頭の土器群を継続的に使用するという東北的な様相を持つことから、関東地方に直接的に移住してきたか、もしくは強い系統下のもとに営まれた集落」（金子　一九九九）ではないかと想像する。しかしながら、この指摘はや抽象的過ぎる居住形態論を含んでいると同時に、J—18号住床面土器の系統観と住居自体の時間的位置づけに筆者の見解と大きな隔たりをもっている。

筆者は、これまでの郷田原遺跡の長方形大型住居に対する年代的位置や出土土器の型式学的な特徴、遺跡自体の形成過程と社会的な性格などに関する見解に対して、各住居出土土器群の観察・分析結果を根拠に、J—1号住とJ—18号住を時間差を含めて異なる社会的コンテクストのもと構築・使用されたものとして推論する。具体的にいえば、前期最終末／第Ⅰ段階のJ—1号住の構築に対して、「北陸系集団の移動」（戸田・吉田　一九九六）も視野に入れた上で集合沈線文系列の社会集団と北陸・越後地方（とくに越後地方）との社会的関係性を、五領ケ台式第Ⅰ段階のJ—18号住については、列島中央部に広く分布した細線文系列社会集団の主体的な行動様式をそれぞれ評価したわけである。要するに、郷田原遺跡の二軒の長方形大型住居と住居内部の土器様相は、細かな時間的変化の過程でみると北陸・越後地方（とくに越後地方）、東北地方といった異なる地方との社会連鎖の変動性を示唆していると考えられる。そして、これらの連関構造が歴史的に重畳化した姿態が、前期最終末から中期初頭五領ケ台式第Ⅰ段階の郷田原遺跡に反映されていたといえる。当然、郷田原遺跡の長方形大型住居に対する武藤の評価（武藤　一九九八）や遺跡自体の形成過程にかんする金子の予測（金子　一九九九）とは大きく異なる結果になる。

また、二軒の長方形大型住居のうちJ—18号住は、廃棄された集合沈線文系列A類の土器を炉体用として再利用する可能性を考慮したうえで、第Ⅰ段階の細線文系列集団によって居住された施設ではないかと考えた。J—18号住を長方形大型住居といった東北地方に分布の中心をもつ文化要素と、五領ケ台式内部の特定系列集団（細線文系列集団）との社会的な共存証拠として注目したわけである。つまり、細線文系列の社会的・生態的な役割を重視した場合、五領ケ台式第Ⅰ段階とその併行期に、細線文系列の社会集団が分布周縁地帯である東北地方へ拡散していき、糠塚系在地集団との相互交流を通じて長方形大型住居に関する情報を受容した結果、関東地方で長方形大型住居（J—18号住）を構築し得たと推考するわけである。細線文系列集団の広域にわたる非定住的な居住形態と、それにともなう東北地方中・南部の在地系集団との社会的関係性が多摩丘陵の地（東京都郷田原遺跡）に長方形大型住居の一部をもたらしたといえよう。

当然、東北地方中・南部にまで生態的な分布域を広げていなかった集合沈線文系列の社会集団は、第Ⅰ段階において長方形大型住居に関する情報を受容できなかった。ただし、J—1号住の炉体土器が前期最終末／第Ⅰ段階の集合沈線文系列B類に措定されるため、集合沈線文系列の社会集団は第Ⅰ段階以前に別ルートで長方形大型住居の情報を受容していた可能性も残している。この点は今後の大きな検討課題であるが、少なくとも長方形大型住居の関東地方への分布は、二つの社会集団間における社会的な適応形態の差異を明瞭に反映していると推論できるだろう。ここでは、単純な伝播論や系統論に依拠していないことを再度強調しておく。

2　初期立像土偶の文様と細線文系列社会集団の進取性

長方形大型住居と時期的・空間的に重なる遺物として板状土偶（近藤・阿部 一九九四）がある。土偶の機能を女神像、身代わり像、産神像などと具体的に解釈していく問題は別として、土偶が少なくとも心象に関連した遺物であるとともに社会と「超自然環境」（渡辺 一九七七）とのかかわり方の反映であると仮定するならば、社会的・儀礼的な性格を付帯していたと考えられる。そして、このような板状土偶の時間的・空間的な特性を把握しておくことは、中期の関東・中部地方における立像土偶の成立過程を同じ地方内の前期土偶の形態・形状から系統論的にたどるよりも、細線文系列の広域分布および在地系との情報交換にともなう社会的・儀礼的な産物として行動論的に理解するうえで有効性を示すことになるだろう。

大木6式から大木7a式期の板状土偶は、まさに五領ケ台式とは異なる社会の文物なのである。しかしながら、五領ケ台式第Ⅰ段階の細線文系列の東北地方中・南部における分布の拡大だけでなく、大木6式および大木7a式に類似した資料が北関東、東関東、西南関東地域、伊豆諸島からも見つかっていること、茨城県虚空蔵貝塚（大川・大島一九七八）や千葉県根古谷貝塚（外松　一九九六）、同西の台遺跡（新井他　一九八五）、群馬県神明上遺跡（寺内　一九九八）などから出土した第Ⅱ段階の土器の中で、細線文系列の器形や文様構成に山形文の口縁部文様帯が組み合わさった土器を、第Ⅰ段階から継続した東北地方中・南部の大木7a式前半（糠塚式）との同一個体内共存例として提示できるかもしれないことなどから、該期の板状土偶が五領ケ台式の主要分布圏内で検出される可能性を残している。今後の調査によって期待される点である。

ところで、中期土偶の研究は、立像ないし有脚形態への変化の画期として以前から注目されていた。研究史に関しては多くの研究者が言及しているため、ここでは省略するが、「土偶とその情報」研究会による研究大会の資料集や論文集を見ても明らかなように、ここ数年、立像土偶の成立過程、編年、分布と地域性、機能などが急速に議論され始めた経緯をもっている。たとえば立像土偶の成立問題に関する研究の常道は、五領ケ台式前半期（第Ⅰ段階、第Ⅱ段階）とそれに併行する東日本の土器型式期に相当する土偶を提示したうえで、その形態や文様の特徴を比較・抽出することである。それにもかかわらず、これまでの立像土偶の成立を巡る論点は五領ケ台式後半期とその併行型式の土偶に焦点をあて過ぎていた。一方で、五領ケ台式前半期の土偶例が極端に少なかったこと、五領ケ台式第Ⅳ段階以降になると土偶の出土量が増加するとともに河童形を呈する頭部や有脚表現をもつ個体が広範囲に認められることから、このような研究状況の制約は仕方ないようにみえた。

ところが、山梨県下の研究者によって五領ケ台式前半期も含めた集成および型式分類などの作業が進展した結果、地域的に北陸地方や東北地方中・南部までを視野に入れながら、前期からの細かな時間的変化を通して立像土偶の成立背景や変遷過程などを推論できるようになってきた。とくに今福利恵は、このあたりの状況を丁寧に纏めている（今福　二〇〇〇）。この論攷は、各土偶の時間比定において同じテーマを扱う研究者との間に若干のへだたりをもつが、土器編年を基軸に土偶の時間的な位置づけを実施するとともに、北陸ルートによる立像土偶の成立を否定している点で非常に興味深いものである。

このような研究成果を参考にしながら、筆者は全体形や頭部形態、顔面表現などの系統分類だけでなく、土偶に選択される一部の文様と五領ケ台式内部の各系列の土器文様との異同に注目してみた。そこで、今福が集成した「初期立像土偶」のうち山梨県釈迦堂遺跡群を対象に、五領ケ台式前半期の遺構内出土の土偶と該期の遺構に近接して出土した遺構外の土偶を分析した（図13・14）。なお、釈迦堂遺跡群の中で三口神平地区（小野他　一九八七）は、第Ⅲ段階から第Ⅵ段階の住居址が五軒確認されたように五領ケ台式後半期の占地空間であるため、今回の分析ではここから出土した土偶を検討対象から外した。

塚越北A地区（S—I区）からは五領ケ台式期の住居址一軒と土壙四基が確認されている（小野他　一九八六）。SB—23（図13）は住居址として報告されているが、プランや柱穴配置に問題を残しており、所属時期を限定することはきわめて困難である。出土土器は第Ⅰ段階から第Ⅲ段階といったかなりの時間幅を有している。1は第Ⅰ段階ないし第Ⅱ段階、2は第Ⅱ段階細線文系列A類、3は第Ⅲ段階にそれぞれ比定される。また、4は埼玉県年中坂B遺跡（宮崎　一九九五）の口縁部文様（図10—6）が乱雑に描出されたもので、第Ⅰ段階に相当するだろう。

ところで、五領ケ台式期の土偶はSB—23とその周辺から一点ずつ出土した（同図—5・6）。いずれも頭部片で、河童形土偶に含まれる。今福は、SB—23を筆者の第Ⅱ段階辺りに位置付けると同時に、土器との共伴関係から5を同時期の所産と考えた（今福　二〇〇〇）。ここで筆者は、5ではなく同じグリッドから出土した6に注目したい。6は平坦な頭頂部と粘土紐の貼付による眉表現、刺突を用いた目と口の描出以外に、頭頂部および後頭部から側頭部にかけての細線文様を特徴としている。そして、この文様は半截竹管の腹面を利用した平行沈線の集合施文というよりも、細線文系列の口頸部文様帯の地文（細線文）（同図—2）に類似する。つまり、6は文様要素において第Ⅱ段階細線文系列A類と強い関連を有しているといえる。

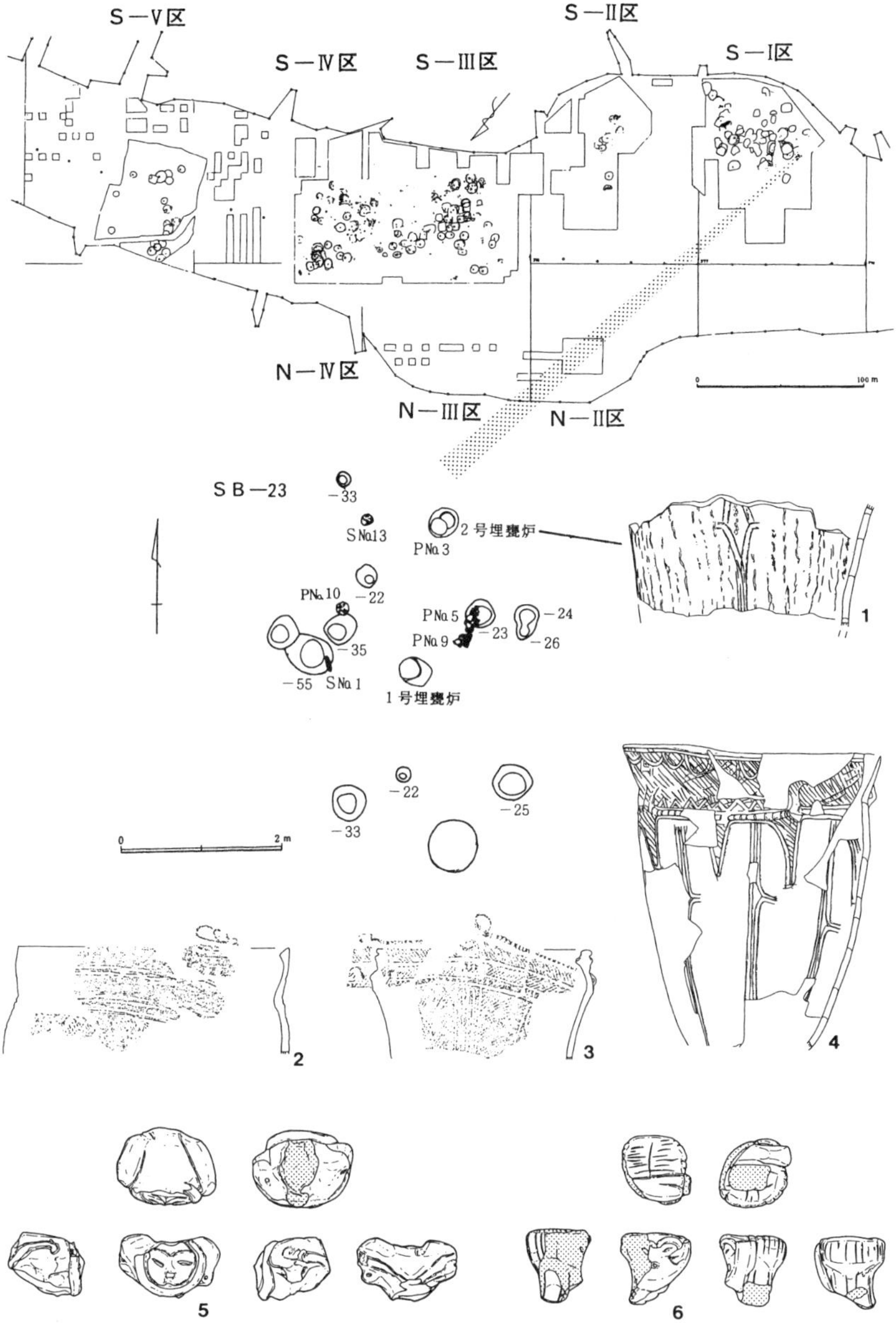

図13　山梨県釈迦堂遺跡群の土偶（1）（1～4：1／10、5・6：1／3）

一方、塚越北B地区（S—Ⅱ区）からは五領ケ台式期の住居址四軒と土壙数基が確認された（小野他 一九八六）。いずれの遺構も第Ⅰ段階ないし第Ⅱ段階に比定され、集合沈線文系列を主体的にもっている。SB—04から出土した土器（図14—1～3）には、第Ⅰ段階集合沈線文系列B類、第Ⅱ段階集合沈線文系列「型式5」、段階不明の細線文系列が含まれている。そして、五領ケ台式期の土偶として報告されたものは二点あるが、そのうちの一点は住居址（SB—04）から出土した。同図—4は頭部片で、かなり大形のものである。顔は横長で、頭部は粘土をつけ加えることによって河童形を呈している。粘土紐の貼付けによる眉表現や刺突を用いた目の描出、後頭部及び側頭部にみられる多数の孔以外に特徴的な文様を施さない。つまり、この例は第Ⅰ段階ないし第Ⅱ段階において、土器文様と類似した要素を取り入れない土偶も常に製作されていたことを示唆する資料なのである。現時点で五領ケ台式後半期に比定された土偶（今福 二〇〇〇）を一瞥しても、土器文様と共通性を保たない類が多数を占めていることから、土偶文様は土器製作技術体系における文様の意味とは異なる意味体系を具有していたのかもしれない。

以上、全体的に土器文様と比較できる資料が少ないこと、第Ⅰ段階の土器文様を取り入れた土偶例が見当たらないことなどの資料的な制約と、土偶文様に土器文様とは異なる意味体系が具有していた可能性などを考慮しながらも、第Ⅱ段階の細線文系列と文様を共有する土偶が一部に存在していたことを確認できた。さらに、頭部の表現が関東・中部の系統とは考えられないこと、板状土偶と時期的・空間的に重複する長方形大型住居が関東地方においても検出されたこと、第Ⅰ段階の細線文系列が東北地方中・南部にまで分布域を拡大していることなどから、立像土偶は細線文系列の社会集団の進取的な役割によって中部・関東地方で発達したものではないだろうか。

その他、細線文系列社会集団の進取性を示唆する資料として、神奈川県原口遺跡から出土した「の」字状土製品がある。この事例は、形態の特徴だけでなく施文文様においても今後注目されることになるだろう。なぜならば、「の」字状石製品や集合沈線文系列に付加するケースが多い「の」字状貼付文との形態的な類似性をもちながら、表面に第Ⅱ段階細線文系列A類の文様が施されているからである。詳しくは正式な報告書の刊行（二〇〇二年三月の予

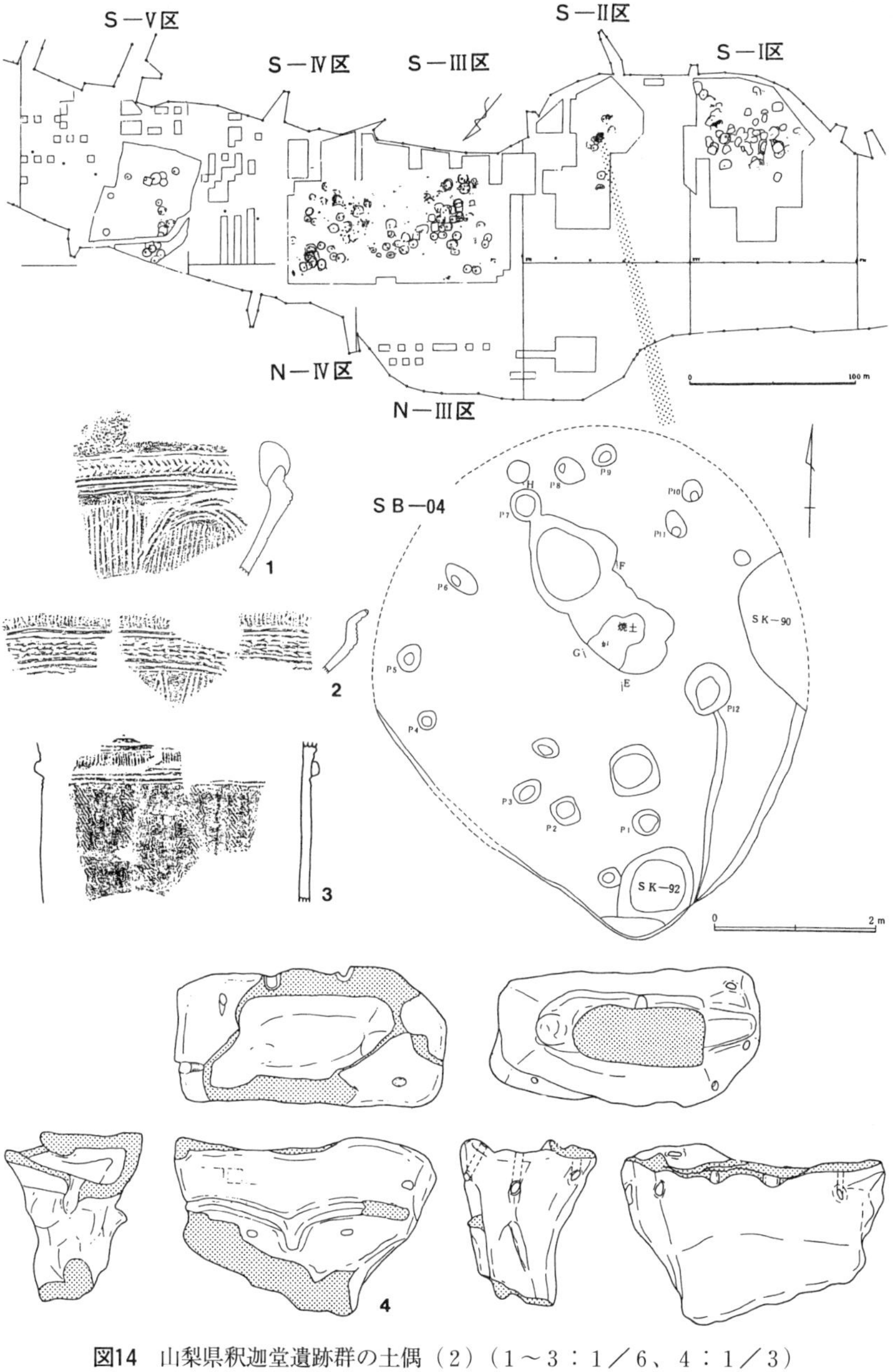

図14　山梨県釈迦堂遺跡群の土偶（2）（1～3：1／6、4：1／3）

定）を待って詳論したい(4)。

五　結　論

山口明は、具体的な資料提示を通して、「中期初頭土器群には関東と中部に系譜を持つ二つの系統がある」こと以外に、「集合沈線文土器（A型式）」と「細線文土器（B型式）」が時間的な前後関係をもたないことをすでに見通していた（山口　一九八〇）。ただし、厳密な共時性が指摘されていたわけではなく、時間的変化に応じた両者の分布域の変化も漠然と述べられているにすぎなかった。とくに、「諸磯c式土器に系譜を引くA型式は中部地方に分布の中心を持ち、B型式の中部への波及と呼応する形で、逆に南関東に波及する」といった時間的変化に応じた分布域の変動は、現在の増加した資料の型式学的な検討と分布域の探求から見直されなければならない。

つまり、第I段階（一部前期最終末を含む）の分布集中域の重なり具合（図8と図10）を通して、分布に関する山口の見解を批判的に検討した結果、集合沈線文系列と細線文系列の二つの系列がそれぞれの地域に系譜をもつ可能性は低く、両系列は共通した分布域を有していたと考えられる。どちらかと言うと、独自の土器製作に関する技術伝統をもつ集合沈線文系列と細線文系列の間の分布差は、分布周縁地帯において明確になっていたといえる。

第I段階において、集合沈線文系列は北陸・越後地方の在地系集団と深い繋がりを保ち、細線文系列は東北地方中・南部に分布を広げていたわけである。たとえば、集合沈線文系列B類の一部には北陸・越後地方の新保式I期と区別できないものが含まれていた。しかも、当該段階に比定される住居址の少なさを加味したならば、周縁地帯における両系列間の分布の差異は両系列の広域にわたる生態的な居住形態の違いを意味すると同時に、各地方の在地系集団との社会的交渉の頻度とその差異を示しているのだろう。結局のところ、両系列は相互に依存した関係を保つだけでなく、集合沈線文系列は北陸・越後地方の集団、細線文系列は東北地方中・南部の集団とそれぞれ対外的な生態的・社会的関係を維持していたと推測される。とくに分布周縁地帯における両系列間の社会的な適応形態の差異は、「の」字状貼付文の集合沈線文系列への受容と長方形大型住居の関東地方への分布にそれぞれ反映されていた。

そして第Ⅱ段階に至ると、確実なところで二〇遺跡から住居址が確認・報告されたように、前期最終末／第Ⅰ段階に比べて着実に住居址の保有遺跡数が増加する。古環境・古生態に関するデータ不足のため、この頃の自然環境の変化を直截に予測できないが、このような居住痕跡の増加は、両系列の主要分布域の重なりおよび分布範囲の縮小化と関連して考えた場合において興味深い現象であるといえよう。すでに今村は分布域の通時的変化を指摘していたが（今村　一九八五）、この点を生態的・社会的な問題として具体的に論述したわけではなかった。

そこで筆者は、第Ⅱ段階において、両系列が西南関東地域と中部地域といった分布中心域を共有するといった分布傾向の変化を導き出した以外に、生活構造の社会的側面を反映した諸特徴について検討してみた。分析の結果、土器製作技術に関する差異関係は依然として継承されていたことが明らかになった。そのうえ、拙著（山本　二〇〇〇）で分析したように新潟県豊原遺跡の層位調査（小野・前山他　一九八八）にもとづく各層ごとの出土土器の型式学的な比較から、第Ⅱ段階集合沈線文系列と「新保式Ⅱ期」（加藤　一九八六）との型式学的な差異が明確化したこと、東関東を中心に東北地方南部の阿武隈川流域や北関東、西南関東地域において地文に細線文を施さない細線文系列B類が分布するようになったこと、東関東の中でも利根川下流域の北総台地や霞ヶ浦周辺に集合沈線文系列が分布していないこと、近隣の遺跡間ないし遺跡内の両系列の組成比率を算出した場合、中部地域では両系列が遺跡間で共存し、西南関東地域では遺跡間および遺跡内で共存するといった地域差が認められたこと、細線文系列の文様が土偶文様の一部や「の」字状土製品の文様と共通することなども明確になった。

これらの事象は、二つの社会集団の間における生態的な適応形態の差異が解消されたことを意味するとともに、中部地域や西南関東地域といった「地域」を単位に、地域内および遺跡内において両系列間の生態的・社会的な共生／共存が維持され始めたことを示唆している。また、東関東では細線文系列の社会集団内部における分化が生起したわけである。しかも、細線文系列B類に象徴された社会集団は、東関東を中心に北方、西方に行動域を広げると同時に西南関東地域や中部地域とは異なる社会関係（対外的な情報交換、婚姻組織など）を維持していた可能性をもっている。

要するに、中期初頭五領ケ台式前半期を対象に考古学的同一時期を設定し、生活構造の社会的側面を反映する複数の事象を各段階ごとに検討した結果、第Ⅰ段階から第Ⅱ段階へ時間的に移行するにつれて、北陸・越後地方との間で新保式Ⅱ期と集合沈線文系列の区別が明瞭になると同時に東北地方中・南部において細線文系列の出土遺跡数が減少したように、北陸・越後地方や東北地方中・南部との間の対外的な交渉が弱くなったわけである。また、細線文系列の社会集団と越後地方との交渉ルートが、阿賀川・阿賀野川経由の会津—越後ルートから千曲川・信濃川水系ルートに変更された可能性を有している。その一方で、系列間の交渉が活発化するといった生態的・社会的な変容がおこるとともに、地域差や社会集団の分化が明瞭になってきたといえる。この場合、該当例はきわめて少ないものの土偶や「の」字状土製品のように、生活構造の社会的側面を反映する土器以外の文物において細線文系列土器文様との共有化が認められたことから、細線文系列の社会集団の方が進取的な性格を備えていたと推測される。

註

（1）本文中で用いる系列、型式、型式系統、型式組成については、拙著（山本　二〇〇〇）参照。
（2）長野県立歴史館の厚意で実見させて頂いた。
（3）群馬県内の資料に関して、群馬県埋蔵文化財調査事業団および北橘村教育委員会の厚意で実見させて頂いた。
（4）原口遺跡の「の」字状土製品は一九九七年二月の『平成八年度かながわの遺跡展』にて展示されていた。ただし、そのときのパンフレット（神奈川県立埋蔵文化財センター　一九九七）には、「の」字状土製品に関する記載と実測図は見当たらない。その後、神奈川考古学財団の厚意で数回にわたって土器や石器と一緒に実見させて頂いた。

引用文献

赤松　茂他　一九九一『古神遺跡』箕輪町教育委員会。
新井和之他　一九八五『西の台（第2次）―船橋市西の台遺跡発掘調査報告書―』船橋市遺跡調査会。
新井　仁他　一九九一『野上塩之入遺跡　塩之入城遺跡』群馬県教育委員会。
荒川隆史他　一九九九『和泉A遺跡』新潟県教育委員会。
安藤道由他　二〇〇一『上用瀬遺跡Ⅲ』君津郡市文化財センター。
飯塚　誠他　一九八八『書上下吉祥寺遺跡　書上上原之城遺跡　上植木壱町田遺跡』群馬県教育委員会。
石井　寛　一九九九『小丸遺跡』横浜市ふるさと歴史財団。
稲野裕介他　一九九一『滝ノ沢遺跡』北上市教育委員会。
井上　賢他　一九九九『豆作台遺跡Ⅰ』君津郡市文化財センター。
井上　太他　一九八七『小塚・六反田・久保田遺跡発掘調査報告書』富岡市教育委員会。
今井康博他　一九七四「池辺第4遺跡」『港北ニュータウン地域内文化財調査報告Ⅳ』一七七～二七二頁、横浜市埋蔵文化財調査委員会。
今村啓爾　一九七四「登計原遺跡の縄文前期末の土器と十三菩提式土器細分の試み」『とけっぱら遺跡』三五～三九頁、登計原遺跡調査会。
今福利恵　二〇〇〇「中部地方の初期立像土偶の成立と展開」『土偶研究の地平4』六三～一一三頁、勉誠出版。
今村啓爾・松村恵司　一九七一「横浜市日吉中駒遺跡の中期縄文式土器」『考古学雑誌』第五七巻第一号、八一～九三頁。
今村啓爾　一九八五「五領ケ台式土器の編年」『東京大学文学部考古学研究室研究紀要』第四号、九三～一五七頁。
今村啓爾他　一九七二『宮の原貝塚』武蔵野美術大学考古学研究会。
今村啓爾他　一九七三『霧ケ丘』霧ケ丘遺跡調査団。
岩橋陽一他　一九八九「多摩ニュータウンNo.872遺跡」『多摩ニュータウン遺跡　昭和六二年度（第四分冊）』一一七～一三七頁、東京都埋蔵文化財センター。
植月　学他　二〇〇〇『東山王貝塚・イゴ塚貝塚―縄文時代低地性貝塚の調査―』市川市教育委員会。
上野修一他　一九九〇『那須の遺跡―渡辺龍瑞先生寄贈資料目録第2集―』栃木県立博物館。

江森正義・岡田茂弘・篠遠喜彦　一九五〇「千葉県香取郡下小野貝塚発掘報告」『考古学雑誌』第三六巻第三号、三九〜五〇頁。
遠藤　佐　一九九八「上川村大谷原縄文早期集落遺跡」『新潟県考古学会第一〇回大会研究発表・調査報告等要旨』二七〜三二頁。
大川　清・大島秀俊　一九七八『茨城県美浦村・虚空蔵貝塚』国士舘大学文学部考古学研究室。
岡田光広他　一九九一『東関東自動車道埋蔵文化財調査報告書Ⅵ（佐原地区3）』千葉県文化財センター。
小野　昭・前山精明他　一九八八「巻町豊原遺跡の調査」『巻町史研究』Ⅳ、一〜七一頁。
小野和之他　一九八六『中畦遺跡　諏訪西遺跡』群馬県教育委員会。
小野和之他　一九九三『神保富士塚遺跡』群馬県教育委員会。
小野和之他　一九九七『南蛇井増光寺遺跡Ⅵ』群馬県教育委員会。
小野正文他　一九八六『釈迦堂Ⅰ』山梨県教育委員会。
小野正文他　一九八七『釈迦堂Ⅱ』山梨県教育委員会。
河西清光　一九九三『榎垣外・海戸遺跡・地獄沢発掘調査報告書（概報）』岡谷市教育委員会。
笠原香里　一九九九『天王垣外・榎垣外・地獄沢遺跡発掘調査報告書（概報）』岡谷市教育委員会。
加藤三千雄　一九八六「第8群土器　新保式期」『真脇遺跡』九〇〜一〇八頁、能都町教育委員会。
神奈川県立埋蔵文化財センター　一九九七『耳飾と古代のモード　平成八年度かながわの遺跡展』。
金子直行　一九九九「縄文前期終末土器群の関係性—十三菩提式土器と集合沈線文系土器群の関係を中心として—」『縄文土器論集』一七七〜二〇九頁、縄文セミナーの会。
金子直世　一九九〇「八王子市明神社北遺跡出土の縄文中期初頭の土器群について」『郷土資料館研究紀要　八王子の歴史と文化』第二号、九三〜一〇四頁。
金丸　誠他　一九八九『千葉市浜野川神門遺跡（低湿地貝塚の発掘調査）』千葉県文化財センター。
川崎義雄他　一九九六『新島村史　資料編Ⅰ　史料』新島村。
桐原　健他　一九七三『長野県中央道埋蔵文化財包蔵地発掘調査報告書—上伊那郡辰野町その1—』長野県教育委員会。
椚　国男・佐々木蔵之助　一九七六「八王子市明神社北遺跡第3次調査概報—縄文中期初頭の住居址を中心に—」『考古学ジャーナル』第一二二号、一四〜二二頁。

黒坂雅人・渋谷孝雄他　一九八八『吹浦遺跡　第３・４次緊急発掘調査報告書』山形県教育委員会。
黒澤春彦他　一九九七『三夜原東遺跡　新堀東遺跡　壱杯清水西遺跡』土浦市教育委員会。
桑原陽一他　一九八八『丸山遺跡発掘調査報告書』大潟町教育委員会。
小西直樹他　一九九二『穴沢遺跡・カイル遺跡』上野原町教育委員会。
小林謙一　一九八八「東関東地方縄文時代中期初頭段階の土器様相―「八辺式」土器群の設定とその編年的位置について―」『村上徹君追悼論文集』二一五～二三七頁、村上徹君追悼論文集編集委員会。
小林謙一　一九八九「千葉県八日市場市八辺貝塚出土土器について―東関東地方縄文時代中期初頭段階の土器様相―」『史学』第五八巻二号、二七～六七頁。
小林謙一　一九九五「南関東地方の五領ケ台式土器群」『中期初頭の諸様相』一～九四頁、縄文セミナーの会。
小林謙一　一九九七「茨城県宮平貝塚出土土器について（１）」『民族考古』第四号、一～三四頁、慶應義塾大学文学部民族学考古学研究室「民族考古」編集委員会。
小林謙一他　一九九一『真光寺・広袴遺跡群Ⅵ　三矢田遺跡―遺物・考察編―』鶴川第二地区遺跡調査会。
小林広和他　一九九六『立石・宮の上遺跡』山梨県教育委員会。
近藤　悟・阿部博志　一九九四「大木式土器分布圏の土偶について」『東北・北海道の土偶Ⅰ　シンポジウム発表要旨』三八～四三頁、「土偶とその情報」研究会。
坂上克弘他　一九七四「東方第７遺跡」『港北ニュータウン地域内文化財調査報告Ⅳ』一～一二二頁、横浜市埋蔵文化財調査委員会。
佐々木清文他　一九八七『和光６区遺跡発掘調査報告書』岩手県文化振興事業団埋蔵文化財センター。
佐藤雅一他　一九九一『山崎Ａ遺跡発掘調査報告書』見附市教育委員会。
佐藤雅一他　二〇〇〇ａ『道下遺跡―縄文時代編―』津南町教育委員会。
佐藤雅一他　二〇〇〇ｂ『下モ原Ⅰ遺跡』津南町教育委員会。
高梨　修他　一九九二『落越遺跡Ⅰ』落越遺跡調査団。
高橋　誠他　一九八七『椎ノ木遺跡』印旛郡市文化財センター。
瀧野　巧　一九九五『熊野・辺玉遺跡』吉岡町教育委員会。

竹石健二他　一九八六『金程向原遺跡Ⅰ―第Ⅰ地点・第Ⅱ地点発掘調査報告―』日本大学文理学部史学研究室。
竹原　学他　一九八九『松本市向畑遺跡Ⅱ』松本市教育委員会。
立木新一郎他　一九八六『西大宮バイパスNo.4遺跡』大宮市遺跡調査会。
田中　豪他　一九八二『常磐自動車道埋蔵文化財調査報告書Ⅰ』千葉県文化財センター。
田中英世他　一九八七『子和清水遺跡　房地遺跡　一枚田遺跡』千葉市教育委員会。
谷藤保彦他　一九九七『神保植松遺跡』群馬県教育委員会。
塚本師也　一九九五「栃木県における中期初頭の土器様相」『中期初頭の諸様相』三二九～三五二頁、縄文セミナーの会。
寺内隆夫他　二〇〇〇『更埴条里遺跡・屋代遺跡群―縄文時代編―』長野県教育委員会。
寺内敏郎　一九九八『神明上遺跡』藤岡市教育委員会。
戸沢充則　一九七三「原始・古代の岡谷」『岡谷市史』上、六七～四五三頁、岡谷市。
戸田哲也・吉田浩明　一九九六『郷田原遺跡』八王子市南部地区遺跡調査会。
外松　恵　一九九六『千葉県市川市　根古谷貝塚の土器』南山大学人類学博物館。
長井正欣他　一九九七『八城二本杉東遺跡・行田大道北遺跡』山武考古学研究所。
中西　充他　一九九一「多摩ニュータウンNo.182・809遺跡」『多摩ニュータウン遺跡　平成元年度（第一分冊）』二一一～二七五頁、東京都埋蔵文化財センター。
中山誠二他　一九八七『上の平遺跡　第4次・第5次発掘調査報告書』山梨県教育委員会。
中山吉秀　一九七六『高根北遺跡』『千葉ニュータウン埋蔵文化財調査報告書』Ⅳ、千葉県文化財センター。
並木　隆他　一九八四『椿峰遺跡群』所沢市教育委員会。
西村正衛　一九八四「千葉県香取郡小見川町白井雷貝塚―縄文中期文化の研究―」『石器時代における利根川下流域の研究―貝塚を中心として―』二四一～二八四頁、早稲田大学出版部。
芳賀英一他　一九九四『六郎次遺跡　塩喰岩陰遺跡』福島県教育委員会。
原　雅信他　一九八九『八寸大道上遺跡』群馬県教育委員会。
樋口昇一他　一九八〇「志平遺跡」『長野県中央道埋蔵文化財包蔵地発掘調査報告書―岡谷市その4　昭和五二・五三年度―』二九～五四頁、長野県教育委員会。

福島雅儀他　一九九六『三春ダム関連遺跡発掘調査報告8　越田和遺跡』福島県文化センター。
福山俊彰他　一九九七『横川大林遺跡　横川萩の反遺跡　原遺跡　西野牧小山平遺跡』群馬県教育委員会。
藤岡一雄　一九八八「中尾遺跡」『群馬県史　資料編1　原始古代1』四五五～四五八頁、群馬県。
藤沼邦彦他　一九六九『埋蔵文化財緊急発掘調査概報―長根貝塚―』宮城県教育委員会。
保坂和博他　一九九一『小坂遺跡』山梨県教育委員会。
細田　勝　一九九五「埼玉県における縄文中期初頭の様相」『中期初頭の諸様相』九五～一一七頁、縄文セミナーの会。
細田　勝　一九九六「縄文前期終末土器群の研究―地域差と系統差の統合的解釈に向けて―」『先史考古学研究』第六号、一～五〇頁。
細田　勝他　一九九九『小沼耕地遺跡Ⅱ』埼玉県埋蔵文化財調査事業団。
前山精明　一九九〇『大沢遺跡』巻町教育委員会。
前山精明　一九九七『有馬崎遺跡』分水町教育委員会。
前山精明・小野　昭　一九九四「豊原遺跡」『巻町史　資料編一　考古』一六四～二二七頁、巻町。
馬飼野行雄他　一九八二『代官屋敷遺跡』富士宮市教育委員会。
松田光太郎他　一九九七「神奈川県における縄文時代文化の変遷Ⅳ　前期終末・中期初頭期―十三菩提式～五領ケ台式期の様相―」『研究紀要2　かながわの考古学』一七～四四頁、神奈川県立埋蔵文化財センター。
松田光太郎他　一九九九『臼久保遺跡』財団法人かながわ考古学財団。
松本　茂他　一九九一『法正尻遺跡』福島県文化センター。
三上徹也他　一九八七「第四節　大洞遺跡」『中央自動車道長野線埋蔵文化財発掘調査報告書』1、九九～二〇〇頁、長野県埋蔵文化財センター。
右島和夫他　一九八六『分郷八崎遺跡』群馬県北橘村教育委員会。
宮崎朝雄　一九九五「比企丘陵における縄文前期終末～中期初頭の土器群」『比企丘陵』創刊号、八六～九六頁。
武藤康弘　一九九八「縄文時代の大型住居―長方形大型住居の共時的通時的分析―」『縄文式生活構造―土俗考古学からのアプローチ―』一二〇～一九一頁、同成社。
武藤雄六　一九六八「長野県富士見町籠畑遺跡の調査」『考古学集刊』第四巻第一号、四三～七六頁。

村石眞澄他　一九九四『上の平遺跡（第6次）東山北遺跡（第4次）銚子塚古墳南東部試掘』山梨県教育委員会。
村田文夫　一九七〇「多摩丘陵東端発見の縄文前期末葉から中期初頭の土器について」『古代』第五三号、三三～四二頁。
茂木允視他　一九八五『見立溜井遺跡　見立大久保遺跡』赤城村教育委員会。
山口　明　一九八〇「縄文時代中期初頭土器群における型式の実態」『静岡県考古学会シンポジューム4　縄文土器の交流とその背景―特にその中期初頭の土器群をとおして―』二五～四四頁、静岡県考古学会。
山口逸弘　一九九五「群馬県における中期初頭の土器群」『中期初頭の諸様相』一一九～一五三頁、縄文セミナーの会。
山田雄正　二〇〇一『北橘村村内遺跡Ⅸ』北橘村教育委員会。
山本暉久他　一九七六『草山遺跡』神奈川県教育委員会。
山本典幸　一九九四「Ⅷ群土器　五領ケ台式」『武蔵台遺跡Ⅱ』七〇～八二頁、都立府中病院内遺跡調査会。
山本典幸　一九九九「社会集団」『現代考古学の方法と理論Ⅰ』一〇五～一一四頁、同成社。
山本典幸　二〇〇〇『縄文時代の地域生活史』ミュゼ。
山本典幸　印刷中「異系列文様・文様帯の同一個体内共存とその社会的機能に関する試論―縄文時代中期初頭期―」『國學院大學考古学資料館紀要』第一八輯。
米田明訓他　一九九一『獅子之前遺跡発掘調査報告書』山梨県教育委員会。
渡辺　仁　一九七七「生態人類学序論」『人類学講座12生態』三～二九頁、雄山閣出版。

非居住域への分散居住が示す社会
——中期終末の下総台地——

加納　実

はじめに

中期後半を中心とする時期に盛行する所謂「環状集落」の実態を、筆者は「同一地点での反復居住・集合的居住」と捉えた。さらに環状集落が崩壊する時期以降に出現する集落の実態については「非居住域への分散居住」と捉えた（加納　一九九五、二〇〇〇）。筆者も含めた多くの研究者が、中期後半の縄文集落のながれというものが、表現の差異こそあれ「同一地点での反復居住・集合的居住＝環状集落」から「非居住域への分散居住」によって示されるという理解を共有していると考えられる。

しかし「同一地点での反復居住・集合的居住」から「非居住域への分散居住」へのながれというものを、それぞれの実態を想定しつつ把握した成果は乏しいと言わざるを得ない。したがって本稿では環状集落の特質を想定・規定し、この特質から対峙されるところの「非居住域への分散居住」集落の特質を想定・規定し、相互の比較により縄文時代中期後半から後期にむけての社会の変容について言及したい。

一　「環状集落」の特質

(1) 第一の特質

中期後半の環状集落の「同一地点での反復居住・集合的居住」という把握を平易に表現するならば、「同じ地点に何度も住む・集まって住む」ということになろう。ここではこの把握を第一の特質ととらえておきたい。「同じ地点に何度も住む」という様相は、住居跡の重複関係や住居跡軒数の多さによって示される。「集まって住む」という様相は、たとえば谷口康浩が示した、遺跡数としては少数である環状集落に、当該期住居跡軒数の七五％～八〇％が集中するという指摘（谷口　一九九八）に示される。

(2) 第二の特質

第二の特質として、集落設営の終焉がおおむね軌を一にすることを挙げることができる。この終焉を迎える時期とは、筆者のいう加曽利ＥⅢ式期（古段階）（加納　一九九四、一九九五　以下、本稿での時間軸設定は当該文献に準拠する）に相当する。

下総台地の環状集落のうち、その大半部分が調査され、かつ報告書が刊行された遺跡として、流山市中野久木谷頭遺跡（図1―1）・市原市草刈貝塚（同2）・船橋市高根木戸遺跡（同3）・佐原市大根磯花遺跡西側環状集落（同4）・松戸市子和清水貝塚（同5）・千葉市有吉北貝塚（同6）などを挙げることができる。

これらの集落のうち、加曽利ＥⅢ式期（新段階）での積極的な土地利用[1]をうかがうことができる集落は認められず、大根磯花遺跡西側環状集落においての加曽利ＥⅣ式期、有吉北貝塚においての称名寺式期最終末での土地利用が認められるにすぎない。

1. 中野久木谷頭遺跡

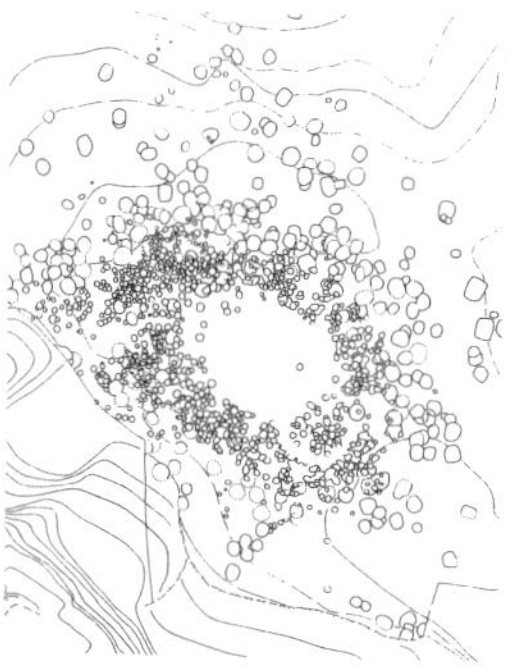

2. 草刈貝塚

3. 高根木戸遺跡

4. 大根磯花遺跡(西側環状集落)

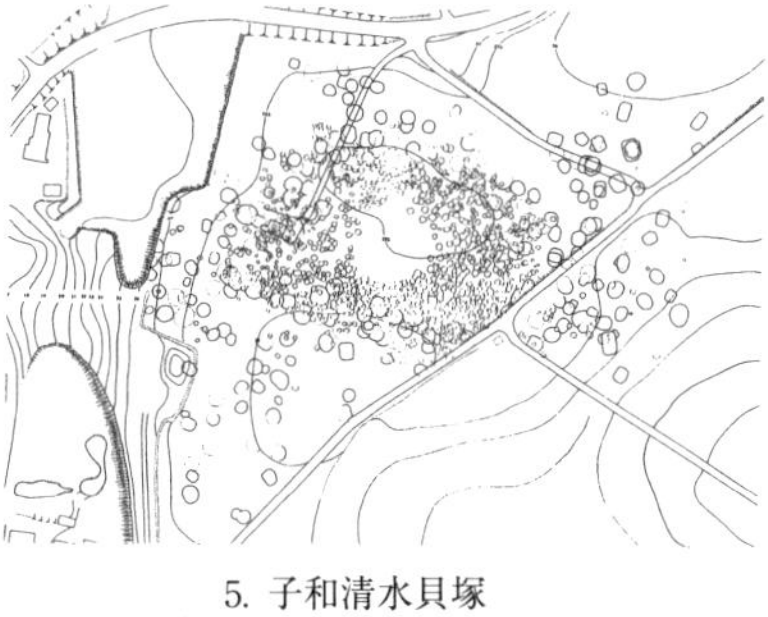

5. 子和清水貝塚

6. 有吉北見塚

図1　下総台地中期後半の環状集落（S＝1/2,500）（千葉県 2000）

図１に示した環状集落以外でも、たとえば木更津市伊豆山台遺跡・富浦町深名瀬畠遺跡・横芝町東長山野遺跡・大栄町稲荷山遺跡等[2]は、調査範囲の制約から環状集落であるか否か不鮮明な部分があるものの、おおむね集合的居住を示す可能性が高いと考えられる集落である。このような集落においても、加曽利EⅣ式期や称名寺式期以降での土地利用をうかがえるものが散見されるものの、加曽利EⅢ式期（新段階）での土地利用に関しては、きわめて消極的であると捉えざるを得ない。

⑶ 環状集落の崩壊

環状集落の「同じ地点に何度も住む・集まって住む」という第一の特質と、加曽利EⅢ式期（古段階）での環状集落の崩壊という第二の特質を考え合わせると、環状集落の崩壊の一般的な趨勢は「加曽利EⅢ式期（新段階）になり、同じ地点に何度も住まなくなり、集まって住まなくなる」とも表現できる。

この崩壊の要因については、多くの研究者によって、環境変化に伴う生態系（食糧体系）の崩壊と、これに起因すると考えられる人口の減少によって説明されている。

ともあれ、環境変化に伴う生態系（食糧体系）の崩壊を、環状集落崩壊の大きな要因であると捉えつつも、当該期の社会の変化というものがどのようなものであったのかを探っていく必要があろう。

二 「非居住域への分散居住」集落の特質

⑴ 分析の視点

環状集落崩壊段階と非居住域への分散居住を示す集落の出現段階は、おおむね加曽利EⅢ式期（古段階）となるものの、後者の出現段階は加曽利EⅡ式期（新段階）の例も珍しくはない。ともあれ、中期後半の縄文集落のながれというものが、大局的には「環状集落」から「非居住域への分散居住」によって示されることは間違いない。

このような前提に立つならば、環状集落には認められず、非居住域への分散居住を示す集落であらたに認められる要素というものが、環状集落の特質、さらには当該期の社会変動の要因・実態を解き明かす鍵となる可能性が高い。すなわち、新しく出現した要素が、従来の要素の代替えであるのか、あらたに必要となった要素であるのか、さらにはその系譜が、同一地域で系統発生的に生み出されたものであるのか、他地域の影響下に生み出されたものであるのか、他地域からの直接的な流入であるのかの解明が、当該期の社会変動の要因・実態を解き明かす鍵となろう。

以下、非居住域への分散居住を示す集落であらたに認められる個別具体的な様相を示すが、取り扱う時間的な幅については称名寺式期までとしておきたい。この時間幅の設定というものは、称名寺式期を「加曽利EⅢ式期からEⅣ式期での、集合的居住の崩壊が進行してゆく過程を継続している」段階と捉えたことによる。すなわち、関東地方の縄文時代社会変遷史のなかでは、ほぼ同質の段階であると捉えたことによる（加納　二〇〇〇）。

(2)　住居跡

ここでは住居跡のうち、東北地方の複式炉（図2―1）との関係を示唆し得る斜位土器埋設炉（同2）・複構造炉（同3）や、入口部・主柱穴といった個別の要素に注目し、さらに異質な住居跡の集落内での特殊な設営位置にも注目しておきたい。(3) これらは先述のような、おおむね「環状集落には認められず、非居住域への分散居住を示す集落で新たに認められる要素」である。

斜位土器埋設炉（図3―1・2・4）

炉の壁面に土器を埋設・設置するもので、小倉和重による優れた分析がある（小倉　一九九八）。小倉の成果によると「斜位土器埋設炉は複式炉の出現以前（加曽利EⅡ式期古段階―筆者―）から消滅まで存在する炉形態であり、斜位土器埋設炉の出現を複式炉からの一元的系統から捉えられない」ものの「埋甕炉から発展したものが複式炉の中に

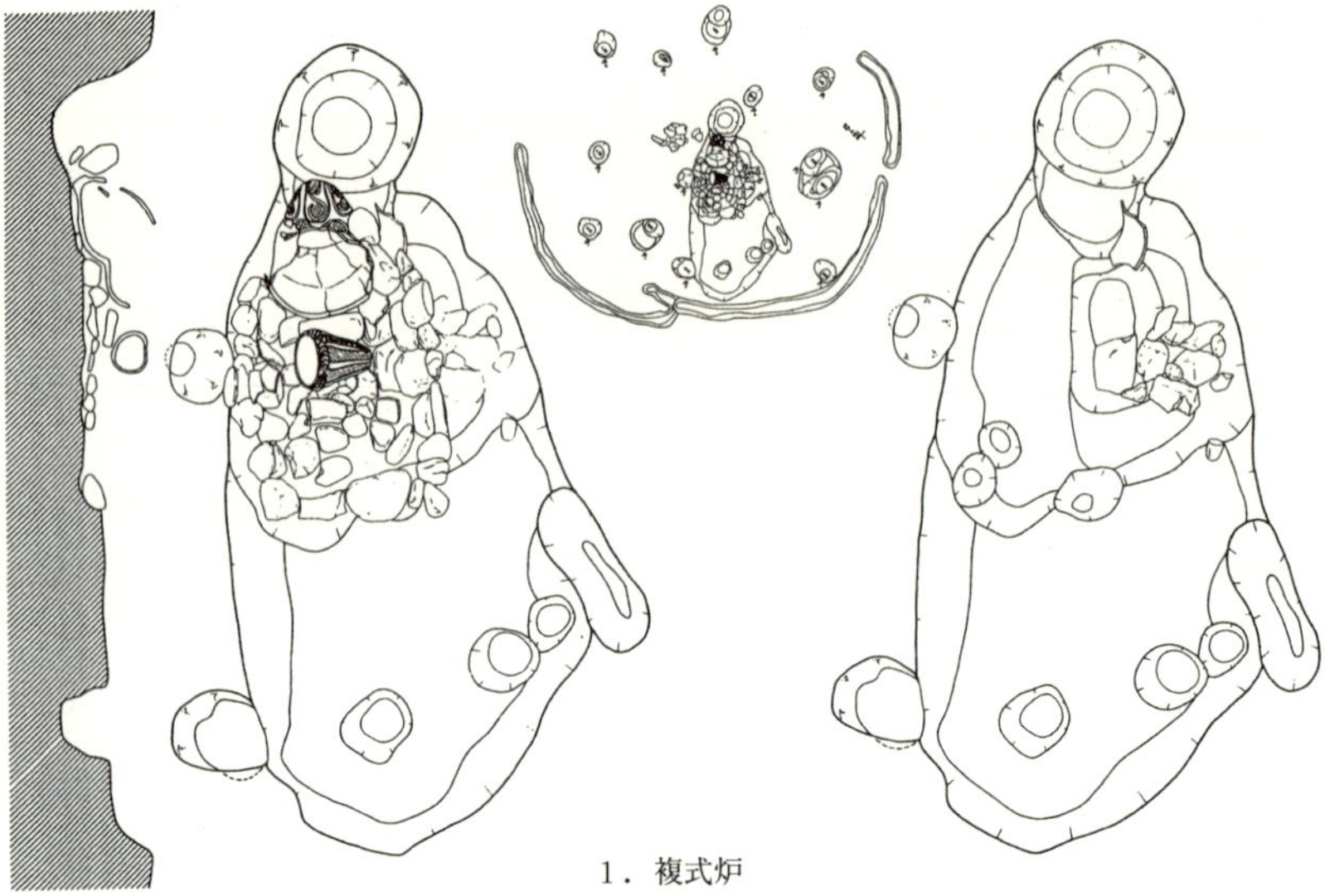

1．複式炉
埼玉県児玉町古井戸遺跡 J-49住

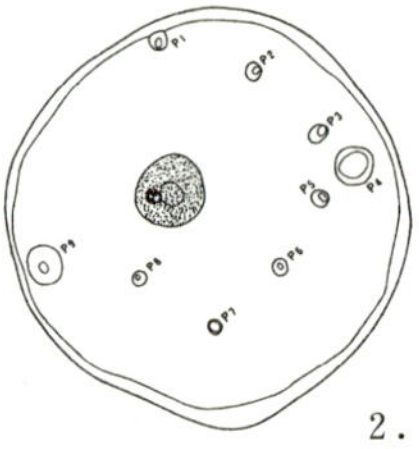

2．斜位土器埋没炉
酒井町墨木戸遺跡
J38住

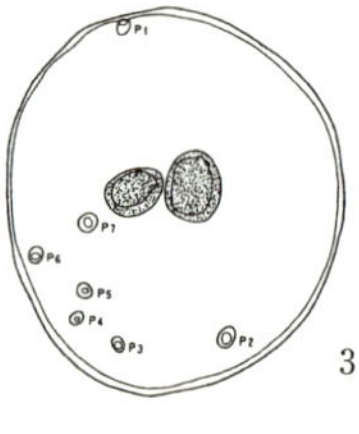

3．複構造炉
墨木戸遺跡
J 8 住

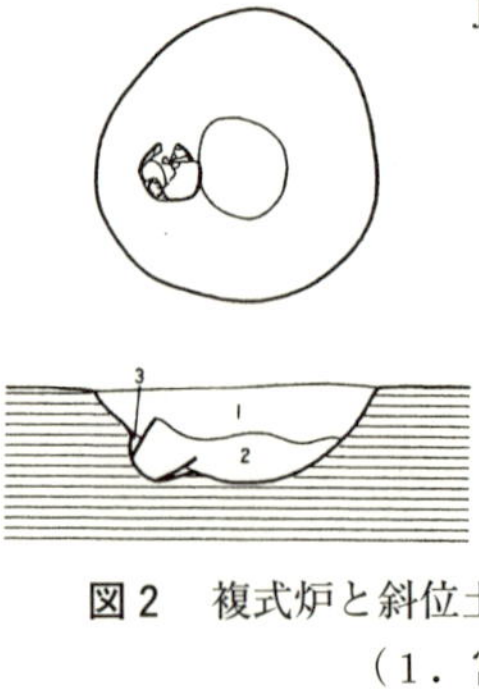

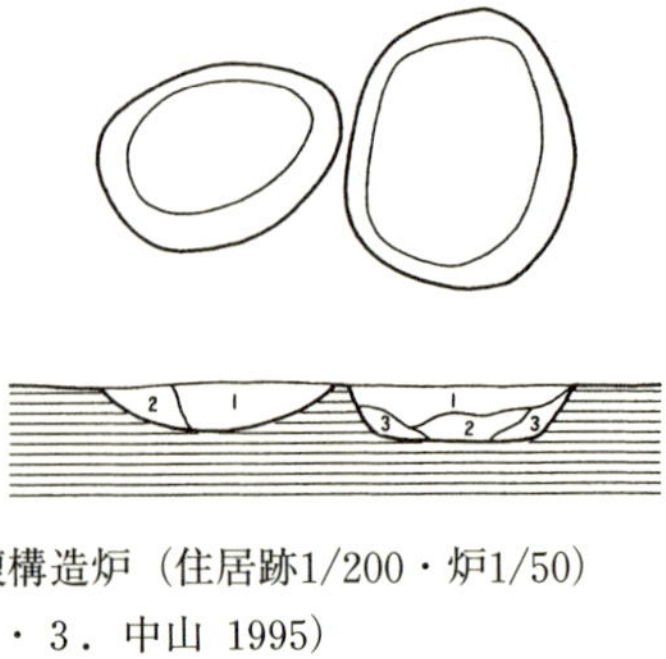

図 2　複式炉と斜位土器埋設炉・複構造炉（住居跡1/200・炉1/50）
（1．宮井 1989、2・3．中山 1995）

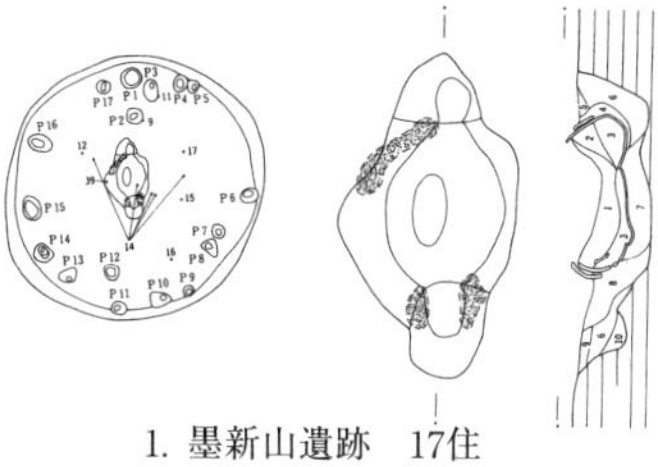

1. 墨新山遺跡　17住

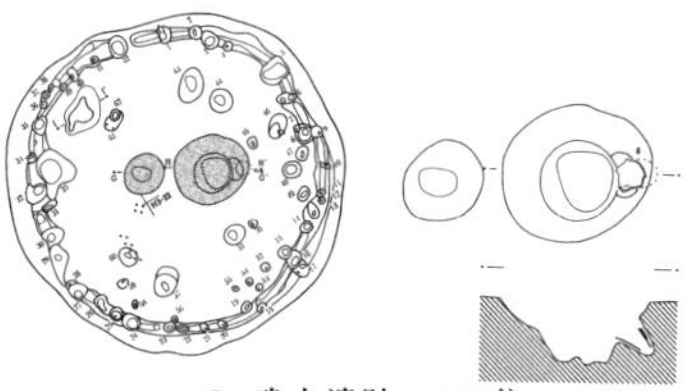

2. 武士遺跡　420住

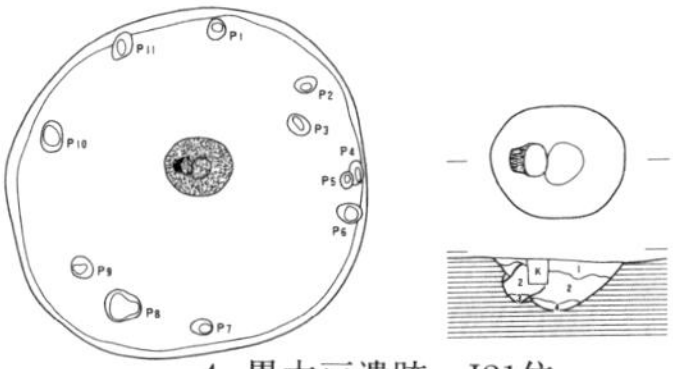

4. 墨木戸遺跡　J21住

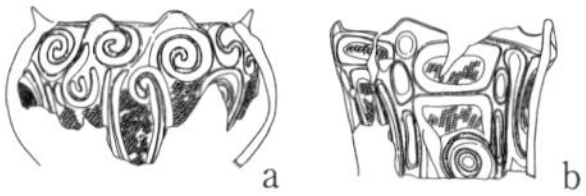

5. 墨木戸遺跡出土土器

3. 武士遺跡中期後半遺構配置図
(★～掘立柱建物跡)

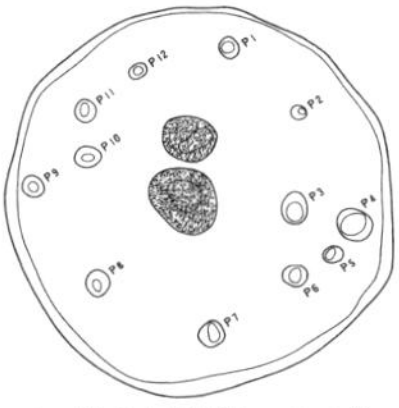

6. 墨木戸遺跡　J12住

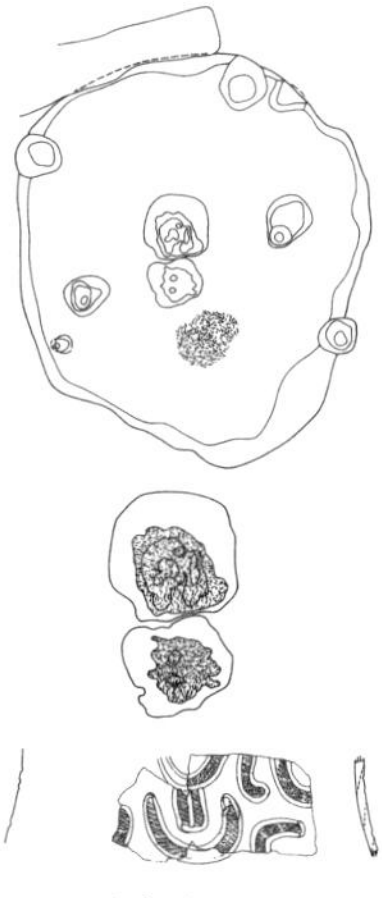

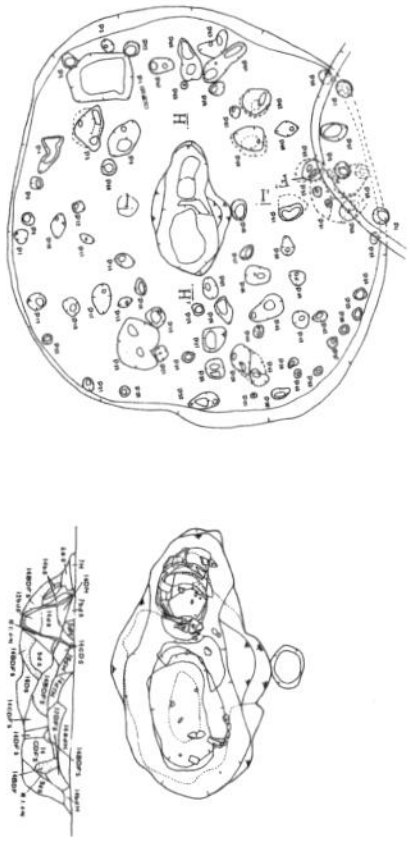

9. 林台遺跡　52住

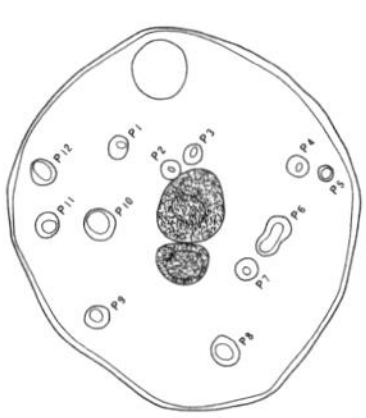

7. 墨木戸遺跡　J28住

8. 池向遺跡　28住

図3　斜位土器埋設炉・複構造炉を有する住居跡（住居跡 S＝1/200）
（1. 小倉 1997、2・3. 加納 1998、4～7. 中山 1995、8. 四柳 1995、9. 井上 1989）

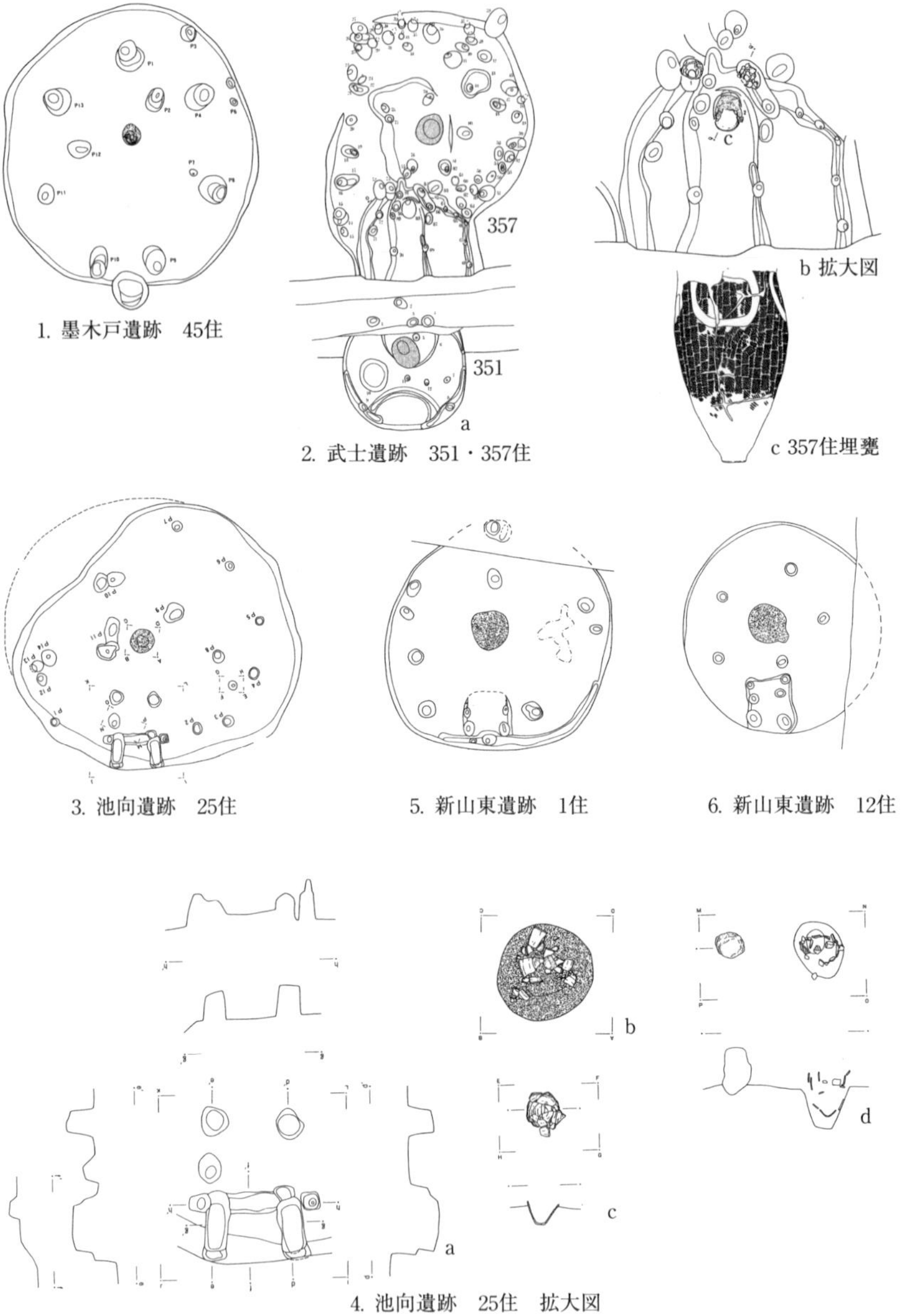

図４　入口部が顕在化する住居跡（住居跡 S＝1/200）
（１．中山 1995、２．加納 1998、３・４．四柳 1995、５・６．高橋 2001）

取り入れられ、各地域毎、あるいは同一集落においても多少の相違をもちながら独自に採用されていった」とする。また集落内における位置づけとして「一集落内においても少数の住居にしかみられないことが特徴である」としている。

図3―1・2・4は、いずれも加曽利EⅢ式期（古段階）に属するものである。なお、斜位土器埋設炉や、後述する複構造炉を多く検出した酒々井町墨木戸遺跡においては、図3―5に示したような、東北地方の大木9式系土器群が出土していることは注目しておかなければならない。

複構造炉（図3―6・7・8・9）

炉の掘込みが二基認められるもので、渡辺新は、複構造の炉と斜位土器埋設炉を含めたところで、広義の複構造炉と捉え、複式炉の「地方差として理解の範囲」としている（渡辺　一九九七）。現段階では狭義の複構造炉（炉の掘込みが二基認められるもの）の系譜については判然としないものの、複式炉における前提部と土器埋設部（石組部）という複構造との関連を想定することは可能であろう。

図3―6・7・9は、加曽利EⅢ式期（古段階）に属し、8は加曽利EⅣ式期から称名寺式期（古段階）に属するものである。なお、図3―8中に示した土器は大木9式系土器で、本住居跡の設営時期を示す参考資料（覆土出土土器であるとの確証に欠ける土器）として報告されているもので、注目されよう。

入口部の顕在化（図4）

ここでいう入口部が顕在化する住居跡というものは、図4に示したような柱穴・溝・方形の掘込み等によって、入口部を明確にとらえ得るものであり、下総台地の環状集落での類例が希薄なものである。図4―2を除けば、後述する柄鏡形住居跡とは入口部施設の竪穴範囲外への設営の有無によって区別されよう。

図4―1は、壁際の対柱穴と壁部分に設けられた柱穴によって入口部が示される。加曽利EⅢ式期（古段階）に属し、覆土中からは図3―5bに示した大木式9系土器が出土している。2は竪穴とは別個の掘込みと溝状の施設、さ

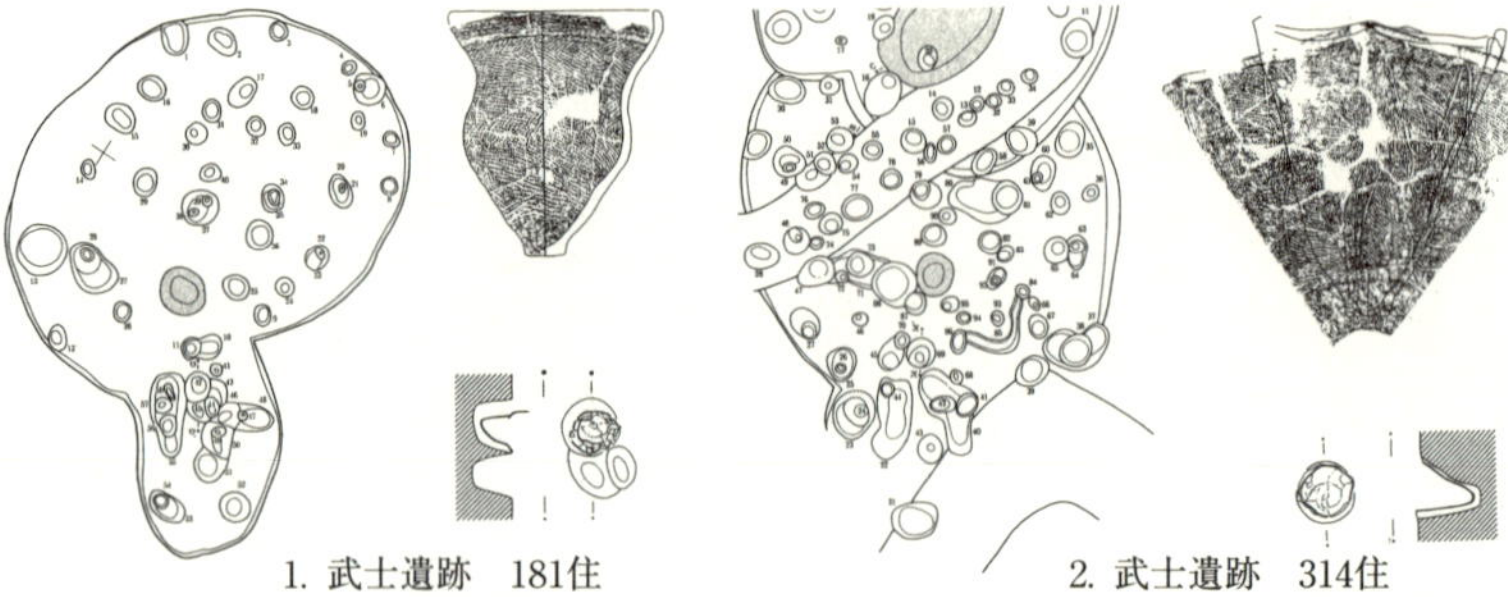

図5　下総台地中期後半の柄鏡形住居跡（住居跡 S＝1/200）（加納 1998）

らには埋設土器によって入口部が示される。埋設土器ｃは大木式10系土器で、覆土中からは称名寺式期最古段階の土器群が出土している。埋設土器は3個体認められる。3は縦横の溝状の施設によって入口部が示されるもので、立石や二個体の埋設土器等が認められる。加曽利ＥⅣ式期に属する。5・6は対柱穴と浅い方形の掘込みによって入口部が示されるもので、5は加曽利ＥⅣ式期に、6は加曽利ＥⅢ式期（古段階）に属する。

ここに示した五軒の住居跡例の系譜関係については明確ではない。2は埋設土器に注目する限りにおいては、東北地方との関連を想定できるものの、他の例については明確な判断を下し得ない。現段階では、後述する柄鏡形住居跡の成立・拡散という動きに連動するように、入口部が顕在化する住居跡が下総台地に認められると捉えておきたい。ただし、これらの例が下総台地での初期の柄鏡形住居跡（図5）に系統的に繋がるとは断定できないことから、当該期直前の在地的要素の一時的な顕在化なのかもしれない。もしくは前述の東北地方的諸要素（斜位埋設土器・複構造炉）の受容という視点から、東北地方からの影響を考えるべきかもしれないが、現段階では不明瞭であると言わざるを得ない。

集落内での設営位置（図3・6）

図3—2の市原市武士遺跡420住は、前述のとおり東北地方的要素を有する住居跡である。

図6の佐原市多田遺跡20号住は、壁柱穴を巡らせ、奥壁部に明瞭な主柱穴（Ｐ61を有し、入口部には二個一対の柱穴群が重複する（Ｐ62・63）。このような壁柱

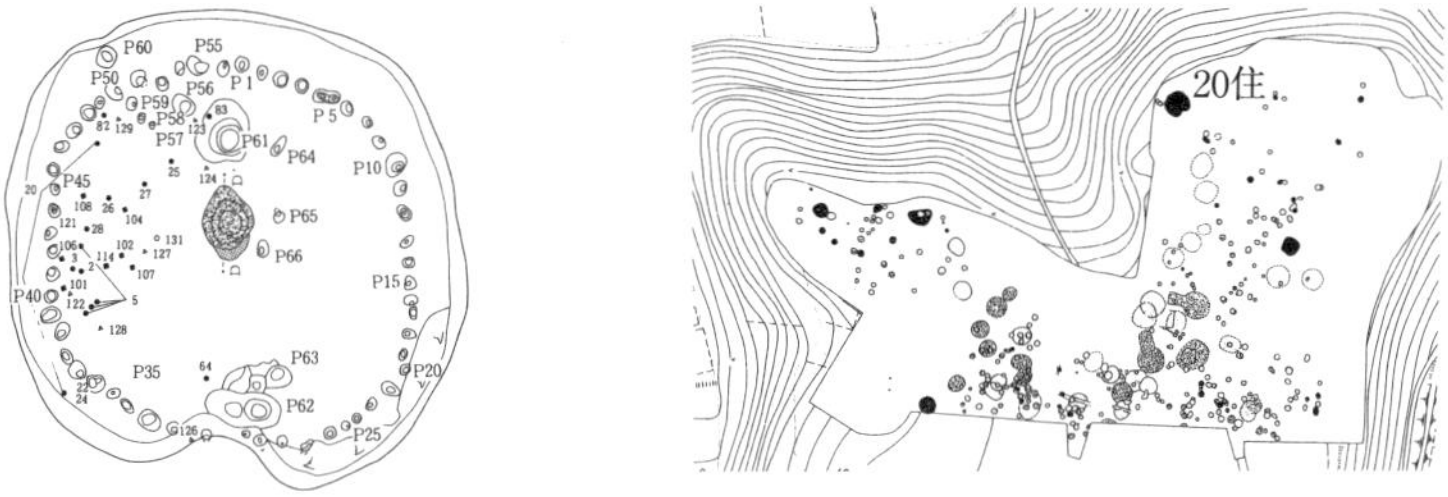

図６　多田遺跡20住とその位置（住居跡 S＝1/200）（上守 1992）

穴および入口部は下総台地での類例に乏しく、当該住居跡の異質性を強く印象づけることとなる。想像を逞しくするならば、奥壁部柱穴の顕在化は、東北地方の複式炉を有する住居跡に多く認められることから、当該地方からの影響関係を一定程度認め得る住居跡であるともいえよう[4]。

これらの住居跡の集落内での設営位置に注目すると、武士遺跡全体図（図２―３）や多田遺跡全体図（図６）に示されるとおり、集落内での端部に設営されている点が注目されよう。無論、これまで記してきた特異な住居跡のすべてが、集落内での特異な位置に設営されているわけではない。しかし、このような様相は、武士遺跡の分析で示した、後期中葉での「入口部の卓越した住居跡の登場と集落端部での設営という様相」（加納 二〇〇〇）に照射させるならば、集落変遷の画期において共通に認められる様相であるとの推測が可能である。また、後期前半での「住居跡群もしくは複数の住居跡群に異質な住居跡が対応する可能性」（加納 二〇〇〇）という様相に繋がるような、中期終末から後期前半集落の特質である可能性もあろう。

⑶　**掘立柱建物跡**（図７）

図７に示した武士遺跡・成田市雉子ケ原遺跡の掘立柱建物跡は、いずれも中期終末に属するもの、もしくは中期終末に属する可能性が高いもので、下総台地の前段階での類例に乏しいものである。すなわち「環状集落には認められず、非居住域への分散居住を示す集落で新たに認められる要素」である。このような中期終末の四本柱の掘立柱建物跡については、石井寛によって「大形掘立柱系列の上で理解される可能性」

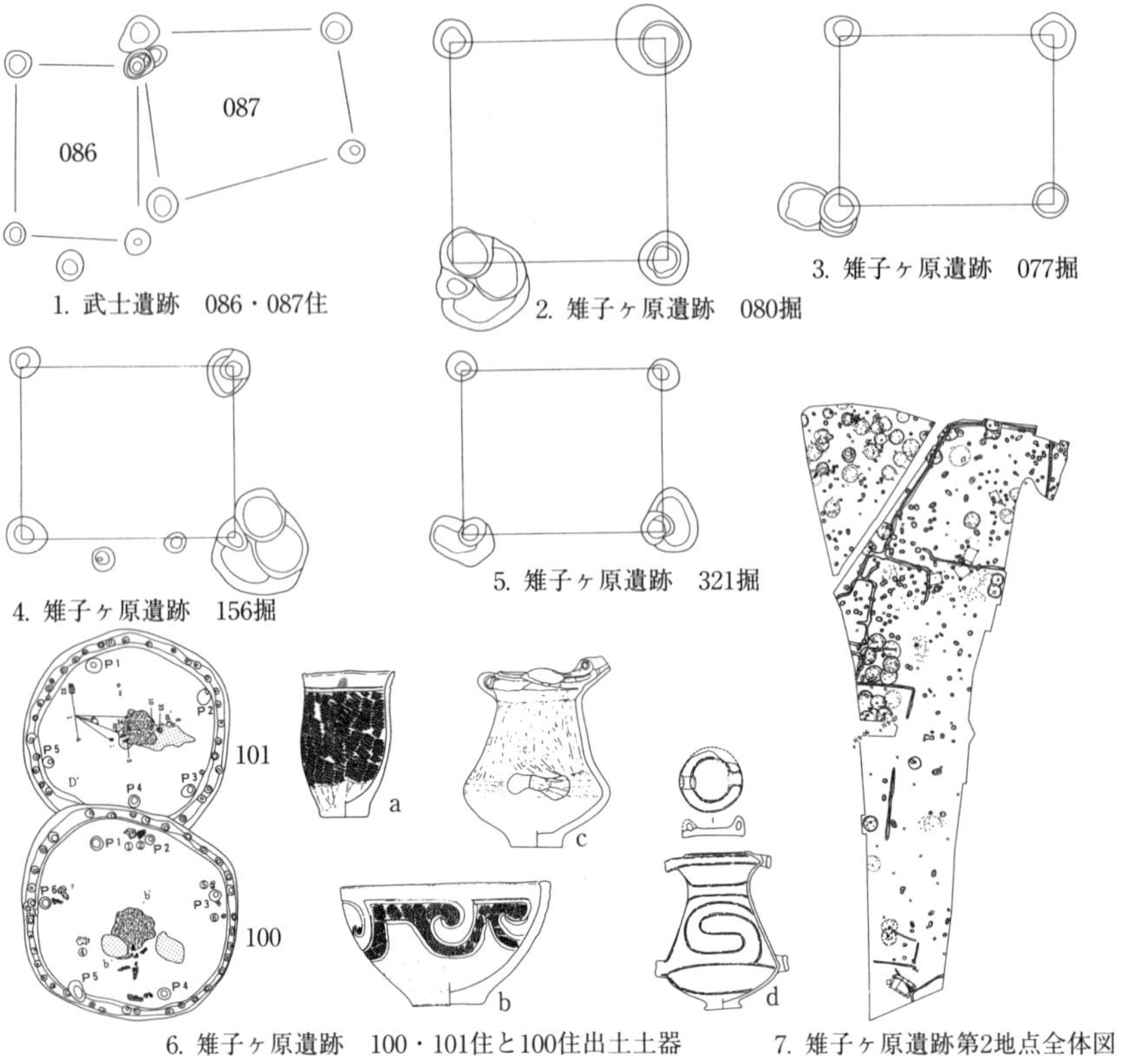

図７　掘立柱建物跡と関連資料（遺構 S＝1/200）（１．加納 1998、２～7．喜多 1989）

があり、「加曽利E式期と強い係わりを有しているらしい。このことは特に勝坂期との関係が強い大形のD群（図8―筆者―）の延長として理解出来る可能性がある」と捉えられている（石井　一九八九）。また図7に示したような掘立柱建物跡については「勝坂式期のみに存在することがほぼ明らかとされてきており、現状では関東南西部に集中する傾向を見せている」（石井　二〇〇一）と捉えている。

　このような現状から勘案すると、下総台地の中期終末の四本柱の掘立柱建物跡については、中期中葉の関東南西部からの影響を認めざるを得ないであろう。ただし現実には、下総台地の加曽利E式期前半段階での掘立柱建物跡の様相が不明瞭な点や、下総台地での掘立柱建物跡の希

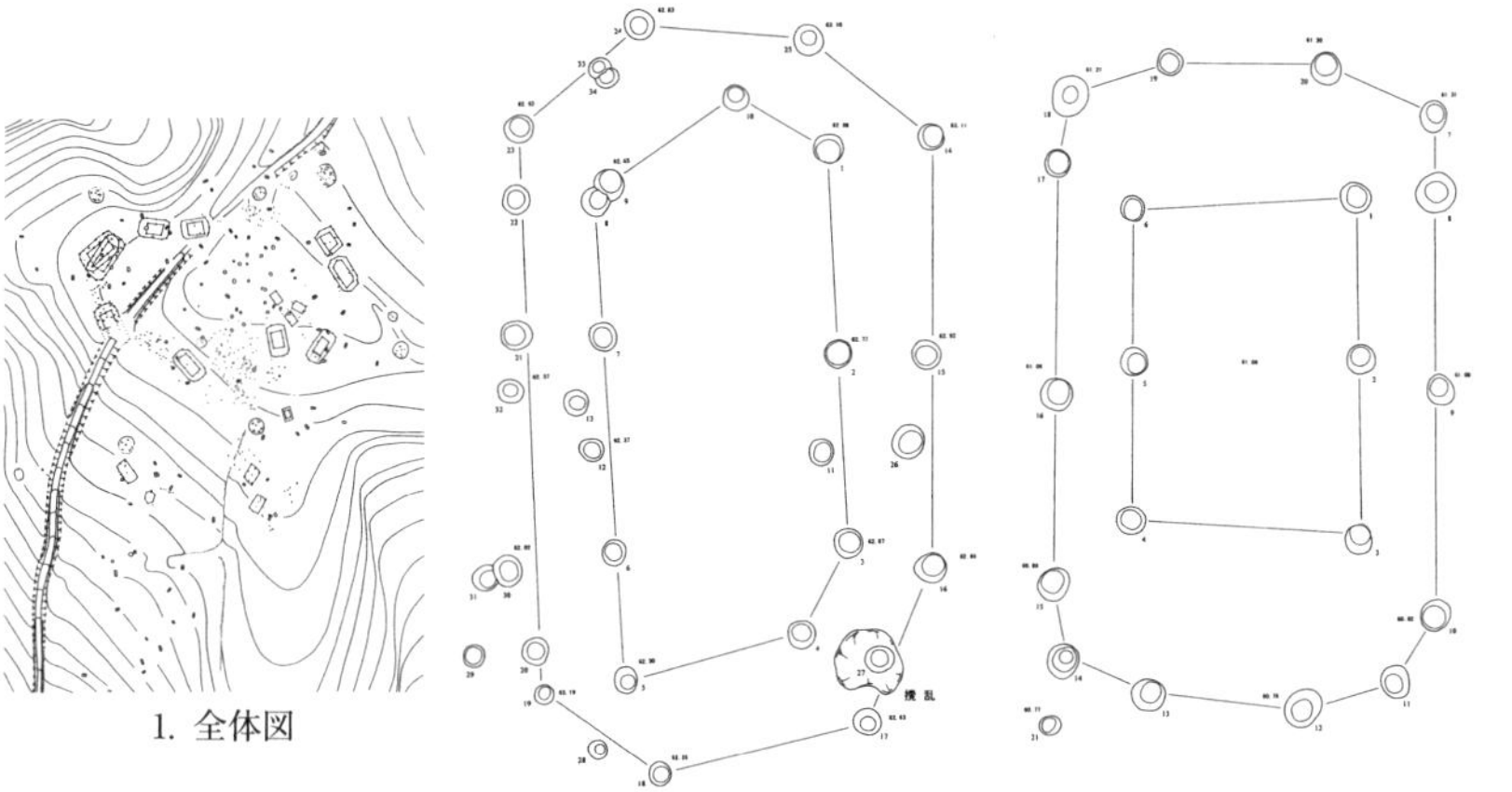

1. 全体図　2. 2掘　3. 9掘

図 8　横浜市前高山遺跡と掘立柱建物跡（掘立 S＝1/200）（石井 2001）

少性が、実態の反映であるのか、もしくは調査員の問題意識に比例する見落としの結果であるのか等々、多くの問題があり、現段階での明確な結論づけは見送らざるを得ない。

いずれにせよ、武士遺跡全体図（図3―3）や雉子ケ原遺跡全体図（図7―7）の掘立柱建物跡の集落内での設営位置に注目すると、集落内での特定範囲内に集中することとなる。このことは、掘立柱建物跡を貯蔵施設と仮定した場合、環状集落の群集する貯蔵穴群に対応するような、貯蔵施設の集中管理のすがたを示しているのかもしれない。ただし地下系の貯蔵施設（土坑）と空中系の貯蔵施設（掘立柱建物跡）という大きな差異があることから、貯蔵対象物の検討がなされていない段階では、環状集落的なすがたの残存であるとは即断できない。

なお雉子ケ原遺跡では、図7―6に示した100・101住のように、壁溝や壁溝内ピットを有する異質な住居跡が認められる。とくに100住からは、aのような縄文原体の斜め施文を示し、器形も含めたところで東北的色彩の強い土器や、c・dに示した瓢形土器が出土しており、当該住居跡の異質性を裏打ちするものと思われる。

(4) 土器群の様相（図9）

加曽利EⅢ式期（古段階）の土器群の様相については、系統分析

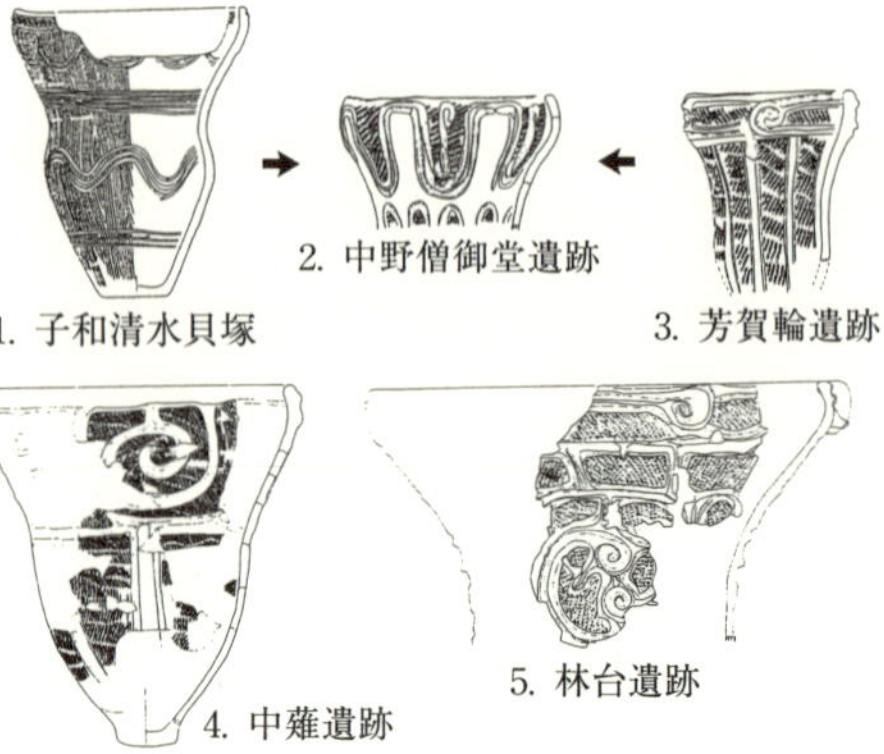

図9　加曽利EⅢ式期（古段階）の土器群（加納 1994）

の成果等（加納 一九九四、二〇〇〇）に示してきた。そこでの成果を概要として示すと、横位連携弧線文土器（図9—2）は、意匠充填系土器（同4）の基層的な影響のもと、キャリパー形土器（同3）と連弧文土器（同1）の接触によって成立したと捉えた。つまり、意匠充填系土器が東北地方の大木8b式・9a式系土器の系譜上にあることから、東北地方系譜の土器群の基層的影響のもとに、在地的要素（キャリパー形土器と連弧文土器）の接触によって、横位連携弧線文土器が成立したものととらえた。

また、環状集落では、キャリパー形土器が量的に卓越し、横位連携弧線文土器の典型例や意匠充填系土器については多く認められず、意匠充填系土器萌芽段階のキャリパー形土器（同5）が散見される傾向をとらえた。これに比べ、非居住域への分散居住の集落では、キャリパー形土器の量的優勢の傾向は認められるものの、意匠充填系土器・意匠充填系土器萌芽段階のキャリパー形土器・横位連携弧線文土器等が散見されるという傾向を指摘し、なかでも横位連携弧線文土器の優勢をとらえた。

このように、加曽利EⅢ式期（古段階）の土器群における、東北地方の基層的影響を抽出することができ、あわせて、環状集落と非居住域での分散居住集落での、土器群の構成比の差異を抽出することができた。

土器群の基層的な影響は共有するものの、土器群の構成比については差異が顕れており、土器群の背後に潜む居住単位[5]・単位集団間の婚姻関係・交通関係には、微細な差異が存在していたことをうかがい知ることも可能であろう。

(5)　他地域の様相の概観

最後に下総台地以外の地域で、加曽利EⅢ式期（古段階）に出現する特異な様相について示しておきたい。これらについても、「環状集落には認められず、非居住域への分散居住を示す集落で新たに認められる要素」であると捉えられるものである。

柄鏡形住居跡・敷石住居跡

関東地方の中期終末に柄鏡形住居跡・敷石住居跡が出現する。神奈川県・東京都・埼玉県・群馬県方面での出現時期は、おおむね加曽利EⅢ式期（古段階）であり、千葉県での加曽利EⅣ式期での出現に明らかに先行する。すなわち下総台地での初期の柄鏡形住居跡（図5）については、当該地域からの影響を想定しておかなければならない。

柄鏡形住居跡・敷石住居跡の出現・拡散の経緯については、石井寛によって「関東南部においては、分散居住へと向かう趨勢の中で、敷石行為や張出部が個別住居に取り入れられ、「一般住居」として広域に拡散してゆく過程を―中略―見てとりたい。つまり、中期型社会の崩壊と小単位への分散は、―中略―特定の施設・住居址に付随させていた要素を、個々の住居単位がその内へと持ち込みながら、分散居住という形態をもって現出させたと受け取ることも可能なのである。これは強調すれば、地域社会の救心点弱体化の過程として受け取ることもでき、個別住居単位が祭祀を含め、活動主体となってゆく過程としても理解される」と示されている（石井 一九九八）。

敷石行為や張出部の個別的な採用から、一般的な拡散への傾向が示されているわけであるが、このことは斜位土器埋設炉の分析において小倉が示した「一集落内においても少数の住居にしかみられないことが特徴である」（小倉 一九九八）との指摘と照射させると、興味深い。すなわち、斜位土器埋設炉は小倉の指摘どおり、加曽利E式期（古段階）に集落内の少数の住居に採用されるものの、当該期以降での拡散・一般化という傾向は認められない。ここに斜位土器埋設炉の受容の経緯や通常の炉との質的な差異の要因が潜んでいるのかもしれない。同時に、柄鏡形住居跡についても、その受容の経緯や通常の住居跡との質的な差異の要因が潜んでいるのかもしれない。さらには、下総台地を視座に据えた場合、当該期の交通関係の方向性が、大局的には、東北系から南関東西部系（柄鏡形住居跡）に変換

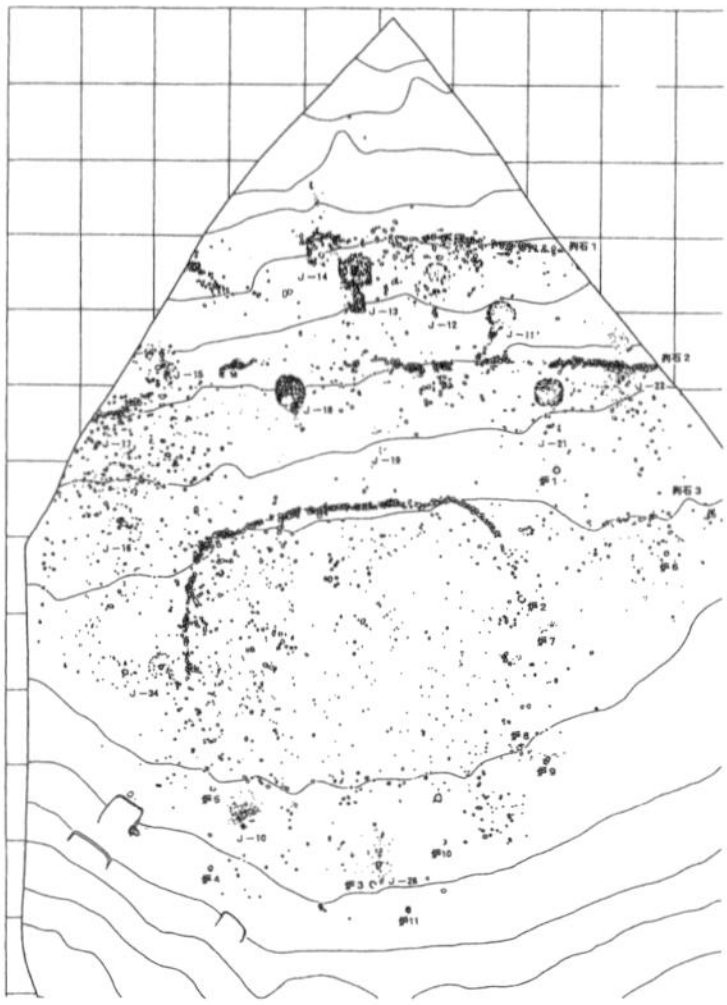

図10　群馬県安中市野村遺跡　中期面全体図（S＝1/2,000）（千田・小野 2001）

された可能性を示しているのかもしれない。

列石（図10）

群馬県域では、中期終末段階での「環状集落の崩壊と軌を一にして出現する環状列石を伴う集落」（石坂・大工原 二〇〇一）の存在が明らかになっている。安中市野村遺跡（図10）がその好例であろう。

列石の系譜については、現段階では不鮮明であるが、当該期の環状集落の崩壊と軌を一にしてあらわれる要素として注目しておきたい。

このほか、東京都域の中期終末段階では、「居住痕跡が、より低位の段丘面や河川に面した備考地上にも立地するようにもなる」と捉えられ、その要因については「気候の冷涼化過程で形成された流路脇の微高地が乾陸化したことへの対応」（土井・黒尾 二〇〇一）であるとしている。

三　柏市林台遺跡の様相（図11）

筆者は、非居住域への分散居住を示す集落として、柏市林台遺跡（井上 一九八九）を具体例として取りあげ分析を行ったことがある（加納 一九九五）。ここでは、その分析方法と成果について述べておきたい。

筆者は加曽利EⅢ式期（古段階）の住居跡を、

A類型　炉跡の明瞭でない住居跡

B類型　炉跡の明瞭な住居跡

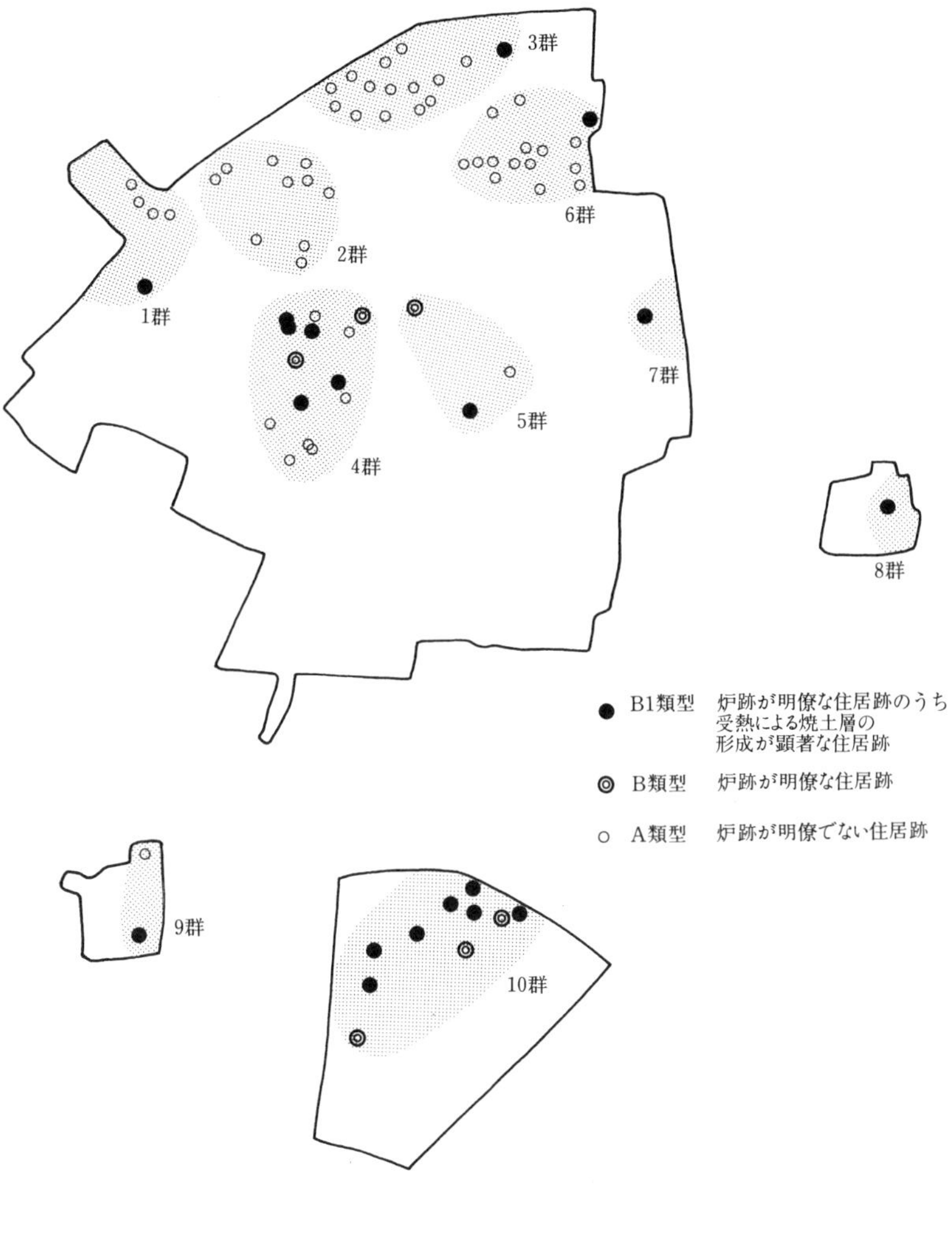

図11　林台遺跡の分析図（加納 2000）

Ｂ１類型　炉跡の明瞭な住居跡のうち、受熱による焼土層の形成が顕著な炉跡を有する住居跡に分類し、各類型の住居跡の壁高・柱穴平均深度・床面の硬化・主柱穴の認識の可否との間に明瞭な相関関係を見いだし、A類型を相対的な短期居住計画の住居跡とし、Ｂ１類型を相対的な長期居住計画の住居跡として顕在化させた。

さらにこれらの住居跡の平面的分布から住居跡群を設定し、

Ⅰ型　Ｂ１類型を主体にB類型が加わる構成（10群）：加曽利E式前半期的様相を示す。

Ⅱ型　Ｂ１類型・B類型と、A類型がほぼ等しい構成（4群）：加曽利E式前半期的様相を示す集団と、加曽利E式後半期的様相を示す集団が居住の場を共有している可能性がある

Ⅲ型　A類型を主体にＢ１類型が一軒加わる構成（1・3・6群）：Ｂ１類型が分布域の外縁に位置していることから、A類型の居住単位群が、Ｂ１類型の居住単位との紐帯関係を模索する様相を抽出できる

Ⅳ型　A類型のみによって構成（2群）：Ⅱ・Ⅲ型に認められた居住単位の二階層が消失し、均質化が窺える、とした。

要約するならば、①Ｂ１類型の住居跡の減少化、②Ｂ１類型の住居跡にA類型の住居跡が紐帯関係を模索する様相、③A類型のみによる集落の形成という変遷を想定することができ、加曽利EⅢ式期（古段階）という時間幅の中にあって、Ⅰ型からⅣ型にむけての時間的傾斜がある可能性を提示した。

つまり、環状集落的様相（集合的居住）の崩壊後においても、さらなる崩壊の過程が窺えるという集落の変遷を示した。

四　非居住域への分散居住が示す社会

ここでは、これまでに示してきた非居住域への分散居住を示す集落であらたに認められる諸要素と、林台遺跡での分析成果を踏まえ、非居住域への分散居住が示す社会がどのようなものであったのかを三様相として示しておきたい。

(1)　崩壊へ向かう様相

おおむね加曽利EⅢ式期（古段階）という時間幅のなかで、集落の設営が完結する集落が示す様相である。下総台地では、千葉市鎌取遺跡（図12）等がこの様相を示している。

環状集落が崩壊し、各居住単位・単位集団の土地利用は、当該期以前での非居住域へと移行する。また、集落設営単位としての居住単位数（住居跡数）は少なくなり、非居住域への分散居住を示す集落であらたに認められる諸要素も顕著ではない様相である。なお鎌取遺跡の住居跡軒数は、報告書の記述に従うならば、加曽利EⅡ式期二軒・EⅢ式期六軒・EⅡ～Ⅲ式期一軒である。

(2)　内部的な紐帯関係を模索する様相

林台遺跡での二階層性によって示される様相である。筆者は（加納　一九九五）において、林台遺跡を「加曽利E式前半期的な紐帯関係を有する単位集団（B１類型）と、加曽利E式後半期な紐帯関係を獲得せざるを得なかった単位集団（A類型）が居住の場を共有している」ものと捉え、「単位集団の異質な二階層性の存在が浮かび上がる」集落と位置づけた。すなわち、「移動—住居設営—廃絶—移動という、居住に関わるサイクルを両集団が共有しないことを示し、まさにサイクルを共有しない別の単位集団の、場の共有を示すこととなる」との実態を想定した。

さらに、B１類型（相対的な長期居住計画の住居跡）がA類型（相対的な短期居住計画の住居跡）に比べて「再生産を支えるために必要な活力を有していた」との前提に立脚するならば、「B１類型の、再生産を支えるために必要

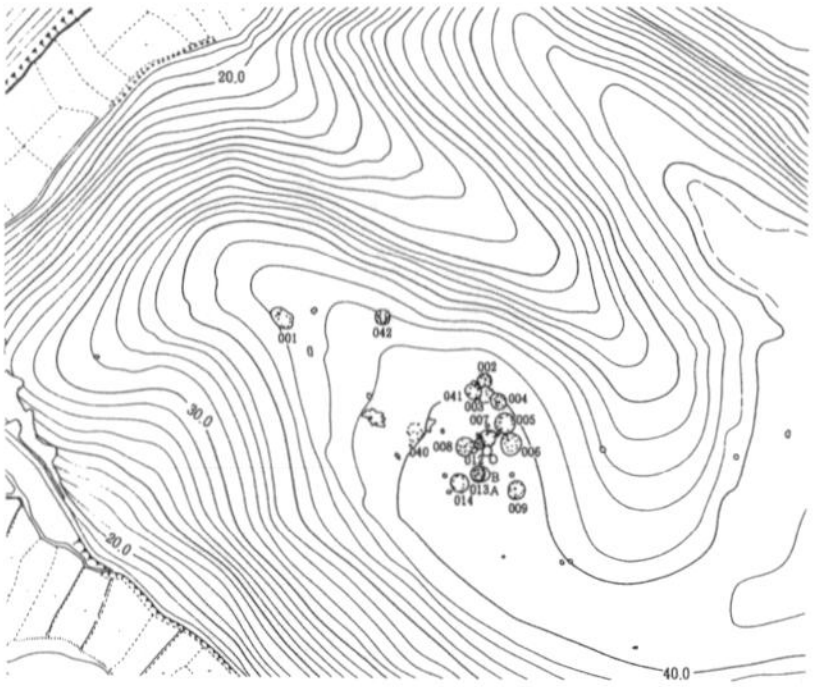

図12　千葉市鎌取遺跡全体図（上守 1933）

な活力の保持が、活力を求める単位集団に対しての求心力を有するならば、このような前提が許容されるならば、Ｂ１類型との紐帯関係を模索すべく、数軒単位のＡ類型の複数の単位集団が、Ｂ１類型との場の共有をしつつ、紐帯関係を模索しては去っていくという繰り返しの、動的な景観を予想することもできよう」と捉えた。

ここでいう「加曽利Ｅ式前半期的な紐帯関係を有する単位集団（Ｂ１類型）」と、「加曽利Ｅ式後半期な紐帯関係を獲得せざるを得なかった単位集団（Ａ類型）」とは、現段階では、環状集落形成期においは同質の単位集団であったものと捉えておきたい。二階層化への分化の要因については、判然としないが、微細な交通関係・婚姻関係の差異に起因する可能性があろう。ともあれ、環状集落崩壊後の分散居住集落では、さらなる崩壊が進行しつつも、集落内部にあっては、加曽利Ｅ式前半期的な紐帯関係を有する単位集団と、加曽利Ｅ式後半期な紐帯関係を獲得せざるを得なかった単位集団が、紐帯関係の模索をし続ける様相を抽出できよう。すなわち、在地的・内部的な紐帯関係の模索と捉えることができよう。

(3)　交通関係の模索を試みる様相

斜位土器埋設炉・複構造炉・掘立柱建物跡・柄鏡形住居跡等、具体的に他地域からの影響を看取できる要素によって示される様相である。武士遺跡・雉子ケ原遺跡・多田遺跡・墨木戸遺跡・墨新山遺跡等[6]がこれらの様相を示している。

これらの要素は、住（柄鏡形住居跡）・調理（斜位土器埋設炉・複構造炉）・貯蔵（掘立柱建物跡）との実態を想定した場合、それぞれの機能があてがわれていた施設は、当該期以前にも存在していたわけであり、当該期でのあらたな出現には、再生産を支えるための行為とは第一義的には深く関わらない要因を想定しなければならないであろう。すなわち、林台遺跡でみられた在地的・内部的紐帯関係の模索が限界に達し、地域社会を超えた領域で、あらたな紐帯関係の模索が要請された結果であると捉えることができよう。

五　問題点

ここで改めて述べるまでもなく、遺跡というものは時間的な累積の結果として現象する。このように考えると、一つの遺跡に、先述の三様相のうちの一つの様相のみが現象するという保証はないことを確認しておかなければならない。たとえその時間幅が、加曽利EⅢ式期（古段階）という今日的・型式論的な細分された時間幅のなかであっても、その保証がないという可能性を確認しておかなければならない。すなわち、限られた時間幅のなかにあってさえ、あらゆる様相を有する単位集団の土地利用の累積が、ひとつの土地（遺跡）に現象している可能性も認めてゆかなければならない。

具体的には、林台遺跡のA類型のみによって示される2群（図11）は、「崩壊へ向かう様相」を示しているとも捉え得るものであろう。また、複構造炉が設営される住居跡（20住）を有する3群（図11）や、同じく複構造炉が設営される52住（図3―9）を有する4群（図11）は、「交通関係の模索を試みる様相」を示しているとも捉え得るものであろう。このように考えると、純粋なかたちとして「内部的な紐帯関係を模索する様相」を示す住居跡群というものは、1・5・6群に限定されるべきであるのかもしれない。

繰り返しになるが、林台遺跡があらゆる時間的・社会的位相を有した居住単位・単位集団の累積の結果である可能性があると同時に、他の遺跡もやはり累積の結果の可能性がある点を認めなくてはならない。ここに今日の集落論の限界と、さらなる方法論の模索が問われていると捉えることができよう。ともあれ、先述の三様相を本稿では遺跡の類型としての把握を避け、単なる様相としてとどめた所以でもある。

六　展　望

本稿では、非居住域への分散居住が示す社会というものが、単調に崩壊へ向かう様相のみによって性格づけられるのではなく、「在地的・内部的な紐帯関係の模索」や「在地的・内部的紐帯関係の模索が限界に達し、地域社会を超えた領域で、新たな紐帯関係の模索が要請された」ものとも捉え得ることを示した。

非居住域への分散居住を示す集落において、あらたに出現する諸要素が認められることから、環状集落の崩壊というものは、基本的には交通関係（婚姻関係・交易網・情報網）の再編成を促したと考えられる。ここでいう再編成とは、まさに、再生産を支えるために必要な活力を保持する単位集団との、在地的・内部的な紐帯関係の模索であり、かつ、その模索が限界に達したところでの地域社会を超えたあらたな紐帯関係の模索でもある。

中期後半における環状集落の崩壊が、環境変化に伴う生態系（食糧体系）の崩壊と、これに起因すると考えられる人口の減少によるものであるならば、汎列島的な「同一地点での反復居住・集合的居住」的な集落設営形態への打撃がおよんだはずであろう。さらにそこでの交通関係の再編成の連鎖が展開したと考えれば、このような再編成の連鎖によって中津式・称名寺式土器の成立に示されるような、同じような顔つきの土器群の広域での分布を、容易に説明することができよう。さらには、中津式期後半段階・称名寺式期後半段階での土器群の変化の方向性の分離や、堀之内１式期（中段階）以降に活発化する堀之内１式的土器の広域な分布も、このような交通関係の再編成の連鎖のレベルや、その地理的範囲によっていずれ説明がなされるであろう。

註

（1）ここでいう「土地利用」とは、集落設営当初の段階での土地の選択や、集落設営地点（土地）内部での空間分割をも含めた広義の用語である。第一義的には「その土地を選んで、そこに住む」ということになる。

（2）ここに示した各遺跡の概要は（千葉県　二〇〇〇）によった。

（3）本稿で示す図の縮尺については、住居跡・掘立柱建物跡については二〇〇分の一で統一したが、これら以外の炉跡微細図・土器・遺跡全体図については、レイアウトの都合上、図2をのぞき任意とした。

（4）図3―2武士遺跡420住平面図左端のやや大径の柱穴も、深度の卓越した奥壁部柱穴であろう。奥壁部柱穴の顕在化・卓越は、東北地方の複式炉を有する三本主柱穴や五本主柱穴の住居跡に多く認められることから、主柱穴の認識の精査のなかから、より一層東北地方的な色彩の抽出が行われるものと推察されよう。

（5）おおむね一軒の住居に示されるところの単位を「居住単位」とし、集落設営や移動を共にすると考えられる、血縁関係や擬似的血縁関係（神話的関係）によって紐帯関係が結ばれる居住単位群を「単位集団」と捉えておきたい。

（6）墨木戸遺跡・墨新山遺跡は、「墨遺跡群」とも捉えるべき遺跡群の一角を占める遺跡である。これら二遺跡以外にも調査済みながらも未報告の広い範囲があることから、本稿では全測図の提示を避けると共に、集落としての分析も避けた。

引用文献

石井　寛　一九八九「縄文集落と掘立柱建物跡」『調査研究集録』第六冊、一～五八頁、港北ニュータウン埋蔵文化財調査団。
石井　寛　一九九八「柄鏡形住居址・敷石住居址の成立と展開に関する一考察」『縄文時代』第九号、五七～八〇頁。
石井　寛　二〇〇一『前高山遺跡　前高山北遺跡』横浜市ふるさと歴史財団。
石坂茂・大工原豊　二〇〇一「群馬県における縄文時代集落の諸様相」『列島における縄文時代集落の諸様相』一八三～二四七頁、縄文時代文化研究会。
井上文男　一九八九『林台遺跡』柏市教育委員会。
小倉和重　一九九七『墨新山遺跡』印旛郡市文化財センター。
小倉和重　一九九八「斜位土器埋設炉についての一考察―複式炉との比較を通して―」『奈和』第三六号、一～四六頁。
加納　実　一九九四「加曽利ＥⅢ・Ⅳ式土器の系統分析」『貝塚博物館紀要』第二一号、一～四一頁、千葉市加曽利貝塚博物館。

加納　実　一九九五「下総台地における加曽利EⅢ式期の諸問題―集落の成立に関する予察を中心に―」『研究紀要』一六、一〇五～一五三頁、千葉県文化財センター。
加納　実　一九九八『市原市武士遺跡2』千葉県文化財センター。
加納　実　二〇〇〇「集合的居住の崩壊と再編成―縄文中・後期集落への接近方法―」『先史考古学論集』第九集、六三～一〇四頁。
上守秀明　一九九二「多田遺跡」『東関東自動車道埋蔵文化財調査報告書Ⅶ』、七～四六五頁。千葉県文化財センター。
上守秀明　一九九三『千葉東南部ニュータウン18　鎌取遺跡』千葉県文化財センター。
喜多圭介　一九八九『長田雉子ケ原遺跡・長田香花田遺跡』印旛郡市文化財センター。
千田茂雄・小野和之　二〇〇一「野村遺跡（中期）」『安中市史　第四巻　―原始・古代・中世資料編―』二三五～二四九頁、安中市。
高橋博文　二〇〇一『船橋市新山東遺跡』千葉県文化財センター。
谷口康浩　一九九八「環状集落形成論―縄文時代中期集落の分析を中心として―」『古代文化』第五〇巻四号、一～一八頁。
千葉県　二〇〇〇『千葉県の歴史　資料編　考古1（旧石器・縄文時代）』千葉県史料研究財団。
土井義夫・黒尾和久　二〇〇一「東京都における縄文時代集落の諸様相」『列島における縄文時代集落の諸様相』三一五～三三八頁、縄文時代文化研究会。
中山俊之　一九九五『墨木戸』印旛郡市文化財センター。
宮井英一　一九八九『古井戸―縄文時代―』埼玉県埋蔵文化財調査事業団。
四柳　隆　一九九五『佐倉市池向遺跡』千葉県文化財センター。
渡辺　新　一九九七「複構造炉の住居跡・集塊する土坑墓群」『貝塚博物館紀要』第二四号、一～三六頁、千葉市加曽利貝塚博物館。

執筆者略歴（執筆順）

安斎正人（あんざい　まさひと）

一九四五年中国生まれ。

東京大学大学院人文科学研究科博士課程修了。

東京大学大学院人文社会系研究科助手。

主要著作論文　「狩猟採集民の象徴的空間」『長野県考古学会誌』八九号、一九九九年。「長野県神子柴遺跡の象徴性」『先史考古学論集』第一〇集、二〇〇一年。「神子柴・長者久保文化大陸渡来説の再検討」『物質文化』七二、二〇〇二年。

谷口康浩（たにぐち　やすひろ）

一九六〇年東京都生まれ。

國學院大學大学院文学研究科博士課程中退。

國學院大學講師。

主要著作論文　「縄文時代集落の領域」『季刊考古学』第四四号、一九九三年。「縄文時代集落論の争点」『國學院大學考古学資料館紀要』第一四輯、一九九八年。「縄文時代遺跡の年代」『季刊考古学』第七七号、二〇〇一年。

大工原豊（だいくはら　ゆたか）

一九六一年群馬県生まれ。

國學院大學大学院博士課程後期在学中。

安中市教育委員会主査・学芸員。

主要著作論文　「AT下位の石器群の遺跡構造と分析に関する一試論」『旧石器考古学』第四一・四二号、一九九〇・一九九一年。「配石墓と環状列石」『信濃』第四七巻第四号、一九九五年。「縄文時代　石器」『考古学雑誌』第八二巻第二号、一九九六年。

小杉　康（こすぎ　やすし）

一九五九年埼玉県生まれ。

明治大学大学院文学研究科博士後期課程単位取得退学。

北海道大学大学院文学研究科助教授。

主要著作論文「物質文化からの民族文化誌的再構成の試み—クリールアイヌを例として」『国立民族学博物館研究報告』第二一巻二号、一九九七年。「縄文時代の集団と社会組織」『現代の考古学六　村落と社会の考古学』朝倉書店、二〇〇一年。

山本典幸（やまもと　のりゆき）

一九六三年山口県生まれ。

國學院大學大学院文学研究科博士課程修了。博士（歴史学）。

國學院大學講師。

主要著作論文　『縄文時代の地域生活史』ミュゼ、二〇〇〇年。「イルカ漁の民族考古学」『考古学研究』第四七巻第三号、二〇〇〇年。

加納　実（かのう　みのる）
一九六二年東京都生まれ。
別府大学文学部史学科考古学専攻卒。

財団法人千葉県史料研究財団史料研究員。

主要著作論文「加曽利EⅢ・Ⅳ式土器の系統分析」『貝塚博物館紀要』第二一号、千葉市加曽利貝塚博物館、一九九四年。「下総台地における加曽利EⅢ式期の諸問題—集落の成立に関する予察を中心に—」『研究紀要』一六、(財)千葉県文化財センター、一九九五年。「集合的居住の崩壊と再編成—縄文中・後期集落への接近方法—」『先史考古学論集』第九集、二〇〇〇年。

縄文社会論（上）

2002年5月10日　初版発行

編　者　　安　斎　正　人
発行者　　山　脇　洋　亮
印　刷　　亜細亜印刷㈱

発行所　東京都千代田区飯田橋
4-4-8 東京中央ビル内　同成社
TEL　03-3239-1467　振替00140-0-20618

ISBN4-88621-248-4　C3021